新编21世纪政治学系列教材

政治学理论与方法前沿

袁方成 等 著

Frontiers of Political Theory and Methodology

中国人民大学出版社
·北京·

内容简介

本教材紧紧围绕政治学理论与方法的重要议题，较为全面地梳理和介绍21世纪以来国内外相关研究动态，立足理论体系，聚焦国家、政党、民主等传统主题，分析国家、政党等主体地位作用，理解民主理论等在当代的价值，重视第三世界国家发展；涵盖城市、心理、文化、国际、历史等诸多专题领域，阐释城市与社会等对政治的持续性影响，剖析政治文化与政治心理等重要议题；关注以大数据政治学与实验政治学等为代表的方法创新。总体上力争充分展现全球范围内政治学理论与方法发展的新动向和新成果，为政治学及其他相关专业的本科生和研究生开拓视野、增长知识以及提升能力提供参考和帮助。

作者简介

袁方成　华中师范大学政治与国际关系学院教授、博士生导师，深圳大学创新型城市建设与治理研究中心执行主任，中宣部宣传思想文化青年英才。兼任中国社区发展协会专家委员会副主任委员、湖北省政治学会副会长、湖北省民政服务标准化技术委员会委员、武汉市党建研究会特邀研究员、武汉市突发事件应急委员会应急管理专家。主要研究方向为中外地方与基层治理。先后主持国家和省部级科研项目20多项，在权威及重点期刊发表论文40多篇，出版学术著作多部。

总序

改革开放是新中国成立以来的又一次革命，给中国带来了革命性变化。这种革命性变化不仅体现在经济、政治等层面的现实生活上，而且还体现在因现实的变迁而带来的理论上的创新和发展以及由此带来的政治学学科建设上的成就方面。

在我国，计划经济体制已经让位于社会主义市场经济体制，同时由经济变革带来的政治体制上的变化也是有目共睹的。首先，在民主法治建设上，政治的制度化正在加强。其次，在国家结构上，过去在计划经济时期的简单的单一制已经转变为更加复杂的国家结构关系。中央与地方、地方政府与地方政府之间的关系有了更多的市场经济特征。再次，在国家与社会之间的关系上，也发生了方向性变化。最后，在意识形态上，过去那种对待马克思主义、毛泽东思想的封闭、激进而又教条的态度已经转变为开放、理性而又灵活的态度。所有这些变革，都是我们以前所无法想象的。当然，在政治进步的同时，存在的问题也不容回避。那就是迫切需要建立一套约束政府权力、使人民群众的真实意愿和利益诉求能够得到顺畅表达的机制，以便从根本上保证社会的稳定与和谐。这些问题的解决，不仅需要实际工作者在体制创新方面的实践，更需要政治学学科的发展和政治学专业人才的智慧与理论贡献。

我国的政治变革既是对政治学研究工作的挑战，又是促使政治学发展的良好机遇。我国的政治学在这种压力与机遇并存的环境中正在快步前进。首先，在学科分类上，政治学已经从法学中独立出来而成为一级学科。其次，在学科分支上，政治学从马克思主义政治理论、制度史、思想史发展成为学科门类更加丰富、更加有特色的一门学科，诸如新政治经济学、政治社会学、政治心理学、政治文化、政治学方法论等。再次，在研究方法上，从单一的阶级分析法发展成为以历史唯物主义为基础的多元化方法论，诸如行为主义、理性选择主义以及方兴未艾的新制度主义。最后，在问题研究上，无论是深度还是广度，我国政治学界都取得了可喜的成就，为中国的政治发展和政治变革做出了自己应有的贡献。当然，在看到成绩的同时，也不能无视发展中的不足。作为中国政治学学科建设和发展的见证人，我们不能不为政治学发展中的结构性缺失而忧心忡忡。比如，就专业刊物而言，不要说与经济学、法学和历史学比较，就是和政治学的二级学科国际关系比较，政治学专业刊物的数量也是少之又少。这种现象严重制约了我国政治学的发展，很多优秀的研究成果只能散见于综合性学术刊物和大学学报。

中国政治学学科发展的基础是高校政治学专业建设。自 1980 年恢复政治学专业以来，政治学系或政治与行政管理学系已经成为很多高校的普遍性建制。而且在各高校政治学专业竞相发展的过程中，我们很高兴地看到各个高校的政治学学科建设，无不生机勃勃，成就斐然。其中特别值得一提的是中国人民大学。人所共知，中国人民大学一直是中国近代政治制度的研究重镇。同时，中国人民大学在学科发展中非常注重教材建设，经过专业优化组合的“新编 21 世纪政治学系列教材”在全国享有很高的声誉，是我国很多高校政治学专业和行政管理学专业的必备教科书。从已经出版的教材来看，我认为，“新编 21 世纪政治学系列教材”具有如下特点：

第一，体系上的创新性与独特性。教科书固然应该有通用的内容，但是在教材林立的今天，千篇一律而了无特色的教材是难以立足的，也难以为社会所认可和接受。“新编 21 世纪政治学系列教材”中的每一本教材在体系上的创新性与独特性都是很突出的。

第二，内容上的研究性与新颖性。体系上的独特性应该由内容上的研究性与新颖性构成。教科书不但要介绍一般性的概念和理论，还应该容纳最新的理论研究成果以及对有关理论成果的看法与评价。该系列教材的一个重要特征是，这些教材都是作者们基于自己多年的教学与研究心得而撰写的具有新意的研究性作品。一本好的教科书之所以享有盛名，就在于其因体系上的独特性和内容上的研究性而形成的权威性。

第三，观点上的全面性与选择性。教科书是一种通论性的著作，因而包容的学术观点、理论应该尽量全面。但是，在信息爆炸的时代，一本书企图容纳所有的观点是不可能，也是不必要的。因为有的观点不过是个别学者的偶发奇想而不具有普遍性。这就需要撰写者去伪存真，认真取舍。我很高兴地看到，本系列教材在追求观点的全面性时，也没有忘记选择性原则。

第四，方法论上的马克思主义原则性与包容性。我国的社会科学研究离不开马克思主义的基本方法论，尤其离不开历史唯物主义的指导，政治科学更是如此。但是马克思主义并不是凭空产生的，它是在吸纳人类精神文明优秀成果的基础上产生的，马克思主义的发展同样少不了与其他理论流派的碰撞以及对人类文明成果的借鉴与扬弃。封闭的马克思主义是没有生命力的，坚持马克思主义并不排除对其他理论流派的介绍与分析。正是基于这样的指导思想，本套教材在介绍马克思主义政治学的同时，能运用历史唯物主义的基本原理兼容并蓄地介绍和分析其他理论流派。

本套教材的上述特点决定了它们不但是有关专业的教师和学生必备的教学和学习用书，也是政治学研究者的重要参考书籍。虽然具有上述优点和特征，但是十全十美的社会科学著作是不存在的，因此，本套教材中的缺点与不足在所难免。衷心希望专家学者、广大读者积极批评、热情指正！

赵宝煦

目录

第五章 社会政治

第六章 比较政治

第七章 地方政治

第八章 政治心理

第九章 认同政治

第十章 政治传播

第十一章 政治发展

导论

亚里士多德认为，人天生是政治动物。自柏拉图、亚里士多德开始，人类一直都在探寻组织良好社会的方法。以古希腊城邦为代表的古代国家的思想家们试图讨论人类社会最好的国家状态，并强调政治的道德、价值与规范。近代以来，约翰·洛克（John Locke）、孟德斯鸠（Montesquieu）的思想为现代政治的发展奠定了基础，对代议制政府的论证使间接民主成了新的权力来源。至现代，马克斯·韦伯（Max Weber）、罗伯特·达尔（Robert Dahl）等思想家进一步完善了现代民主政治架构，以塞缪尔·P. 亨廷顿（Samuel P. Huntington）为代表的政治学者则关注到第三世界的政治发展问题。时代更迭使政治治理实践的场域从城邦变为国家，但是政治学者们对组建一个相对公正的社会、探索合理的制度安排的思考从未停止。

聚焦当代，全球化的深入发展和数字信息技术的广泛运用，为比较与研究不同国家的政治实践奠定了基础。同时，技术支持下的政治参与渠道的扩展不仅增强了民众的政治效能感，而且也构建了更加开放、参与性更强的政治动员结构。然而，近年来种族歧视、难民问题、民粹主义等问题再次兴起，这对资本主义民主政治构成了前所未有的挑战。去全球化、单边主义和贸易保护主义盛行，给全球稳定政治秩序的构建带来了挑战。诸如英国"脱欧"、"特朗普主义"盛行以及俄乌冲突等不稳定因素，不仅对各国政治体系的稳定造成了威胁，也冲击着全球政治格局。

回溯历史，政治学的引入是我国"西学东渐"的产物，相关研究既对西方政治学所倡导的自由、民主等主流价值的适应性展开辨证，同时也力图尝试理论的本土化和实践的转化。长期以来，中国政治学者们立足本土，吸收借鉴并推进理论构建，逐步形成了中国特色的理论体系。面对世界百年未有之大变局，我国日益走近世界舞台中央，因此我们需要更积极主动地以理论发展来响应国家和时代命题。

为此，对 21 世纪以来国内外政治学前沿理论的发展进行梳理和总结，是洞察世界格局、讲好中国故事的重要一环，是加强中西方理论对话的重要基础。

一、政治体系

1. 国家与政党

在政治分析和政治话语中，国家是最核心的分析概念。关于国家的描述是多种多样的，国家有时被认为是压迫的霸道机器，有时也被认为是社会和政治自由的条件。无论学者们对国家有何种理解，学界对“国家是社会、政治、经济分析的基础”这一论断的认知都是统一的。

尽管国家对人类的社会生活发挥着至关重要的作用，但随着政治学领域研究方向的调整，关于国家问题的研究相较于以往呈现下降趋势。诸如罗伯特·罗特伯格（Robert I. Rotberg）等学者更是直接攻击了国家理论，他们承认国家理论所具有的复杂性和解释力，但否定其在当代仍具有应用价值。他们认为，在一个全球化、金融一体化和资本流动的时代，国家这个概念已经“过时”了。

全球化的模式会随着时间的推移而变更，但是全球化的出现并不直接预示着国家的消亡。金融一体化、资本流动性增强、区域贸易集团的出现等极大地改变了国家运作的经济和政治环境，但是国家对其领土范围内的社会和经济环境负有首要责任。基于此，“回归国家”这一国家理论研究的重要派别应运而生。要想论证国家在当代的持续核心地位，我们需要不断发掘国家理论资源的多样性。

现代社会的国家政权由政党掌握。政党是现代民主国家最重要的组织，也是民主治理的关键要素。一个开放的、以参与为导向的、具有代表性的、拥有公平和自由的选举程序的政党体系，为建设民主政府提供了可能性。总体上，政党在制定社会发展目标、集聚社会利益和实现政治动员等方面都发挥着重要的作用。作为民主过程运作的核心，政党具有其他任何政治组织都不具备的动员力、影响力和代表性，因此对政党政治的研究尤为重要。

在漫长的社会发展过程中，政党一直处于动态变化之中。其中较为重要的原因是，政党必须要适应社会环境的变化。凯登（Kayden）等学者认为，这种变化在当代的直接体现就是信息时代的来临，政党已经不似从前那般重要了，选民也不再和以前一样关注政党的“标签”。学界对政党的衰落和复兴存在着激烈的争论，其中最主要的缘由是互联网的发展使公民能够更加便捷地获取信息，并且公民可以在社交平台上自由地发表意见。社交平台上的信息对于政党和选民来说都是可用的，政党不再是信息的“过滤器”。

在此背景下，有关政党政治的研究从政党适应性理论、政党合法性理论的视角更新了传统政党政治的研究。诸如用于描述民主国家政党稳定性和持续性的“冰点论”，以及用以解释绿党、民族主义政党以及右翼民粹政党的产生作用于原有政党体制的利基政党理论，不断从政党适应性的讨论中产生并进一步发展。与此同时，为了论证现代社会中政党存在的重要性，学术界围绕政党合法性展开了激烈的讨论。在这期间，政党意识形态理论应运而生，维尔兰·刘易斯（Verlan Lewis）指出，政党会通过调整意识形态加强政党行为的合法性，以适应公共意识形态的发展。

无论是政党适应性的讨论还是政党合法性的讨论，都主要是基于政党的选举和竞争。在现代西方民主国家中，政党的首要目标是和其他政党竞争权力和影响力。政党政治领域用于分析政党互动的主要工具就是政党制度。其中，政党制度化对内为政党提供了稳定的组织结构，对外是考察民主政治发展的重要参照。然而，随着政党制度的逐渐碎片化、新政党的出现、新兴民主国家政党的发展，政党的制度化发展正面临着严峻的挑战。政党力量与政府稳定、政党的自主性与宪法监督等议题也因此备受重视。

政党研究是持续已久并且非常活跃的领域，处在时代变化中的各国政党一直积极主动探索自身的变革，并对所处的社会环境给予实时反馈。尽管戴维·布罗德（David S. Broder）等诸多学者认为政党正处于危机之中，但不可否认的是，作为一个世界上最强大的政治组织类型，政党在所有国家中都发挥着不可忽视的作用，并将继续保持其主导地位。

2. 城市政治与地方治理

在国家的发展过程中，城市化的推进与城市政治的发展密切相关。当前，全球城市化研究的主要议题是如何回应城市发展过程中面临的问题，以及如何推动地方治理的发展。城市政治研究的重要贡献有助于理解更具有普遍性的政治现象，以及地方政治和城市政治发展的具体背景和内在动因。城市政治理论发展的同时，城市的社会状况也正发生着巨大的变化。城市已经成为围绕民主、公民权、身份、人权等主题进行研究的重要政治舞台。

有关城市政治的研究主要有两种观点。第一种观点强调，应该更多地关注城市空间的运作价值，特别是后发国家的城市正经历着新的社会和空间增长模式，面临着由此产生的各种社会问题。第二种观点强调，目前的理论过于强调少数特定案例，特别是研究多聚焦于发达城市。而权力结构理论、城市治理理论和城市社会运动理论等，通过对城市政治既往理论的反思性讨论，再一次得到了更新。

面对日益多元化的社会发展，城市政治更加强调吸纳更多利益相关者主动参与城市治理，城市治理理论也再次被纳入城市政治学的理论流派。其中，作为当下城市政治学的主流理论，新区域主义被广泛地应用于各地实践。它主要强调治理主体的多元性，以及治理主体间的相互赋权；还强调治理以过程为导向，在实际操作过程中，制度可以不断得到修正。

经济全球化、财政危机导致西方各国的城市不平等现象加剧。基于此背景，城市政治学改变了关于城市边缘群体的认知。曼弗雷德·库恩（Manfred Kuehn）、蒂亚斯·伯恩特（Thias Berndt）和劳拉·科利尼（Laura Colini）的研究认为城市边缘群体的能力缺失，并不是因为受到了精英的压制，而是因为他们缺少参与决策所需要的经济或政治资源。相反，在利益驱动下的城市精英们会结成“增长联盟”。同时，考虑到城市发展中出现的各种环境污染、资源枯竭等问题，“反增长”议题逐渐代替了“增长”议题，环境、文化等维度的可持续发展成为目前城市发展的主要关注点。

城市社会运动是一项重要的社会现象，其实践活动和理论发展主要得益于社会运动理论在城市场域的运用。新社会运动理论在马克思主义、无政府主义和后现代主义的基础上发展而来，在21世纪经历社会结构分化、政治分裂等因素的冲击后，其重要性越来越凸显。同时，性别政治、认同和跨国社群等议题的不断发展，也推动了新社会运动理论的形成。

与城市政治密切相关的地方政治，也是国家治理研究的重要领域。近年来，地方政府更强调政治权力的下放。与此同时，在新自由主义和全球化因素的双重作用下，许多国家逐渐走上去国家化和去国有化的道路，这也导致了政治权力的分散。当代，世界范围内的全球化和地方化趋势助推了地方政治的发展，为地方政治赋予了新的内涵与意义。

3. 社会政治

社会政治与公民的政治生活息息相关，其涉及的主体包括作为沟通桥梁的利益集团、社会组织和作为信息传输方的媒体。社会政治涉及的主体是政府与民众沟通的“媒介”，在政治生活中发挥着重要作用。

国家能力与社会自主性，是政治学中探讨国家和社会关系最重要的一组概念，在西方政治中，国家与社会最为正式的接触点就是利益集团。利益集团参与政治领域，有助于社会的多元化和社会利益的汇集，为政府决策提供充分的信息资讯，并成为制衡政府权力的“民间力量”。但是，利益集团同时也是使政治不平等的因素之一。利益集团的成员追求本组织的特殊利益会导致政府权威降低，造成政府内部分裂，政府进而无法成为强化民主的关键因素。

在西方，媒体因在现代生活中扮演着重要的沟通角色而被称为“第四种权力”。政治传播体现了人类传播活动中参与政治的特性。除了传统的新闻类媒体，戏剧、电影、小说等也是媒体的传播形式。政治传播的独特之处在于，它既不只关注媒体，也不只关注政治机构，而是将两者结合起来。政治传播的作用可以是微观的，即改变公民的态度、行为等；也可以是宏观的，即变革政治活动、制度等。

新媒体的出现，为公民提供了新的政治活动空间，颠覆了传统的政治参与模式。由于新媒体的进入门槛较低，每个人都可以对公共事件进行报道与评价，这也促进了社会观点的多元化。相较于传统媒体，新媒体具有促进横向沟通、打破传统媒体对公共舆论空间垄断的优势。虽然政治平民化的愿景是好的，但在实际应用中新媒体却成为政治家们的工具，不能准确而全面地反映民众的真实利益与诉求。

同时，新媒体的使用让民众组织能够更为快速、紧密地团结在一起。民众组织利用新媒体开展社会动员，改变了国家内部的社会结构。无论是畅通政治沟通渠道，还是满足民众政治动员的需要，新媒体的存在都增加了民众评论政治的机会。

新媒体的发展，在促进民众更为广泛地参与政治生活的同时，也给政府治理带来了机遇与挑战。电子化的决策有利于收集民众意见，但在实际应用中却容易出现选票被秘密窃取、被复制或者被病毒破坏等问题。同时，随着新媒体的出现，互联网上的虚假信息也变得十分常见。在涉及社会重大事件或者出现国家危机时，假信息的快速传播往往会造成社会的不安和民众的恐慌。民众在浏览信息时也会出现“回声室效应”——人们往往会选择关注自己感兴趣的话题和内容，这导致社会难以形成共同的认知和经验，进而使社会中的对立关系不断加剧。这些由新媒体带来的挑战，也要求政府不断提升治理能力和治理水平，以适应新形势的变化要求。

二、政治意识

1. 政治文化

政治文化作为民众共同的、稳定的情感共识，反映了民众的政治感情和心理，发挥了凝聚民心的作用，并影响了民众对政治体系的政治态度。政治文化研究经历了漫长的发展过程，当前关注的焦点已从单一的国内视角转向比较研究和国际政治领域。

聚焦国家内部或地方的政治文化研究，与地方治理的稳定性有着紧密的关联。民众的政治感情、心理、民心的稳定或者浮动由此得以展现，关于政治文化的研究也影响着民众对国家政权的支持程度以及民众的政治素养水平。

根据加布里埃尔·A. 阿尔蒙德（Gabriel A. Almond）和西德尼·维巴（Sidney Verba）对政治文化进行分类的标准，地方政治文化主要分为四类：村民型地方政治文化，即较为原始的，在认知上既无意愿也无能力参与政治的地方自治文化；臣民型地方政治文化，即了解政治体系和自己在政治体系中的角色，但自主参与政治体系的意愿非常低，主要还是臣服于政府；参与型地方政治文化，即对政治体系中输入和输出方面都具有较高的积极性，并对自己在政治体系中的权利和责任以及政治行为有着明确的认知；绩效型地方政治文化，即社会成员密切关注政治体系所取得的成就，并以此为衡量标准给予认可度。相较于绩效型地方政治文化，认同型政治文化更能代表某一群体对一个政治体系的归属程度。作为一种和高政治民主水平相伴而生的文化，认同型政治文化为政治发展提供了动力。

在国际政治文化领域，从冷战结束到21世纪的前20年，冷战的残留仍然浸染着国际社会。以美国为首的西方阵营对中国的恶意抹黑，就是当时国际领域政治文化的一个剪影。

冷战结束后，新"超越遏制"的政治理念成为21世纪前20年国际政治体系内最突出的一股政治文化。以美国为代表的西方资本主义国家将中国视为具有威胁性的势力，并把中国的经济发展描述为追求霸权的企图和表现。新"超越遏制"的政治理念在制度竞争和意识形态方面得到了鲜明的体现。随着中国在人权、民主、自由等话题中的关注度的提高，以美国为代表的西方资本主义国家试图抢占舆论的制高点，阻碍中国进一步发展的步伐。在全球化的背景之下，西方的"文明冲突论"和"中国威胁论"与中国始终坚持的和平发展战略成为突出内容。

以亨廷顿的"文明冲突论"为代表，大多数有关中国的意识形态及其发展的研究，都是在西方意识形态的指导下进行的。与此同时，"中国威胁论"的言论也在西方世界泛滥，这也体现了西方世界对中国发展的普遍担忧。

21世纪，政治文化研究领域还出现了一个突出的特征，就是中国传统文化的复兴。中国传统文化复兴的研究涉及中国政治体制的结构与特点、中国社会、文化外交、中国传统儒家文化等方面。在意识形态分歧、制度竞争交锋的当下，文化安全被放在了较为突出的地位。珍妮特·陈（Janet Chen）、珍妮弗·伍德（Jennifer Wood）等学者通过对文化发展与政策变革的关系、意识形态与国家安全的关系的探讨，指出当代文化安全与政治安全、意识形态安全等具有重要的关联。基于当前的国际环境，将政治文化与中国传统文化相结合，并且形成具有中国特色的文化治理，是中国未来的发展方向。

2. 政治心理

政治文化关注民众基于习惯、风俗等长期形成的共识，不同的是，政治心理学更侧重个体的心理反应。政治心理学是将人类的心理学知识应用于政治研究的学科，其核心是关注个人在特定政治体系中的行为。政治心理学的研究领域主要包括理性选择、生物政治、人格和心理动力学、认知和感染心理学等。

近年来，情绪作为一个分析工具被广泛运用于政治学，布莱克（Bleiker）、哈奇森（Hutcheson）等学者认为，国际关系正在经历“情感转向”。情绪在政治心理研究中的作用也逐渐得到重视。与情感相比，情绪是一种相对短暂的有意识的体验，其稳定性和持续性都不强，且特定情绪往往与特定的政治认知和行为发生关联。

情绪对政治心理与行为具有明显的作用。在政治信息加工的过程中，情绪会改变民众对情景的反应，并让我们对新奇的、可能危险的情景保持警惕。同时，情绪也是伦理行为的重要组成部分，特定情绪会对刺激的评价产生持续的影响。相应地，对具体政治事件的评价也会引发个体形成特定的情绪，进而改变民众的政治参与意愿和政治行为选择，特别是在政治参与的过程中，情绪在很大程度上决定了民众是否会进行政治参与。

除了对情绪或情感的关注，政治心理中有关“认同”的研究也是政治学科密不可分的一部分，认同心理也是认同政治产生的心理根源。认同政治的实质是特定的少数群体通过身份为自己争取与大多数群体不同的政治、经济、社会和文化权利。如今，西方社会面临的大部分社会问题几乎都与认同政治有关。激烈的族群与性别政治也激发了右翼民粹主义在美国的兴起。近年来，美国“白人的身份政治”成为社会焦点，随着移民、难民等问题的不断深化，有关“我们是谁?”这一问题的讨论，重新成为关注的焦点。种族之间的矛盾使美国逐渐从阶级政治的斗争转向身份政治的斗争。

目前，关于认同政治的讨论已经不局限于社会文化层面，而是更多地涉及国家政治的基本原则和根本理念，这助推了基于不同意识形态治理的国家之间的对立和分歧，未来仍需更多思考来理解和认同政治聚合的功能，以推动和平发展的实现。

三、政治发展

1. 民主政治

当下，我们正处在一个民主理念被广泛接受、民主实践却备受质疑的时代，有关民主倒退的话题在世界范围内受到关注。实行民主政治的西方国家面临着贫富差距加大、族群冲突、民粹主义再次兴起等诸多问题；西方发达资本主义国家以外的新兴民主国家，也面临着国家能力如何匹配民主责任制等难题。这些问题的出现让以弗朗西斯·福山（Francis Fukuyama）为代表的学者们开始反思民主存在的问题，并对民主的发展前景持消极态度。例如，奥利弗·埃斯科瓦尔（Oliver Escobar）、斯蒂芬·埃尔斯塔布（Stephen Elstub）等学者对民主发展的路径展开了持续的探索研究，有关竞争性民主与协商民主的分析就是其中最为典型的代表。

20世纪90年代协商民主理论出现，自约瑟夫·贝塞特（Joseph Bessettle）开始，学术界关注的焦点逐渐从竞争性民主转向协商民主。竞争性民主是指通过选举、投票等竞争性方式参与民主政治的一种机制；协商民主强调以沟通为中心，而不是以选民为中心，认为民主必须以平等和包容为基础讨论依据，从而加深了参与者对问题和他人利益的认知，强化了民众参与公共事务的信心。

协商民主的发展体现了政治学家对单纯强调竞争性民主的质疑。进入21世纪，西方民主的困境愈发凸显。主要是民主制度的形式化，长期以来西方各国的民主政治与利益集团具有密不可分的关系。以美国前总统唐纳德·特朗普（Donald Trump）执政时期为例，随着美国贫富差距的进一步扩大，国家权力越来越集中在精英集团手中。这一时期，民粹主义在美国和全球再次兴起，给民主政治带来了显著的负面影响。同时，技术的发展推动了民众的政治参与，但是不同利益集团也通过制造假新闻操纵公众舆论，扰乱政治民主进程，催生了一系列的民主乱象。

西方民主政治的发展经历了对凯恩斯主义、新自由主义等政策的深刻反思过程。面对当下民主政治发展的困境，以安东尼·吉登斯（Anthony Giddens）为代表的部分学者强调国家重构，吉登斯认为，既需要有竞争力的市场，又需要政府扮演积极的角色，同时还需要有积极活跃的社会或第三部门。吉登斯的改革指向，在一定程度上缓和了资本主义与民主政治的关系，对新自由主义积累的问题进行了修正和化解。

近几十年来，民主国家的数量不断增加，但是贫困、身份冲突、人权侵犯等问题，仍然是世界上许多国家民主政治发展的阻碍。当然，不可否认的是，民主仍然是当代政治发展的核心价值，为解决社会的不平等和冲突创造了条件，维持了民众对社会公平的期望。

2. 政治发展

与民主密切相关的方面，就是对第三世界政治发展的研究。在第三世界国家政治现代化的过程中，衡量其政治现代化水平的一个重要指标就是民主政治。长期以来，人们普遍认为可以直接运用西方的发展模式及衍生的理论框架来解决第三世界的问题。但是，第三世界国家的民主发展有其独特的社会文化背景和历史因素，西方的发展模式并不总是能适应第三世界的需要，因此，政治发展的相关理论旨在解释第三世界民主发展的独特道路。

作为政治发展的经典理论，现代化理论近年来备受争议。争议的焦点在于，现代化理论被认为无法解释西方先进资本主义国家与第三世界大多数国家之间日益扩大的差距。近20年来，现代化理论的更新不仅继承了早期现代化理论的核心观点，而且演化出了反思性现代化、进化性现代化、生态性现代化、价值观念现代化、全球现代化和多重现代化六大理论分支。修正后的现代化理论关注到了人们的价值观转变，即从生存价值观转变为自我表达的价值观，并在理解政治、经济和社会发展中始终占据主导地位。

21世纪，政治领域出现了许多新的变化，政治发展关注的议题也随之发生了变化。目前，政治发展领域关注的议题主要集中在民粹主义与民主倒退、右翼民族主义以及数字政治和民主化等方面。

近年来，民粹主义在世界各国再度盛行起来。无论是偶然还是有意为之，民粹主义都被证明是一种有效的策略。在政治发展领域，民粹主义解释了民粹领导人对政治体制的塑造，并揭示了民粹主义价值观的转变对政党等组织的影响机理。随着民粹主义的兴起，右翼政治也在各国浮现。民众对经济发展不平衡的不满、民族认同的威胁使得右翼政治力量在欧洲迅猛发展。

21 世纪是数字化时代，数字传播不可避免地被纳入政治学研究的范畴。但由于技术、社会文化、经济水平的不同，数字技术在发展的同时，也造成了“数字鸿沟”，在数字政治研究领域，诸如兰斯·班尼特（W. Lance Bennett）、迈克尔·马戈利斯（Michael Margolis）、戴维·雷斯尼克（David Resnick）等学者认为，应当对数字技术的应用始终保持审慎的态度。

席卷全球的现代化给第三世界国家带来了空前的发展压力，这是较早时期的理论家们没有预料到的。同时，学术界掌握第三世界国家运作数据的程度较低，这使得对第三世界国家的性质概括无法得到有力支撑。因此，政治发展有关问题的后续研究，需要持续关注包括文化、政治、社会和经济等各种因素在内的第三世界国家政治的独特发展状况。

四、政治学研究方法

1. 大数据政治

随着信息技术的发展，大数据成为人们日常生活中熟悉的词汇，但是关于大数据的定义目前众说纷纭。作为技术衍生的新兴产物，大数据在各个领域展现出了独有的活力。当前，学术界普遍认为，大数据具有海量、多样、高速和价值性的特征，其触角延伸至政治、经济、文化、社会等领域。基于大数据技术发展而来的大数据政治也为政治学的发展注入了新的活力。

首先，大数据与社会科学的结合推动了社会科学研究范式的创新。通过研究实践活动的开展，理论与数据不断融合，弥补了传统研究范式的不足。其次，大数据消除了社会科学内部和外部的对立，促进了学科的进一步融合，夯实了研究的同质性基础。再次，大数据也丰富了社会科学研究成果的展示形式，使受众能够更为直观地了解结构关系和相关知识。最后，伴随着大数据时代的到来，数据密集型范式也应运而生。数据密集型范式将一切政治现象、政治过程、政治问题的研究量化，促进了政治学关注相关关系及其内在逻辑研究，推动了交叉学科的融合发展。

在公共政策领域，大数据贯穿从议题构建到绩效评估的全过程，政策评估更加细致化、精准化，为提升治理效能夯实了基础。选举是西方国家民主政治的关键环节，大数据与选举的结合在民意调查、政治宣传等方面也发挥了重要的作用。目标选民的精细化分类，为政党候选人提供了选举的实际效用。在国际政治领域，大数据作为一种辅助外交决策分析与政策分析的工具，在外交运作环境、地缘政治等方面大显身手。

综上所述，大数据已经成为一个重要的社会和政治议题，但无论是在政治理论的研究中，还是在应用大数据的具体实践中，“数据崇拜”带来的危害都值得高度重视。

2. 实验政治学

和大数据政治类似，实验政治学是政治学与实验技术的融合。随着实验政治学步入成熟推广阶段，其发展呈现出系统性、专业性、凝聚性和活跃性的特征。在学科发展层面，实验政治学的专业期刊、研究机构都在快速扩展。

实验政治学的特定功能主要体现在尝试对政治学传统领域进行理论纠偏、通过政策试点确保政策的可行性，以及拓展政治学学科体系的方法等方面，通过这几个功能，实验政治学的发展极大地增强了政治学科的科学性。实验政治学的理论步骤主要分为确定原因、结果、因果关系，并在真实世界中构建反事实，最后通过相关处理手段将实验组与对照组调整至可比较的状态。

目前，实验政治学的几种研究类型包括：对研究对象进行科学化的随机分配和人为干预的随机对照实验、受试个体被自然地或被其他非观察者控制因素暴露在实验条件下的自然实验、处于真实社会情境中的准自然实验，以及在研究内嵌入问卷的调研实验和结合田野调查与实验研究的田野实验。

虽然实验政治学的理论和方法正在被更加广泛地运用，但其引进与发展却引发了较大的争议，乔舒亚·安格里斯特（Joshua Angrist）等学者对实验政治学的效度和独特性都产生了怀疑。虽然存在一定的争议，但实验政治学的发展拓展了政治学的研究议题范围，在政治心理、政治发展、政治治理等研究领域都出现了采用实验方法研究的典型案例。

未来实验政治学还将继续在政治学各研究领域发挥作用，并将对多学科的融合、政治学与新技术的结合产生不可忽视的推动作用。结合中国的实际情况，实验政治学需要基于准自然实验的政策试点研究，从“试验点”到地方倡议驱动，再到获得更高级别决策者支持，研究国家各类试点政策；基于现场实验的政治制度研究，在基层田野搭建实验现场，更好地理解基层制度的运行；基于调研实验的政治行为研究，与社会心理测量相结合，降低社会意愿偏差。

五、中国的政治理论与实践发展

当前，世界正经历着广泛而深刻的变化，而中国特色社会主义实践正为政治学的发展提供独特的实践经验。中国政治学的发展初期主要以西方的经典理论为基础解释中国的特色实践，但基于西方经验形成的理论对中国经验的解释力不足。新时代，强化以“人民”为核心的理念，理解民主、发展对于中国政党政治的解释性框架，建构历史政治学的研究体系，强化中国政治学在世界学术体系的地位，是21世纪以来中国政治理论与实践发展的新动态。党的十八大以来，习近平新时代中国特色社会主义思想围绕政党制度建设、社会主义民主政治等发展了丰富的成果。在政治学研究的前沿，以中国化、理论化、体系化的学科话语，理解中国政治实践的丰富经验，对构建中国政治学自主知识体系具有重要意义。

发展社会主义民主政治是中国共产党始终不渝的奋斗目标。实现人民当家作主，必须坚持以人民为中心的发展思想，将以人民为中心融入党的全面领导的各方面和全过程；

必须开展广泛协商，在更为广泛的层次和领域保障民众的政治权利；必须推进群众自治、总结群众自治经验，并将经验转化为国家法律；必须推进全过程人民民主，在制度上和实际运行中保证全过程实现民主，强调民主的过程性和整体性。

对于“人民”概念的理解，是探讨人民当家作主理论依据的重要内容。关于“人民”这一概念的论述往往会追溯至马克思主义唯物史观。中国共产党人始终坚持马克思主义唯物史观，并在历史的长河中不断使“人民”的概念丰富化和立体化。马克思从三个方面阐述了“人民”的内涵，即现实的每个人、代表现实个人联合的无产阶级或共产党的存在和人作为现实的“类存在物”。

基于对马克思主义唯物史观中“人民”内涵的充分理解和运用，我国的人民当家作主经历了三个发展阶段。第一个阶段是在社会主义计划经济时期发挥助推作用，以此增进国家的有效动员和治理。第二个阶段强调加强民主法制建设，依靠制度和法制治理国家，为人民当家作主体系提供纲领性指导。第三个阶段将坚持和完善人民当家作主制度体系置于基础性和全局性的战略地位，这也是中国社会主义现代化建设不断推进的必然结果。

党的十八大以来，以习近平同志为核心的党中央立足中国特色社会主义新时代的历史方位，对人民当家作主的相关内容进行了重要阐述。尽管中国社会主义民主政治建设已取得显著成效，但是目前仍然存在着一些亟待解决的问题。对此习近平总书记强调，“真正实现社会和谐稳定、国家长治久安，还是要靠制度”①。因此，基于对已有制度的把握和中国现实问题的洞见，党的十九届四中全会提出，坚持人民当家作主制度，发展社会主义民主政治。

在世界范围内，中国政党政治的研究既具有重大意义，又具有特殊性。根据中国国家建设和发展的成就，有关中国政党政治的研究已逐步尝试建立具有中国特色政党政治的解释性框架。基于历史实践经验发展而来的新型政党制度框架，在政治实践中催生了诸多理论创新的尝试，结构性理论研究领域也产生了“政党-民族-国家”“政党-社会-国家”等理论模式。

中国的“党政体制”也是薇薇恩·舒（Vivienne Shue）、兰斯·梁平（Lance L. P.）等学者长期关注的议题，对政党与政府关系的界定是这一领域讨论的核心问题。在党政体制下，中国共产党发挥着领导政治方向、组织化动员等核心作用，同时在党的领导下开展的治理活动，使得政府行为能够始终体现人民的意志。

除却长期关注的议题和对既有理论的更新，政党中心主义理论作为中国政治学的原创概念，在分析政党政治的相关问题方面具有代表性。政党中心主义理论认为，政党在秩序重建和政治发展过程中具有重要的结构性意义，以政党中心主义理论为指导，政党政治在国家秩序重建的过程中发挥着主导作用。中国共产党在领导革命、建设、改革的过程中始终将以人民为中心作为核心价值，是组织国家进行现代化建设的唯一主导力量，并且具有与时俱进的适应性和适应能力。政党中心主义理论的发展打破了西方对政党政治领域解释框架的限制，发展出更适应中国特色发展需要的政党政治理论。

---

① 中共中央文献研究室．习近平关于社会主义政治建设论述摘编［M］．北京：中央文献出版社，2017：5.

随着中国特色社会主义民主政治的纵深发展，近年来，我国的城市化水平得到了迅速提高，城市规模大幅扩大。面对城市治理的困境，中国的城市政治学研究也在不断发展。我国的城市政治学经历了从早期将西方的概念、范式本土化到研究国家主导下城市权力问题的转变。西方取决于精英集团利益或者各利益主体互动的城市发展，与我国城市的发展具有较大差异，在很大程度上，我国的城市发展取决于国家意志。由于我国幅员辽阔，各城市也呈现出显著不同的发展特征。基于此，我国城市政治学的研究坚持国家主导的理论预设，关注城市发展的现实问题，通过定量工具研究城市问题并取得了诸多成果。

城市化水平的提高促进了地方政治研究的发展。具有中国特色的地方政治呈现了显著的特征，即坚持地方党委领导，并通过党组和人事权实现地方人大、行政机关、司法机关的协同。中国地方政府的作用，不局限于执行上级政府的政策，而是拥有较多的自由裁量权，并以建设服务型政府为工作目标。具有中国特色的地方政治充分体现了社会主义民主的真实性，反映了人民当家作主的要求，保证了国家统一性和地方多样性的结合。

在中国政治发展的过程中，政治参与的方式也在不断创新，其中影响地方政治参与方式的因素主要有地方经济发展水平、地方政治制度供给、地方政治文化等。作为参与者的公民主动或者被动参与到政治活动中，进而对政治进程施加压力，同时公民也通过政治参与增强自身的判断能力。从地方政府层面考虑，政治参与对政治稳定具有一定的负面作用，但其实践过程有利于促进社会公平。

在丰富的治理实践导向下，中国政治学不仅形成了本土的经验性理论，也在政治学分支学科的建设中贡献了力量。2019 年提出并发展了“历史政治学”，历史政治学的创立既结合了优秀的中国历史传统文化，也为发展具有中国特色的政治学理论指明了一条新的道路。

中国历史政治学的发展以中国悠久深厚的历史底蕴为基础，也缘于西方政治学理论无法有力解释中国的实际情况。同时，将政治现象置于历史进程中进行研究，也是马克思主义指导中国特色社会主义实践的体现。

从历史中挖掘出政治学知识将有利于政治学的本土化发展，并有助于理解随着历史不断发展而来的当代政治学。历史对当代政治的发展具有解释力，这将有助于各国结合自己的历史发展，形成自己国家特有的发展经验与发展道路。同时，从方法论视角进行考察，历史分析是社会科学研究的传统方法之一，对历史政治学的分析也需要沿着历史分析的逻辑持续深入。

目前，历史政治学的研究主要遵循历史连续性，采用路径依赖范式，并结合案例研究。研究主要集中在特定国家的政治发展经验、类型学意义的一般性理论和世界政治学发展等领域。作为开创性的研究领域，历史政治学对中国的国家理论建构、对政治学一般理论的解释以及立足中国的世界政治学理论的发展，都做出了积极而突出的贡献。

简言之，对政治理论和实践的不断探索，虽然不能构建完美的乌托邦社会，但这是修正和完善人类社会的必要之举。不同的社会文化孕育不同的意识形态和政治体制，这为全球范围内的政治学研究提供了多样化的经验样本，也不可避免地造成了各种观念、理论和实践之间的差异甚至冲突。政治学学者们一直试图寻找缓和冲突的有效路径，无论是对政党政治的再梳理、对民主政治的反思，还是引入大数据、实验的方法研究政治学问题，都是对解决理论和现实问题的探索。

笔者梳理和总结政治学前沿研究内容，旨在帮助大家了解当前政治学研究发展的主流方向和问题，引导我们反思和重新审视既有的理论。在这一过程中，我们重新考察了政治学研究的基本领域，也引入了政治学研究的新方法和新视角。需要注意的是，政治学前沿的研究动态并不是突然出现或独立存在的，其本身是对经典理论的延续、发展与反思。因此，为了更好地理解政治学前沿理论和实践，不可忽视对经典政治理论和历史的回溯与思考。

时代沧桑巨变，人类对构建良好社会的追求永无止境！

第一章

国家理论

国家的概念在政治领域的研究与政治话语中占有举足轻重的地位。自 17 世纪“国家”这一术语开始被广泛地使用，有关国家的概念就备受争议。但无论国家被定义为社会和政治自由的条件还是市场自我调节的桎梏，它都是社会、经济和政治分析的基础。

然而，随着全球化的持续推进，国家之间的交往愈加频繁，相互之间的依存度不断提高，学界对国家的影响力及其功能作用提出质疑。学界争议的焦点问题主要是国家权力需要被限制还是以国家为中心实现社会治理。全球化对国家的影响颇有争议，分析其对国家权力的影响成为这一领域的关键问题。国内外格局的变化，使得学界对国家问题的讨论也关注到了民族国家的政治转型和国家内部的政府治理。

社会、经济条件的变化对传统理论发起挑战，新多元主义国家观承认国家在民主过程中的作用，仍然保留了其是众多治理主体之一的观点；精英主义国家观的悲观性日益凸显；新马克思主义国家观以工具主义的国家理论和结构主义的国家理论为工具分析西方资本主义国家的问题，因而兼有保守性与激进性的特征。除此之外，女性主义国家观、绿色政治理论国家观极大丰富了当前各流派的观点。

在此基础上发展的具有中国特色的国家理论以党的领导为核心，强化国家治理体系，为推动国家善治奠定基础。中国的国家理论是以“党的领导”为要核的国家治理理论，党的建设在国家治理中始终占据主导地位。通过把握现代国家治理体系的制度运行，不断推动国家治理的整体性与协调性，深入推进国家治理体系和治理能力现代化。

第一节　国家理论的发展

国家是研究人类政治生活的核心问题，也是政治学研究的永恒主题。从古希腊到现在，国家起源、国家政体、政府运作等成为不同政治学流派的核心研究命题。尽管二战后流行的多元主义和马克思主义以社会为中心的研究范式在学界具有重要的影响力，如彼得·埃文斯（Peter Evans）、西达·斯考克波（Theda Skocpol）等学者提出“找回国家”[1]的概念，但通过梳理发现国家在政治学研究中从未走远。

一、传统国家观的新发展

就传统国家观而言，本书在此重点梳理多元主义国家观、精英主义国家观和马克思主义国家观。

1. 多元主义国家观

当前，“多元主义”是一个广泛使用但语义非常模糊的当代公共话语，例如自信的多元主义、印度模式多元主义、有原则的多元主义等概念层出不穷。在政治学上，第一个使用“多元主义”概念的是哈罗德·约瑟夫·拉斯基（Harold Joseph Laski）。[2] 多元主义国家观是20世纪上半叶流行于西方的一种政治思想，二战后成为西方尤其是美国政治科学的主流理论。

多元主义者既反对自由放任主义，也反对一元论国家观。他们认为前者是把个人从社会联系中分离出来，使得个人很容易受到专横的国家权力的侵害；同时他们也认为后者会使国家权力不断扩张，从而国家会成为对个人自由和尊严的最主要威胁。多元主义者反对西方传统的主权学说，否认国家是唯一具有最高主权的机构，他们甚至一般不使用“国家”一词[3]，认为教会、工会、商会等社会团体具有与国家同样的性质和权力，政治权力是多元的。

面对经验现实以及学术界的各种挑战，新多元主义者反思并修正了若干观点。比如达尔在《多元主义民主的困境：自治与控制》中，反思了利益集团的“作恶的机会”，主张对利益集团进行控制，并关注到国家可能是适合多元民主的。[4] 新多元主义者尽管承认了国家在构建多元民主过程中的作用，但仍然认为国家是众多治理主体中的一个。

2. 精英主义国家观

精英主义国家观产生于19世纪末20世纪初。二战前是经典精英主义国家观时期，代表人物有加埃塔诺·莫斯卡（Gaetano Mosca）、维尔弗雷多·帕累托（Vilfredo Pareto）以及罗伯特·米歇尔斯（Robert Michels）。二战后为民主精英主义国家观发展时期，主要代表人物有约瑟夫·熊彼特（Joseph Schumpeter）、达尔等。

---

① 埃文斯，鲁施迈耶，斯考克波．找回国家［M］．方力维，莫宜瑞，黄琪轩，等译．北京：生活·读书·新知三联书店，2009.

② Laski H J. The Foundations of Sovereignty and Other Essays［M］. San Diego：Harcourt，1921.

③ 邓利维等人认为，多元主义者不使用“国家”一词的原因有三个：第一，多元主义者认为，国家概念是来自欧洲大陆的思想传统；第二，多元主义者认为，“国家”概念属于规范政治哲学的一部分，代表了政治学研究名声不佳的过去；第三，多元主义的知识旨趣在于民主政体的运行实践，而非有关国家本质的问题。参见：邓利维，奥利里．国家理论：自由民主的政治学［M］．欧阳景根，尹冬华，孙云竹，译．杭州：浙江人民出版社，2007：29.

④ 达尔．多元主义民主的困境：自治与控制［M］．周军华，译．长春：吉林人民出版社，2006.

20世纪见证了民主精英主义同义词的爆炸式增长，极简主义、经验主义、经济主义、程序主义、熊彼特主义、均衡主义，甚至“当代”主义……①相较于其他学派，精英主义者不是将国家制度而是将国家的统治者当作分析的起点和核心，从全新的角度考察了国家的政治过程。

一直以来，学界普遍认为精英主义者具有两种突出的气质：实证性与悲观性。就实证性而言，精英主义者的哲学基础就是实证主义，他们不太关注国家的目标、实质和意义，而只关注国家的实际是什么，因而其国家理论是对历史上和现实中的国家进行实证分析的结果。

精英主义者的第二个典型气质是悲观性。尽管有学者认为美国政治学界对精英主义者的悲观情绪在某种程度上是一种误解，并认为达尔对代议制政府的理解注入了乐观主义的气质②，但不可否认的是，精英主义者对民主以及自由主义的未来都持有一种消极的悲观的认识。

精英主义国家观的核心是激烈地批判所有民主理论和一切民主制度，倡导民主精英政治。正如达尔所言：精英主义的国家理论家是“对民主政治深感失望和表示怀疑的社会理论家”③。尽管以莫斯卡、帕累托和米歇尔斯为代表的意大利学派对民主政治的实现持悲观态度，但他们研究了精英统治政治进程的方式以及揭示了人类倾向精英统治的行为，这在某种程度上推进了民主理论和人民主权的实现。

3. 马克思主义国家观

马克思主义国家观可以分为经典马克思主义国家观与新马克思主义国家观。经典马克思主义国家观主要是马克思、恩格斯以及列宁等马克思主义者所阐发的国家理论。新马克思主义是20世纪70年代以来，一批国外学者试图按照其理解的马克思主义理论，对当代发达资本主义的社会现实做出的新的理论解释模式。

经典马克思主义国家观的观点主要来自马克思的《资本论》、恩格斯的《家庭、私有制和国家的起源》以及列宁的《国家与革命》。主要观点包括：第一，就国家的起源而言，国家是社会发展到一定历史阶段的产物，根源在于生产力与生产关系的矛盾运动；第二，就国家的本质而言，国家是表面上凌驾于社会之上的力量，是与社会相异化的力量，也就是和人民大众分离的公共权力；第三，国家的功能是缓和冲突，把冲突保持在“秩序”的范围以内；第四，就国家的消亡而言，国家是历史的产物，国家在社会发展到一定阶段会消亡。

新马克思主义国家观根据论证侧重点的不同大致分为工具主义国家理论、结构主义国家理论等。就工具主义国家理论而言，以拉尔夫·密里本德（Ralph Miliband）等人为代表的学者，从统治阶级与国家机器的相互关系出发，研究了发达资本主义国家的性质，指出资产阶级运用国家这一工具，更多地干预经济生活，更积极地发展高科技，目的是

---

①② Piano N. Revisiting Democratic Elitism: The Italian School of Elitism, American Political Science, and the Problem of Plutocracy [J]. The Journal of Politics, 2019, 81 (2): 524-538.

③ 达尔．现代政治分析［M］．王沪宁，陈峰，译．上海：上海译文出版社，1987：69.

提高全体资本家的利润，实现资产阶级的统治。[①] 詹姆斯·奥康纳（James O'Connor）和A. 考森（A. Cawson）等人从结构-功能的角度总结了国家的三项基本功能：维护秩序、促进资本积累和制造合法性。新马克思主义国家观的另一个显著特点是强调国家的相对独立性[②]，即国家是中立的，独立于统治阶级，或者国家有自己的独特逻辑，独立于经济基础。

马克思主义国家观与否定国家的阶级本质的自由主义理论传统是对立的，但新马克思主义国家观是在西方当代发达国家实践的基础上，对经典马克思主义国家理论进行的新阐释，兼有激进性与保守性。

二、公共选择学派与新制度主义学派的国家理论之争

20 世纪 60 年代，因政治的需要，加之经济学界回归政治自由主义的保守思潮，与经济自由主义、货币主义、拉弗曲线、供给经济学派遥相呼应的官僚和决策理论，形成了一股强劲的改革势力，促进了里根时代美国政府改革的私有化、分权化、市场化和政府部门的减税减员。在理论界，詹姆斯·M. 布坎南（James M. Buchanan）和戈登·图洛克（Gordon Tullock）两人合写的《同意的计算》，尝试用经济学理性“经济人”的假设来解释政治运作和决策的过程，开创了公共选择学派。

广义上的新制度主义发源于 20 世纪六七十年代的制度经济学派。自从詹姆斯·马奇（James Gardner March）和约翰·奥尔森（Johan P. Olsen）于 1984 年在《美国政治科学评论》杂志上发表《新制度主义：政治生活中的组织因素》一文以来，“新制度主义”一词在政治科学中就成为一个显性词汇。随着新制度主义的研究领域和分析途径的不断拓展，越来越多的人加入了这一研究领域，尽管如此，新制度主义研究阵营的壮大也带来了内在的方法、观点、理论的多元与混乱。新制度主义内在流派的划分也不统一，有七分法、四分法、三分法等。

新制度主义是在对公共选择学派诸多问题的批判基础上发展起来的，但二者对理论逻辑起点的假定以及方法论都不同于传统自由主义。二者的国家观集中体现在以下两个方面：

第一，国家（或政府）是抽象的或中立的吗？公共选择学派以及制度主义都认为国家也是一种组织，有自己的偏好，也要实现自身利益的最大化，即国家也是“经济人”。

公共选择学派从“经济人”假设出发，认为政府、政客或官僚等国家行为的体现者和执行者不是以公众利益的仁慈的代表面孔出现的。国家（或政府）与社会之间形成的是一种由各种错综复杂的具体利益斗争交织在一起的交易关系，而不是两个静态领域之间单纯的互动。

第二，国家到底是守夜人还是全能型的？公共选择学派代表人物布坎南对全能国家

---

① 密里本德．资本主义社会的国家［M］．沈汉，陈祖洲，蔡玲，译．北京：商务印书馆，1997；阿尔都塞．哲学与政治［M］．陈越，译．长春：吉林人民出版社，2003.

② 普朗查斯．政治权力与社会阶级［M］．叶林，等译．北京：中国社会科学出版社，1982.

持一种否定的态度。他从个人主义出发，以理性“经济人”为假设前提，援用经济学的相关理论提出了“政府失灵理论”，该理论主要指对政府可能会出现的不明智管理提出预防性思想，主张建立竞争性政府或财政竞争的政治结构。

新制度主义理论家将产权理论用于对国家职能的分析，试图超越传统国家角色的二元思维模式，深入国家的目标系统考察其内在冲突，提出了著名的“诺思悖论”①。诺思（North）将产权学派的国家理论运用于国家兴衰的比较研究，并从制度变迁的角度分析了国家的基本目的应该是确立博弈的基本规则。这些规则应该包括形成经济竞争与合作基础的产权结构规则和降低交易费用以使社会产出最大的规则。这两项规则之间存在冲突，而国家政治生活的重要主题就是如何在这两项规则之间取得平衡。

三、新兴思潮中国家观的发展

新兴思潮流派众多，这里选取最有影响力的女性主义国家观和绿色政治理论国家观进行梳理。

1. 女性主义国家观

国家有性别吗？以往的政治学研究对国家的性别问题一直是较为忽视的，而女性主义者则尝试聚焦于国家的性别问题，并由此构建了一种新的国家观。

在20世纪60—80年代，女性主义的思想已百花齐放、蓬勃发展。女性主义流派是在已有的理论体系的指导下结合女性主义的核心命题，探讨如何从国家结构、空间和私域等方面进行改革以促进女性平等权利的实现。但未发展出被广泛认同的国家理论，成为平权运动明显的困境之一。20世纪80年代之后，在保守主义的启发下，从后结构主义的视角出发，女性主义开始反思性别与国家之间的关系，提出了国家性别的概念，构建了女性主义国家观，其中最具代表性的是卡罗尔·佩特曼（Carole Pateman）的性别契约论、凯瑟琳·麦金农（Catharine A. MacKinnon）的国家物化论以及温迪·布朗（Wendy Brown）的国家创伤论。

佩特曼的性别契约论源自对卢梭的社会契约论的批判，她认为进入契约关系的其实是所谓的男性公民，而依照社会契约论生成的仍然是一个父权制国家。尽管佩特曼认为福利国家具有父权特质，但是她认为，福利国家的发展也带来了对父权权力的挑战，并为女性独立的公民权提供了基础。②

麦金农的理论建立在马克思主义和女性主义相互批判的基础上。麦金农提出了“个人的即政治的”的口号，认为女性的无力感主要来自她们对性别的内在体验，这是她们最首要的物化体验。因此她建议将意识觉醒作为发展女性主义的方法，通过女性对性别物化的日常体验的交流与反思来解释广泛的社会结构中的性别支配，并以此来瓦解主宰社会运行的男性化权力。

布朗认为，自由主义国家是有性别的，并不是因为它是受男性控制的或者明显地服

---

① 诺思．经济史中的结构与变迁［M］．陈郁，罗华平，等译．上海：上海人民出版社，1994.

② Pateman C. The Sexual Contract［M］. Stanford：Stanford University Press，1988.

务于男性的利益，而是说这个国家在它的气质和各个方面都是男性化的。① 布朗从四个维度阐述了自由主义国家内在男性化的问题，即自由主义维度、资本主义维度、特权维度以及官僚的维度。

女性主义的诉求尽管是争取性别平权，但其揭示的国家性别问题却另辟蹊径，颇为深刻，丰富了国家理论研究。

2. 绿色政治理论国家观

人类步入工业文明时代以来，人与自然之间应有的和谐共生状态就被彻底打破了，由此导致的生态环境危机是史无前例的。人类社会的政治价值追求、政治制度设计、政治体制运行，都必须尝试做出某种显著性改观，以从根本上应对生态环境问题，绿色国家思潮就是这一转变需要的产物。绿色政治理论国家观包含的内容很广，但从政治经济特征角度可将国内生产总值（gross domestic product，GDP）视为政治目标去特权化与利用国家确保环境保护两种信念之间的融合。②

绿色政治理论国家观的主要目标和关键功能是阐明生态民主。对传统自由民主制国家的批判是绿色国家理论的基础。自由民主依据人口和领土归属来定义人民，而绿色民主要求以受到某种特定决策伤害的潜在可能性来重新定义人民和共同体。它依据受影响原则，即“所有受到某种风险潜在影响的人应有机会参与或有适当代表能在相关问题的决策系统中”③，包括阶级、区域甚至未来人和其他物种。因此，绿色民主是一种为了受影响者的民主，而非由受影响者构成的民主。

绿色政治理论国家观还挑战了传统民族国家主权。绿色政治理论国家观学者认为世界体系本质上是霍布斯式的，民族国家总是将安全和经济问题置于生态考虑之上，而全球利益具有公共性，因国家间的“搭便车”效应很容易造成生态问题的“公地悲剧”，难以达成集体行动。

激进的绿色政治理论国家观学者认为绿色公共领域是去中心的、没有权威或组织支配的领域，消解国家及其等级制度建立去中心的、区域自治的无政府主义才可能是生态危机的出路。有绿色政治理论国家观学者主张将政治权力集中起来解决全球生态问题，例如艾克斯利（Eckersley）认为生态破坏等问题先于国家体系而产生，它们未必会随着国家的消亡而消失④，无政府主义式的消解国家或者集中民族国家权力两种道路以解决生态问题是不可取的，要改进现有国家管治结构，使国家权力更加民主和在生态方面更负责。

艾克斯利提出了对未来的绿色国家界定的构想。绿色国家首先是民主宪政国家，由“绿色宪法”管理；绿色国家是一个跨国机构，在自己的边界之外发展自己的主权和身份，并在出现共同的、跨国界的生态问题时对其他国家的公民承担责任；绿色国家不是

① Brown W. States of Injury：Power and Freedom in Late Modernity [M]. Princeton：Princeton University Press，1995.

② Eckersley R. The Green State：Rethinking Democracy and Sovereignty [M]. Cambridge：Massachusetts Institute of Technology Press，2004.

③ 艾克斯利．绿色国家：重思民主与主权 [M]. 郇庆治，译．济南：山东大学出版社，2012：77.

④ 同③111.

一个中立的组织，而是一个“有道德和民主责任的国家”，受“生态责任国家”的启发；绿色国家采用新的理论基础和新的能力来实现交流、社会和环境正义。[①]

第二节 全球国家实践的新议题

本节探讨了“国家”这一概念所面临的问题。国家一直是我们理解什么是政治的核心参考点。毕竟，对政治的研究就是对国家的研究。然而，国家作为一个概念，随着不断变化的国际环境和国内背景而继续发展。

一、国家与全球化

在一个全球化的世界里，我们把国家定位在哪里？在理解国际舞台上的权力动态时，国家是否仍有意义？国家是否仍然能够给每个国家的内部政治以认同？人们认为全球化的影响破坏了国家的权威和概念的完整性，这不仅体现在理解实践中的政治方面，而且体现在将政治研究作为一种学术努力的意义方面。

关于这个问题，有两个主流的思想流派。第一个流派认为，全球化使国家在国际舞台上的作用相形见绌。国家通常被认为是国际层面的主要行为者和决策者，这正是为什么每当我们谈到在具体的国际问题上的行动或不行动时，我们都会把它们称为国家的行为。例如，美国退出了一项国际承诺，而中国则在倡导一项国际事业方面发挥了领导作用。然而，随着全球化的发展，国家之间不再是相互孤立的；也就是说，国家之间的相互联系比它们想象的要多。因此，一个国家的决定不仅会影响其人民，而且更有可能影响该地区甚至世界上的其他国家。[②] 全球化的相互关联性意味着国家不仅仅是自己决定的行为者，而且是能够拉动国际舞台上其他行为者的关系链的一部分。一个国家的行动就不能纯粹是为了自我保护。现在，一个国家同样要对其行动将如何影响全世界的其他国家和行为者负责。任何后果，无论是因为一个国家的固有弱点还是因为政策制定不当，都会影响到其他国家。[③] 然而，国际上通行的准则是国家之间互不干涉。

第二个流派认为，全球化赋予国家权力。支持第一个流派的论点可以被用来证明第二个流派的观点。在一个全球化的世界里，国家并没有被削弱，反而得到了增强。[④] 在前全球化时代，国家被视为个体行为者，可以独立决定自己的命运。然而，在全球化的背景下，一个国家对其他国家的影响甚至更加巨大，例如，一个国家可以影响其他国家和

---

① 艾克斯利．绿色国家：重思民主与主权［M］．郇庆治，译．济南：山东大学出版社，2012.

② Carmody P，Hampwaye G，Sakala E. Globalisation and the Rise of the State? Chinese Geogovernance in Zambia［J］. New Political Economy，2012，17（2）：209－229.

③ Moore M. Globalisation and Power in Weak States［J］. Third World Quarterly，2011，32（10）：1757－1776.

④ Weiss L. The State-augmenting Effects of Globalisation［J］. New Political Economy，2005，10（3）：345－353.

行为体在行动领域的决定。

此外，加入不同国家的“势力”，最初被认为是使国家变得不那么强大，但现在却给了国家更多的权力。例如，在东南亚，东南亚国家联盟（ASEAN）授权其成员国对地区经济和政治采取决定性的行动。① 这些国家没有单独的权力，但它们可以集体地制定适用于所有成员国的政策。通过全球化，各国可以更加自信地决策和意识到自己的主权权力。②

关于其概念价值，认为国家不再是政治学术研究中的有效分析单位可能并不恰当。毕竟，国家仍然是有组织的、重要的政治行为体，国家制定政策、进行谈判、提出要求。尽管学者们对国家的重要程度可能有不同意见，尤其是在全球化的背景下，但国家是政治分析中不可替代的概念。

二、民族国家与政治转型

诚然，随着国际和国内政治格局的变化，国家成为政治中的关键角色，其作用和重要性也发生了变化。③ 在概念上，对国家概念的限制和批评来自政治光谱的不同立场。

政治右派，特别是新自由主义的追随者，声称国家一直“制约着现代文化和资本主义中个人的必要活力，是不道德行为和衰退的根源”④。国家已经变得“更大”，因为它现在处理的事务限制了个人的选择和自由。新自由主义者认为，过度的税收、对企业的控制和对社会服务的过度支出损害了资本主义制度，而资本主义制度应该自由运作。尽管国家试图“倒退”，减少其在社会和经济事务中的“手”，但国家不断扩大官僚机构，增加其对公民活动的监控。

对于左派，特别是后现代理论家来说，他们对国家主张其权威的抵制是以哈贝马斯（Habermas）所说的“技术官僚的合法化危机”为前提的。⑤ 现代国家是由技术官僚——他们的官僚机构——统治的，因此在决策和政策制定过程中把政治的作用放在一边。这样国家就会变得过于机械，只是作为一个纯粹的行政科学逻辑的机器，而没有政治考虑。因此，左派的批评集中在国家能力和意义的减弱上。

事实上，国家不再被认为是社会中唯一的权力承担者。传统政治认为，国家是政治权力的前沿和中心。现在，随着更多的政治行动者宣称他们在政治中的地位并参与政治事务，国家的权力和影响面临着同样的挑战。在福柯权力理论的指导下，许多新的社会运动已经出现，以挑战国家在决定公民命运方面的主导地位。⑥ 正如达尔在他的民主模式

---

① Beeson M. Sovereignty under Siege：Globalisation and the State in Southeast Asia ［J］. Third World Quarterly，2003，24（2）：357－374.

② Gainsborough M. Globalisation and the State Revisited：A View from Provincial Vietnam ［J］. Journal of Contemporary Asia，2007，37（1）：1－18.

③ Axtmann R. The State of the State：The Model of the Modern State and Its Contemporary Transformation ［J］. International Political Science Review，2004，25（3）：259－279.

④ Drake M. Political Sociology for a Globalizing World ［M］. Cambridge：Polity Press，2010：73－74.

⑤ 埃德加．哈贝马斯：关键概念［M］．杨礼银，朱松峰，译．南京：江苏人民出版社，2009.

⑥ Jimenez-Anca J J. Beyond Power：Unbridging Foucault and Weber ［J］. European Journal of Social Theory，2013，16（1）：36－50.

中所设想的那样，政治中的这种多元行为体使得国家只是社会众多行为体中的一个，尽管国家仍然是更有权威的一个。①

新社会运动的兴起是否取代了国家？新社会运动作为国家的替代行动者并没有取代国家。相反，这些运动寻求对国家的补充。当然，国家和社会行动者之间的这种合作不应该被视为不同行动者之间的简单结合。社会行为体，如社会运动，提供了与国家的关键合作。然而，在极端情况下，社会行为体可能试图取代国家，特别是当国家未能提供公民的最低期望时。为了防止这种情况出现，在理想的情况下，国家会采取措施，防止或预先阻止对其权力的任何挑战的发生。

三、国家影响力与政府治理

不可否认的是，国家在国际和国内事务中的角色发生了变化，但国家仍然是一般政策领域的基本行为者。从政府到治理的范式转变，为国家重新获得其在政治生活中的影响力和中心地位提供了机会。

早先认为国家就是政府及其机构的运作，这种想法已经受到了更多的政治动态观点的挑战。从本质上讲，政治被认为超越了国家的范围。多元论者认为，国家只是社会众多行为体中的一个，因此，它不能像人们所理解和设计的那样垄断权力。在某种程度上，这使国家失去了对政府运作的完全控制。

在论证"多元化国家"的过程中，学者们得出了"治理"的概念，并将"治理"作为理解国家内部政治动态的一种革命性手段。治理并未完全将政府从等式中移除。然而，随着治理的推进，国家并不只依赖政府本身。相反，国家看到了政府和非政府行为者之间的合作。治理强调政府与公民在创造有意义的变化和改进方面的共同责任，特别是在向社区提供服务方面。简而言之，政府并不是在做决定时应该考虑的唯一实体。② 与以往由政府做出决定并执行这些决定的做法相反，在治理框架下，所有参与的行为者不仅是参与者，也是治理国家的积极伙伴。这正是为什么在世纪之交，国家的叙事明显地集中在治理上。

随着国家对治理的重视，也有人认为，政府在治理中的中心地位的转变，反而加强了国家在治理中的影响力，对治理的重视丝毫没有削弱国家的作用。在这个过程中，国家甚至变得更加重要。国家通过其政府，能够控制哪些方面可以分配给其他行为者，与其他参与者分享，并完全在国家内部进行。③ 在两个竞争的利益相关者之间的冲突中，国家裁决并决定谁能以及谁不能得到份额。治理不是一个限制国家履行其职能的框架，而是国家确保每个人都能在建设更美好社会的责任中分得一杯羹的手段。毕竟，国家仍然

---

① Bailey M, Braybrooke D, Robert A. Dahl's Philosophy of Democracy, Exhibited in His Essays [J]. Annual Review of Political Science, 2003, 6 (1): 99-118.

② Börzel T A, Risse T. Governance without a State: Can It Work? [J]. Regulation & Governance, 2010, 4 (2): 113-134.

③ Bell S, Hindmoor A. Rethinking Governance: The Centrality of the State in Modern Society [M]. Cambridge: Cambridge University Press, 2009: 2-3.

要通过公众的持续同意来拥有权力。

第三节　中国特色的国家理论：国家治理体系和治理能力现代化

西方经典的国家理论以国家自身的产生、发展与消失为主要内容，比如从发生学意义上讨论国家的起源问题，从战争中的强制-资本构造解释国家的形成，如此种种，充分展示了西方国家理论关照国家自身的一面，而忽略了国家自身建设之外的其他方面。在以人民当家作主为主要特征的社会主义中国，国家的产生与运行始终与政党发展息息相关，在政党的引领下，国家具有自身的使命感和主动性，从而使得中国特色的国家理论具有强烈的国家中心、政党国家的特征。

一、以“党的领导”为要核的国家治理理论

西方经典的国家理论常常以“社会契约论”“坐寇论”“看不见的手”等观点出现，这种解释路径大多数从个人主体、理性主义的视角展开演绎，而极少从整体性的视角讨论国家的角色和功能。在西方经典国家理论中，国家总是作为因变量存在，一直到“找回国家”学派提出国家自主性的概念，国家作为一种约束性因素被纳入考量范围，然而这种由因变量到自变量的翻转并不能真正有助于解释一个大规模国家快速发展的奥秘。只有在意识到国家自身的主体性、国家能力的主动性的情况下，认识到中国共产党在国家建立、发展过程中的重要作用，我们才能更好地理解中国历史上的政治变迁和现实中的政治实践。

“国家治理”在党的十八大之前常常以政策术语的形式呈现，而后在理论界的努力下，“国家治理”形成了一套理论化的话语体系。国家治理理论综合了经典国家理论对国家的关注和治理理论对社会治理现实的关注，是一种面向现实而非抽象演绎的国家理论。国家治理理论区别于西方主流话语对国家自身内生性建构的阐释逻辑，转而以整体性的视野关注人民群众在不同领域、不同层级的治理需求，遵循一套“人民的需要—满足人民的需要—面向人民的国家治理”的演进脉络，始终从人民群众的需要出发，这与社会主义社会的主要矛盾的新的论断是契合的，体现了国家治理理论面向现实世界的一面。国家治理理论由两方面构成，一是国家治理体系，二是国家治理能力，两者兼顾了国家治理理念中“结构-机制”的两个层面，两者并非孤立的，而是相辅相成的。

在国家治理理论中，“党的领导”是中国特色社会的国家理论的要核。党治国家，作为一种中国国家建设的现代化方案，是理解意识形态内容、特征及其变迁的关键维度。[①]中国走过的现代化道路具有明显的政治主导型现代化的特征[②]，是一种党治国家导向型的

① 邹谠．中国革命再阐释［M］．香港：牛津大学出版社，2002：69.

② 陈明明．在革命和现代化之间：关于党治国家的一个观察与讨论［M］．上海：复旦大学出版社，2015：26.

现代化道路。"党的领导"表现为三种形态，一是党建国形态。20 世纪以来的中国革命，把重建中央权威的历史任务赋予了中国共产党。[①] 1949 年，中国共产党凭借强大的军事政治力量，摧毁了旧国家的社会政治结构，建立起相对完备的国家政治与行政体系，改变了晚清以来国家无力深入渗透社会、中央政府政令无法贯彻基层的局面，为中国的现代化和现代国家建设奠定了坚实的政治基础。在这个过程中，党的组织以及党所掌控的巨大的政治权力成为重组中国社会、推进工业化和现代化的决定性因素。[②] 二是党导国形态，即中国共产党领导下的国家治理。中国共产党在革命、建设、改革的过程中，创造性地建构了以人民为中心的治理观的价值基础、动力基础、主体基础、制度基础和绩效基础，体现了问道于民、问需于民、问力于民、问计于民、问效于民的复合特征，探索出了一条中国共产党领导国家治理现代化的发展新路。[③] 三是党兴国形态，即中国共产党领导中华民族走向复兴，在革命、建设和改革的不同时期，"坚持党的领导是当代中国的最高政治原则，是实现中华民族伟大复兴的关键所在"[④]。中国共产党领导中国的过程，也是中国共产党引领国家治理实践形态不断演进的过程。

因而，在以"党的领导"为主要特征的中国特色的国家理论中，党的建设占据重要地位。在掌握国家政权的条件下，党的领导核心地位一方面通过对整个社会主义事业的政治领导来体现，另一方面则通过以党的领导为核心的国家政权对社会主义建设的有效实践来体现。也就是说，在建设和发展社会主义的实际政治过程中，党的领导在很大程度上是通过领导和有效运作国家政权来展开的，即通过执政展开的。[⑤] 党的领导需要党的执政水平来保障，全面从严治党的核心是发展党的先进性。[⑥] 在新时代的背景下，以党的建设强化党的领导，从而促进国家治理的良性运行，是完善国家治理体系和提升国家治理能力的主要路径。

二、国家治理体系与法治国家建设

国家治理理论采取的整体性的视角，既关注国家的主体性，也关注国家内部要素的整全性。国家治理理论以国家治理体系为结构基础、以整体性治理为主要方式、以法制为保障框架。

首先，国家治理理论以国家治理体系为结构基础。国家治理体系是在党的领导下管理国家的制度体系，包括经济、政治、文化、社会、生态文明和党的建设等各领域体制机制、法律法规安排，也就是一整套紧密相连、相互协调的国家制度，是规范社会权力运行和维护公共秩序的一系列制度和程序，它包括规范行政行为、市场行为和社会行为

---

① 陈明明．新时代的政党建设：战略目标与行动逻辑［J］．治理研究，2018，34（1）：28-37.

② 邹谠．中国革命再阐释［M］．香港：牛津大学出版社，2002：2-7.

③ 唐亚林．以人民为中心的治理观：中国共产党领导国家治理的基本经验［J］．中国行政管理，2021（7）：6-13.

④《党的十九大报告辅导读本》编写组．党的十九大报告辅导读本［M］．北京：人民出版社，2017：14.

⑤ 林尚立．领导与执政：党、国家与社会关系转型的政治学分析［J］．毛泽东邓小平理论研究，2001（6）：37-44.

⑥ 张希贤．论党的建设新阶段：全面从严治党［J］．理论探索，2015，212（2）：13-16.

的一系列制度和程序，政府治理、市场治理和社会治理是现代国家治理体系中三个最重要的次级体系。① 国家治理体系是一个多领域、多层次的体系，涉及面广，层次多元。

其次，国家治理具有整体性治理的特征。国家治理体系是由政治权力系统、社会组织系统、市场经济系统、宪法法律系统、思想文化系统等构成的有机整体，这一有机整体包括治理理念、治理制度、治理组织和治理方式四个层次。② 国家治理体系是一个制度体系，分别包括国家的行政体制、经济体制和社会体制。有效的国家治理涉及三个基本问题：谁治理、如何治理、治理得怎么样。这三个问题实际上也就是国家治理体系的三大要素，即治理主体、治理机制和治理效果。现代国家治理体系是一个有机、协调、动态和整体的制度运行系统。③ 从我国的实际情况来看，"五位一体"总体布局、"四个全面"战略布局等制度实践，体现了国家治理的整体性、协调性。

最后，法治国家建设为国家治理体系提供了法制保障。国家治理体系包括人民代表大会制度这一保证人民当家作主的根本政治制度，中国共产党领导的多党合作和政治协商制度、民族区域自治制度、基层群众自治制度的基本政治制度，中国特色社会主义法律体系，公有制为主体、多种所有制经济共同发展，按劳分配为主体、多种分配方式并存，社会主义市场经济体制等社会主义基本经济制度，等等。依法治国与国家治理是相互作用、相辅相成的关系。依法治国是推进国家治理现代化的重要内容和主要途径，而法治是国家治理体系和国家治理能力的重要依托，在法治轨道上推进国家治理体系和治理能力现代化具有重要意义。无论是党的建设，还是经济、政治、文化、社会、生态文明等建设，都需要在法制的规范下实施，做到"依法治国"。

"党的领导"为国家治理提供了宏观框架，而国家治理体系为国家治理提供了整体性治理的结构基础。

三、国家治理能力与政府善治

国家治理的理想状态，就是善治。而善治状态的实现，需要国家治理能力的提升。

国家治理能力是实现政府善治的能力保障。在中国传统政治思想中，国家治理通常是指统治者的"治国理政"，其基本含义是统治者治理国家和处理政务。西方的"治理"（governance）概念原为控制、引导和操纵之意。20 世纪末，西方学者赋予了"治理"新的含义，主张政府放权和向社会授权，实现多主体、多中心治理等政治和治理多元化，强调弱化政治权力，甚至去除政治权威，企望实现政府与社会多元共治、社会的多元自我治理。④ 而国家治理能力则是运用国家制度管理社会各方面事务的能力，包括改革发展稳定、内政外交国防、治党治国治军等各个方面。只有在国家制度不断完善的情况下，制度对于政府善治发挥的效用才会越高，从而实现政府善治的状态。

① 俞可平．推进国家治理体系和治理能力现代化［J］．前线，2014（1）：5－8，13.

② 许耀桐，刘祺．当代中国国家治理体系分析［J］．理论探索，2014（1）：10－14，19.

③ 同①.

④ 王浦劬．国家治理、政府治理和社会治理的含义及其相互关系［J］．国家行政学院学报，2014（3）：11－17.

制度建设是实现国家治理能力现代化的战略选择。制度质量是衡量和决定国家治理现代性的关键变量，现代国家制度是国家治理的有效基石。优良的现代国家制度体系是现代国家治理体系的基本构成要素，有序推进现代国家制度建设是中国国家治理能力现代化的基本路径。加强党的执政能力建设，以经济、政治、文化、社会和生态文明五大领域的现代国家制度建设为重点，着力培育市场、社会主体和公民的自主治理能力，构建国家、市场、社会三者之间的多元共治模式，是中国国家治理能力现代化的战略选择。[①] 制度建设在静态层面为提升国家治理能力提供了基础，但是在动态层面需要在过程、程序上提升国家治理能力。

全过程人民民主是提高国家治理能力的主要途径。“全过程人民民主”是人民民主价值与制度框架在操作层面的具体化运用，通过利益需求满足、透明公开参与、理性协商共识、制约监督纠错的链式内在有机互动方式，将人民的需求、人民的参与、人民的协商、人民的监督有机统一起来，实现了将人民民主所追求的民主性质与民主运行的质量有机结合的目标。[②] 在中国共产党的领导下，人民民主在中国取得了跨越式发展，为深化理解中国式民主并创新当代民主理论提供了一个新视窗。时至今日，中国式民主体现出了全过程性的特点，在巩固全过程人民民主的广泛性中夯实其制度之基，在彰显全过程人民民主的充分性中强化其制度之实，在践行全过程人民民主的健全性中凝聚其制度之力。[③] 在制度建设不断推进的同时，推进全过程人民民主，将制度的效能在社会层面释放出来，从而实现政府善治的目标，推进国家治理能力现代化。

国家治理体系和治理能力是一个有机整体，相辅相成，有了好的国家治理体系才能提高治理能力，提高国家治理能力才能充分发挥国家治理体系的效能。只有在不断完善国家治理体系、梳理好国家治理体系的要素间关系的基础上，通过静态的制度建设和动态的全过程人民民主，在国家治理体系和国家治理能力的双向互动中，不断深入推进国家治理体系和治理能力现代化的进程。

参考文献

周艳．迈克尔·沃尔泽多元主义正义论述评［J］．新美术，2022，43（2）：254－258.

张美．多元主义国家观与马克思主义国家观的比较研究：基于对民主与专政关系的不同认识［J］．中共乐山市委党校学报，2016，18（4）：47－49.

张美．多元主义国家观与马克思主义国家观的比较［J］．濮阳职业技术学院学报，2016，29（6）：11－13.

臧思硕．评析多元主义与精英主义［J］．华章，2014（3）：18.

---

① 李放．现代国家制度建设：中国国家治理能力现代化的战略选择［J］．新疆师范大学学报（哲学社会科学版），2014，35（4）：29－35.

② 唐亚林．“全过程民主”：运作形态与实现机制［J］．江淮论坛，2021（1）：68－75.

③ 亓光．全过程民主：中国共产党治国理政的思维变革与政治逻辑［J］．社会科学研究，2021（2）：1－8.

黄一映．不同国家观的科层样态治理比较［J］．学习论坛，2015，31（5）：51－54.

赵雪．浅析多元主义国家观［J］．社科纵横（新理论版），2010，25（4）：161－162.

严荣，程全军．论多元主义的国家理论［J］．社会科学论坛（学术研究卷），2008（9）：56－60.

马超．马克思主义国家观教育增进西藏各族群众对伟大祖国认同的内在逻辑［J］．西藏大学学报（社会科学版），2022，37（1）：238－244.

胡乐明，王杰．非自愿性、非中立性与公共选择：兼论西方公共选择理论的逻辑缺陷［J］．经济研究，2020，55（12）：182－199.

陈人江．公共选择理论：新自由主义的国家观及其失败［J］．长江论坛，2016（6）：37－42.

田栋．国家自主性理论与历史制度主义的理论内涵［J］．学习论坛，2013（6）：40－43.

张启强．布坎南国家观述评［J］．东南学术，2006（5）：41－46.

唐士其．整体性理解中的国家与社会：新制度主义的视角［J］．国际政治研究，2006（3）：105－118.

蒋雅文．新制度主义中国家理论的争论与发展［J］．经济评论，2004（6）：73－75，82.

许红兵，张瑞．新制度主义国家观与马克思主义国家观之比较［J］．前沿，2002（3）：9－13.

胡永佳．新制度主义国家理论述评［J］．政治学研究，1997（4）：89－92.

包玉娥．政治学研究的永恒主题：国家［J］．南京大学学报（哲学·人文科学·社会科学版），1997（1）：152－158.

程秀英．国家的性别：西方女性主义国家理论选评兼论其在中国的运用［J］．学海，2017（4）：94－100.

郇庆治．当代西方生态资本主义理论［M］．北京：北京大学出版社，2015.

刘贺青．生态文化理论视角下的绿色国家理论［J］．鄱阳湖学刊，2016（1）：21－33，125.

李泊言．绿色政治：环境问题对传统观念的挑战［M］．北京：中国国际广播出版社，2000.

赵闯．绿色政治对传统政治的挑战［J］．中南大学学报（社会科学版），2006，12（5）：6.

邹谠．中国革命再阐释［M］．香港：牛津大学出版社，2002.

陈明明．在革命与现代化之间：关于党治国家的一个观察与讨论［M］．上海：复旦大学出版社，2015.

陈明明．新时代的政党建设：战略目标与行动逻辑［J］．治理研究，2018，34（1）：28－37.

唐亚林．以人民为中心的治理观：中国共产党领导国家治理的基本经验［J］．中国行政管理，2021（7）：6－13.

林尚立．领导与执政：党、国家与社会关系转型的政治学分析［J］．毛泽东邓小平理论研究，2001（6）：37－44.

张希贤．论党的建设新阶段：全面从严治党［J］．理论探索，2015（2）：13－16.

俞可平．推进国家治理体系和治理能力现代化［J］．前线，2014（1）：5－8，13.

许耀桐，刘祺．当代中国国家治理体系分析［J］．理论探索，2014（1）：10－14，19.

王浦劬．国家治理、政府治理和社会治理的含义及其相互关系［J］．国家行政学院学报，2014（3）：11－17.

李放．现代国家制度建设：中国国家治理能力现代化的战略选择［J］．新疆师范大学学报（哲学社会科学版），2014，35（4）：29－35.

唐亚林．"全过程民主"：运作形态与实现机制［J］．江淮论坛，2021（1）：68－75.

亓光．全过程民主：中国共产党治国理政的思维变革与政治逻辑［J］．社会科学研究，2021（2）：1－8.

艾克斯利．绿色国家：重思民主与主权［M］．郇庆治，译．济南：山东大学出版社，2012.

埃德加．哈贝马斯：关键概念［M］．杨礼银，朱松峰，译．南京：江苏人民出版社，2009.

Moruzzi S. Diaphonic Pluralism：From Truth Pluralism to Disagreement Pluralism［J］．Synthese，2022，200（5）：398.

Joustra R J. The Coordinates of Covenantal Pluralism：Mapping Pluralist Theory in the 21 Century［J］．The Review of Faith & International Affairs，2020，18（4）：18－34.

Schurnaker P. Group Involvements in City Politics and Pluralist Theory［J］．Urban Affairs Review，2013，49（2）：254－281.

Klak T. Multidimensionality in State Policy and Programs：A Critique of Pluralist State Theory［J］．Environment and Planning C：Government and Policy，1989，7（4）：471－474.

Idi A，Abdullah I，Pulungan J S，et al. Pluralistic Nations and Preventing the Ethno-religious Divergences in Southeast Asia［J］．Journal of Critical Reviews，2020，7（12）：330－337.

Krisch. Who is Afraid of Radical Pluralism? Legal Order and Political Stability in the Postnational Space［J］．Ratio Juris，2011，24（4）：386－412.

Brown B. "The People Do Not Understand"：R. Ḥayim Hirschensohn and Political Elitism in Modern Judaism（The Vilna Gaon，Rabbi N. Ts. Y. Berlin，IB Levinsohn，and Herzl）［J］．Harvard Theological Review，2022，115（3）：441－465.

Racsko P. Blockchain and Democracy［J］．Society and Economy，2019，41（3）：353－369.

Archer A，Cawston A. Celebrity Politics and Democratic Elitism［J］．Topoi，2022，41（1）：33－43.

Piano N. Revisiting Democratic Elitism：The Italian School of Elitism，American Political Science，and the Problem of Plutocracy [J]. The Journal of Politics，2019，81 (2)：524 - 538.

Khachaturian R. The Marxist Conception of the State：A Contribution to the Differentiation of the Sociological and the Juristic Method [J]. New Political Science，2021，43 (1)：119 - 122.

Colletti L. Marxism and Hegel [M]. London：Verso books，1973.

Li C F. The Marxist Theory of the State and National Identity [J]. Social Sciences in China，2014，35 (2)：124 - 138.

Berg A V D. The immanent Utopia：From Marxism on the State to the State of Marxism [M]. London：Routledge，2018.

Choat S. Politics，Power and the State：A Marxist Response to Postanarchism [J]. Journal of Political Ideologies，2013，18 (3)：328 - 347.

Henry J. The Theory of the State：The Position of Marx and Engels [J]. Forum for Social Economics，2008，37 (1)：13 - 25.

Connell R W. The State，Gender，and Sexual Politics：Theory and Appraisal [J]. Theory and Society，1990，19 (5)：507 - 544.

Young S C. The Different Dimensions of Green Politics [J]. Environmental Politics，1992，1 (1)：9 - 44.

Duit A，Feindt P H，Meadowcroft J. Greening Leviathan：The Rise of the Environmental State? [J]. Environmental politics，2016，25 (1)：1 - 23.

Smith M. Against Ecological Sovereignty：Agamben，Politics and Globalization [J]. Environmental Politics，2009，18 (1)：99 - 116.

Carmody P，Hampwaye G，Sakala E. Globalisation and the Rise of the State? Chinese Geogovernance in Zambia [J]. New Political Economy，2012，17 (2)：209 - 229.

Mick M. Globalisation and Power in Weak States [J]. Third World Quarterly，2011，32 (10)：1757 - 1776.

Weiss L. The State-augmenting Effects of Globalization [J]. New Political Economy，2005，10 (3)：345 - 353.

Beeson M. Sovereignty under Siege：Globalisation and the State in Southeast Asia [J]. Third World Quarterly，2003，24 (2)：357 - 374.

Gainsborough M. Globalisation and the State Revisited：A View from Provincial Vietnam [J]. Journal of Contemporary Asia，2007，37 (1)：1 - 18.

Axtmann R. The State of the State：The Model of the Modern State and Its Contemporary Transformation [J]. International Political Science Review，2004，25 (3)：259 - 279.

Drake M S. Political Sociology for a Globalizing World [M]. Cambridge：Polity，2010.

Jiménez-Anca J J. Beyond Power：Unbridging Foucault and Weber [J]. European

Journal of Social Theory，2013，16（1）：36－50.

Bailey M，Braybrooke D. Robert A. Dahl's Philosophy of Democracy，Exhibited in His Essays［J］. Annual Review of Political Science，2003，6（1）：99－118.

Börzel T A，Risse T. Governance without a State：Can It work?［J］. Regulation & Governance，2010，4（2）：113－134.

第二章
政党政治

政党和政党活动的出现早于政党政治理论的产生。政党的起源往往可以追溯到18世纪欧洲和北美地区国家中产生的以参与竞选为目标的组织化团体，而政党从诞生开始，便带上了“有组织的异议者”的标签。18世纪启蒙思想家将个人权利和统一主权的概念带入了政治建构议程之中，与此同时，国家和民族理念全面上升，显著地改变了人们对政党政治的理解。政党逐步从政治理论和实践上抛弃了分裂性、区域性、特殊性的属性，作为民主政治和国家治理双重视域中的关键主体重回理论场域。

关于现代政党政治的开端有三种基本论断。一是认为政党政治起源于英国光荣革命时期派生出的“辉格党”与“托利党”两个派别；二是认为政党政府的起源是英国民主时期的到来，政党政治的起源并不是政党本身的起源，而是议会外政党组织的起源；三是认为政党政治的宽容思想是在宗教自由扩展到政治自由的基础上诞生的。在奉行自由主义和多元主义世界观的政治文明中，政党政治是宪制政府的重要构成：一个负责任的政府、具有真实性的选举和作为次体制的多个政党的建立，共同塑造了现代的民主政府。[①] 随着新兴民主国家融入时代发展的浪潮，社会主义国家的政党体制在民族革命和现代国家建构中取得了世人瞩目的成就，在此基础上形成的理论资源极大地扩充了政党政治理论的内容。

政党进入现代政治科学的经验视野，为政党政治研究在比较研究领域的发展带来了丰富的资源。民主与治理构成了考察政党政治理论和实践的两重范式。在民主的政治理论中，最为一致性的观点是，政党的兴起是现代政府的主要特征之一，政党缔造了民主政府。政党创造了现代民主政治，在选民与立法权之间搭建起了桥梁。在英、美国家的政治经验中，政党政治的发展与代议制政府的建立和普选权扩大的历史进程紧密联结。相较于民主的范式，治理范式中的政党政治发展更加注重政党体制与政治合法性、政治稳定、现代化发展和国家治理的关系。治理范式突破了民主框架中政党政治理论对后发国家政治经验的

---

① 萨托利．政党与政党体制［M］．王明进，译．北京：商务印书馆，2006：48.

排他性，带来了更多样化的政党政治实践与理论发展的潜力。

第一节　政党政治理论的新发展

对于政党和政党体制的界定类型化研究在20世纪60年代得到了长足的发展，这得益于全球范围的民主转型带来的政党政治代兴。在以美国和主要欧洲国家为主要经验样本所产生的科学知识中，政党政治理论围绕着政体、政党体制、选举制、社会结构等主要范畴展开。此外，政党的社会结构基础、意识形态来源、对政体合法性的态度、有效统治和有效治理等维度被纳入考察政党政治的视野之中。① 伴随着政党政治经验的不断丰富，政党政治理论在民主政治框架中有了开拓性的进展。

一、民主政治理论中的政党

在由代议制政府和选举制度构成的现代民主框架中，政党成了关键的构成部分。政党的存在使得公民可以通过特定的选举和表达程序解决公共问题，政党为了持久地保持公民利益的代表性则积极建立稳定的组织，有效地积聚资源并进行广泛的社会动员，也正是现代民主基本价值确立起了政党政治的基础意义。

正如政党政治理论家指出的那样，“在代议制民主国家，几乎所有的选举竞争和议会活动都围绕着组织良好的政党展开”②。民主范式中的政党政治理论大体内生于“选举-政党竞争-民主”这一总体框架。在这一总体框架之中，方法论的创新带来了政党政治理论的发展。

其一，对于政党政治展开制度主义视角的考察是最为基本的理论路线，“讨论国家的政党制度是有意义的，即关于政党的数量、规模和意识形态偏好”③。制度主义者高度关注政体、宪法规则、选举制度、政党组织等制度构成。其二，在以李普塞特为代表的社会学研究视角中，工业革命和民族革命带来的结构性社会冲突推动了普选制的产生和政党体制的变迁。其三，行为主义者更加关注投票行为和政党活动的实证研究，聚焦于政党认同，来源于阶级、宗教或种族身份的群体忠诚，政党领导人，以及对政党竞争策略的考察。其四，新制度主义学派发展出了以理性为基础的政党政治理论，从理性的角度建立起了选民行为和政党活动的关联性研究，其基本假设是政党为了在选举中赢得更多选票会诉诸立场、策略和行动模式来尽可能地争取选民的支持。在不同的方法论范畴中发展出了具有重要科学

① 李普塞特、韦尔等人从政治社会学的角度将政党政治功能和模式的研究深入社会结构和文化结构之中。参见：李普塞特．共识与冲突［M］．张华青，译．上海：上海人民出版社，2011；韦尔．政党与政党制度［M］．谢峰，译．北京：北京大学出版社，2011.

② Boix C. The Emergence of Parties and Party Systems［M］//Boix C，Stokes S C. The Oxford Handbook of Comparative Politics. Oxford：Oxford University Press，2009：500.

③ 同②501.

意义的政党政治理论。

政党模式理论。政党模式分类是政党理论的基本方面，传统的分类方式是根据一个国家能够掌握政权的政党数量和竞争模式进行分类，以萨托利的政党模式分类为代表。这种分类方式建立在对代议制政府竞争型选举机制的认同和对一党制政党模式的质疑上。[①] 根据国家和政体类型进行的政党模式分类，划分出了社会主义国家政党模式和资本主义国家政党模式，以及依据民主模式划分出了共和主义民主、自由主义民主、精英民主政党模式。[②] 政党政治实践的不断发展，产生了更多政党模式理论，其中，对 21 世纪政党政治研究具有重要指导性意义的是理查德・卡茨（Richard Katz）和彼得・梅尔（Peter Mair）根据政党与国家关系类型提出的精英型政党、群众型政党、全方位政党和卡特尔政党，其中，卡特尔政党理论解释了欧洲国家政党政治的发展。[③]

政党行为理论。在安东尼・唐斯（Anthony Downs）提出的“中间投票人理论”[④] 的基本逻辑中，政党和政治家为了能在选举中获得成功，便需要采用中庸的政党纲领吸引更多的选票。然而在对 20 世纪后半期的欧洲政党政治的观察中，梅尔提出，“政党分歧和左右反对派仍然在决策过程中发挥着重要作用”[⑤]，在唐斯理论的指导下，政党不断修正自己的政策和意识形态立场，反而导致了政党责任模糊和社会信任下降等问题。有关政党行为的代表性研究一方面围绕政党的竞选议程展开，聚焦于政党的民意聚合机制以及民众和政党的“委托-代理”机制；另一方面聚焦于政党代表性问题，关注政党政策、政党精英行为，以及欧洲主流政党与反对党竞争行为模式。另外，欧洲出现了越来越多由多个政党和政党集团联合执政的现象，“政党联盟”内部的力量平衡和政策制定也构成了政党行为研究的一个重要部分。

政党适应性理论。新政党的产生引发了欧洲国家政党体制的危机，同时民主国家普遍面临着民主发展和巩固的问题，这些原因激发了关于政党适应性的理论讨论。就欧洲政党适应性研究而言，李普塞特和罗肯用“冰点论”（the freezing hypothesis）来描述民主国家政党异乎寻常的稳定性和持续性，而这一论断遭遇了新政党和反体制政治群体兴起的巨大冲击。[⑥] 由此也产生了诸如邦尼・马吉德（Bonnie M. Meguid）提出的利基政党理论[⑦]，用以解释绿党、民族主义政党和右翼民粹政党的产生对原有政党体制的影响。亨廷顿提出了关于政党体制适应性的命题，并提出在现代化过程中面对政党体制稳定性挑战的国家，扩大政治参与以及同化新政治力量的能力是促进长治久安的重要指标。[⑧]

---

① Sartori G. Parties and Party Systems：A Framework for Analysis［M］. Harbour House：ECPR Press，2005.

② 卡茨，克罗蒂．政党政治研究指南：上册［M］. 吴辉，译．南京：江苏人民出版社，2020：76.

③ Katz R S，Mair P. Changing Models of Party Organization and Party Democracy：The Emergence of the Cartel Party［J］. Party Politics，1995，1（1）：5－28.

④ Downs A. An Economic Theory of Political Action in a Democracy［J］. The Journal of Political Economy，1957：135－150.

⑤ Mair P. The Challenge to Party Government［J］. West European Politics，2008，31（1－2）：211－234.

⑥ Zulianello M. Anti-System Parties：From Parliamentary Breakthrough to Government［M］. London：Routledge，2019.

⑦ Bonnie M. Party Competition between Unequals：Strategies and Electoral Fortunes in Western Europe［M］. Cambridge：Cambridge University Press，2008.

⑧ 亨廷顿．变化社会中的政治秩序［M］. 王冠华，刘为，译．上海：上海人民出版社，2008：350.

政党合法性理论。在现代政治"政党重要论"的总体指引下，对于塑造和保持执政党合法性的讨论构成了一个重要的理论部分。20 世纪 90 年代初以来，欧洲政党普遍面临着民主支持和信任的骤降，同时新兴民主国家政党政治建设的实践，激起了政党政治研究的复兴以及关于政党合法性的激烈讨论。"政党意识形态理论"是考察政党合法性问题的重要方面，刘易斯提出，政党倾向于调整意识形态巩固政党行为的合法性，政党的意识形态是历史的产物，"党的意识形态发展最重要的推动力是公共意识形态的发展，它是无数历史偶发事件和因素的产物，包括重大事件（如经济萧条）和重大世俗发展（如工业化、移民、城市化）"[①]。在新兴民主国家政党政治发展的历程中，政治稳定、公共政策能力、经济绩效以及社会动员力都构成了评估政党合法性的要素。

新兴民主国家政党政治理论发展不足引起了颇多关注。一般理论的缺乏导致新兴民主国家的政党政治实践只能依循多党制和竞争性选举的基本理论路径，而诸如"新兴民主国家在选举再流动性的背景下动员选民"和"一党执政国家的合法性和有效治理"等事实资源始终缺乏理论解释。

二、治理理论中的政党

成为执政党之后，政党的行为与国家治理的总体性议程息息相关，政党自从进入政治领域，便需要通过不断提升治理效果来维持民众的广泛支持。萨托利区分了三种政党参与政治的状态，即没有进入政府的使节政党（The Ambassador Party），在政府之内但未能控制政府的政党，以及实际上进行治理、具有治理政府的功能的党。[②] 进入政府并掌握决策权的政党长久以来所面临的最大质疑便是是否具有正当性，所谓正当性则体现为两个部分，即领导和组织政府的政党是否代表人民，以及它是否能够有效地进行治理。在逐渐推进的民主化和制度整合的过程中，政党是否能够守住法律规则和道德原则上的规范，能否持久地保持民众的代表性，所采取的行为是否能够获取相当的满意度和信任，这些问题成了成熟民主制国家和新兴民主制国家都要面对的重要挑战。[③]

良好的治理被视为政党表现的结果，有多种标准用来界定和测量政党的治理能力。尽管政党在现代政治中的关键性作用有目共睹，但研究治理的学者很少将政党的加强或制度化视为促进善治的必要途径，这使得政党无法充分认识现代国家治理发展的突出贡献。关于政党制度化的研究已经证实，政党在为一套集体目标采取联合行动的动机和能力方面存在很大差异。[④] 对亨廷顿来说，政党的组织能力、适应能力和不断巩固合法性的能力对于良好有序的政治体系来说是至关重要的，处于现代化之中的政治体系需要通过

---

① Lewis V. Party Control of Government and American Party Ideology Development [J]. Studies in American Political Development, 2018, 32 (2): 188 - 216.

② 萨托利．政党与政党体制［M］．王明进，译．北京：商务印书馆，2006：42.

③ 戴蒙德．政党与民主［M］．徐琳，译．上海：上海人民出版社，2012：364.

④ Nalepa M. Party Institutionalization and Legislative Organization: The Evolution of Agenda Power in the Polish Parliament [J]. Comparative Politics, 2016, 48 (3): 353 - 372.

强大的政党不断提升制度化程度和支持的规模。[①] 玛格丽特·李维（Margaret Levi）运用了两个标准："政府与议会是否对社会和政治问题有充分的回应，所做的政策选择是否真的由政党贯彻并有效执行。"[②] 在由政党主导的现代政治中，治理的效果是政党巩固合法性的重要标准。一方面，政党需要不断巩固原有的社会整合和利益综合能力；另一方面，进入政府之后的政党要及时地制定能够回应民意的政策，并有组织地贯彻和执行该政策，追求良好治理的政党在民意和政治决策之间努力寻找着长久的平衡。

民意的代表性和执政能力是评估政党政府的两个核心构成，政府的治理效果根植于执政党的政治整合力和施政能力，在二者之间建立起何种相关性模式是政党政治的重要命题。里卡尔多·佩利佐（Riccardo Pelizzo）提出，政党政治的稳定与良好治理之间是相互促进的，在确保政府和政治制度适当运作方面，制度化的政党显得尤为重要。[③] 民众的同意和支持对于民主政府来说是必不可少的，因为它允许有效和合法地行使公共权力来指导社会；此外，需要政党在用结构化的共同利益整合社会力量的基础上，不断提升保障政治稳定、控制腐败和制定高质量法规的能力，能够使得官僚制有效运转，建立良好的问责制，并具有较好的经济建设效果。

参与和进入政府的政党将重心从控制政府扩展到有效治理，这代表着政党体制本身的重大变革。卢德格尔·赫尔姆斯（Ludger Helms）将其表述为"从政党政府到政党治理的进化过程"[④]，政党的非正式机构的增加和网络型政党组织的出现不断扩展着政党治理的范围和深度。政党在现代治理体系内的组织和行动方式发生了转变，在公共和半公共领域政党组织的扩展被视为一种典型化的方式。政党组织扩展带给社会治理的影响是显著的，柯别茨基（Kopecky）等人提出了"政党任免"[⑤] 的概念，政党任免的实质是政党在社会范围内通过组织扩展的形式确保自身在社会各个领域的发言权和裁量权，尤其是在经历了广泛私有化和市场化的国家，这一举措将分散的社会治理资源整合到了统一的组织网络之中。政党政治与有效治理的相关性已经发展成了一个独立的研究领域，政党的组织网络、整合能力、执政理念和决策能力被视为促进有效治理的重要内容。

三、政党制度化理论

政党政治所面临的挑战是多方面的。以权力下放为中心的民主改革，缺乏制度化的多党竞争制，以及民主问责制在各个国家宪法安排中的强化，为原有的政党体制施加着前所未有的压力。政党活动围绕着政治权力竞争展开，在发达民主国家的选举和立法行

---

① 亨廷顿．变化社会中的政治秩序［M］．王冠华，刘为，译．上海：上海人民出版社，2008：341.

② 卡茨，克罗蒂．政党政治研究指南：上册［M］．吴辉，译．南京：江苏人民出版社，2020：295.

③ Pelizzo R. Good Governance and Party System Change［J］. Politics & Policy，2020，48（2）：265－287.

④ Helms L. From Party Government to Party Governance［J］. Government and Opposition，2014，49（1）：120－138.

⑤ Kopecký P，Mair P，Spirova M，et al. Party Patronage and Party Government in European Democracies［M］. Oxford：Oxford University Press，2012.

为研究中，规范政党政治成了维护民主体制的一项重要任务。立宪民主的法治制度以及政党与支持者之间互动的“委托-代理”关系是规范政党活动的两个关键要素。一方面，政党政治建立在宪法设计的基础之上，现代民主国家制定宪法用以界定政党的代表属性和行动方式。另一方面，政党需要通过将公民的意志转化成实际执行的政策从而回应公民的支持。健康的民主制度要求政党必须面临选民对已经展开的政治活动进行的评估，并通过选择候选人和增强问责机制来提高民主的质量，然而这一过程不断地冲击着已有的政党政治体制，撕裂了统一稳定的政治程序。① 在这个意义上，政党的制度化是巩固民主政治的一项重要课题，因为它直接关涉政治稳定和民主的实现。

研究者以多种方式定义政党的制度化。艾伦·希肯（Allen Hicken）提出“制度化是一种实践或组织变得完善和广为人知的过程”②。斯科特·梅因沃林（Scott Mainwaring）提出制度化的政党包含以下几个鲜明特征：具有稳定的组织化形式，有既定的行动方式，被广泛知晓并在竞争中始终占据优势。③ 亨廷顿提出，政党的制度化意味着政党能够对公共利益进行制度化整合，培养超越狭隘观念的政治认同，以及能够通过规范化的程序将新的政治力量吸纳进政治体系。④ 高程度的制度化意味着政党能够对社会形成充分的渗透，政党凭借着组织化的社会渗透获得了具有优势的支配力，在这种情况下要始终保持在既定的规范框架中展开活动。显然，组织和规范是制度化政党不可或缺的重要元素。作为已有政党制度化概念含义的延展，希肯将政党制度化划分为外部系统维度指标和内部系统维度指标进行考察。在外部系统，存在稳定的政党竞争格局，政党被视为是合法且必要的；在内部系统，具有高水平的价值输入和组织化程序。⑤ 在一个成熟的政党体制中，内外两个系统是相互支持和强化的。

以政党制度化为核心的政治理论的兴起与塑造有效和健全的民主制这一目标紧密相连。制度化的政党建立起了具有连贯性、适应性和持久性的制度，能够结构化地整合公共利益并引导社会群体的行为，同时具备能够使得政党始终在法治框架中展开活动的规范性机制。

发展中的政党政治面临着改善和巩固的问题，这使得政党制度化的价值重新得到重视。我们尝试总结出制度化政党的功能：（1）能够有效地推进社会群体的融合和政治同化。政党作为社会整合的主要机制，在融合政治认同和民族情感方面发挥着不可替代的作用。（2）具备稳健的机制能够有效容纳不断扩大的政治参与。现代国家的民主化和现代化进程本身包含了瓦解制度化政党的因素，例如不断扩大的政治参与、更广泛的表达权以及在政策输出与民众反馈之间不断扩展的相关性机制。（3）政党能够在推动时代性

---

① Rosenbluth F，Shapiro I. Responsible Parties：Saving Democracy from Itself ［M］. New Haven：Yale University Press，2018：2.

② Hicken A，Martinez K E. Party System Institutionalization in Asia：Democracies，Autocracies，and the Shadows of the Past ［M］. Cambridge：Cambridge University Press，2014：336.

③ Mainwaring S，Scully T R. Building Democratic Institutions：Party Systems in Latin America ［M］. Stanford：Stanford University Press，1995.

④ 亨廷顿．变化社会中的政治秩序［M］. 王冠华，刘为，译．上海：上海人民出版社，2008：338－339.

⑤ 同②.

变革的时候保持政治秩序的稳定。制度化程度不同的政党对政府政策的影响能力存在差异，制度化程度高的政党能够在推进改革和维持政治路线的过程中保持向心力，而低水平的制度化不利于持续的经济发展，也不利于有效问责的开展。①

第二节 政党政治实践的新议程

一、民主发展中的政党政治

对于重视政党制度宪法实践的人来说，政党是国家和人民之间的角色，政党的能力很大程度决定了民主的质量，而“宪法需要在政党组织和引导民众意愿的能力与减少其对民主治理构成的威胁之间保持微妙的平衡”。基于改善和深化民主治理的核心目标，尤其是长久保持代议制民主形式的国家中的主要政党既要具备有效地获取和整合民意的机制，又要有能力组织政府并制定优质的政策。然而，在社会经济结构不断变革的环境中，主流政党面临着不断扩大政治力量吸纳力和应对反对力量的艰巨任务。当新的政治力量以政党的形式加入原有的政党体制时，主流政党保持议会代表权和维持政府的稳定性变得尤为关键。欧洲国家的众多主流政党在能够长久获得民众投票的新政党的压力下，不得不开始调整自身的纲领、战略和结构，持久性组织和可持续性选举往往是不可分割的，政党作为选举工具和社会组织的机能可被视为一个整体。②

政党的制度化是考察民主政治建设与巩固的一个重要视角。对于新兴民主国家而言，现代政党制度和选举制度的运用深刻影响着民主发展的前景。然而从现实轨迹来看，在很多通过宪法修订确立现代政党制度的国家，“促进政党多元化和共识决策的改革，往往在同一设计范围内，与其他限制政党竞争和促进行政部门权力集中的改革并存”③。这类国家在适应政党竞争体制和充分整合民众意志的同时呈现了混合制的某些特征，这恰恰是新民主国家在宪法选择的内在性和多样化治理目标的影响下做出的选择。在新民主国家的政党政治建设中，执政党和强行动者是推动宪法制定和贯彻的主要力量，由此也导致了作为成员政党的减少和主要政党权威的提升。

政党组织在后发的民主国家中的失败大体有两个原因：其一，选举过程无法正确地表达公民的偏好，公民偏好易于被外部因素所引导；其二，在公民与政党的“委托-

① Flores-Macías G. After Neoliberalism?：The Left and Economic Reforms in Latin America [M]. Oxford：Oxford University Press，2012：61，174.

② Bolleyer N. New Parties in Old Party Systems：Persistence and Decline in Seventeen Democracies [M]. Oxford：Oxford University Press，2013：12.

③ Negretto G L. Making Constitutions：Presidents，Parties，and Institutional Choice in Latin America [M]. Cambridge：Cambridge University Press，2013：2.

代理”关系中，公民无法建立起对政党的约束。① 建立在多元民主制基础上的政党制度之外，新兴民主国家或者适用多党竞争制之外的国家的政党政治模式由社会结构化类型、政治文化和历史传统等因素决定。在民主政治和现代化发展较晚的国家，政党政治被用以消解大规模政治参与对旧秩序的冲击。② 逐步探索民主化发展的国家对于政党政治的实践，为更好地发展政党政治理论提供了重要的资源。

在实践刺激下呈现的另一个发展是，政党体制研究逐渐转向了政党结构转型和政党政治巩固的研究。早期民主国家的政党制度化过程呈现着特定的状态，众多的新兴政党加入选举市场开始争夺选票和支持，这一过程动摇了原有的政党体制和主流政党的社会基础。在一个 1945 年到 2015 年西欧政党制度变迁的经验研究中，研究者针对这一问题提出了政党去制度化的三个基本条件，即存在不稳定的选举环境，选举的不稳定造成了政党结构的变化，以及这一趋势持续地在政治活动中出现。③ 新政党的社会认同来源于它们代表了主流政党未能成功吸纳的需求，以及主流地位的政党长期积累的失望。梅因沃林指出，“在第三波和第四波民主化浪潮中，政党建设面临巨大的障碍，但障碍不是无法逾越的”④。在第三波民主化浪潮中，拉丁美洲、亚洲和非洲的很多国家和地区塑造了具有制度化水平的政党政治，并能够在新政党体制与旧政党体制之间建立起相对的平衡。

正如梅尔所说，20 世纪是政党民主的世纪，在现代民主国家中，无论这些国家是建立已久的民主国家还是新建立的民主国家，政治都是关于政党的政治。⑤ 无论是有关政党的社会科学理论，还是正在开展的政党政治实践，都为政党应对民主化过程中的重大问题提供了一些线索：

第一，民主政治建设路径是考察政党政治问题的起始条件。17 世纪英国的资产阶级革命催生了政党政治实践，而后随着民主政治意识的逐渐成熟，政党制度作为资本主义民主制的一个重要方面，在诸多国家相继构建起来。在各个国家的民主政治建设过程中，早期开展政党政治实践的国家形成的经验不断结合特定的历史传统和现实需求，发展出与总体性制度相契合的政党政治实践道路。尤其是在亚洲政党政治的考察中，“历史遗产”成了一项关键变量。⑥ 因此，对特定国家建立民主政治体制的具体脉络进行经验回顾，更有利于理解政党政治发展的多样化路径。

---

① Luna J P，Rodríguez R P，Rosenblatt F，et al. Political Parties，Diminished Subtypes，and Democracy [J]. Party Politics，2021，27 (2)：294 - 307.

② 亨廷顿 . 变化社会中的政治秩序 [M]. 王冠华，刘为，译 . 上海：上海人民出版社，2008：334.

③ Chiaramonte A，Emanuele V. Party System Volatility，Regeneration and De-Institutionalization in Western Europe (1945—2015) [J]. Party Politics，2017，23 (4)：376 - 388.

④ Mainwaring S. Party System Institutionalization，Party Collapse and Party Building [J]. Government and Opposition，2016，51 (4)：691 - 716.

⑤ Mair P. Party System Change：Approaches and Interpretations [M]. Oxford：Oxford University Press，1997：125.

⑥ Hicken A，Martinez K E. Introduction：Rethinking Party System Institutionalization in Asia [M] //Hicken A，Martinez K E. Party System Institutionalization in Asia：Democracies，Autocracies，and the Shadows of the Past. Cambridge：Cambridge University Press，2014：2.

第二，民主化引发的多层次秩序变革为政党政治发展带来了压力，也为各个国家政党政治转型带来了契机。正如希肯提出的，“一个持久有效的政党制度是一个持久有效的民主制度的必要条件”①。在这个命题下，无论是政党政治历史十分悠久的西方国家，还是在民主转型与巩固的过程中逐步发展政党政治的国家，都将注意力投向了更具有民主效力的政党制度建设。有关政党制度化与民主政府的健康、政党力量与政府稳定、政党的自主性与宪法监督等议题的相继开展，极大地开拓了民主化与政党政治研究的理论视野。

二、现代治理进程中的政党政治

有关治理的讨论体现了政党政治研究的一个共性维度，自政党领导政府的历史开始，各个国家的治理效果显著地受到政党的存在、政党模式和政党行为模式的影响。21 世纪有关民主治理的研究从以民主为中心逐步转变到将治理纳入讨论的中心范畴，这一转变得益于政治发展研究和治理研究在经验世界推动下的高度发展。有关政党政治与现代治理研究的学术资源可以归纳出以下典型的理论维度：

1. 政治稳定

一个治理良好的政府必然首先是一个具有良好秩序的政府，政治稳定是政党政府有序运转的首要前提。在亨廷顿的典型论断中，政党力量、制度化支持、政治稳定三者之间保持着正向支撑能够实现秩序的稳定，“处于现代化之中的政治体系的稳定取决于其政党的力量，而政党强大与否又要视其制度化群众支持的情况，其力量正好反映了这种支持的规模及制度化程度”②。关于民主转型中政党政治的研究更加注重政治稳定对于良好治理的现实意义，政党依托组织和制度通过公共利益的实现重新整合社会结构，一个强有力的政党要有能力抵御外部环境的压力，而在内部环境中则要建立政治参与的制度化渠道，并有组织地引导社会行为，从而维持秩序的持久稳定。

政党的制度化仍然是实现有效治理不可或缺的前提。“制度化的政党提供了组织结构，在其中纳入和稳定社会需求，从而确保有效的治理”。③ 然而，制度化的政党正在遭遇挑战。在较早确立自由民主制度的国家，关于政党与政治稳定的讨论高度关注两党制和多党制国家的社会分裂与被削弱的制度化问题，如选举的易变性、投票转移、政党制度碎片化以及新政党的加入不断冲击着已有的政党体系，从而使主流政党对社会的整合机制逐渐受到冲击。不稳定的选举环境、发展过程中的移民、意识形态环境和区域自治等问题的不断涌现加剧了政党体系的变化。在以亚洲国家政党政治为核心的讨论中，政党缺乏制度化同样会诱发政治不稳定的问题。其主要表现在于，政府更迭过于频繁导致公共政策缺乏连续性，无法确立选民让政治家对个人和集体负责的有效机制，对政治现

---

① Hicken A. Building Party Systems in Developing Democracies [M]. Cambridge: Cambridge University Press, 2009: 2.

② 亨廷顿 . 变化社会中的政治秩序 [M]. 王冠华，刘为，译 . 上海：上海人民出版社，2008：341.

③ Hicken A, Martinez K E. Party System Institutionalization in Asia: Democracies, Autocracies, and the Shadows of the Past [M]. Cambridge: Cambridge University Press, 2014: 3.

状的不满可能会滋生更多对立性的政治力量。[①]

2. 政党能力

所谓有能力的政党，是指进入政府之后能够长期维持稳定的社会支持，依靠组织和制度推行满足社会需求的高质量公共政策的政党。全球化背景下日益加深的社会结构变迁使政党政府面临着提升政党能力的巨大挑战。克努森（Knutsen）在社会结构变量与选民政党选择关系的研究中提出，社会结构的变化和社会群体选择偏好的变化影响着政党实力。[②] 在“政党-选民”关系的考察框架中，能够在选民政策偏好变化的环境中长期维持稳定的选举机制的政党，被认为更有能力承担社会整合的任务。在对两党制和多党制政府进行的考察中，政党能力深受竞争体制的影响。梅尔在关于政党竞争走向极化的论述中提出，多党制政府内部的党派竞争和分裂、西欧主流政党凝聚力的减弱以及政党认同的下降极大地影响着政党政府制定和执行公共政策的能力。[③] 在这一趋势之下，政党既面临着政党竞争对控制政府能力的冲击，又不得不通过选举纲领和意识形态维持社会支持。

在政党政治差异化的实践中，非西方国家政党能力的考察深刻地与民主化和现代化转型的过程相互关联。一般认为，能够适应环境变化并及时推进制度改革的政党，更有能力领导公共生活，这样的政党往往具备健全的党纪、稳健的计划和高水平的凝聚力。

3. 合法性

任何政党的合法性都来源于社会整体意向，换句话说，只有当民众认可政党对其利益的代表性和政党政府展开的政治行为时，合法性才能够建立起来。合法性理念的诞生塑造了政党向民众负责的机制，政党执政建立合法性所依托的变量有先后顺序，如同有学者提出的，政党在有效地建设程序合法性和意识形态合法性的基础上，追求提高绩效带来的执政合法性，执政党开展有效治理的活动必须建立在稳定的政治参与机制上。总体而言，执政的合法性包含了“某种被广泛接受的意识形态、为社会提供公共物的能力，以及某种被有能力影响政治过程的群体所广泛接受的统治者的产生程序”。

在竞争型政党体制的国家，政党的理性行为受到选票最大化的驱动，政党会努力向政策负责，并且积极地接受选民对政党的意见。然而这一套体制的建立并不是一劳永逸的。损害政党合法性的原因产生于政党政治本身，“党派分歧、政治腐败和领导人脱离群众是代议制民主的坏突变”[④]，缺乏让进入政府的政党或者政党领袖对公民负责的机制，不断助长着政党的恣意，这都将破坏政党业已建立的合法性。从历史的角度看，早期民主国家的政党产生于社会结构性变迁中利益团体自发的结合，以及政党竞争中不断积累

---

① Hicken A，Martinez K E. Party System Institutionalization in Asia：Democracies，Autocracies，and the Shadows of the Past［M］. Cambridge：Cambridge University Press，2014：324.

② Knutsen O. Social Structure and Party Choice in Western Europe：A Comparative Longitudinal Study［M］. New York：Springer，2004：23.

③ Mair P. The Challenge to Party Government［J］. West European Politics，2008，31（1/2）：211－234.

④ Rosenbluth F，Shapiro I. Responsible Parties：Saving Democracy from Itself［M］. New Haven：Yale University Press，2018：230.

的信任。而部分第三波民主化浪潮中崛起的新兴民主国家，受到美国式民主政治的外部影响建立了本国的政党制度，在缺乏历史合法性的情况下，不可避免地出现了政党分裂甚至遭遇民众抵制等问题。

4. 政治家

具有高水平问责制和法治的国家更能有力地推进民主政治建设，而经验证明，政治家也可以成为破坏民主建设的消极因素。执政党的领袖对于政党所选择的策略和道路有着至关重要的影响力，在政党制度化弱的国家，魅力型政党领袖和庇护主义政客往往将民众视为在政治舞台获取权力的工具，无法实质性地推进公共利益的实现。而相反，正直、有能力而极富凝聚力的政治家是政党保持向心力的一个重要优势，在以新加坡为案例的考察中，政党领袖将个人的价值观注入政党，并谨慎挑选政党领袖候选人，这对于长期确立人民行动党的凝聚力是至关重要的。然而，在缺乏制度约束的政党体制中，放任政治家的雄心则会助长寡头化倾向，限制内部异议，限制选举竞争，最终走向与民主政治截然相反的结果。①

现代治理进程中的政党政治在以上四个方面被广泛讨论。政党能长期维持稳定的秩序环境，具备强有力的政党能力，具有历史和现实逐渐积累起的合法性基础，并且能够使得贤能的政治家在规范的轨道上积极展开作为，这样的政党正是高水平治理过程需要的政党。正是由于政党在现代政治发展中的面貌重新得到了定义，政党由代表特定阶级、宗教和利益群体的身份逐渐向制度化政党、责任型政党、治理型政党等新定位积极转型，在民主和治理的双重实践轨道上，政党政治发展依循着历史发展的基本规模开拓出了更多样化的道路。

三、道路：政党政治的实践指向

在民主政治发展的历史脉络中，政党政治建设的道路有很大的差异性。道路的差异性体现的是政党政治建设和民主发展的多样化轨迹，政党政治的发展道路深受历史路径和现实环境的影响。一方面，各国政党政治在总体性制度原则的指示下发展出更为复杂的实践；另一方面，对于政党政治实践进行的历时性和共时性考察极大地充实了政党政治理论的内容。在推进民主发展和有效治理的政治目标下，很多国家的政党政治建设步入了自主发展的轨道。

方法论的革新为政党政治研究提供了新的动力。以西方工业国家政治经验为范本的政党政治理论奠定了政党研究的基础。“西式民主主要通过党争民主的形式来实现”②，以多元主义、代议制和竞争性选举为土壤生长起来的西方政党制度包含了竞争性民主的先天基因。不可忽视的是，西方政党政治的历史实践和知识基础奠定了政党政治研究的基础，在 19 世纪的历史进程中，关于政党政治的研究围绕着政党和党派在政治生活中的功

---

① Hicken A，Martinez K E. Party System Institutionalization in Asia：Democracies，Autocracies，and the Shadows of the Past [M]. Cambridge：Cambridge University Press，2014：69.

② 杨光斌．论西方政制危机之政体条件原理 [J]. 人民论坛，2017 (13)：6 - 11.

能展开。在以萨托利为代表的时代，对于政党制度和政党行为的讨论被纳入政治系统之中，政党不再是单独的个体，关于政党的研究集中在政党竞争与执政行为的研究，政党政治与民主的相关性研究，以及政党的社会基础、政治文化和政党兴衰等范畴的研究。

经济学研究方法的引入启迪了政党政治研究的新路向，选民偏好、理性、信息以及相关的策略选择、博弈过程成为考察政党政治活动的新视野。唐斯开创的理论传统在熊彼特竞争性选举的模式基础上，进一步在政党竞争与选民行为之间搭建起了能够进行测量和相关性描述的关系。[①] 市场逻辑体现了对政党政治活动显著的解释力，在这一方法论指引下确立了考察选民与政党关系的基本原则：选民的偏好是影响政党政治的中心变量，选民群体中的共同偏好集中成了政党的社会支持基础，选民的偏好规模稳定，政党体制便能维持稳定。公共选择理论范式为着力于考察政党政治的制度和宪法设计注入了新的活力。

比较政党政治研究的开展将正在进行民主建设的国家不断积累的经验纳入考察范围。加布里埃尔·L. 内格雷托（Gabriel L. Negretto）在关于国家宪法设计和政党政治关系的讨论中，提出了一个政党政治多样性的论断。一个国家的选举模式、区域文化、国内利益结构以及外部环境都会影响政党政治的建构。[②] 政党政治模式具有多样性，而政党建设却是现代政治正处于发展中的国家普遍面临的任务。不断开展的区域和国别政党政治比较考察对已有的理论体系发起了挑战，李普塞特和罗肯用“冰点论”描述欧洲国家政党异乎寻常的稳定性和持续性，而这一论断遭遇了新政党和反体制政治群体兴起的巨大冲击[③]，薄弱的制度化也使得政党更加难以承担起建设民主和领导国家的责任。同样的挑战发生在后发国家，在第三波和第四波民主化浪潮中的大多数民主国家的政党体制都经历了高波动性、弱势政党、低制度化、缺乏认同和治理不善等问题。[④]

道路的不同展示了政党政治建设的历史路径与自觉选择的共同作用，对政党政治展开的共时性和历时性考察不断突破西方经验基础上的理论体系，扩展了政党政治理论的科学意涵，推动了方法论的持续创新。

第三节 中国特色社会主义政党政治的新发展

研究者受中国的国家建设和发展成就的启发，开始尝试建立认识中国政党政治的解释性框架，诸如“强有力的政党”“党政体制”“政党主导治理模式”等概念的出现，标

---

① Downs A. An Economic Theory of Political Action in a Democracy [J]. The Journal of Political Economy, 1957: 135-150.

② Negretto G L. Making Constitutions: Presidents, Parties, and Institutional Choice in Latin America [M]. Cambridge: Cambridge University Press, 2013: 227.

③ Zulianello M. Anti-System Parties: From Parliamentary Breakthrough to Government [M]. London: Routledge, 2019.

④ Mainwaring S. Party System Institutionalization, Party Collapse and Party Building [J]. Government and Opposition, 2016, 51 (4): 691-716.

志着中国特色的社会主义政党政治作为政治科学的经验对象，开始对全世界面临的发展性问题提供具有重要价值的方案。

一、新型政党制度

“新型政党制度”[①] 概念的提出是中国政党政治经验理论化的重要成果。经验的发展推动了政治科学的进步。在已经形成的通过政党数量、政党的组织形式、政党的阶级属性等标准划分政党制度的基础上，通过考察中国政党制度在人民民主革命、国家秩序重建和民族国家建设历史过程中发挥的显著功能，我国提出构建以中国共产党领导的多党合作和政治协商制度为具体形式的新型政党制度。

新型政党制度规范下的政党政治实践拓宽了政党政治研究的历史资源和发展前景，在这一总体性概念框架下产生了诸多重要的理论化尝试。首先，在政党制度方面，聚焦于“民主集中制”“协商民主理论”“党内民主制度”“政党法治”等制度范畴的理论和实践阐发；其次，在历史实践层面，用“百年大党”“使命型政党”“变革型政党”等概念在中国政党制度的历史发展中提炼出政党政治的一般理论；再次，从结构性理论上，产生了“政党-民族-国家”“政党-社会-国家”等理论模式；最后，围绕政党文化与认同、政党执政规律的法哲学原理等方面的研究相继推进。

二、“党政体制”的结构理论

中国共产党作为唯一的执政党肩负起了民族复兴和国家强盛的重大使命，这一令人瞩目的政治现象激发了人们对一党执政、民主政治和良好治理之间关系的重新认识。亨廷顿所代表的西方学者对中国的政党体制何以在维护政治秩序的任务面前体现出实在的优越性这一问题始终保持着关注。而在面临现代化带来的挑战时，这种体制从民族革命过程中获得的政治认同必须要经历进一步的自我调适才能得到延续和巩固，其中最为关键的步骤就在于提升政党的适应性，这在制度上则体现为政党需要有效地吸纳新生政治力量，不断提升政治参与的水平。

中国共产党领导的党政体制在指导思想上不断得以丰富。党的十九大报告指出：“党的领导是人民当家作主和依法治国的根本保证，人民当家作主是社会主义民主政治的本质特征，依法治国是党领导人民治理国家的基本方式，三者统一于我国社会主义民主政治伟大实践。”坚定中国共产党领导的党政体制是不断推进和完善国家治理的根本保证。习近平总书记指出：“中国特色社会主义有很多特点和特征，但最本质的特征是坚持中国共产党领导。加强党对经济工作的领导，全面提高党领导经济工作水平，是坚持民主集

① 江泽民同志在庆祝中国人民政治协商会议成立50周年大会上的讲话中提出，“中国共产党领导的多党合作，是适合中国国情、具有中国特色的社会主义新型政党制度”。参见：中共中央文献研究室．十五大以来重要文献选编：中［M］．北京：人民出版社，2001：1030.

中制的必然要求，也是我们政治制度的优势。”① 在实践层面，充分保证“党在国家政权结构中总揽全局、协调各方的核心地位”是党的十八大以来党政体制建设的指导原则。其中，坚持党的领导是根本保证，新时代党政体制建设的实践过程也要以坚持党的领导为核心原则。党的二十大报告中强调了“坚持党中央集中统一领导是最高政治原则”，进一步明确了中国党政体制的核心特征。

从学理维度上，党政体制是理解中国现代政治特征的核心内容。党政体制在组织和机制层面呈现为，“中国共产党建构了一个以自身为核心和中轴的国家政权结构”②，具体包含了党组领导制度、归口管理制度、党管干部制度、政治协商制度等，系统性地构成了一个超越一般政党组织逻辑的复合体，在社会主义建设事业中这一体制的优越性得到了充分体现。从中国党政体制改革过程来看，“建立行政首长负责制、努力使党的行为法治化、撤销党的对口部门、党管干部制度的变革等”③，经过与时俱进的制度建设，中国共产党领导的党政体制提高人民生活水平和保障国家长治久安的效力得到不断提升。中国共产党领导的党政体制将中国组织起来，并推进中国式现代化建设道路，为政党政治的非西方经验提供了典型示范。

三、政党中心主义理论

在21世纪出现的原创概念之中，政党中心主义颇具代表性。考察政党政治的产生和制度逻辑时我们发现，在以英国和美国为代表的西方国家的政党制度形成和发展的过程中，资产阶级革命、个人主义的意识形态和多元主义的社会结构等因素发挥着根本性的建构作用。而新兴民主国家政党政治的发展却根植于不同的历史条件和现实环境。

发展中的民主国家的政党肩负的历史使命是复杂而重大的，希肯提出，其一，政党对于民众来说是进行民主革命、建立民主制度最直接的承担者；其二，冲突和动荡的秩序变革环境使得新兴民主国家必须建立起强大而有效的政党制度；其三，政党同样要承担民主巩固的重要责任，“民主巩固的进程在很大程度上取决于发展中民主国家出现的政党制度”④。正因为新兴民主国家的政党在秩序重建和政治发展过程中具有重要的结构性意义，政党中心主义理论便应运而生，成了解释新兴民主国家政党政治及其内生原理的重要理论依据。

中国政党政治的历史与发展便是政党中心主义理论产生的经验资源。制度变迁中的政党中心主义包含了几个固有特征：国家秩序重建在政党的主导下完成，以人民为中心是政党领导革命、改革和建设的核心价值，政党是组织国家进行现代化建设的唯一主导力量，政党具有与时俱进的适应性和适应能力。⑤ 政党中心主义理论是对中国共产党领导

---

① 习近平．中国共产党领导是中国特色社会主义最本质的特征［J］．求是，2020（14）．

② 景跃进，陈明明，肖滨．当代中国政府与政治［M］．北京：中国人民大学出版社，2016：7．

③ 杨光斌．当代中国政治制度导论［M］．2版．北京：中国人民大学出版社，2015：45．

④ Hicken A. Building Party Systems in Developing Democracies［M］. Cambridge：Cambridge University Press，2009：6．

⑤ 杨光斌．政治学导论［M］．5版．北京：中国人民大学出版社，2019：155－156．

下百余年中国历史进程的高度概括，打开了非西方国家政党政治历史实践的解释空间。

参考文献

卡茨，克罗蒂．政党政治研究指南：上册［M］．吴辉，译．南京：江苏人民出版社，2020.

戴蒙德．政党与民主［M］．徐琳，译．上海：上海人民出版社，2012.

亨廷顿．变化社会中的政治秩序［M］．王冠华，刘为，译．上海：上海人民出版社，2008.

萨托利．政党与政党体制［M］．王明进，译．北京：商务印书馆，2006.

韦尔．政党与政党制度［M］．谢峰，译．北京：北京大学出版社，2011.

中共中央文献研究室．十五大以来重要文献选编：中［M］．北京：人民出版社，2001.

杨光斌．论西方政制危机之政体条件原理［J］．人民论坛，2017（13）：6－11.

杨光斌．政治学导论［M］．5版．北京：中国人民大学出版社，2019.

习近平．中国共产党领导是中国特色社会主义最本质的特征［J］．求是，2020（14）.

景跃进，陈明明，肖滨．当代中国政府与政治［M］．北京：中国人民大学出版社，2016.

杨光斌．当代中国政治制度导论［M］．2版．北京：中国人民大学出版社，2015.

Hicken A，Martinez K E. Party System Institutionalization in Asia：Democracies，Autocracies，and the Shadows of the Past［M］．Cambridge：Cambridge University Press，2014.

Hicken A. Building Party Systems in Developing Democracies［M］．Cambridge：Cambridge University Press，2009.

Bonnie M. Party Competition between Unequals：Strategies and Electoral Fortunes in Western Europe［M］．Cambridge：Cambridge University Press，2008.

Boix C. The Emergence of Parties and Party Systems［M］//Boix C，Stokes S C. The Oxford Handbook of Comparative Politics. Oxford：Oxford University Press，2007：500.

Chiaramonte A，Emanuele V. Party System Volatility，Regeneration and De-Institutionalization in Western Europe（1945—2015）［J］．Party Politics，2017，23（4）：376－388.

Flores-Macías G. After Neoliberalism?：The Left and Economic Reforms in Latin America［M］．Oxford：Oxford University Press，2012.

Rosenbluth F，Shapiro I. Responsible Parties：Saving Democracy from Itself［M］．New Haven：Yale University Press，2018.

Negretto G L. Making Constitutions：Presidents，Parties，and Institutional Choice in Latin America［M］．Cambridge：Cambridge University Press，2013.

Sartori G. Parties and Party Systems：A Framework for Analysis [M]. Harbour House：ECPR Press，2005.

Luna J P，Rodríguez R P，Rosenblatt F，et al. Political Parties，Diminished Subtypes，and Democracy [J]. Party Politics，2021，27 (2)：294 - 307.

Mainwaring S，Scully T R. Building Democratic Institutions：Party Systems in Latin America [M]. Stanford：Stanford University Press，1995.

Zulianello M. Anti-System Parties：From Parliamentary Breakthrough to Government [M]. London：Routledge，2019.

Nalepa M. Party Institutionalization and Legislative Organization：The Evolution of Agenda Power in the Polish Parliament [J]. Comparative Politics，2016，48 (3)：353 - 372.

Bolleyer N. New Parties in Old Party Systems：Persistence and Decline in Seventeen Democracies [M]. Oxford：Oxford University Press，2013.

Knutsen O. Social Structure and Party Choice in Western Europe：A Comparative Longitudinal Study [M]. New York：Springer，2004.

Panebianco A. Political Parties：Organization and Power [M]. Cambridge：CUP Archive，1988.

Mair P. The Challenge to Party Government [J]. West European Politics，2008，31 (1/2)：211 - 234.

Kopecký P，Mair P，Spirova M，et al. Party Patronage and Party Government in European Democracies [M]. Oxford：Oxford University Press，2012.

Pelizzo R. Good Governance and Party System Change [J]. Politics & Policy，2020，48 (2)：265 - 287.

Katz R S，Mair P. Changing Models of Party Organization and Party Democracy：The Emergence of the Cartel Party [J]. Party Politics，1995，1 (1)：5 - 28.

Mainwaring S. Party System Institutionalization，Party Collapse and Party Building [J]. Government and Opposition，2016，51 (4)：691 - 716.

Lewis V. Party Control of Government and American Party Ideology Development [J]. Studies in American Political Development，2018，32 (2)：188 - 216.

第三章

民主政治

20 世纪中期以降，民主政治在全球范围取得了广泛的认同和胜利，民主化在当今世界已成为不可阻挡的历史潮流。在这种大的国际环境下，任何一个国家和政党不仅要在形式上把民主作为一种必须尊重的基本价值，而且要认真面对如何实践民主的现实问题。把发展社会主义民主政治作为始终不渝的奋斗目标，是中国共产党向中国和全世界做出的庄严承诺，也是我国现代化建设的基本战略目标之一。[①] 经过长期的实践，形成了适应中国国情、符合中国发展要求的社会主义民主政治。人民代表大会制度是中国的根本政治制度，中国共产党领导的多党合作和政治协商制度、民族区域自治制度以及基层群众自治制度是中国的基本政治制度。中国特色社会主义民主政治制度是从中国的社会土壤中生长起来的，适应保障人民权利和推动国家经济社会持续健康发展的需要，因此成为有生命力的、真正的民主制度。[②] 坚持和发展社会主义民主政治的首要前提是认清民主政治的新内涵与新特征。

第一节　民主政治的新内涵与新特征

马克思认为，民主政治是一切国家形式的最终归宿。人类社会自从产生国家后就有了不同的国家制度，如贵族共和制、君主专制和代议民主制等等。在所有这些国家形式中，只有民主制才是国家的最完整形式，从而也是国家的最终形式。民主制具有一切国家形式的典型意义。对其他所有国家形式来说它有着最大的普遍性。民主制与其他国家形式的关系，就像类与种的关系。[③] 马克思曾言："民主制对其他一切国家形式的关系，同基督教对其他一切宗教的关系是一样的。基督教是卓越超绝的宗教，宗教的本质，作

---

① 胡伟．民主政治发展的中国道路：党内民主模式的选择［J］．科学社会主义，2010（1）：14－23.

② 房宁．顺应时代需要发展社会主义民主政治［N］．人民日报，2018－06－22（7）.

③ 俞可平．马克思论民主的一般概念、普遍价值和共同形式［J］．马克思主义与现实，2007（3）：4－13.

为特殊宗教的神化的人。民主制也是一样，它是一切国家制度的本质，作为特殊国家制度的社会化的人。它对其他形式的国家制度的关系，同类对自己的各个种的关系是一样的。”① 进而言之，民主制也是国家制度的最高形式，是国家制度的顶点。按照马克思关于国家消亡的逻辑，民主制是国家的最后形式。在民主制中，全部政治权力回归社会，国家已经没有存在的必要。换句话说，要实现无国家的共产主义理想社会，民主制是必经的环节。只有在民主政治的条件下，国家才会消亡。随着理论研究与实践进程的共同推进，民主政治不断被赋予新的内涵。

一、民主政治的新内涵

民主政治是一种协调和解决社会利益矛盾的相对文明的机制。作为一种政治形式，民主政治由三大要素构成，即价值、制度与程序。价值决定民主政治的目标取向与合法性基础，制度决定民主政治的结构与功能，程序决定民主政治的运行方式与手段。对于民主政治的建设和发展来说，这三个要素辩证统一、缺一不可，具有同等重要的意义。在价值与制度基本确定的情况下，程序的选择就具有决定性的作用，直接决定着价值与制度的实现程度，因为程序要求必然体现在价值与制度之中。② 若以民主政治的实现程序为标准，可将民主政治划分为竞争性民主与协商性民主两类。

竞争性民主一般指在一定的政治系统中特定的主体以少数服从多数为基本原则，通过选举、竞选、投票、公决等竞争性的方式及机制参与政治的一种民主类型。古希腊时期，在氏族民主制及雅典城邦民主制中就存在一定的政治竞争因素，当时的氏族成员就享有选举和罢免氏族首领及酋帅的权利；梭伦改革时期，在公民大会和四百人会议上，公民有权通过一些竞争的方式参与公共政策的制定过程，并享有选举重要官员的权利，少数服从多数的民主观念开始形成。然而现代意义的竞争性民主是随着市场经济的形成、近代资本主义生产方式的建立以及公民社会的成长而逐渐发展起来的一种民主政治类型；竞争性民主与代议制、选举制及政党政治存在紧密的联系，实行以平等竞争和程序正义为主要价值偏好的竞选机制是其内在逻辑。随着市场经济的完善及公民意识的成熟，大多数西方国家建立了较完备的竞争性民主制度，且经过政治社会化路径的延续和传承，其基本形式也逐渐为公民所认可和遵循，并日渐成为人们政治参与的普遍规则。

近现代的诸多政治学家从不同角度提出了许多有关竞争性民主的理论，如熊彼特从程序视角提出了竞争性民主理论，认为民主方法就是为做出政治决定而实行的制度安排，在这种安排中，某些人通过争取人民选票取得做决定的权力。李普塞特也认为选举是取得一致意见的主要途径。达尔将竞争和参与程度作为衡量政治发展水平的重要标准，提出了有关“多头政体”的民主理论。亨廷顿指出：“公开、自由和公平的选举是民主的实质，而且是不可或缺的必要条件。”③ 萨托利认为，“民主是择取领导人的竞争方法的副产

① 中共中央马克思恩格斯列宁斯大林著作编译局．马克思恩格斯全集：第 3 卷［M］．2 版．北京：人民出版社，2002：40.

② 林尚立．协商政治：对中国民主政治发展的一种思考［J］．学术月刊，2003（4）：19－25.

③ 亨廷顿．第三波：20 世纪后期民主化浪潮［M］．刘军宁，译．上海：上海三联书店，1998：8.

品。其所以如此，是因为选举权会以反馈方式让当选者留心其选民的权力。简言之，竞争的选举产生民主”①。从总体上考察，竞争性民主具备以下几个基本要件：其一，竞争性的定期选举。国家立法机关的工作人员及政府官员等国家权力的实际掌握者由选民投票选举产生，各候选人可以采取竞选方式定期参与选举。其二，公民能自由、平等、公平地参与政治生活。其三，实行票决制。选举民主要通过投票来选择其利益代言人，以实现在代议制度中的权力委托与让渡。其四，以少数服从多数为基本原则。人事任免、重大事务的决定及公共决策的制定等常通过少数服从多数的原则来达成。其五，以竞取国家权力为直接目标。竞选者及政党主要通过竞取国家权力来实现自身或其所代表的利益集团的利益。②

20 世纪末，随着人们对自由民主（liberal democracy）和代议民主（representative democracy）等理论的批判性反思，以及世界各地竞选实践中暴露出来的问题日益增多，单纯强调竞争性选举的民主价值取向日渐为诸多现代政治学家所质疑，一些西方学者开始把研究的焦点逐渐转向对“协商性民主”（deliberative democracy）的理论探究，期望在现代社会建立起以公共协商为核心价值理念的民主政治。约瑟夫·毕塞特（Joseph Bessettle）较早从学术视角提出了这一概念，约翰·罗尔斯、哈贝马斯、詹姆斯·博曼等许多西方学者对协商性民主理论做了进一步的阐述和研究。罗尔斯认为，多数裁决原则作为一种程序手段只具有从属地位，在立法阶段应依赖实际讨论过程而在允许的范围内进行决策。哈贝马斯在对“自由主义”和“共和主义”进行批判的同时，提出了第三种民主模式——建立在“交往行动理论”和“商谈理论”基础之上的“商议性政治”，主张通过建制化的方式和程序形成民主的意见、意志、法律及公共决策。博曼认为，“协商是民主的，在一定程度上，它以自由平等的公民实现理性一致为基础”③。虽然人们对协商性民主尚无普遍认同的定义，但从整体考察，协商民主是指政治共同体中的自由、平等公民通过参与立法和决策等政治过程赋予立法和决策合法性的治理形式。其核心概念是协商或公共协商，强调对话、讨论、辩论、审议与共识。④ 其基本理念主要表现在：其一，协商主体是政治共同体中平等的、理性的、自由的成员或组织，其态度、行为一般不受先在权威的操纵、限制和影响，主要是基于理性审视做出公共判断；其二，参与方式具有协商性，参与协商的主体主要通过互动式的对话、讨论、商谈、辩论、谈判、沟通和审议等协商方式参与政治，相互妥协达成理性共识；其三，协商过程具有公开性，协商性民主强调知情参与（informed participation），协商各方必须拥有充分、多元的资讯和信息，于公开的场合检验不同意见和理由，在知情情况下通过公开透明的协商过程参与协商；其四，协商程序是建制化的，协商并非漫无目的、不限时限、不计成本的，而是要求参与各方遵循一定的游戏规则，通过规范化、制度化的程序进行公开商议；其

① 萨托利．民主新论［M］．冯克利，阎克文，译．北京：东方出版社，1993：160.

② 黄卫平，陈文．我国民主政治发展的现实选择：对“竞争性民主”与“协商性民主”的思考［J］．理论探讨，2005（6）：5-9.

③ 博曼．协商民主与有效社会自由：能力、资源和机会［M］//陈家刚．协商民主．上海：上海三联书店，2004：141.

④ 陈家刚．协商民主与政治协商［J］．学习与探索，2007（2）：85-91.

五，协商结果具有共识性，通过协商形成的决定或意见最终应为参与各方所认同和遵循，并承担相应的义务和责任，还必须就所形成的政策和决定对社会有所交代，以提高民众对协商结果的认可程度，提升公共政策的政治合法性。[①]

二、民主政治的新特征

第一，民主政治以特定的政治统治为前提。民主政治是一种社会政治制度，也是一种政治管理的形式。政治管理以政治统治为前提，民主政治也必须将特定的政治统治的确定和存在作为自己确定和存在的基本前提。政治统治决定民主政治的社会性质、基本构成以及政治作用。政治统治对民主政治具有重要的意义，首先从社会性质来看，政治统治的方式直接决定了民主政治的性质（如资本主义民主和社会主义民主）；其次从基本构成来看，民主政治是政治权力性质和形式的统一体，既包含政治权力的统治性，也包含政治权力的社会管理性；最后从政治作用来看，民主政治作为一种社会政治制度，是服务于政治权力主体的利益和要求的。

第二，民主政治以公民权利的自由和平等为原则。首先，民主政治集中体现为每个公民在社会政治生活中具有独立的政治人格和自由的权利。简而言之，公民不以他人的意志作为自己的意志，具有独立的政治权利和政治要求。在民主政治中，公民有权自由地行使和实现自己的权利、支配自己的精神和行为，自由地决定自己的事务。同时，公民的政治自由必须以不妨碍公共利益为限度。其次，民主政治还表现为公民之间享有权利的平等性，民主政治不承认有任何政治特权和社会特权，任何公民在政治生活中都拥有平等的政治权利。

第三，民主政治以多数决定为基本原则。民主政治是以政治成员在社会公共事务上的意志一致为基础的。在实际政治事务中，要使政治成员在各种公共事务上形成一致意见和看法是不可能的，因此，民主政治一般遵循多数原则，视多数人的意志为全体政治成员的共同利益，多数原则也成为民主政治的基本原则。

第四，民主政治以法治为实施条件和保障。法治是实现政治统治和政治管理的方式，主要内容是利用特定的规范、准则来强制规定社会成员的行为。法治是民主政治的重要保障，同时法治也必须以民主政治为实施的基础。

第二节　西方民主政治的新发展与困境

从历史发展进程来看，民主政治最初确实是在新兴资产阶级反抗封建地主和土地贵族的基础上出现的，新兴资产阶级为了巩固资本主义生产关系，必须在政治层面取得合法性地位，这最初是通过民主政治的程序实现的，即“无代表不纳税”原则和按财产分

---

① 黄卫平，陈文．我国民主政治发展的现实选择：对“竞争性民主”与“协商性民主”的思考［J］．理论探讨，2005（6）：5－9.

配投票权的原则。资产阶级在反对封建专制统治的过程中，扩大了古代民主政治的基础，确立了以普选制、议会制、两党制（或多党制）为主的资产阶级民主政治制度。资本主义民主是对封建专制的否定，在历史上具有一定的进步性，使封建主义的人身依附关系进一步得到破除，逐渐确立了自由、平等、人权等现代观念。民主政治长期以来一直作为西方资本主义国家引以为傲的政治制度存在，因此成为意识形态领域大加宣扬的方面。不过，民主政治近年来在西方国家得到了一定发展的同时，也屡屡陷入了“失灵”的状况，如民粹主义的再次兴起。① 再加上“金钱政治”“旋转门政治”等现象的常态化以及经济上贫富分化的加剧，西方国家的民主政治开始频频遭受质疑。

一、西方民主政治的新发展

第二次世界大战以后，得益于第三次科技革命兴起所造就的“技术长波”和“福特主义积累体制”所带来的大批量、高效率的生产方式，主要资本主义国家的经济生产效率得到了大幅度提升，“GDP 和人均 GDP 的增长率几乎是 1820 年以来任何时期的两倍；劳动生产率增长也是此前任何时期的两倍；投资出现了前所未有的高涨，资本积累速度大幅度提高”②。同时，随着凯恩斯主义在实践中的兴起，“资本家和劳工之间的‘阶级妥协’大体上得到支持，被认为是国内和平稳定的主要保障。国家积极干预产业政策，通过建立种种福利制度（医疗卫生、教育等等）为社会工资制定标准”③。主要资本主义国家不仅在经济方面呈现出繁荣的局面，在社会生活领域也是如此，民主政治的功能得到强化，具体表现在对工会力量的政治整合、对劳资双方谈判的支持、公共支出的增长、福利国家的建设，以及工会或左翼政党在国家机器内部发挥切实的影响等方面，与此同时，资本积累的目标也得以实现。

随着资本的利润率危机重新出现，在这种压力下必须要有一种新的模式来代替旧的模式以恢复资本的利润率。于是，以放松金融资本管制、降低企业赋税、削弱工会力量、全球化和产业外包等一系列政策为特征的新自由主义开始兴起。而事实上，20 世纪 70 年代的危机在其本质上属于资本积累和民主政治矛盾加剧的危机。④ 这种危机的解决方案一开始并不是新自由主义，而是社团主义，企图通过强化国家对经济的控制走出危机，甚至“许多发达资本主义国家中劳工和城市社会运动的结合似乎隐约暗示着一种社会主义替代性方案的出现，以取代资本家和劳工之间的社会妥协”，“这些方案在 20 世纪 70 年代中期被证明与资本积累的要求不符”⑤。因此到 20 世纪 70 年代中期，上层资产阶级不得不做出决断，以保护自己免于政治上和经济上的双重失利。资本通过作用于民主政

① 韩冬临，张渝西．欧洲民粹主义的发展与变化（2000—2019 年）：基于民粹主义政党的测量［J］．欧洲研究，2020（1）：75－103.

② 孟捷．战后黄金年代是怎样形成的：对两种马克思主义解释的批判性分析［J］．马克思主义研究，2012（5）：35－46.

③ 哈维．新自由主义简史［M］．王钦，译．上海：上海译文出版社，2016：11－12.

④ 葛浩阳．积累的社会结构理论视角下资本主义民主政治再考察：基于西方“民主失灵”现状的理论分析［J］．教学与研究，2021（8）：87－96.

⑤ 同③14.

治影响国家的政策行为，削弱了劳工阶层的利益，恢复了资本的利润率。而在新自由主义政策模式下，工会力量的削弱、对资本（尤其是金融资本）监管的放松、福利政策的收缩以及左翼政党在政治活动中的式微，都意味着民主政治功能的衰弱，这样一种制度上的安排显然更有利于资本获取利益。

新自由主义政策模式的弊端也造成了资本主义国家在民主政治领域对这一模式的反思和改革，其中最具代表性的就是兴起于20世纪90年代的“第三条道路”。“第三条道路”在理论上以吉登斯为代表，试图对新自由主义和传统的社会民主主义进行一系列纠偏。在吉登斯看来，对国家和政府进行改革应当成为“第三条道路”政治的一项基本的指导性原则，“第三条道路”政治是一个深化并拓展民主的过程。政府可以同公民社会中的结构结成伙伴关系，采取共同行动来推动社会的复兴和发展。他还指出，新自由主义者想要缩小政府，而社会民主主义者则一直热衷于扩大政府。“第三条道路”则认为有必要重构国家：超越“把国家当敌人”的右派和“认国家为答案”的左派。① 吉登斯的“重构国家”纲领具体包括：实行权力下放，进行具有更大的透明度和开放性的宪法改革，建立防治腐败的新措施，提高政府的行政管理效率，通过新的“民主实验”，如地方直接民主、电子投票等方式，重建政府与公民之间的直接联系，增强政府的风险管理能力等等。这一系列纲领都集中体现了“第三条道路”在政治领域的改革方略，具有鲜明的现实主义取向。

吉登斯认为，“第三条道路是要在公共机构与市场之间寻求平衡”，“既需要有竞争力的市场，又需要政府扮演积极的角色，同时还需要有活跃积极的公民社会或者第三部门”②。在民主制度改革领域，“第三条道路”主张进行“第二波民主化——或者称之为民主的民主化”③，主要措施包括“增加地方政府权能，减少中央政府对地方事务的干预；扩大公共领域，提高政府办事效率与透明度，扩大民众的知情权与参与权等”④。“第三条道路”的改革在一定程度上缓解了新自由主义积累模式带来的资本主义与民主政治之间的紧张关系，但是由于其理念和目标从根本上而言并不能满足资本对利润的要求，所以在取得短暂的成就之后也不可避免地衰落了。

二、西方民主政治的困境

第一，愈发形式化的民主制度。一方面，民主政治越来越成为资产阶级政客愚弄民众的手段，民众无法通过民主政治来真正实现自己的利益诉求，“民主政治”演变为“金主政治”，政治政策被利益集团绑架。在哈贝马斯看来，西方民主制国家的权力已经从人民手中转移，被技术官僚所俘获。而有学者的研究显示，20世纪80年代以来，美国的国家权力越来越集中在一小部分富人的手中，这一小部分人往往在金融、银行或军工行

---

① 吉登斯．第三条道路：社会民主主义的复兴［M］．郑戈，译．北京：北京大学出版社，2000：75.

② 吉登斯．第三条道路的政治［J］．郭忠华，译．中山大学学报（社会科学版），2009（2）：1-6.

③ 吉登斯．第三条道路及其批评［M］．孙相东，译．北京：中共中央党校出版社，2002：63.

④ 王学军，张森林．“第三条道路”与民主社会主义的终结［J］．马克思主义研究，2021（11）：126-132.

业拥有强大的影响力和控制力，而大部分普通民众对政治决策的影响力其实微乎其微。[①] 另一方面，民主制度的形式化还表现为其功能越来越无法实现其目的。以特朗普上台为例，特朗普利用在新自由主义全球化过程中失势的中产阶级和产业工人的支持取得了选举的胜利，并许诺他们要让美国“再次伟大”，其选举时的宣言被很多人解读为带有一定民粹主义色彩的、为了满足中下层利益而对精英建制派发起的改革，但事实上作为商人式的政客，特朗普很清楚自身的立场所在，所以其最初的民粹主义表现不过是一种“伪民粹主义”[②]，其实质仍然是对精英集团利益的维护。[③]

第二，技术催生民主乱象。在互联网、大数据等新技术条件下的西方民主政治过程暴露出越来越多的局限和弊端。从纯粹技术角度而言，互联网的发展可以拓展公民的政治参与度，有利于民主化的推进，但是，在资本主义制度下，新的技术手段往往为资本利益集团所利用，新媒体接管舆论、算法操纵投票等手段侵蚀着民主价值和民主规则。[④] 同时，随着新媒体的迅速发展和社交网络的普及，假新闻也愈加泛滥，并呈现出组织化、智能化与武器化等特征。[⑤] 不同的利益集团在竞选中通过制造假新闻操纵公众舆论、干预大选已成为一种常见现象，而假新闻的生产和传播也形成了一条日益成熟的产业链，民主的普遍化并未提升民主运行的质量，反而使民主愈加成为精英操纵大众的工具，催生出一系列民主乱象，这一切都表明西方代议制民主制度越来越无法体现民主的内在要求。

第三，民粹暴露民主失灵。民粹主义通常是指，通过直接诉诸“人民”或“民意”的方式，挑战既有权力体制或当权派的行为。作为一种思潮，民粹主义以平民利益为立场，带有鲜明的反精英和反建制色彩；作为一种政治程序，民粹主义往往以直接民主代替代议制民主，使政治结果直接体现多数人的意志。近年来，无论是特朗普当选美国总统还是英国“脱欧”公投，都带有明显的民粹主义色彩。除此之外，有极右翼民粹倾向的法国国民阵线候选人玛丽娜·勒庞在2017年大选中异军突起，意大利右翼民粹主义政党“五星运动”在短时间内迅速成为议会第一大党，这都成为西方新一轮民粹主义兴起的代表性事件。民粹主义的兴起，表明了西方民主政治陷入了“代表性危机”[⑥]，政治政党由代表组织转变为统治机构，民众无法通过正常的代议制民主途径来表达自身的诉求，就直接诉诸民粹主义的形式，而这种政治领域的表现则是由资本主义系统性危机造成的[⑦]，这说明新自由主义积累模式的危机已经不再仅仅表现在经济领域（经济危机），也开始在政治领域显现（民主政治危机）。

---

① Gilens M，Page B I. Testing Theories of American Politics：Elites，Interest Groups，and Average Citizens [J]. Perspective on Politics，2014，12 (3)：564 - 581.

② 马奥尼．美国价值观发生了民粹主义转向?：来自马克思主义的分析 [J]. 张永红，译．国外理论动态，2017 (7)：73 - 85.

③ 丛日云．民粹主义还是保守主义：论西方知识界解释特朗普现象的误区 [J]. 探索与争鸣，2020 (1)：118 - 137.

④ 杨春林．大数据时代的西方民主困境 [J]. 当代世界社会主义问题，2019 (3)：158 - 167.

⑤ 汝绪华．假新闻泛滥与西方民主的整体性危机 [J]. 马克思主义研究，2019 (5)：141 - 151.

⑥ 高春芽．政党代表性危机与西方国家民粹主义的兴起 [J]. 政治学研究，2000 (1)：102 - 111.

⑦ 朱安东．危机中的资本主义：新自由主义、民粹主义和法西斯主义 [J]. 马克思主义与现实，2019 (5)：94 - 99.

第三节 中国特色社会主义民主政治的新发展

社会主义民主政治是中国特色社会主义政治文明的集中表现，人民民主是社会主义的重要内涵。发展社会主义民主是中国共产党始终不渝的奋斗目标。在革命战争年代，以毛泽东同志为主要代表的中国共产党人，积极探索如何创建人民政权，发展民主政治，为社会主义民主政治的进一步发展积累了丰富的经验。中华人民共和国成立后，我国实行了人民民主专政的国体和人民代表大会的政体，实行中国共产党领导的多党合作和政治协商制度、民族区域自治制度、基层群众自治制度，这些实践为我国政治建设和政治文明的发展奠定了坚实的基础。

党的二十大报告明确指出："人民民主是社会主义的生命，是全面建设社会主义现代化国家的应有之义。全过程人民民主是社会主义民主政治的本质属性，是最广泛、最真实、最管用的民主。必须坚定不移走中国特色社会主义政治发展道路，坚持党的领导、人民当家作主、依法治国有机统一，坚持人民主体地位，充分体现人民意志、保障人民权益、激发人民创造活力。"① 这充分表明了以习近平同志为核心的党中央对社会主义民主政治建设问题的理解提升到了新高度。党的十八大以来，习近平总书记在不同场合聚焦我国社会主义民主政治建设和人民当家作主问题做出了一系列重要论述，对这些论述进行呈现、梳理和阐释，无疑具有重要的理论和实践价值。

一、党的十八大以来关于人民当家作主的重要论述

党的十八大以来，以习近平同志为核心的党中央高度关注社会主义民主政治建设问题，着力坚持中国特色社会主义政治发展道路，其最终目标直指人民当家作主。正如习近平总书记所言，"人民当家作主是社会主义民主政治的本质和核心"②，"保证人民当家作主，是我们党的一贯主张"③。所谓"人民当家作主"，就是人民成为国家的主人，可以"依法通过各种途径和形式管理国家事务，管理经济文化事业，管理社会事务"④，"我们要以更大的力度、更实的措施发展社会主义民主……确保人民享有更加广泛、更加充分、更加真实的民主权利，让社会主义民主的优越性更加充分地展示出来"⑤。

习近平总书记立足中国特色社会主义新时代的历史方位，承继了我们党重视解决影响民主的因素以满足人民民主诉求的科学执政理念。在他看来，伴随我国新时代社会主要矛盾的转化，"人民美好生活需要日益广泛，不仅对物质文化生活提出了更高要求，而

---

① 习近平．高举中国特色社会主义伟大旗帜 为全面建设社会主义现代化国家而团结奋斗 [N]．人民日报，2022-10-26（1）．

② 习近平．在庆祝全国人民代表大会成立60周年大会上的讲话 [M]．北京：人民出版社，2014：7.

③ 中共中央文献研究室．习近平关于社会主义政治建设论述摘编 [M]．北京：中央文献出版社，2017：20.

④ 中共中央党史和文献研究院．十九大以来重要文献选编：上 [M]．北京：中央文献出版社，2019：25.

⑤ 习近平．在第十三届全国人民代表大会第一次会议上的讲话 [M]．北京：人民出版社，2018：9.

且在民主……等方面的要求日益增长”[①]。这里的民主是人民当家作主，其内涵主要包括以下五个方面：一是人民通过各级人民代表大会行使国家权力；二是人民依照法律规定，通过各种途径和形式，管理国家事务，管理经济文化事业，管理社会事务；三是一切国家机关和国家工作人员必须倾听人民心声、接受人民监督；四是国家制定实施的法律法规和方针政策必须体现人民意志、尊重人民意愿；五是国家各方面事业和工作，必须坚持以人民为中心的发展思想，不断满足人民的美好生活需要。所以，为了积极回应人民对民主权益的美好期待，进而更好地满足人民上述五方面的民主要求，必须坚决把推进民主政治建设的系统工程作为重大民生实事时时记在心里、紧紧抓在手上，因为“保证和支持人民当家作主不是一句口号、不是一句空话”[②]，“必须具体地、现实地体现到中国共产党执政和国家治理上来，具体地、现实地体现到中国共产党和国家机关各个方面、各个层级的工作上来，具体地、现实地体现到人民对自身利益的实现和发展上来”[③]。绝不能说起来兴冲冲、喊起来响当当、做起来轻飘飘，而须坚定不移地走“中国特色社会主义政治发展道路”，真正让“实实在在的、而不是做样子的”[④] 民主权益成为人民生活质量的增长点。

事实上，面对满足人民民主诉求的攻坚战，没有后路留给我们抉择，必须“保证党领导人民有效治理国家；扩大人民有序政治参与，保证人民依法实行民主选举、民主协商、民主决策、民主管理、民主监督……加强人权法治保障，保证人民依法享有广泛权利和自由”[⑤]，让广大民众望得民主、看得民主、触得民主，从而真切体验到享有民主权益的幸福感。由上可知，满足人民日益增长的民主需求是习近平总书记关于人民当家作主重要论述的价值落脚点。

推进社会主义民主政治建设、实现人民当家作主作为一项宏大的社会实践活动，必然会涉及“实践主体”的问题。那么，谁才是推进社会主义民主政治建设的有力主体呢？答案要从“人民群众是历史的创造者，是推动历史前进的决定性力量”的经典原理中去寻取。这既是唯物史观的内核要义，也是习近平总书记多次着重阐扬的科学理念。新时代社会主义民主政治建设也必然要依靠广大民众来书写，“当代中国共产党和中国人民一定要把这个崇高使命担当起来，不断发展具有强大生命力的社会主义民主政治”[⑥]。事实上，历史业已确证，始终信赖和倚重人民是推进社会主义民主政治建设的一条至关重要的经验，没有广大人民群众的支持、参与，推进社会主义民主政治建设就无法取得今天的显著进展。故而，形成每个个体都参与社会主义民主政治建设实践的鲜活局面，让每个中国人都肩负起助力社会主义民主政治建设的使命重任，是习近平总书记提出的殷切期冀和基本要求。无论是建立健全人民当家作主制度，还是牢固树立“人民是国家主人翁”的强烈意识、弘扬“以人民为中心”的执政价值观，抑或是推进国家机构和行政体

---

① 中共中央党史和文献研究院．十九大以来重要文献选编：上［M］．北京：中央文献出版社，2019：8.

② 中共中央文献研究室．习近平关于社会主义政治建设论述摘编［M］．北京：中央文献出版社，2017：63.

③ 同②64.

④ 同②71.

⑤ 同①26.

⑥ 习近平．在庆祝全国人民代表大会成立60周年大会上的讲话［M］．北京：人民出版社，2014：22.

制改革、巩固和发展爱国统一战线、发挥社会主义协商民主的作用，均须调动广大民众的积极性和能动性，充分激发其创造活力。正如习近平总书记所强调的，要充分“保证人民依法通过各种途径和形式管理国家事务，管理经济文化事业，管理社会事务，巩固和发展生动活泼、安定团结的政治局面”①。坚持走中国特色社会主义民主政治发展之路，树立中国特色社会主义道路和制度自信，关键是要充分释放全国各族人民推进社会主义民主政治建设的强大动能，科学引导广大民众走向推进社会主义民主政治建设实践的宽广舞台，让一切能够推进社会主义民主政治建设的源泉充分奔流、智慧竞相迸发。

尽管我国的社会主义民主政治建设已取得显著成效，但仍有一些体制方面的问题制约着社会主义民主政治建设的纵深发展以及人民当家作主的最终实现。可以说，制度问题不解决，人民当家作主的问题也难以解决。习近平总书记对这一问题也有着深刻的认识，“真正实现社会和谐稳定、国家长治久安，还是要靠制度”②，若要保证人民当家作主，相关民主或监督制度的建立和完善势在必行。因此，习近平总书记在党的十八届三中全会上对促进社会主义民主政治建设的顶层设计进行了明确阐述：“发展社会主义民主政治，必须以保证人民当家作主为根本，坚持和完善人民代表大会制度、中国共产党领导的多党合作和政治协商制度、民族区域自治制度以及基层群众自治制度，更加注重健全民主制度、丰富民主形式，从各层次各领域扩大公民有序政治参与，充分发挥我国社会主义政治制度优越性。”③ 在党的十九大上，习近平总书记又特别强调，“要长期坚持、不断发展我国社会主义民主政治，积极稳妥推进政治体制改革，推进社会主义民主政治制度化、规范化、程序化”，“用制度体系保证人民当家作主”④。党的十九届四中全会更是立足“国家治理体系和治理能力现代化”的战略高度对此着力阐发，“必须坚持人民主体地位，坚定不移走中国特色社会主义政治发展道路，健全民主制度，丰富民主形式，拓宽民主渠道，依法实行民主选举、民主协商、民主决策、民主管理、民主监督，使各方面制度和国家治理更好体现人民意志、保障人民权益、激发人民创造”⑤。党的二十大报告明确指出：“必须坚定不移走中国特色社会主义政治发展道路，坚持党的领导、人民当家作主、依法治国有机统一，坚持人民主体地位，充分体现人民意志、保障人民权益、激发人民创造活力。”可见，习近平总书记十分重视民主相关制度和机构与行政体制改革在助力社会主义民主政治建设及实现人民当家作主中的联动效应。

二、人民当家作主的理论依据

学术界在探讨人民当家作主的理论依据时，往往会追溯至马克思主义唯物史观，并聚焦于“人民”的内涵。中国共产党人始终坚持马克思主义唯物史观，坚持为人民服务

---

① 中共中央党史和文献研究院．十九大以来重要文献选编：上［M］．北京：中央文献出版社，2019：25－26.

② 中共中央文献研究室．习近平关于社会主义政治建设论述摘编［M］．北京：中央文献出版社，2017：5.

③ 中共中央关于全面深化改革若干重大问题的决定［M］．北京：人民出版社，2013：28.

④ 同①25.

⑤ 中共中央关于坚持和完善中国特色社会主义制度 推进国家治理体系和治理能力现代化若干重大问题的决定［M］．北京：人民出版社，2019：10.

的根本宗旨，坚持以人民为中心的发展思想，把实现人民当家作主作为始终不渝的奋斗目标。虽然在不同时期人民的称呼和具体内涵因历史因素而不同，但人民在历史进程中的重要地位一直没有动摇过。在人民当家作主理论源头中既有经典马克思主义的人民历史观，也有我国传统文化中“君，舟也；人，水也。水能载舟，亦能覆舟”的“民本”思想因子。“人民”的内涵在历史和空间的经纬之中立体化与丰富化。一般来讲，人民概念蕴含着丰富的意义和多重的维度：作为现实的个人的人民、作为群体的人民、作为人类整体的人民。

关于人民内涵的三个层面的划分，在马克思、恩格斯经典的唯物史观论述中都能找到相关阐述，这也证明了马克思、恩格斯对人民群众分析的科学性和丰富性。马克思在批判黑格尔和费尔巴哈“抽象的个人”的基础上提出了“现实的个人”。现实的个人是人民内涵的第一层意思，现实的个人是唯物史观的基础。“每一历史时代的经济生产以及必然由此产生的社会结构，是该时代政治的和精神的历史的基础”①，而从事经济生产的正是实践着的个人，他们创造了历史的经济基础，并生产了新的社会关系。正如马克思所说，“历史是这样创造的：最终的结果总是从许多单个的意志的相互冲突中产生出来的……每个意志都对合力有所贡献，因而是包括在这个合力里面的”②。因此，唯物史观要重视群众的历史作用和本体地位。但个体的力量总是有限的，需要集体或群体的力量来实现总体性的目标。在反对资产阶级的过程中，工人阶级联合其他的贫困人民组成了属于自己的群体——无产阶级。无产阶级代表着最广大人民的利益。马克思认为，“共产党人强调和坚持整个无产阶级共同的不分民族的利益……共产党人始终代表整个运动的利益”③。无产阶级或共产党的存在是现实的个人的联合，这是人民内涵的第二层含义。在我国革命时期，人民群体的力量是不容忽视的，毛泽东曾这样评价：“革命战争是群众的战争，只有动员群众才能进行战争，只有依靠群众才能进行战争。”④ 但如果我们的目光仅仅局限于现实的个人与群体的利益，那历史和社会将不能长久地良性发展，马克思在关注现实的个人和无产阶级的利益时，就将人民的内涵推向了更高的理论境界——人是现实的“类存在物”，在马克思对共产主义和人的解放的构想中，“类存在物”指向的是全体人类。因此，从马克思的唯物史观中，我们可以洞察到人民概念的丰富内涵和多重维度，以此启迪我国在以人民为中心的发展过程中，应该坚持人民内涵的丰富性，不仅关注个体、群体，还要关怀整个人类的未来。

1978年以来，我国坚持以经济建设为中心，这是为了提高社会生产力，从而满足人民基本的物质生活需求。在此过程中，虽然蕴含着以人为本的精神，但是这个阶段的人民只是作为群体性的人民，没有特别关注现实的个体需求和人类的整体发展。党的十九大之后，习近平总书记提出各项建设要坚持以人民为中心，满足人民日益增长的美好生活需要，并在发展中紧紧依靠人民、尊重人民的首创性。当然这并不意味着

---

① 中共中央马克思恩格斯列宁斯大林著作编译局．马克思恩格斯文集：第2卷［M］．北京：人民出版社，2009：9.

② 中共中央马克思恩格斯列宁斯大林著作编译局．马克思恩格斯文集：第10卷［M］．北京：人民出版社，2009：592-593.

③ 同①44.

④ 毛泽东．毛泽东选集：第1卷［M］．2版．北京：人民出版社，1991：136.

将经济建设边缘化，经济建设依旧是社会发展的基础，只有生产力水平提高，才能为人民的主体性地位提供强大的物质基础，中国才有实力在国际舞台上发声，拥有参与国际政治的话语权。人民当家作主地位的实现，反映了现实的个人和中国人民对美好生活需要的实现。

按照马克思主义的政治观，社会主义民主是区别于资本主义民主的新型民主形态。在民主政治思想史上，社会主义否定了政治生活中少数剥削阶级对广大劳动人民的统治，在人类历史上首创人民当家作主的理想，把政治民主的主体性扩展到大多数民众，高举起人民民主的旗帜。人民民主作为社会主义的生命，主张人民当家作主，而不只是主张人民选择由谁来作主。尽管西方的自由主义民主目前在国际上占据主流，但社会主义的人民民主依然具有道义优势。与西方民主政治主要体现为竞争选举不同，习近平总书记着重强调的是人民更加广泛的政治参与，即“扩大人民有序政治参与，保证人民依法实行民主选举、民主协商、民主决策、民主管理、民主监督”[①]。

人民当家作主作为社会主义民主政治的本质和核心，占据了习近平总书记关于民主政治的重要论述的制高点。在这一本质和核心的基础上，我国的社会主义民主政治还具有两个重要特点：一是坚持共产党的领导，二是坚持依法治国。“共产党领导的社会主义民主政治是对古典的直接民主所具有的低效、多数人暴政等弊端的矫正，是不同于西方自由主义精英民主的另一种现实、可行的民主形态。”[②] 正如习近平总书记在党的十九大报告中所指出的：“坚持党的领导、人民当家作主、依法治国有机统一。党的领导是人民当家作主和依法治国的根本保证，人民当家作主是社会主义民主政治的本质特征，依法治国是党领导人民治理国家的基本方式，三者统一于我国社会主义民主政治伟大实践”[③]。因而，必须把坚持党的领导、人民当家作主、依法治国有机统一起来，这是我国社会主义民主政治的重要属性和道路，“任何把党的领导、人民当家作主、依法治国割裂开来、对立起来或者相互取代的主张和做法，都不符合社会主义民主政治的根本性质、核心理念和实践要求”[④]。

一方面，中国共产党领导是中国特色社会主义的本质特征，是中国特色社会主义制度的最大优势。这也更深入地体现在中国特色社会主义政治发展道路中。在把人民当家作主作为治国理政的方向和目标、把全面依法治国作为治国理政的基本方略和基本方式的同时，习近平总书记更加重视强化党的全面领导，这构成了习近平总书记关于我国民主政治发展重要论述的前提。另一方面，“发展人民民主必须坚持依法治国、维护宪法法律权威，使民主制度化、法律化”[⑤]。在现代民主理论中，法治是民主政治的要素之一，不存在没有法治的民主。没有法治，只能是多数人的暴政、民粹主义或无政府主义，而

---

① 习近平．决胜全面建成小康社会 夺取新时代中国特色社会主义伟大胜利：在中国共产党第十九次全国代表大会上的报告［M］．北京：人民出版社，2017：37.

② 胡伟．中国特色社会主义民主政治不容质疑［J］．求是，2016（7）：49-51.

③ 同①36.

④ 沈春耀．加强人民当家作主制度保障［N］．人民日报，2017-12-21（7）.

⑤ 习近平．在庆祝全国人民代表大会成立60周年大会上的讲话［M］．北京：人民出版社，2014：7-8.

不是现代意义上的民主政治。在新时代全面依法治国的背景下，如何认识与把握法治和民主的相互促进、良性互动是一个重大的理论问题。[①]

三、人民当家作主的历史沿革

人民当家作主制度体系是中国近代以后社会变革与发展的必然结果。“在中国建立什么样的政治制度，是近代以后中国人民面临的一个历史性课题。为解决这一历史性课题，中国人民进行了艰辛探索”[②]，“在中国实行人民代表大会制度，是中国人民在人类政治制度史上的伟大创造，是深刻总结近代以后中国政治生活惨痛教训得出的基本结论，是中国社会100多年激越变革、激荡发展的历史结果，是中国人民翻身作主、掌握自己命运的必然选择”[③]。以人民代表大会制度为核心的人民当家作主制度体系是中国共产党在马克思主义和党的创新理论指引下，基于人类社会发展规律和中国现代化内在要求，领导中国人民在中国革命和社会主义建设中产生和成长起来的，并在改革开放时期和社会主义新时代不断完善发展和走向成熟定型的。

人民当家作主制度体系是人类社会向现代转型背景下中国追求现代化的必然结果。人类社会从传统农业社会向现代工业社会跃进是一次重大的社会变迁与进步，与这一现代社会转型相适应的是建立现代国家制度体系。马克思在《共产党宣言》中描述了现代社会的主要特征：工业化、城市化、世界市场形成与世界历史开启、现代政治制度确立、生产力与生产关系的矛盾和经济基础与上层建筑的矛盾不断激化、两大阶级矛盾尖锐化，以及资本主义社会通过革命向共产主义社会发展的历史必然性。这些分析虽然肯定了资本主义社会的历史贡献，但更主要的是批判了资本主义政治制度和经济制度的历史局限性，揭示了资本主义制度体系未能实现经济发展与社会民主、不能适应现代生产力发展和人的自由全面发展的需要，应被共产主义社会扬弃。[④] 因此，根据马克思的分析，资本主义开启了人类社会的现代化进程，但它所实现的现代化是不彻底不全面的现代化，并最终成为阻碍现代化发展的力量，所以需要通过无产阶级革命来进一步推进现代化，在政治和经济领域实行彻底的人民民主，使广大人民群众成为现代化的主宰力量，成为政治生活和社会生产力的主人，成为掌握历史发展进程的自觉主体，这是无产阶级及其政党的历史使命，也是部分后发国家选择社会主义革命实现现代转型的历史逻辑和理论逻辑。

人民当家作主制度体系是中国社会主义现代化建设和改革开放的必然结果。新中国以人民当家作主为核心的政治制度是在《中国人民政治协商会议共同纲领》（简称《共同纲领》）这部起临时宪法作用的政治文件中确立的。《共同纲领》规定新中国国体为人民

---

① 胡伟．人民当家作主是社会主义民主政治的本质：习近平论社会主义民主政治发展道路［J］．毛泽东邓小平理论研究，2018（10）．

② 习近平．在庆祝全国人民代表大会成立60周年大会上的讲话［M］．北京：人民出版社，2014：2．

③ 同②4－5．

④ 赵永红．人民当家作主制度体系的由来、构成、优势与发展［J］．新疆师范大学学报（哲学社会科学版），2020（3）：34－45．

民主专政，从根本上确立了人民当家作主的政治地位，为人民当家作主制度建设提供了根本依据。《共同纲领》明确，“中华人民共和国的国家政权属于人民。人民行使国家政权的机关为各级人民代表大会和各级人民政府”，“中国人民政治协商会议为人民民主统一战线的组织形式”，“中华人民共和国境内各民族，均有平等的权利和义务”，“各少数民族聚居的地区，应实行民族的区域自治”，“各级政权机关一律实行民主集中制”等，基本上构建了人民当家作主制度体系的总体框架。

在社会主义计划经济时期，新中国依托人民当家作主制度体系，通过有效动员和治理，在经济、社会和国防建设等方面取得了举世瞩目的成就，赢得了人民群众的拥护和国际社会的尊重。然而，计划经济体制影响了社会活力和自我组织能力的充分释放，在特定历史时期，使国家民主法制受到破坏，人民当家作主无法得到法制保障，同时也影响了国家的发展和进步。改革开放初期，邓小平同志深刻总结国内外经验教训，立足党和国家工作新的需要，发表了《党和国家领导制度的改革》这一重要讲话，深刻揭示了当时政治体制存在的弊端，系统阐述了政治体制改革的目的、意义、主要内容和原则，强调必须加强民主法制建设，必须依靠制度和法制治理国家，为政治体制改革和人民当家作主制度体系建设提供了纲领性指导。① 在随后的国家政治制度建设中，我们党一方面注重恢复党和国家制度的运行，加强民主法制建设，保障人民民主权利；另一方面加强行政管理制度改革，实行国家向社会放权和中央向地方分权，在农村实行新的生产经营制度。正是在这种新的制度与政策的支持下，地方社会出现了市场经济生长、发展以及相应的社会结构变迁，进一步驱动了行政管理体制改革、社会主义市场经济体制的确立、法律制度的不断完善、基层民主制度的设立和执政党自身建设的加强。因此，在改革开放过程中，政治体制改革和人民当家作主制度建设的动力不仅来自执政党和国家的主动作为，还来自市场经济及社会发展的内在需要。经过社会主义建设和改革开放，中华民族迎来了从站起来、富起来到强起来的伟大飞跃。面对错综复杂的国际形势和全面深化改革的繁重任务，中国共产党回顾走过的伟大征程，全面总结国家建设与发展方面的成功经验和制度成果，深入总结党的十八大以来在统筹推进“五位一体”总体布局、协调推进“四个全面”战略布局方面取得的伟大成就和经验，既有利于更加坚定“四个自信”，也有利于进一步坚持和发展中国特色社会主义制度，使之更加完善成熟定型，从而为建成社会主义现代化强国和国家长治久安提供制度保障，使中国真正成为制度优势充分彰显、治理实现现代化的国家。其中，坚持和完善人民当家作主制度体系具有基础性和全局性的战略地位。因此，人民当家作主制度体系的形成、发展和完善是中国社会主义现代化建设不断推进的必然结果。

四、人民当家作主的制度保障

中国特色社会主义民主是现代民主，现代民主的本质内涵和突出表征是实现民主的

① 邓小平．邓小平文选：第2卷［M］．2版．北京：人民出版社，1994：320-343.

制度化、法律化，用完善的制度和健全的法律确保人民当家作主权利的实现。[①] 用制度体系保证人民当家作主，按照习近平总书记在党的十九大报告中的说法，就是要积极稳妥推进政治体制改革，推进社会主义民主政治制度化、规范化、程序化，保证人民依法通过各种途径和形式管理国家事务，管理经济文化事业，管理社会事务，巩固和发展生动活泼、安定团结的政治局面。民主政治制度化、规范化、程序化，核心是要完善和发展我国现有的一套根本和基本的政治制度，首先是完善和发展人民代表大会制度这一政体。习近平总书记在党的十九大报告中指出："加强人民当家作主制度保障。人民代表大会制度是坚持党的领导、人民当家作主、依法治国有机统一的根本政治制度安排，必须长期坚持、不断完善。要支持和保证人民通过人民代表大会行使国家权力。发挥人大及其常委会在立法工作中的主导作用，健全人大组织制度和工作制度，支持和保证人大依法行使立法权、监督权、决定权、任免权，更好发挥人大代表作用，使各级人大及其常委会成为全面担负起宪法法律赋予的各项职责的工作机关，成为同人民群众保持密切联系的代表机关。"[②] 这是用制度体系保证人民当家作主的根本。

"一个国家的政治制度决定于这个国家的经济社会基础，同时又反作用于这个国家的经济社会基础，乃至于起到决定性作用。中国实行工人阶级领导的、以工农联盟为基础的人民民主专政的国体，实行人民代表大会制度的政体，实行中国共产党领导的多党合作和政治协商制度，实行民族区域自治制度，实行基层群众自治制度，具有鲜明的中国特色。这样一套制度安排，是在我国历史传承、文化传统、经济社会发展的基础上长期发展、渐进改进、内生性演化的结果，必须长期坚持、全面贯彻、不断发展。"[③] 习近平总书记强调："必须适应国家现代化总进程，提高党科学执政、民主执政、依法执政水平，提高国家机构履职能力，提高人民群众依法管理国家事务、经济社会文化事务、自身事务的能力，实现党、国家、社会各项事务治理制度化、规范化、程序化，不断提高运用中国特色社会主义制度有效治理国家的能力。"[④]

中国特色社会主义制度在保障人民当家作主方面的功能性表现在：制度功能表现为确立人民在政治上的主体地位。人民当家作主意味着人民在国家发展中具有决定发展方向的权利，具有选择发展道路的权利，具有制定发展方略的权利，具有发表言论评价的权利等。权利的实现并不是一蹴而就的，需要在实践中不断完善相关的法律制度，再将制度落实在权利的运用过程之中。人民当家作主并不只是一句空泛的政治口号，还包括围绕以人民为中心，为了人民自由而全面发展原则的一系列实践行动。人民代表大会制度实现了人民政治性的、代表性的权利，保证人民可以依照法律规定，通过多种渠道去管理国家的政治、经济、文化和社会事务；基层群众自治制度则实现了基层群众的政治参与权利，促进基层群众的民主化，特别要"促进群众在城乡社区治理、基层公共事务

---

① 包心鉴．用制度体系保证人民当家作主［J］．新视野，2018（6）：5－13.

② 习近平．决胜全面建成小康社会 夺取新时代中国特色社会主义伟大胜利：在中国共产党第十九次全国代表大会上的报告［M］．北京：人民出版社，2017：37.

③ 中共中央宣传部．习近平总书记系列重要讲话读本（2016年版）［M］．北京：人民出版社，2016：166－167.

④ 习近平．习近平谈治国理政［M］．北京：外文出版社，2014：104.

和公益事业中依法自我管理、自我服务、自我教育、自我监督”①，让基层群众能够自己决定与自身发展相关的事务，发挥最大的群众能动性、自主性与创造性。基层群众既是发展的主体又是发展的客体，他们的主客体关系在自治的过程中达到统一，自我的权利通过自我治理实现，这是广大人民的胜利，是中国国情与马克思主义理论相结合的伟大创新实践成果。

目前，在一些党员和干部中间之所以还存在这样或那样有悖于人民利益的做法和问题，从“公仆”变成“主人”，并不是因为他们不清楚党的一贯宗旨、不明白必须坚持人民的主体地位、不了解人民当家作主是社会主义民主政治的本质和核心，或者不知道“民心是最大的政治”“人民立场是中国共产党的根本政治立场”等，而是明知故犯，阳奉阴违。究其原因，就是缺乏一个严密的民主政治制度对其加以约束，以致一些领导干部个人凌驾于组织和群众之上，个人的意志强加在人民身上，个人的利益随意取代人民的利益，甚至以权谋私、腐化堕落。因此，离开制度保障，人民当家作主就是一句空话。党的十八大以来党和国家的民主、监督制度建设取得了重大突破和进展，出台（修订）了《中央党内法规制定工作五年规划纲要（2013—2017 年）》《中国共产党巡视工作条例》《中国共产党廉洁自律准则》《中国共产党纪律处分条例》《关于新形势下党内政治生活的若干准则》《中国共产党党内监督条例》《关于在全国各地推开国家监察体制改革试点方案》《关于建立健全全国人大专门委员会、常委会工作机构组织起草重要法律草案制度的实施意见》《中国共产党统一战线工作条例》《关于加强和改进人民政协民主监督工作的意见》《关于加强社会主义协商民主建设的意见》《关于加强政党协商的实施意见》等一系列聚焦“民主和监督”主题的改革方案。凡此种种的文件政策的颁行，都会为社会主义民主政治建设提供强有力的制度支撑。

从现有制度部署的内在要素来看，凸显人民当家作主的制度现已形成体系，它是集坚持和完善人民代表大会制度、坚持和完善中国共产党领导的多党合作和政治协商制度、巩固和发展最广泛的爱国统一战线、坚持和完善民族区域自治制度、健全充满活力的基层群众自治制度等为一体的制度建构，能够以制度充分保证广大人民群众享受到最真实、最管用、最广泛的民主权益和民主权力，进而最大限度激发出广大人民群众投身中国特色社会主义建设的积极性、能动性、创造性，以充分显现社会主义制度能够集中力量办大事的治理优势和治理效能。②

基于对已有制度建构和西方民主实践的比较式反思，聚焦“十四五”规划和 2035 年远景目标，党的十九届五中全会将人民当家作主的制度贯穿到治国理政的方方面面，例如，在脱贫攻坚战取得全面胜利之后，特别提出了要使全体人民共同富裕取得更为明显的实质性进展，以巩固全面建成小康社会的成果；又如，为建设创新型国家，要求贯彻尊重劳动、尊重知识、尊重创造的方针，培育具有国际竞争力的青年科技人才后备军；

---

① 中共中央宣传部．习近平总书记系列重要讲话读本（2016 年版）［M］．北京：人民出版社，2016：168－169.

② 路媛．中国共产党领导人民当家作主的内生逻辑及制度效能［J］．南京师大学报（社会科学版），2021（4）：90－99.

再如，为全面推进乡村振兴，要求深化农村改革，切实改善农民生活；还如，为建设社会主义文化强国，要求满足人民文化需求和增强人民精神力量相统一，切实提高国家文化软实力……无不是将人民摆在突出的位置。除上述之外，民族区域自治制度和基层群众自治制度、对外交往和多边关系、国防和军队现代化建设等，都为我国社会主义民主政治建设增添了颇为生动的实践注脚，也激发出了更为活跃的民众期盼，成为体现人民当家作主制度之民主优势和民生实际的直观呈现。

五、人民当家作主的实现路径

1. 以人民为中心

民主意味着人民进行统治和治理，人民拥有平等的参与国家治理的权利——这就是马克思主义民主政治观的精髓。在社会主义条件下，人民当家作主不是抽象的、笼统的，而是具体地、本质地体现在国家一切政治生活中。人民当家作主的民主政治价值观，在习近平新时代中国特色社会主义思想及其实践中得到了创造性坚持和发展，突出体现在鲜明提出了必须坚持以人民为中心的发展思想，形成了坚持以人民为中心的基本方略。习近平总书记强调坚持以人民为中心的发展思想，“体现了我们党全心全意为人民服务的根本宗旨，体现了人民是推动发展的根本力量的唯物史观”[①]。坚持以人民为中心，在新时代中国特色社会主义新征程中具有多层面价值意义，它既是指导经济社会持续健康发展的科学发展观，又是在新的历史条件下优化治国理政的国家治理观，同时是新时代坚持人民当家作主的民主政治观。坚持以人民为中心的核心政治价值在于，实际推进了中国政治向“民本位”、“权利本位”转型。

“治国有常，而利民为本。”对于中国特色社会主义民主政治发展来说，坚持以人民为中心包括以下丰富内涵：第一，民主政治建设，必须以人民为宗旨，把确保人民当家作主权利的有效实现作为根本出发点和落脚点，完善民主制度，发展人民民主，维护公平正义，切实保障人民平等参与国家和社会治理的权利。第二，民主政治建设，必须以人民为主体，全心全意依靠人民群众，培育人民的主体意识，提升人民的民主能力，激发人民的创造活力，凝聚人民的政治智慧，共同治理国家和社会。第三，民主政治建设，必须以人民为目的，顺应人民对美好政治生活的向往，坚持共享发展，实现好、维护好、发展好最广大人民的根本利益和民主权利，使人民从国家和社会治理中感受到更多更实际的获得感、幸福感、安全感和权利拥有感。总之，只有把坚持以人民为中心贯穿党的全面领导的各个方面和全过程，才能把人民当家作主真正落到实处，为用制度体系保证人民当家作主奠定坚实基础。[②]

2. 开展广泛协商

民主的关键环节是多数决定，人民民主也不例外，政治决策最终要通过多数决定的

---

① 习近平．在省部级主要领导干部学习贯彻党的十八届五中全会精神专题研讨班上的讲话［M］．北京：人民出版社，2016：24.

② 包心鉴．用制度体系保证人民当家作主［J］．新视野，2018（6）：5－13.

方式做出。多数决定掩盖了协商在民主中的重要性，即使政治决策代表了多数人的意见，并以多数决定的方式进行，但多数却是协商过程的产物。在面对多个不同的政策方案时，多数往往很难自发形成，如果没有协商过程，就不可能形成足以做出决策的多数。① 当前资本主义国家的民主过程中不断出现的政策僵局，就是缺乏有效协商过程的最好证明。② 协商在人民民主中的重要性远远超出了它在资本主义民主中的重要性，甚至可以说，协商是人民民主的核心组成部分，人民民主的过程其实主要就是在人民内部进行广泛协商的过程。所以，广泛协商与选举人民代表，是人民民主的两种基本形式。

协商在人民民主中的重要性，是由人民民主的性质决定的。协商就是商量。习近平总书记指出："有事好商量，众人的事情由众人商量，是人民民主的真谛。"③ 人民民主是一种整体意义上的民主，一方面作为民主主体的人民是一个整体，另一方面贯穿在民主过程中的人民意志也是一个整体。人民作为一个整体，是由中国共产党和广大中国民众紧密结合在一起的产物，而中国共产党与广大中国民众的紧密结合，不仅是阶级动员的过程，而且是政治整合的过程。党与群众之间的广泛、多层、制度化协商，则是决定人民能够形成的关键所在。协商是人民民主的内在精神，但是对于实现人民当家作主来说，广泛、多层、制度化协商必须落实为具体的机制，进而构成人民民主过程的不可或缺的环节。在协商精神得到确立和发展、协商程序得到创建和运转的基础上，广泛、多层、制度化协商就同人民民主高度融合在一起并实现了共同发展，因此就形成了人民民主的新实践形式，即社会主义协商民主。习近平总书记指出："要推动协商民主广泛、多层、制度化发展，统筹推进政党协商、人大协商、政府协商、政协协商、人民团体协商、基层协商以及社会组织协商。加强协商民主制度建设，形成完整的制度程序和参与实践，保证人民在日常政治生活中有广泛持续深入参与的权利。"④ 社会主义协商民主在实现人民当家作主方面有着更为明显的优势，它可以突破选举人民代表局限于基层政权的问题，最大程度地实现中国民众对国家事务与公共事务的参与，进而在更为广泛的层次和领域保障中国民众的政治权利。

3. 推进群众自治

除选举人民代表组成国家权力机关实行间接形式的人民当家作主以外，由基层群众直接管理同切身利益相关的公共事务的群众自治，同样是在社会主义国家实现人民当家作主的重要形式。群众自治有两个方面的显著特点：一方面，群众自治是非政权形态的人民当家作主，群众自治实施的领域只能是城乡社区和工厂企业，所以中国的群众自治实际上就是中国的社会自治，在具体形式上包括城市居民自治、农村居民自治、企业职工自治；另一方面，群众自治的范围是有限的，群众只能围绕自己生活的社区或者工作单位中同切身利益密切相关的公共事务，进行自我管理、自我监督、自我教育、自我服

---

① 汪仕凯．人民民主：中国共产党对现代政治的集大成创造 [J]．南京社会科学，2021 (7)：1-10.

② 汪仕凯．不平等的民主：20世纪70年代以来美国政治的演变 [J]．世界经济与政治，2016 (5)：4-31.

③ 习近平．决胜全面建成小康社会 夺取新时代中国特色社会主义伟大胜利：在中国共产党第十九次全国代表大会上的报告 [M]．北京：人民出版社，2017：37-38.

④ 同③38.

务。[①] 虽然群众自治不是国家政权形态的民主，但是群众自治同民众切身利益的直接联系，充分说明群众自治完全契合人民民主的性质，因此是人民民主的重要形式。

对于人民民主而言，在社会中以群众自治的形式实现人民当家作主，同在国家政权机关中实现人民当家作主，具有同等重要的意义。人民民主的要义在于，广大民众在凝聚成为整体的基础上摆脱了国家权力的压迫，作为整体的人民具有强大的力量，足以控制住强大的国家。社会在由人民凝聚而成的基础上以人民的形式获得了解放。社会解放的终极形态就是国家消亡，国家从阶级统治的工具蜕变为公共权力机关，而公共权力机关本来就是国家的原初面目，这就是说，社会解放必然要求社会自治。在国家尚未消亡、人民主导国家的历史时期，社会解放不可能完全实现，只能在国家权力机关实现人民当家作主的同时，采取群众自治的形式在有限范围内部分实现。因此，群众自治孕育着更高级的人民当家作主，从历史唯物主义的角度来看，它代表着人民当家作主的发展方向。

群众自治是人民民主的基础性工程，发展人民民主，实现人民当家作主，就必须推进群众自治。推进群众自治的关键就在于使基层群众对关涉自身利益的公共事务拥有决定权，只有让广大民众能够对日常生活中的公共事务进行自我管理，广大民众才能切实感受到人民当家作主的有效性，进而才能够将当家作主的主人翁精神扎根在最为朴素的政治实践中。当然，协商在推进群众自治中仍然占据了关键位置，越是涉及群众切身利益的公共事务，越是要开展广泛、多层、制度化协商，甚至可以说，群众自治其实就是群众以协商的方式进行自我管理。群众自治是生动鲜活的自我管理实践，只有在得到制度支持的基础上才能获得持续发展的空间，所以推动群众自治就必须系统总结群众自治的经验，将其上升为国家法律、定型为社会主义基本政治制度，从而为不断提高群众自治的质量提供支撑。

4. 推进全过程人民民主

习近平总书记指出："实现民主的形式是丰富多样的，不能拘泥于刻板的模式，更不能说只有一种放之四海而皆准的评判标准。"[②] 民主形式，一般是指由民主理念、民主制度、民主运行机制等构成的民主的实现形式。选举民主、协商民主和参与式民主，构成中国特色的人民民主形式。[③] 但这些不是人民民主的全部形式。习近平总书记指出："我们走的是一条中国特色社会主义政治发展道路，人民民主是一种全过程的民主，所有的重大立法决策都是依照程序、经过民主酝酿，通过科学决策、民主决策产生的。"[④] "我国全过程人民民主不仅有完善的制度程序，而且有完整的参与实践。"[⑤] "全过程人民民主"突破了"选举民主"的神话，使"中国的民主不仅仅表现在政治选举上，还体现在经济、文化、社会方方面面"[⑥]，开拓了人类制度的新境界，创造了人类民主制度新形态。所谓

---

① 汪仕凯．人民民主：中国共产党对现代政治的集大成创造［J］．南京社会科学，2021（7）：1－10.

② 中共中央文献研究室．习近平关于社会主义政治建设论述摘编［M］．北京：中央文献出版社，2017：64.

③ 王宗礼．中国共产党对人民民主的百年探索与实践［J］．西北师大学报（社会科学版），2021（4）：5－12.

④ 中国的民主是一种全过程的民主［EB/OL］．（2019－11－03）［2023－04－01］．http：//www.xinhuanet.com/politics/leaders/2019－11/03/c_1125186412.htm.

⑤ 习近平．习近平谈治国理政：第4卷［M］．北京：外文出版社，2022：260.

⑥ 韩震．全过程民主制度保证了中国道路的成功［J］．社会主义论坛，2019（12）：12－13.

全过程人民民主，是指在我国，人民依法享有民主选举、民主协商、民主决策、民主管理和民主监督的权利，坚持以人民为中心的政治立场和尊重人民主体地位的政治原则始终贯穿在国家政治生活的各领域、各方面、各环节，确保实现党的领导、人民当家作主和依法治国的有机统一。全过程人民民主这一提法强调的是民主的整体性和全过程性。①

人民民主就其本质而言，属于全过程的民主。马克思、恩格斯指出："民主是什么呢？它必须具备一定的意义，否则它就不能存在。因此全部问题就在于确定民主的真正意义。"② 对比自由民主理论，人民民主并不把人看作抽象的个体，而是把人看作一切社会关系的总和。因此，强调人民当家作主，必须把人的权利和义务统一起来，把人的个体属性和社会属性统一起来，实现政治民主与经济民主、国家民主与社会民主、选举民主与协商民主、实质民主与程序民主的有机结合，体现民主的整体性和全过程性。

马克思指出："在民主制中，任何一个环节都不具有与它本身的意义不同的意义。每一个环节实际上都只是整体人民的环节。"③ 坚持党的领导、人民当家作主、依法治国有机统一的人民民主制度必须通过一系列环节来实现，由此构成"全过程人民民主"的制度体系。从总体上说，民主的"全过程"包括三大过程：一是通过民主协商形成人民的集体意志，并且将人民的意志确定为法律和政策的过程；二是在人民的民主参与下，政府部门执行、实施和改进这些法律和政策的过程；三是对上述民主决策和政策执行进行民主监督的过程。④ 这三大过程必须通过下述一系列环节来实现，其中主要环节及其破解的难题可大致概括如下：第一个环节，通过党的基层组织制度，建立党和人民的血肉联系；第二个环节，通过党领导下的基层民主和群众路线来发挥基层自治功能，克服代表人民利益的政府权力与"乡土势力"之间矛盾的治理难题；第三个环节，通过民主集中制形成党的统一意志，破解如何将个人意志统一为集体意志的治理难题；第四个环节，通过中国共产党领导的多党合作和政治协商制度，破解社会各界意见冲突的难题，形成代表全体人民总体利益的共同意志；第五个环节，通过"顶层设计"和"问计于民"的统一，做出充分集中体现民意与民智的科学决策；第六个环节，通过人民代表大会制度，将党的意志转化为国家法律；第七个环节，政策实施过程的反复检验、反馈与改进，使党和政府的各项决策在实践中日益精准地代表人民利益；第八个环节，建立党内外权力监督体系，构筑"不敢腐、不能腐、不想腐"的制度铁笼，破解反腐难题；第九个环节，坚持人民民主专政，保卫人民民主政权的政法系统。以上各环节只是对全过程人民民主的粗线条概述。"全过程的民主意味着民主的所有环节一个都不能少"，从制度和实际运行上保证民主要体现在选举、协商、决策、管理、监督的全过程，要实现全链条化。⑤

5. 坚持民生政治

社会主义民主强调权为民所赋，最终目的是实现权为民所享。中国共产党旨在响应

---

① 祝灵君．推进全过程民主离不开党的领导［J］．探索与争鸣，2020（12）：5-8.

② 中共中央马克思恩格斯列宁斯大林著作编译局．马克思恩格斯全集：第10卷［M］．2版．北京：人民出版社，1998：315.

③ 中共中央马克思恩格斯列宁斯大林著作编译局．马克思恩格斯全集：第3卷［M］．2版．北京：人民出版社，2002：39.

④ 鲁品越．全过程民主：人类民主政治的新形态［J］．马克思主义研究，2021（1）：80-90.

⑤ 辛向阳．人民民主是全过程的民主［N］．光明日报，2020-05-29（13）.

人民呼声，“实现和保障广大人民群众的生存权和发展权，是我们维护人权最基础、最首要的工作”①。中国特色社会主义进入新时代，社会主义民主政治建设强调权为民所享，其重点是民主和民生的有机统一。民主和民生，是人民当家作主的共生性环节。人民当家作主追求一切权力属于人民，最终落脚点是实现每个人的自由全面发展，满足人民对美好生活的追求是民生建设的旨向。民生是民主政治的内在使命。邓小平同志指出，国家政治体制、政治结构和政策评价标准，“第一是看国家的政局是否稳定；第二是看能否增进人民的团结，改善人民的生活；第三是看生产力能否得到持续发展”②。以改善人民生活为政治体制的标准，表明民主建设的落脚点是民生建设。新时代，我国社会主要矛盾的变化更加要求实现社会主义实质民主，民主政治的内涵因民生而不断丰富。民生与社会主义民主的内核具有同一性，本质是实现人民当家作主。③

贫困关涉人类基本的生存权，判别标准是难以获得维持生存的最低需要量。“贫困概念中存在着一个不可缩减的绝对贫困的内核”④，绝对性贫困意味着基本生存需求无法得到满足，贫困问题曾是全面建成小康社会最突出的民生短板。我国脱贫攻坚从粗放解决整体贫困到精准实现个体脱贫，全方位地保障人民群众的基本生存权。首先，力图使实现当家作主的人民获得经济解放。党的十八大以来，党中央提出要坚决打赢脱贫攻坚战，完善教育、医疗、养老等基本服务，使人民获得经济生活保障。其次，精准扶贫脱贫保障每个个体的生存权利。针对空间性集中贫困与剥夺性失衡发展，精准扶贫脱贫战略着力解决区域性整体贫困问题，从“大水漫灌”转向区域瞄准、从宏观减贫转向区域集中脱贫。打赢脱贫攻坚战，需要发挥民主和民生建设合力。第一，民主是扶贫脱贫的助力。加强贫困地区的基层民主建设，使广大贫困人口参与民主选举、协商、决策、管理、监督，建立参与式扶贫模式，自下而上推进扶贫工作。第二，扶贫脱贫是民主的绩效。民主和民生结合的关键是以人民为中心，在共享发展中发挥主体的本质力量。中国共产党以精准扶贫脱贫为基本战略，建设保障个体生存权的共同体。

从脱贫攻坚到美好生活，是从满足人们生存性需求到满足更高级需求的发展进程。民生建设，不仅关注人们的生存，而且关注人们的发展。精准扶贫脱贫是满足人民生存性需求、满足人民日益增长的美好生活需要，是回应全面发展的更高要求。“‘小康社会’之后，应是‘公正社会’”⑤。中国特色社会主义进入新时代，中国共产党推进民生建设，“必须多谋民生之利、多解民生之忧，在发展中补齐民生短板、促进社会公平正义”⑥，民生建设的着力点从增加社会的物质财富转向维护社会的公平正义，社会资源分配向老、弱、病等社会弱势群体倾斜，推动社会平衡发展。从保障人民基本生存到实现美好生活的民生建设，是人民当家作主的当代实践。党的十九大提出了民生建设的定位和具体政

---

① 中共中央文献研究室．十五大以来重要文献选编：中［M］．北京：人民出版社，2001：846.

② 邓小平．邓小平文选：第3卷［M］．北京：人民出版社，1993：213.

③ 解丽霞，邱婕．人民当家作主的中国实践［J］．学术研究，2021（2）：1-7.

④ 森．贫困与饥荒［M］．王宇，王文玉，译，北京：商务印书馆，2001：26.

⑤ 杨光斌．让民主归位［M］．北京：中国人民大学出版社，2015：202.

⑥ 习近平．决胜全面建成小康社会 夺取新时代中国特色社会主义伟大胜利：在中国共产党第十九次全国代表大会上的报告［M］．北京：人民出版社，2017：23.

策指导，坚持权为民所享，以人的自由全面发展为出发点，将人民的整体生存和个体的全面发展相结合，增强人民群众在共建共治共享发展中的获得感。中国特色社会主义进入新时代，民生政治与民主建设相呼应，以权为民所享为目的，从改善人的基本生存，到促进人的全面发展；从保障个体的物质财富，到维护社会的公平正义；从关注绝对贫困的整体性问题，到关注每个人的生存发展。

参考文献

中共中央马克思恩格斯列宁斯大林著作编译局．马克思恩格斯全集：第 3 卷 [M]. 2 版．北京：人民出版社，2002.

中共中央马克思恩格斯列宁斯大林著作编译局．马克思恩格斯全集：第 10 卷 [M]. 2 版．北京：人民出版社，1998.

中共中央马克思恩格斯列宁斯大林著作编译局．马克思恩格斯文集：第 2 卷 [M]. 北京：人民出版社，2009.

中共中央马克思恩格斯列宁斯大林著作编译局．马克思恩格斯文集：第 10 卷 [M]. 北京：人民出版社，2009.

毛泽东．毛泽东选集：第 1 卷 [M]. 2 版．北京：人民出版社，1991.

邓小平．邓小平文选：第 2 卷 [M]. 2 版．北京：人民出版社，1994.

习近平．决胜全面建成小康社会 夺取新时代中国特色社会主义伟大胜利：在中国共产党第十九次全国代表大会上的报告 [M]. 北京：人民出版社，2017.

习近平．在第十三届全国人民代表大会第一次会议上的讲话 [M]. 北京：人民出版社，2018.

习近平．在庆祝全国人民代表大会成立 60 周年大会上的讲话 [M]. 北京：人民出版社，2014.

习近平．在省部级主要领导干部学习贯彻党的十八届五中全会精神专题研讨班上的讲话 [M]. 北京：人民出版社，2016.

习近平．习近平谈治国理政 [M]. 北京：外文出版社，2014.

中共中央宣传部．习近平总书记系列重要讲话读本（2016 年版）[M]. 北京：人民出版社，2016.

森．贫困与饥荒 [M]. 王宇，王文玉，译，北京：商务印书馆，2001.

吉登斯．第三条道路：社会民主主义的复兴 [M]. 郑戈，译．北京：北京大学出版社，2000.

吉登斯．第三条道路的政治 [J]. 郭忠华，译．中山大学学报（社会科学版），2009 (2)：1 - 6.

吉登斯．第三条道路及其批评 [M]. 孙相东，译．北京：中共中央党校出版社，2002.

包心鉴．用制度体系保证人民当家作主 [J]. 新视野，2018 (6)：5 - 13.

沈春耀．加强人民当家作主制度保障 [N]. 人民日报，2017 - 12 - 21 (7).

陈家刚．协商民主与政治协商［J］．学习与探索，2007（2）：85－91.

丛日云．民粹主义还是保守主义：论西方知识界解释特朗普现象的误区［J］．探索与争鸣，2020（1）：118－137.

哈维．新自由主义简史［M］．王钦，译．上海：上海译文出版社，2016.

房宁．顺应时代需要发展社会主义民主政治［N］．人民日报，2018－06－22.

高春芽．政党代表性危机与西方国家民粹主义的兴起［J］．政治学研究，2000（1）：102－111.

葛浩阳．积累的社会结构理论视角下资本主义民主政治再考察：基于西方“民主失灵”现状的理论分析［J］．教学与研究，2021（8）：87－96.

韩冬临，张渝西．欧洲民粹主义的发展与变化（2000—2019年）：基于民粹主义政党的测量［J］．欧洲研究，2020（1）：75－103.

韩震．全过程民主制度保证了中国道路的成功［J］．社会主义论坛，2019（12）：12－13.

胡伟．民主政治发展的中国道路：党内民主模式的选择［J］．科学社会主义，2010（1）：14－23.

胡伟．人民当家作主是社会主义民主政治的本质：习近平论社会主义民主政治发展道路［J］．毛泽东邓小平理论研究，2018（10）.

胡伟．中国特色社会主义民主政治不容质疑［J］．求是，2016（7）：49－51.

黄卫平，陈文．我国民主政治发展的现实选择：对“竞争性民主”与“协商性民主”的思考［J］．理论探讨，2005（6）：5－9.

解丽霞，邱婕．人民当家作主的中国实践［J］．学术研究，2021（2）：1－7.

林尚立．协商政治：对中国民主政治发展的一种思考［J］．学术月刊，2003（4）：19－25.

鲁品越．全过程民主：人类民主政治的新形态［J］．马克思主义研究，2021（1）：80－90.

路媛．中国共产党领导人民当家作主的内生逻辑及制度效能［J］．南京师大学报（社会科学版），2021（4）：90－99.

孟捷．战后黄金年代是怎样形成的：对两种马克思主义解释的批判性分析［J］．马克思主义研究，2012（5）：35－46.

萨托利．民主新论［M］．冯克利，阎克文，译．北京：东方出版社，1993.

汝绪华．假新闻泛滥与西方民主的整体性危机［J］．马克思主义研究，2019（5）：141－151.

亨廷顿．第三波：20世纪后期民主化浪潮［M］．刘军宁，译．上海：上海三联书店，1998.

中共中央党史和文献研究院．十九大以来重要文献选编：上［M］．北京：中央文献出版社，2019.

中共中央文献研究室．十五大以来重要文献选编：中［M］．北京：人民出版社，2001.

汪仕凯．不平等的民主：20世纪70年代以来美国政治的演变［J］．世界经济与政治，2016 (5)：4-31.

汪仕凯．人民民主：中国共产党对现代政治的集大成创造 [J]. 南京社会科学，2021 (7)：1-10.

王学军，张森林．“第三条道路”与民主社会主义的终结 [J]. 马克思主义研究，2021 (11)：126-132.

王宗礼．中国共产党对人民民主的百年探索与实践 [J]. 西北师大学报（社会科学版），2021 (4)：5-12.

辛向阳．人民民主是全过程的民主 [N]. 光明日报，2020-05-29 (13).

杨春林．大数据时代的西方民主困境 [J]. 当代世界社会主义问题，2019 (3)：158-167.

杨光斌．让民主归位 [M]. 北京：中国人民大学出版社，2015.

俞可平．马克思论民主的一般概念、普遍价值和共同形式 [J]. 马克思主义与现实，2007 (3)：4-13.

马奥尼．美国价值观发生了民粹主义转向?：来自马克思主义的分析 [J]. 张永红，译．国外理论动态，2017 (7)：73-85.

博曼．协商民主与有效社会自由：能力、资源和机会 [M] //陈家刚．协商民主．上海：上海三联书店，2004：141.

赵永红．人民当家作主制度体系的由来、构成、优势与发展 [J]. 新疆师范大学学报（哲学社会科学版），2020 (3)：34-45.

中共中央关于全面深化改革若干重大问题的决定 [M]. 北京：人民出版社，2013.

马克思，恩格斯．共产党宣言 [M]. 北京：人民出版社，1997.

中共中央文献研究室．习近平关于社会主义政治建设论述摘编 [M]. 北京：中央文献出版社，2017.

朱安东．危机中的资本主义：新自由主义、民粹主义和法西斯主义 [J]. 马克思主义与现实，2019 (5)：94-99.

祝灵君．推进全过程民主离不开党的领导 [J]. 探索与争鸣，2020 (12)：5-8.

Gilens M, Page B I. Testing Theories of American Politics: Elites, Interest Groups, and Average Citizens [J]. Perspective on Politics, 2014, 12 (3): 564-581.

第四章
城市政治

近些年来，随着发展中国家城市化的不断加快，全球的城市化进程得到了极大推进，城市作为这一进程中各种政治现象发生的主要场域而格外受到关注。作为政治学分支学科的城市政治学，主要以城市政治生活中的各种重大问题为研究内容，通过对城市政治生活的本质、制度运作和发展规律等进行认知理解，探索出有效解决城市问题的政治方案，达到实现优良城市政治生活的目的。

以西方城市政治学为例，其自诞生以来主要出现了两次发展路径的转换，以回应城市在不同时代背景下面临的问题考验：一是从社会控制模式的权力观向社会生产模式的权力观的转变（统治-治理），二是从关注城市中的合作问题向关注冲突性问题的转变（合作-冲突）。城市政治学早期主要关注谁掌握和控制城市权力，围绕城市政府和政治精英形成了权力控制理论。随着全球化和城市化的推进，城市治理的复杂性要求多元利益主体参与到治理中来，因此，城市政治学形成了以利益相关者参与治理和发展为主题的城市治理理论。但是这一阶段能够参与到治理中的仍然是精英和企业、社会组织等上层群体，底层民众依旧难以参与到城市政治的治理中。城市治理危机的显现和民主政治的发展，激发了公民组织起来寻求自己利益的积极性，城市社会运动一度成为城市政治学关注的重点。因此，一般认为城市政治学的研究议题可以概括为权力、治理与公民三个关键词，其核心主旨就是探讨何种形式的权力结构与治理结构能够促进经济发展和实现社会善治。

本章介绍了 21 世纪城市政治学领域的理论发展。首先，本章重温了城市政治方面的经典理论，并将其置于 21 世纪的背景下进行讨论，特别探讨了城市政治学领域的新议题。其次，本章还讨论了中国特色社会主义背景下的城市政治。最后，本章对城市政治学研究的现状做了简单评价，指出其不足之处并对未来的研究进行了展望。

第一节　城市政治理论的新发展

传统城市政治研究通过聚焦城市中的权力、治理与社会运动问题，主要形成了权力结构理论、城市治理理论和城市社会运动理论，本节就这些理论及其在21世纪的发展情况进行简要介绍。

一、权力结构理论

权力结构主要指权力在社会各阶层的分配状况和运行机制，具体表现为权力执掌者的社会阶层属性以及公共政策制定的制度化流程。城市权力结构研究将国家层面的权威性价值分配问题置于城市层次，其需要回答的问题主要有：谁掌握权力？掌权者如何运用权力？权力的运行机制及其结果是什么？对这一系列问题的回答，构成了传统城市权力结构理论的发展脉络：精英主义、多元主义、增长机器论和城市政体论。

1. 精英主义与多元主义之争

早期城市政治研究着重探讨城市权力的归属问题，围绕权力是掌握在少数人还是多数人手中这一问题，分别形成了精英主义和多元主义的城市权力观。随着新精英主义的出现和多元主义的自我修正，二者在城市权力研究上达成了基本共识：工商业精英在城市权力结构中占据支配性地位，对公共政策的制定产生关键影响。[①] 在城市内部，这种社会不平等已成为妨碍民主的重要因素。为了改变这种权力分配不均衡的现象，新多元主义者希望通过创制公民组织来加强普通民众对城市权力的控制与影响。[②] 然而事实上，如果不从根本上变革西方社会结构，不改变少数人占有绝大部分资源的状况，那么这样的民主理念就难以真正施行，西方社会权力分布的现状也难以改变。随着城市研究与马克思主义阶级问题的结合，城市理论家在实践中寻觅了新的研究范式，试图通过论证城市社会矛盾的根源、资本主义社会矛盾的本质，以及这些矛盾在城市冲突和对抗中表现出来的联系来应对城市危机带来的挑战。

进入21世纪，受经济全球化、财政危机和福利国家转变等因素的影响，西方国家的社会不平等现象日趋严重，城市内部出现了中心地区与外围地区的划分。在该背景下，与城市权力相关的城市边缘化问题越发受到学界的关注。一般认为，外围行动者由于缺乏决策影响能力而被排除在决策网络之外，受到统治精英的压制和排斥，处于社会边缘化的不利地位。但随着城市社区研究的进一步推进，边缘化问题不再被视为由精英统治者有意促成的结果。城市边缘群体或地区的无能力并非因为受到了精英的压制或权力的支配，而是由于他们缺乏相应的经济或政治资源，无法在决策中持续地发挥作用。[③] 因此，未来城市政治研究应该克服边缘地区处于被主导和不利地位的观点，更加关注城市内部资源分布不均的问题，破除边缘地区在城市决策中发挥作用的阻碍。

---

① William D G. Who Rules America? Power, Politics, and Social Change [M]. New York: McGraw-Hill Higher Education, 2005.

② Robert D A. Preface to Economic Democracy [M]. Berkeley: University of California Press, 1985.

③ Kühn M, Bernt M, Colini L. Power, Politics and Peripheralization: Two Eastern German Cities [J]. European Urban and Regional Studies, 2017, 24 (3): 258-273.

2. 增长机器论

面对精英主义和多元主义关于城市权力归属的争论，哈维·莫罗奇（Harvie Molotch）和保罗·E. 彼得森（Paul E. Peterson）等人独辟蹊径，关注到“掌权者为什么要竞相夺取城市权力”这一问题，建构了增长机器理论。该理论认为，城市内的商界精英和政治精英受各自利益的驱使，会结成一个“增长联盟”，共同谋求城市经济的增长。① 在增长联盟框架下，城市议题主要由商界利益主导，只有资源最丰富的群体——职业收入等在地方政治中占上层地位的人们才有机会击败特定的议程。但是近年来的研究案例表明，不具备理论条件的社会运动也能阻碍增长联盟的共同议程，特殊的历史文化背景、法律工具和地区机构等都可以成为进行社会动员来反对开发的工具。

2000 年以来，随着全球城市化进程的不断推进，许多城市在发展中遇到了各种各样的新问题，如环境污染、资源枯竭、老龄化带来的产业衰落等，这使增长议题显得不再那么具有吸引力。在该背景下，城市中的“反增长”意识和行动不断显性化。如果说“增长机器”揭示了城市结构性的政治经济过程，“反增长政治”则是一种反结构化的力量，被寄予了重构城市政治经济的理想。正因为存在“反增长力量”，环境可持续、社会文化可持续等议题才得以嵌入城市政治中，在引导城市走向正确的发展方向中发挥着积极作用。例如，厄扎塔安（Özatağan）和埃雷丁（Eraydin）对城市增长机器理论进行了逻辑重构，生态、工业遗留问题、生活质量和宜居度等成为城市增长议程的主要导向，这重构了传统城市的外资吸引力②，在此基础上形成了一个由不同地方利益组成的广泛联盟。

3. 城市政体论

城市政体论最早由埃尔金（Elkin）和斯通（Stone）提出。该理论认为，资源的分散性导致了城市中的任何组织都无法单独实现城市目标，为此，各方要广泛合作，结成治理联盟。在这里，权力被定义为一种能维持新的城市议程、促进社会和经济环境发生巨大变化的能力，而不是“凌驾于他人之上的社会控制的权力”。城市政体是“为城市公私部门合作而形成的非正式联盟”，城市的首要任务是政策应当通过满足不同的“利益联盟”来促进城市的发展。③ 可以说，城市政体理论为美国城市规划者提供了期待已久的新论点，成为 20 世纪 90 年代以及 21 世纪美国城市政治学的主旋律。

近 30 多年来，随着跨国案例研究的兴起，城市政体论得到了深化和拓展。一方面，虽然城市政体论在跨国案例研究中广泛应用，但某些应用已经超出了这个概念本身，往往导致概念的无意义和理论根源的混乱。由于城市政权在复杂的政策环境中汇集资源，仅靠政府的行动力难以实现，因此需要非政府行为体共同参与，制度资源和其分配将会因城市而异。然而，斯通构建的城市政体存在于单一的而不是多元的政治经济框架下，

---

① Molotch H. The City as a Growth Machine：Toward a Political Economy of Place [J]. American Journal of Sociology，1976，82 (2)：309 - 332.

② Özatağan E，Eraydın A. Emerging Policy Responses in Shrinking Cities：Shifting Policy Agendas to Align with Growth Machine Politics [J]. Environment and Planning A：Economy and Space，2020，53 (5)，1096 - 1114.

③ Stone C. Regime Politics：Governing Atlanta，1946—1988 [M]. Lawrence：University Press of Kansas，1989.

并非所有城市现象都适用于城市政体论的框架，城市议程和政体参与者的组成有关，它包括但不限于商业行为者，因此不少学者对城市政体概念边界进行了重新界定。另一方面，关于跨国案例的研究也促进了城市政体论的多元化发展。在原本的城市政体框架下，来自代表整体利益的上层政府的作用似乎被理论预设忽略了。埃利奥特（Eliot）回应了这种批评，他通过考察苏格兰格拉斯哥市被提名欧洲文化城市，以及撒切尔政府国有化改革环境下格拉斯哥市的政治样态，表明来自中央政府的行为影响也是重要的。在重组物质和社会结构的作用下，中央机构具有无与伦比的优势，它利用当地的协同效应，支持私营部门将资金集中在可以相互加强的项目上，以加快城市更新和重建。城市政体成为一个更加开放的模型，可以融合多尺度上参与者的行为互动来影响城市议题，而不局限于地方执政联盟。

二、城市治理理论

近些年来，随着经济全球化的发展，现代社会呈现出高度碎片化的特征，使得正式的制度既不能有效地整合复杂的社会，也不能单独实现社会的治理。在该背景下，20 世纪 80 年代末兴起的城市治理再次受到广泛关注。城市治理理论在批判传统城市政府管理模式弊端的基础上，强调吸纳更多城市利益相关者来主动参与城市的治理和发展。受这一目标影响，城市治理领域先后涌现了诸如传统区域主义、公共选择理论、新区域主义等各种理论流派，现就这些理论及其发展状况进行简要介绍。

1. 传统区域主义

传统区域主义又称“大都市主义”，是为解决大都市内的“政治碎片化”现象，促进区域内公共服务提供的效率与公平而出现的。传统区域主义秉承“一个区域，一个政府”的理念，倡导建立统一集权的大都市政府，主张通过自上而下的科层制模式将命令覆盖到整个城市区域，从宏观上解决大都市面临的主要问题。[①] 总的来看，大都市政府在减少城郊之间财政不平衡、从事区域战略规划、采纳更加平衡的交通政策等方面具有突出的作用。

但是，传统区域主义所主张的大都市政府也遭到了许多批评。首先，几乎没有证据能够证明大都市政府的建立或市县合并能带来更高的效率或规模经济。[②] 传统区域主义缺乏实证性的证据来证明地方政府提供的服务会导致更高的服务成本、更低的效率或对公民不负责。其次，创造大都市政府威胁到了少数族群的政治利益。少数族群的力量基础在合并之后的新城市中受到削弱，而郊区居民在新的大都市政府中占据了更多的席位，这使大都市政府在郊区的主导下最终变得有名无实。再次，尽管大都市政府在维持公共服务体系的运转上表现良好，但这些服务不是集中在城市核心区，而是集中于缺乏基础

---

① Stephens G R，Nelson W. Metropolitan Government and Governance：Theoretical Perspectives，Empirical Analysis，and the Future [M]. Oxford：Oxford University Press，2000.

② Lefèvre C. Metropolitan Government and Governance in Western Countries：A Critical Review [J]. International Journal of Urban and Regional Research，1998，22 (1)：9-25.

设施的新兴郊区等边缘地带。最后，大都市政府很少或只是部分解决在融入郊区生活方式方面所存在的不平等问题，而解决这一问题恰恰是考虑建立大都市政府时的主要目标。

这一系列问题使传统区域主义研究逐渐陷入低迷时期。与此同时，以推崇多元治理和民主市场机制为特征的公共选择理论，正逐步引领城市治理的变革潮流。

2. 公共选择理论

公共选择理论是在批判传统区域主义的基础上发展起来的。该理论认为，多元的政府结构比单一集权式的政府结构更符合城市治理的需求。碎片化的政府结构给人们提供了"用脚投票"的机会，这刺激了地方政府之间的竞争，能获得更有效率的服务。相反，由地方政府来提供公共产品和服务会导致资源浪费、效率低下，同时政府"一刀切"的政策也会忽视公民需求的多样性。

此外，公共选择理论学派还主张将公共产品的生产和提供分离，建立以市场为导向的分权模式。在城市治理中，这种模式是以公共管理而不是以官僚制和权力为特征的，所有参与主体被视为一个受到外部刺激就会做出正确反应的理性"经济人"。因此，公共选择理论学派主张保留分散的地方政府行政单位，以期通过这些行政单位之间的竞争，提高区域内现有资源的使用效率和增强管理的合理性。

虽然公共选择理论为城市病治理问题提供了新视角，但它也遭到了批评。首先，"经济人"假设过分强调参与主体的理性和自利性。在现实中，理性和自利性受到很多因素的干扰，难以做到完全理性和利益最大化，而且公共选择理论学派刻意回避了政府作为公共部门追求公共利益的特性。① 其次，"碎片化"的地方政府很难被认为是有效率的。尽管公共选择理论在治理"政治碎片化"的初期颇有成效，但到了后期反而加剧了"政治碎片化"，造成了同个区域内不同政府单位的职责不清、政府效率低下，弱化了区域政府的政治领导权，无法为居民提供有质量的服务。最后，研究者发现参与主体之间的公平竞争只是理论条件，缺乏实质性的事实支持。②

面对严厉的批评，公共选择理论学派并没有像传统区域主义那样在某段时期内销声匿迹，而是逐渐融合到新一股城市治理的潮流中去，这股潮流就是城市治理的第三阶段——新区域主义阶段。

3. 新区域主义

作为现今城市政治学的主流理论，新区域主义受到了高度关注，并被广泛地运用于实践，包括费城、休斯敦、西雅图和亚特兰大在内的许多美国城市在经济发展、环境保护、社会平等以及财政悬殊等议题上，积极践行新区域主义的理念。这也间接地说明，除强调治理以外，新区域主义必然还有其他值得重视的特征。首先，它认为治理的主体是多元的，城市政府、企业和社会之间应秉持资源共享理念。其次，治理主体之间是相互赋权的，资源禀赋主体之间的平等性抵消了彼此之间的恶性竞争。最后，它强调治理

---

① Stephens G R，Nelson W. Metropolitan Government and Governance：Theoretical Perspectives，Empirical Analysis，and the Future [M]. New York：Oxford University Press，2000.

② Frey B S，Eichenberger R. Metropolitan Governance for the Future：Functional Overlapping Competing Jurisdictions [J]. Swiss Political Science Review，2001，7 (3)：124 - 130.

是过程导向的，它并不依赖既定的制度或者程序，而是在操作过程中得到不断的修正。[①] 可见，为实现区域治理，构建非正式的互动网络是必要的。

新区域主义虽然强调多元合作治理，然而从操作层面来看，其所具备的现实意义并不太大。美国的地方自治传统、地方政府的财税结构以及深刻的种族和阶级隔阂都限制了新区域主义的广泛推广。对此，诺里斯（Norris）指出："新区域主义者号召更大层面的区域治理只是规范性的论断。……实际上，因为新区域主义者没有将区域治理的政治因素纳入考虑范围，以至于他们的论断至多只是主观臆想。"[②] 可见，新区域主义的实效仍有待实践的检验。

三、城市社会运动理论

城市社会运动一词最早由西班牙著名社会学家卡斯特尔（Castells）提出，他将其定义为：由于社会统治利益的制度化，城市在角色、意义、结构方面发生的变化一般来自民众的要求和民众运动。当这些利益导致社会结构变迁时，就被称为城市社会运动。[③] 作为一种重要的社会现象，城市社会运动及其理论的发展，主要得益于社会运动理论在城市这一场域的运用。

总的来看，城市社会运动理论经历了早期、现代、当代三个发展阶段。早期的社会运动研究者受社会功能主义和社会心理学的影响，主张从社会结构性诱因出发分析社会运动的成因，并认为个人心理状态被破坏是社会运动形成的关键。20 世纪 60—80 年代，受新经济学理论的影响，社会运动理论转向以功利主义为导向的资源动员理论和政治过程理论，将人的行为视为理性考量的结果，进入现代发展时期。20 世纪 80 年代至今，在科技快速发展、全球性问题日益突出、地区社会运动愈加频繁和复杂的背景下，文化、情绪、媒体等分析视角相继被引入社会运动研究，推动了新社会运动理论、框架建构论等理论的出现，使城市社会运动理论得到了进一步完善。本部分就存续至今、影响较大的新社会运动理论和框架建构论做简要介绍，并着重探讨这两种理论在 21 世纪背景下的新发展。

1. 新社会运动理论

第二次世界大战结束以后，西方资本主义国家在发展中暴露出了一系列问题，引发了广大群众的强烈不满，反战和平运动、生态运动、种族民权运动等初具规模的新社会运动广泛兴起。在这一过程中，受马克思主义、无政府主义和后现代主义的影响，社会运动研究领域相应地发展出了新社会运动理论，主张从技术系统殖民现实世界的角度来解释社会运动为何发生，并分析了这种不公平和相对剥夺感对社会运动的舆论创设、议

---

① Koschatzky K，Kroll H. Which Side of the Coin? The Regional Governance of Science and Innovation [J]. Regional Studies，2007，41 (8)：1115 - 1127.

② Norris D F. Prospects for Regional Governance Under the New Regionalism：Economic Imperatives versus Political Impediments [J]. Journal of Urban Affairs，2001，23 (5)：557 - 571.

③ Castells M. The City and the Grassroots：A Cross-Cultural Theory of Urban Social Movements [M]. Berkeley：University of California Press，1983.

题选择和战术运用的影响。

新社会运动理论着重批判了技术理性对公众主体性的侵蚀，主张以重新解构文化、符号、文本的方式，唤醒公众的自主意识和意义认同感，共同抵制“技术系统对生活世界的殖民”。其代表人物图雷纳（Touraine）认为，在由技术主导的高度组织化和结构化的现代社会中，社会的主要矛盾转换为不同价值理念的竞争。物质诉求如财富、健康等不再居于重要位置，取而代之的是共同的理念、身份和认同。因此，新社会运动理论的议题不再聚焦于传统的劳资生产矛盾，而是转向个人自由、经济民主、环境保护、向新观念开放和社会关怀[①]等方面。特别是近些年来，随着全球化、现代化、民主化的发展以及信息社会的到来，各种新型社会运动如反核运动、生态运动、同性恋权利运动、反全球化运动等广泛涌现。以德国生态运动为例，该运动对现有政治经济秩序提出批评，并对世界上其他国家和地区的快速工业化和消费文化表现出担忧，其提倡的“生态优先”、非暴力、基层民主等政治主张具有明显的“后物质主义”特征。

进入 21 世纪以来，随着全球化的不断深入发展，社会结构分化、政治分裂、科技进步、全球性问题、市场力量、国际机制的制度化等因素的影响日益重要。同时，由于全球大众教育的普及和民主意识的扩散，以身份和价值认同为核心的参与政治盛行于欧洲国家，民主化、参与政治和公民权、绿党运动、性别政治、移民、跨国倡议网络等等，都在一定程度上推动了社会运动的形成。因此，早期单从社会心理、感情、价值观以及政治结构等角度解释社会运动起源的研究已不再适用于当下。相比之下，由于新社会运动理论研究的焦点问题是社会宏观进程给社会动员带来的影响，也即后物质主义意识形态如何催生社会运动，从而提供了解释全球化背景下社会运动产生的新视角。

2. 框架建构论

随着文化主义视角被引入社会运动研究，研究者们开始对观念价值塑造与集体抗争行动之间的关系进行考量[②]，并在此基础上形成了框架建构论，主张用“框架”的概念去塑造和建构人们对于社会运动的理解。戴维·斯诺（David Snow）等人汲取了诸多理论资源，通过分析框架进程、意识形态和扩散领域之间的关系，完善了框架建构的理论。[③] 这一理论的核心在于理解行动者如何认识目标、情境、事件、经历和行动的重要性。[④] 框架分析体现了社会运动理论的“文化或建构主义转向”，它批判了“动员资源”和“政治机会结构”的解释，力图通过社会互动来获取行动者对其社会运动目标的价值认同。意义建构是框架的基本功能，它关注社会愤恨是如何被解释、“包裹”和促动起来的。

框架建构论对集体认同感和个人情感的重要影响予以恰当关注，致力于从个人参与

---

① Kriesi H，Koopmans R，Duyvendak J W，et al. New Social Movements in Western Europe：A Comparative Analysis [M]. Minneapolis：University of Minnesota Press，1995.

② Rory M，Daniel J M，David S. Corn，Klansmen，and Coolidge：Structure and Framing in Social Movements [J]. Social Forces，2004，83 (2)：653－690.

③ Snow D A，Sowle S A，Kriesi H. The Blackwell Companion to Social Movements [M]. Hoboken：John Wiley & Sons，2008.

④ Mueller C M C. Frontiers in Social Movement Theory [M]. New Haven：Yale University Press，1992.

动机的角度来解释人们为何会参与社会运动这一问题。第一，在框架建构论中，文化具有规范、引导和约束的作用。文化塑造了社会运动的话语和目标，能够约束和激励行动者的行为和话语。第二，文化可以在参与者之间建构一种“共享”的意义，从而推动社会运动的形成。这意味着在“共识动员”模式中，人们参与社会运动的动机是可以被建构和营造的，共同意识成为理解其参与动机的基础。但文化塑造共识的前提条件在于，既要有能够形成集体身份的象征符号，同时参与者又必须熟悉这种符号。①

近些年来，情绪和媒体在社会运动中扮演的角色逐渐受到重视。以往社会运动主流理论鲜有涉及情绪方面的研究，甚至为了强调理性选择的假设而将情绪因素剔除出去。但20世纪80年代以来，越来越多的研究者发现，行动者的情绪、仪式以及宗教等因素是社会运动的重要原因。在这一前提下，早期社会运动理论一直强调的，在资源动员理论和政治过程理论研究中被忽视的情感因素，重新被引入社会运动研究中来，感情、情绪等因素的重要性受到充分关注。② 同时，社会运动研究者还创造或借鉴了一些新的概念，如抗议剧码（Protest Paradim）、工具箱、共识动员和框架等等，用于分析社会运动中的文化情感要素。一般认为，情绪对社会运动的影响主要在于情绪可以维系运动参与者之间的团结和凝聚力，将成员之间的关系转化为同志般的友谊以及对共同事业的忠诚。③ 除情绪外，媒体与社会运动之间的关系问题也是最近才被关注到。根据美国西北大学阿尔顿·莫里斯（Aldon Morris）教授的观点，媒体可以决定社会运动的结果。媒体与政府以及行动者之间是一个复杂的互动网络，在大多数情况下媒体充当的是中介的角色。新兴媒体，如数字杂志、数字报纸、手机短信、移动电视、网络、触摸媒体等，改变了信息传播的本质和面貌。它使得传播者和受众逐渐成为交流者，两者之间可以同时进行个性化交流。互联网和其他新兴电子媒体如何影响集体动员，是社会运动研究的一个新领域。④ 关于媒体如何影响政府当局的干预方案，以及如何引导公共舆论的问题，是社会运动研究关注的一个新方向。

第二节　当代城市政治的新议题

近现代以来，随着工业化、城市化、民主化、全球化进程的加速，城市政治问题变得越来越突出。特别是在全球化背景下，国家间的竞争逐渐下移到地区直至中心城市之间的竞争，错综复杂的政治问题以及治理需求影响着各个地区乃至整个世界的稳定和人类的可持续发展，城市政治学领域涌现出许多新议题。具体来说，这些议题主要表现为

---

① Lichbach M I，Zuckerman A S. Comparative Politics：Rationality，Culture，and Structure [M]. Cambridge：Cambridge University Press，2009.

② Goodwin J，Jasper J M. Caught in a Winding，Snarling Vine：The Structural Bias of Political Process Theory [C] //Sociological Forum. Amsterdam：Kluwer Academic Publishers-Plenum Publishers，1999，14：27－54.

③ Jasper J M. The Art of Moral Protest：Culture，Biography，and Creativity in Social Movements [M]. Chicago：University of Chicago Press，2008.

④ Bennett W L，Diani M，Johnson E，et al. Transnational Protest and Global Activism [M]. Washington，D. C.：Rowman & Littlefield，2005.

尺度重构与城市边界、空间正义与城市权利以及发展中国家的城市问题。

一、尺度重构与城市边界

进入 21 世纪，部分学者提出尺度重构或再区域化的概念，主张重新审视与思考城市的边界和空间问题。在资本全球化的影响下，地理空间愈来愈表现出“流动空间”的流动性和可塑性的特点①，因此必须找到将空间区别为可识别的地方（place）和社会单元的方法。② 尺度就是这样一个用来度量地理景观分异的概念，它既包括绝对空间的含义，也包含其中特定的社会关系。在全球化的条件下，某个空间通过尺度化成为一个地方③，从而与其他地方相区别。而尺度的重组则是指权力和控制力在不同尺度之间的变动。④

尺度重构理论强调国家的政治和地理范围正在被重新划分，研究者们认为，城市同样要经历尺度重构，从而创造或者增强大都市的决策能力。⑤ 在新一轮全球化中，城市的尺度重构主要表现为城市（通过地域化的资本）控制和参与全球经济的能力大小、所控制的地域范围与空间结构等方面的变动，具体体现在三个方面⑥：一是在全球尺度上，世界城市体系得到发展以及全球经济中城市竞争加剧；二是在国家尺度上，城市体系愈来愈融入世界城市体系，而日益远离国内的地缘政治格局；三是在城市内部尺度上，城市形态和空间结构的重大变化表现为，蔓延的多中心城市-区域和新产业区的大量出现。城市尺度重构的一个显著结果是：在最新一轮的资本全球扩张中，当代城市-区域已成为至关重要的“全球-地方”空间，一个国家主要的城市-区域在世界城市体系中的地位和在全球生产网络中的控制力，直接影响着该国家的经济发展。

作为一种新的理论视角，尺度重构主要着眼于在全球化背景下改变城市区域边界和大都市区治理的制度安排，以提升世界性城市的经济竞争力。这种主张虽然有利于促进区域经济发展，但由于提出的时间短，理论建构尚未完善，也没有统一的权威定论，其实际作用亦存在争议，多数学者并未将该理论纳入治理理论范畴，该思路仍有待进一步探究。

二、空间正义与城市权利

20 世纪 70 年代，城市化快速推进，城市空间物理格局不断扩展，权力、资本、权

---

① Castells M. The Rise of the Network Society [M]. Hoboken：Blackwell，2000.

② Smith N，Dennis W. The Restructuring of Geographical Scale：Coalescence and Fragmentation of the Northern Core Region [J]. Economic Geography，1987，63（2）：160－182.

③ Johnston R J，Gregory D，Pratt G，et al. The Dictionary of Human Geography [M]. Hoboken：Blackwell，2000.

④ Shen J S. State and the City：Urban Transformation in Post Reform China [J]. Habitat International，2007，31（3/4）：303－316.

⑤ Dentersands B，Rose L. Comparing Local Governance：Trends and Developments [M]. London：Palgrave Macmillan，2005.

⑥ Brenner N. Globalisation as Reterritorialisation：The Re-Scaling of Urban Governance in the European Union [J]. Urban Studies，1999，36（3）：431－451.

利等各种力量涌入城市空间政治生活，引发了学界对城市空间问题的关注。进入21世纪以来，城市空间特别是空间正义问题再次受到关注。全球都市化及因空间规划而造成的非正义已成为社会发展的主要问题之一，城市中的空间剥削、空间排斥、空间集聚、空间隔离、空间霸权、空间权力控制、地理不平衡发展等一系列空间问题严重影响城市的可持续发展①，城市权利概念的重要性日益凸显。

城市空间是存在于城市之中，随着城市产生而形成的物质空间，兼具物理性和社会性的特点。"空间正义"（spatial justice）一词由索亚（Soja）于2010年在《寻找空间正义》中提出。索亚认为，空间正义包含日渐空间化了的一些概念，这些概念包括社会正义、参与式民主以及市民权利和责任②，而这些价值正因城市区域发展的不均衡而形成性别、阶级、种族等方面的结构性或系统性的不平等。特别是随着现代化的推进，空间成为资本和生产要素，人与人的社会关系及其非正义逐渐被空间化，人们免受空间压迫以获得被公正对待、自由生存空间的权利，以及根据自身需要创造空间、建立正义的空间分配秩序的权利等，在现实中并未得到有效的尊重、实现和保护。在这种情况下，作为对空间非正义问题的直接回应，城市权利的概念进入大众的视野。

城市权利主要指城市居民因其居住者的身份而享有的相应权利，具体表现为人们对住宅、交通、公共空间等空间样态的创造、进入、使用的权利。列斐伏尔（Lefebvre）认为，在空间生产的过程中，城市居民的权利不应被忽略不计、放任不管，而是要建立一个新的城市结构和空间关系，城市居住者通过争取城市空间的建设、使用的知情权、享用权、消费权等城市权利，寻求正义、民主和公民权利的平等。空间正义与城市权利二者是相互建构的，空间正义斗争就是关于城市权利的斗争。③ 城市权利的本质内涵就在于空间正义，同时，对空间正义的实践也意味着对城市权利的保障。因此，解决城市中的空间非正义问题以实现开放空间的多元共存的关键就在于，确保每种权利的实现、每种利益的合理解决，而不是用一种权利压制另一种权利去建构一种等级秩序。

三、发展中国家的城市问题

2000年以来，随着第三世界发展中国家城市化的快速发展，类似北京这样的发展中国家的大城市在全球经济发展的地位和竞争力日益提高，城市问题的主流研究开始出现"南方转向"。这一研究转向冲击了欧美中心论的偏见和西方霸权论的理论思维，同时也对西方城市政治理论的适用性进行了检验，有利于发展中国家找到适合自己国情的城市发展道路。④

全球化对非西方世界城市的影响具体表现为国际跨城市移民问题和大都市治理结构

---

① Bassett K. Reconstruction or Dislocation：Barnes or Sayer on the Political Economy of Space?［J］. Geoforum，1996，27（4）：453-460.

②③ Soja E W. Seeking Spatial Justice［M］. Minneapolis：University of Minnesota Press，2013.

④ Roy A. The 21st-century Metropolis：New Geographies of Theory［J］. Regional Studies，2009，43（6）：819-830.

碎片化问题。就前者而言，对这些从发展中国家到更发达地区城市的主要移民流所产生的政治影响的研究，目前正处于起步阶段。而对于后者，城市持续增长的势力和经济影响力使这一问题更加显著。在大多数国家，大都市区是由数量众多的多中心城市集群构成的，其人口总量大，城市治理体系复杂，治理结构通常也非常碎片化。[①] 发展中国家的大多数大型城市都是通过非常本地化和不连贯一致的体制结构来治理的[②]，这些大都市的治理结构通常是非常有争议和不可持续的。

对于发展中国家而言，地方政治的不一致和碎片化几乎是所有大型管辖区面临的共同挑战，这种现象除了被认为应该由政府来解决之外，很少得到学术性的深入讨论。一般认为，基础设施的碎片化和阶层收入两极分化的扩大化，在一定程度上导致了发展中国家大城市的“全球化效应”。

另一个值得关注的问题是南北方世界中城市研究的不平衡。随着全球经济、社会以及政治关系朝更加广泛的方向发展，城市领域的学者对城市有了新的分类方法，世界城市、全球城市的概念相继被提出。但有学者指出，相较于这些高等级的概念，将所有城市都理解为“一般城市”会更好。这主要因为全球化的影响在各国与城市都是不同的，典型的欧洲城市规划版图，如“总体规划”“邻里”“社区”等概念，在应用于南方世界城市居民区时会得到不一样的诠释。[③] 与此同时，发展中国家关于城市政治的比较研究仍然非常薄弱。一般的比较城市学研究，往往都起源与终结于北方世界城市的经验。查克拉巴蒂（Chakrabarty）认为，在关于后殖民主义时代南方世界的历史学说中，欧洲扮演了一个“沉默的指示者”（silent referent）的角色[④]。到目前为止，很少有研究比较南方不同地区的城市，但随着主要国家（如南非、印度、中国和巴西）在其他南方地区发展文化和商业，这些研究很可能会大幅度增多。

从批判的视角来看，未来十年，后殖民时代的研究在人类学和地理学中将变得越来越重要，也可能在政治科学领域变得越来越重要。一些议题，如中产阶级化、穷人的边缘化、发展中国家城市发展的环境成本、对城市政治问题的深入理解等，都可以催生新的研究领域。

第三节　中国城市政治学的发展

20 多年来，我国城市化率由 2000 年的 36%提升至 2023 年的 66.16%，城镇人口不断增长和城市规模大幅扩大，在城市迅速发展的过程中城市阶层利益冲突、治理困境等

---

① Laquain A A. The Planning and Governance of Asia's Mega-Urban Regions [M]. Baltimore: Johns Hopkins University Press, 2005.

② Segbers K. The Making of Global City Regions: Johanneesburg, Mumbai/Bombay, São Paulo, and Shanghai [M]. Baltimore: Johns Hopkins University Press, 2007.

③ Robinson J. Ordinary Cities: Between Modernity and Development [M]. London: Routledge, 2006.

④ Chakrabarty D. Provincializing Europe: Postcolonial Thought and Historical Difference [M]. Princeton: Princeton University Press, 2000.

诸多问题涌现，城市政治实践亟待城市政治理论的发展。在国内学者的努力下，中国城市政治学研究取得了长足进步。

一、西方研究范式的本土化发展

20 世纪 80 年代，中央着手进行土地和住房改革，但当时的改革设想难以应对地方实践的复杂变化。在当时的经济绩效指挥棒下，地方政府通过“土地财政”来加速城市开发，一方面获得了 20 多年来的高速城市化和经济增长[①]，另一方面也造成了一系列城市问题，比如土地资源浪费、贫富差距扩大和各种社会纠纷。[②] 有实证结果表明，“土地财政”也是导致如今政府债务积累、金融风险的制度性原因。[③]

这时有学者结合西方城市政治学的增长机器范式提出，在改革过程中存在着一个地方政府——私营企业利益共谋的城市增长联盟。[④] 从法律意义上讲，实施新的土地政策后土地产权仍然归国有，但是随着经济权力下放，土地流转权限被委托给地方政府代理以刺激生产和提高效率。对于政府官员来说，经济增长关系地方政绩，因此地方政府一方面竭力利用土地资源扩大财政收入，另一方面扶持私营企业。在这个地方政府和私营企业组成的增长联盟中，地方政府发挥着主导作用[⑤]，这也是很多国内学者运用增长机器范式得出的普遍结论。此外也有部分学者引入了城市政体论对上海、北京这几个城市开展研究，但其受关注程度相比于机器增长范式较为一般。

增长机器理论指出，城市增长的动力在于房地产开发企业。在近年的实证研究方面，住房投资和 GDP 也呈现出双向的格兰杰因果关系。[⑥] 有学者认为，这种功利主义的发展模式更加注重整体利益而不是分配正义。随着时间流逝，其制度性缺陷和种种结构性问题也逐渐凸显，比如城市重构过程中的空间非正义和权利失衡、城市文化脉络断层等。为此很多学者开始对城市的住房规划、城中村演变、房屋拆迁等实际问题展开广泛研究，力图揭示中国城市化过程中存在的人地矛盾和利益冲突的原因，这也促使中央关注到城市阶层平等和分配正义问题。

二、国家主导下的城市权力

在西方城市政治学研究中，城市政治或取决于城市精英的努力，或取决于各利益主

---

① 王玉波．土地财政推动经济与城市化作用机理及实证研究［J］．南京农业大学学报（社会科学版），2013，13（3）：70－77.

② 漆亮亮．“土地财政”模式的危害、成因及其治理［J］．中国国情国力，2010（10）：12－15.

③ 李玉龙．地方政府债券、土地财政与系统性金融风险［J］．财经研究，2019，45（9）：100－113.

④ 张振华．增长联盟：分析转型期我国地方政府与经济利益集团关系的一种理论视角［J］．天津社会科学，2011（1）：72－77.

⑤ 王贤彬，张莉，徐现祥．地方政府土地出让、基础设施投资与地方经济增长［J］．中国工业经济，2014（7）：31－43.

⑥ 皮舜，武康平．房地产市场发展和经济增长间的因果关系：对我国的实证分析［J］．管理评论，2004（3）：8－12＋63.

体的互动，即使在研究国家和国际力量参与城市政治的案例中，来自上级政府的政策因素和国际力量的干涉也被认为是对城市发展具有重要作用的协同力量，城市权力代表着地方利益，也取决于地方利益；城市发展是由市场驱动的伴随工业化的自发过程。[①] 这种在国际学界研究中的普遍遵循，在中国似乎可以找到很多相反的案例——在缺乏人口和工业基础的情况下，深圳市在短短 30 年间从一个小渔村变成了一个国际化的大都市。在中国社会的现实证据下，有国内学者认为，中国的城市政治和城市发展，在很大程度上取决于国家意志，城市权力来自中央。这种以国家为主导的分析视角，深受历史上计划经济体制的影响，在研究改革开放前后城市发展的文献中尤为明显，而且至今仍有不少国内学者坚持这一看法。

城市的行政级别被认为是国家权力纵向结构在城市地方的表现。在中国多行政层级的制度下，不同行政级别的城市被赋予了不同的政策条件和行政管理权限，具有更高行政级别的城市往往能得到更快速的发展。城市行政级别的提升可以看作一种重要的政策工具，它能够重组地方区域权力关系，使经济权力和政治权利从周边向中心城市转移，让中心城市获得更大的经济发展潜力和政策空间[②]，从而主导城市的发展。

在这之间存在一个问题：如何解释高经济表现和低行政级别在一个城市同时出现？有学者认为，行政等级不完全代表国家权力的赋予程度，城市官员努力和有效的“行政重组”也可以在不改变地方行政层级的情况下扩张地方的国家权力。[③] 就权力关系来说，党的领导体制提供了一种制度上的灵活性，地方行政级别和官员行政级别可以相互分离，地方官员可以在上级政府交叉任职。[④] 比如经济地位重要的地级市市委书记常担任省委委员，地级市官员得以直接接触省级权力来实现城市权力的扩张。

总的来说，国内城市政治学的研究兴起于 20 世纪 90 年代后国家土地制度和市场经济改革初见成效以后，国内学者开始引入西方学界的主流范式来分析国内的城市现象。但他们的观察主要以上海、广州等大城市为案例，由于中国其他城市的发展表现出极大的空间异质性，因此很难说某一种理论能对中国城市的发展有普遍性意义；此外，西方学界的主流研究范式假设了一套西方本位的社会政治、经济条件，运用它们研究中国的城市政治的解释力有限。加之中国特殊的政治现实和城市问题，一部分学者坚持国家主导的理论预设构建城市政治学的学科体系框架；另一部分学者则尝试引入西方城市政治学的主流范式，并集中关注城市发展中的现实问题，运用定量工具对城市问题进行实证分析。

---

① Bairoch P. Cities and Economic Development：From the Dawn of History to the Present ［M］. Chicago：University of Chicago Press，1988.

② 王志锋，王优容，王云亭，等．城市行政等级与经济增长：基于开发区的视角［J］．宏观经济研究，2017（11）：115－127.

③ 马学广，王爱民，闫小培．从行政分权到跨域治理：我国地方政府治理方式变革研究［J］．地理与地理信息科学，2008（1）：49－55.

④ Huang Y. Managing Chinese Bureaucrats：An Institutional Economics Perspective ［J］. Political Studies，2002，50（1）：61－79.

第四节　面向未来的城市政治

虽然从19世纪末至今，城市政治学研究视角广泛，研究成果丰硕，为万千变化的城市生活和城市现象提供了不同的思考角度和视野。但实际上城市政治学并未能引起学界的足够重视，同时其理论体系、研究方法和学科普适性等方面仍存在一定的问题，因此城市政治学需要从以下三个方面进行完善。

首先，要整合学科理论，形成独立的理论体系。学科成熟的标志是形成成熟的理论体系，而城市政治学并未形成独立成熟的理论体系。城市政治学的研究现状是，即使在城市政治学发达的美国，城市政治总体上政治学的“味道”依旧“不浓”，仍然是一个超学科的发展领域，即城市政治学中的很多概念都援引自城市学、社会学等其他学科，城市政治学是在借鉴其他学科的理论和研究方法的基础上发展起来的，同时从多学科的研究角度形成丰硕的成果。城市政治学作为政治学的分支学科，在研究过程中应该依托政治学建立相关的核心理念，以政治学的视野和角度分析城市问题与现象。因此，城市政治学要成为一门完整的学科，必须建立起独立而成熟的理论体系。随着城市问题的日益复杂和多样化，城市政治学的深入研究需要吸收目前各学科关于城市政治的研究，整合各学科理论，按照政治学学科的内在逻辑来创建城市政治学的范畴体系，进而形成城市政治学的独立成熟的理论体系。

其次，除了政治性不突出带来的理论体系不成熟问题，城市政治学同样面临着研究方法较为单一的问题。因此，城市政治学的研究要丰富研究方法，增强学科的科学性。在研究假设上，从新古典经济学的“经济人”假设出发来解释城市行为动机这一研究假设抹杀了城市间政治行为的差异性，无法解释全部城市行为；在研究方法上，产生于城市这一特定空间下的城市政治学研究多采用个案分析或案例比较研究的研究方法，带有一定的地方性。同时，城市政治学受马克思主义批判理论的影响，强化了研究的规范性，因此，与同时期主张定量分析的行为主义研究相比，城市政治学研究的“科学性”较弱。目前我国城市化进程加快，与此同时也带来了一系列复杂的城市化问题，以个案分析为主的单一研究方法难以全面观察城市发展中出现的复杂难题，因此，城市政治学有必要丰富研究方法，不断吸纳和移植新的研究方法拓展城市政治学研究以有效应对日益复杂的城市问题，从而实现更好的治理。

最后，城市政治学要适应时代要求，提高学科的普适性。受美国实用主义传统的影响，西方城市政治学自诞生以来就蕴含着一种资产阶级利己主义的价值观，往往过分强调政治行动能否给城市利益集团带来实际利益和报酬，从而忽视了政治行动本身是否符合客观现实与正当原则。[①] 应该看到，实用主义的研究虽然适合于美国城市政治的理论与实践，但是对于历史传统、城市规模、人口结构等与美国城市迥然不同的其他国家和地

---

① Savitch H V，Kantor P. Cities in the International Marketplace：The Political Economy of Urban Development in North America and Western Europe [M]. Princeton：Princeton University Press，2002.

区的城市政治研究而言，实用主义的研究导向及其成果难以普遍推广，城市政治学面临着学科的普适性问题。与此同时，进入 21 世纪以来，随着全球化的不断推进，如何应对经济全球化对城市政治发展模式、政策制定、竞争战略、治理能力和城市精神等问题的挑战成为城市政治学的一个新兴焦点，现有研究对上述问题的关注明显不足。[①] 面对不断兴起的城市政治议题，城市政治学有必要适时转变研究主题，不断适应时代要求，以提高学科的普适性。

城市治理在国家治理中地位的提升与城市冲突的日益复杂性决定了关于城市政治现象的问题将继续被研究和讨论。平等、性别以及社会运动等冲突性问题成为城市化进程中不可忽视的问题，为实现城市的有效治理，学者需要关注城市化进程中产生的政治现象与政治问题，并将其纳入未来研究议题。

参考文献

王玉波．土地财政推动经济与城市化作用机理及实证研究［J］．南京农业大学学报（社会科学版），2013，13（3）：70－77.

漆亮亮．“土地财政”模式的危害、成因及其治理［J］．中国国情国力，2010（10）：12－15.

李玉龙．地方政府债券、土地财政与系统性金融风险［J］．财经研究，2019，45（9）：100－113.

张振华．增长联盟：分析转型期我国地方政府与经济利益集团关系的一种理论视角［J］．天津社会科学，2011（1）：72－77.

王贤彬，张莉，徐现祥．地方政府土地出让、基础设施投资与地方经济增长［J］．中国工业经济，2014（7）：31－43.

皮舜，武康平．房地产市场发展和经济增长间的因果关系：对我国的实证分析［J］．管理评论，2004（3）：8－12＋63.

王志锋，王优容，王云亭，等．城市行政等级与经济增长：基于开发区的视角［J］．宏观经济研究，2017（11）：115－127.

马学广，王爱民，闫小培．从行政分权到跨域治理：我国地方政府治理方式变革研究［J］．地理与地理信息科学，2008（1）：49－55.

Mueller C M C. Frontiers in Social Movement Theory［M］. New Haven：Yale University Press，1992.

Roy A. The 21st-century Metropolis：New Geographies of Theory［J］. Regional Studies，2009，43（6）：819－830.

Dentersands B，Rose L. Comparing Lccal Governance：Trends and Developments［M］. London：Palgrave Macmillan，2005.

① Jabareen Y，Eizenberg E. Theorizing Urban Social Spaces and Their Interrelations：New Perspectives on Urban Sociology，Politics，and Planning［J］. Planning Theory，2021，20（3）：211－230.

Bairoch P. Cities and Economic Development：From the Dawn of History to the Present [M]. Chicago：University of Chicago Press，1988.

Brenner N. Globalisation as Reterritorialisation：The Re-scaling of Urban Governance in the European Union [J]. Urban Studies，1999，36 (3)：431 - 451.

Castells M. The City and the Grassroots：A Cross-cultural Theory of Urban Social Movements [M]. Berkeley：University of California Press，1983.

Castells M. The Rise of the Network Society [M]. Hoboken：Blackwell，2000.

Chakrabarty D. Provincializing Europe：Postcolonial Thought and Historical Difference [M]. Princeton：Princeton University Press，2000.

Snow D A，Sowle S A，Kriesi H. The Blackwell Companion to Social Movements [M]. Hoboken：John Wiley & Sons，2008.

Norris D F. Prospects for Regional Governance under the New Regionalism：Economic Imperatives versus Political Impediments [J]. Journal of Urban Affairs，2001，23 (5)：557 - 571.

Bennett W L，Diani M，Johnson E，et al. Transnational Protest and Global Activism [M]. Washington，D. C.：Rowman & Littlefield，2005.

Soja E W. Seeking Spatial Justice [M]. Minneapolis：University of Minnesota Press，2013.

Frey B S，Eichenberger R. Metropolitan Governance for the Future：Functional Overlapping Competing Jurisdictions [J]. Swiss Political Science Review，2001，7 (3)：124 - 130.

William D G. Who Rules America? Power，Politics，and Social Change [M]. New York：McGraw-Hill Higher Education，2005.

Savitch H V，Kantor P. Cities in the International Marketplace：The Political Economy of Urban Development in North America and Western Europe [M]. Princeton：Princeton University Press，2002.

Kriesi H，Koopmans R，Duyvendak J W，et al. New Social Movements in Western Europe：A Comparative Analysis [M]. Minneapolis：University of Minnesota Press，1995.

Molotch H. The City as a Growth Machine：Toward a Political Economy of Place [J]. American Journal of Sociology，1976，82 (2)：309 - 332.

Huang Y. Managing Chinese Bureaucrats：An Institutional Economics Perspective [J]. Political Studies，2002，50 (1)：61 - 79.

Jasper J M. The Art of Moral Protest：Culture，Biography，and Creativity in Social Movements [M]. Chicago：University of Chicago Press，2008.

Johnston R J，Gregory D，Pratt G，et al. The Dictionary of Human Geography [M]. Hoboken：Blackwell，2000.

Bassett K. Reconstruction or Dislocation：Barnes or Sayer on the Political Economy of Space? [J]. Geoforum，1996，27 (4)：453 - 460.

Koschatzky K，Kroll H. Which Side of the Coin? The Regional Governance of Science and Innovation [J]. Regional Studies，2007，41 (8)：1115 - 1127.

Kühn M，Bernt M，Colini L. Power，Politics and Peripheralization：Two Eastern German Cities [J]. European Urban and Regional Studies，2017，24 (3)：258 - 273.

Laquain A A. The Planning and Governance of Asia's Mega-Urban Regions [M]. Baltimore：Johns Hopkins University Press，2005.

Lichbach M I，Zuckerman A S. Comparative Politics：Rationality，Culture，and Structure [M]. Cambridge：Cambridge University Press，2009.

Robert D A. Preface to Economic Democracy [M]. Berkeley：University of California Press，1985.

Robinson J. Ordinary Cities：Between Modernity and Development [M]. London：Routledge，2006.

Rory M，Daniel J M，David S. Corn，Klansmen，and Coolidge：Structure and Framing in Social Movements [J]. Social Forces，2004，83 (2)：653 - 690.

Segbers K. The Making of Global City Regions：Johanneesburg，Mumbai Bombay，São Paulo，and Shanghai [M]. Baltimore：Johns Hopkins University Press，2007.

Shin H B. Residential Redevelopment and the Entrepreneurial Local State：The Implications of Beijing's Shifting Emphasis on Urban Redevelopment Policies [J]. Urban Studies，2009，46 (13)：2815 - 2839.

Smith N，Dennis W. The Restructuring of Geographical Scale：Coalescence and Fragmentation of the Northern Core Region [J]. Economic Geography，1987，63 (2)：160 - 182.

Stephens G R，Nelson W. Metropolitan Government and Governance：Theoretical Perspectives，Empirical Analysis，and the Future [M]. Oxford：Oxford University Press，2000.

Stone C. Regime Politics：Governing Atlanta，1946—1988 [M]. Lawrence：University Press of Kansas，1989.

第五章
社会政治

社会政治探讨的是政治权力在社会上的运行，聚焦于国家与社会的关系，亦即国家与社会的互动如何影响决策的过程，而权力施为者也就成为社会政治之中最重要的考察对象。政治力、经济力、社会力是构成社会整体发展运作的三大关键要素，政治学除了探讨权力的运作，也不能忽视政治生活中国家与政党之外的其他行动者。在国家与社会互动的过程中，关键的行动者有三类：一是联结政治与市场的利益团体。二是介于国家、市场、社会三者之间，角色相对多元复杂的媒体，特别是互联网出现之后，新媒体给传统政治带来了冲击。三是联结政府和社会的社会组织，中国的社会组织在中国社会治理转型中扮演着重要角色。这三者是社会力量影响政治的关键，然而，在不同的政治制度中，政治社会的运作会有所差异，三类行动者的角色与互动关系也会有所不同。

根据西方政治发展的经验，利益团体的萌芽与运行，是现代政治系统很重要的一部分，其代表社会各式各样的声音在政治场域上沟通、协商及妥协，借此竞逐有限的资源与政府决策的空间，所以利益团体是了解西方社会政治的关键环节之一。因此，本章对于社会政治的介绍，首先阐述了在国家能力与社会自主性之下利益团体所扮演的角色。利益团体也是政府与政党之外最重要的社会组织，透过利益团体的发展也能看到当代西方社会政治发展的历程。其次，本章说明了互联网的兴起对政治传播的影响，媒体在政治生活和民主中的作用，尤其是出现在互联网兴起后的新媒体对政治活动的影响，以及对政治的挑战。最后，以中国社会组织的发展为例，本章还说明了社会组织的运作方式及特点。这部分将阐述在中国特色社会主义体系下社会组织的发展历程及影响社会组织建立的因素，借此表明政治与社会之间的互动关系，以及不同的政治环境影响社会性组织的形成、运作与功能，阐述大国之治的社会治理创新。

第一节　国家能力与社会自主性

国家能力与社会自主性是政治学探讨国家-社会关系最重要的一组相对概念，亦即国家治理和社会参与之间各种互动的结果。一般来说，两组力量之间往往各有强弱，因此有着强国家-强社会、强国家-弱社会、强社会-弱国家以及弱社会-弱国家等四个不同的互动结果。[①] 然而，强弱之间的对比结果是通过观察不同的指标得来的。例如，曼（Mann）就以专制权力与基础性权力分析国家与社会的关系。[②] 而后有学者从武力强弱、税收汲取能力、市场干预的有效性、政治权力控制与给予等方面来看国家能力的强弱，而观察国家能力最简单的方式就是考量国家意志与政策渗透程度的高低。另外，社会自主性指的是表达自身利益与需求的空间，也就是面对国家能力的渗透，社会展现出自主意志的可能性。政治学考察一地国家能力与社会自主互动的最佳切入点就是利益团体。按照西方政治的发展，利益团体是国家与社会互动最为正式的接触点，国家如何抵抗利益团体的利益表达展现意志，利益团体又是如何借由合纵连横来实现自身的利益追求，遂成为当代社会政治中国家与社会之间最重要的接触点，因此本部分对社会政治的介绍也就从利益团体着手。

一、利益团体的定义

利益团体是当代政治的核心，只不过当前政治学的研究更多地聚焦在选民、当选的官员以及选举上，利益团体在美国政治研究中的重要性也逐渐被忽视了。[③] 但无论如何，利益团体都是市民社会与政治生活中很重要的一环，也是社会政治需要关注的焦点。

美国社会学家默顿（Robert Merton）提道："社会学就是研究团体和组织的科学。"政治社会学就是探讨团体与组织的政治影响，而团体与组织有所不同。一般而言，团体是指具有相同规范、价值和期望的一群人，彼此规律地互动且认为对方为团体成员。组织是团体的一种，社会组织是次级团体的一种，通常人数较多、组织结构较为严谨，亦有组织工作目标。但社会组织与社会团体至少有三种不同的特质：（1）社会组织有分工、权力、互动及沟通的架构。（2）社会组织有权力中心，并负责指挥决策的实施。（3）组织成员的递补、替换以组织目标为指导原则。如韦伯分析："组织乃是一个理性的实体，由一群人按着既定的目标来从事有关的活动，组织是一种稳定的互动模式，有层级节制的权威体系及分工合作的运作方式。"斯科特（Scott）认为，组织与团体的不同之处是为了达成特定目标，组织会使成员和资源正式的组织起来，因此可称之为一种"正式

---

① Migdal J S. State in Society：Studying How States and Societies Transform and Constitute One Another［M］. Cambridge：Cambridge University Press，2001.

② Mann M. The Autonomous Power of the State：Its Origins，Mechanisms and Results［J］. European Journal of Sociology，1984：185－213.

③ Downs A. An Economic Theory of Political Action in a Democracy［J］. Journal of Political Economy，1957，65（2）：135－150；Hacker J S，Pierson P. After the "Master Theory"：Downs，Schattschneider，and the Rebirth of Policy-Focused Analysis［J］. Perspectives on Politics，2014，12（3）：643－662.

组织”。[1]

由此可见，政治社会学所探讨的利益团体，与有共同利益的团体组织比较类似。一般来说，利益团体是市民社会很重要的一部分，是民主政治运作过程中的基本元素之一。根据英国社会学者吉登斯的定义，市民社会是包括独立于政府的公民所形成的所有网络、志愿协会、企业、俱乐部、组织和家庭等的社会领域。[2] 这个概念可以追溯到古代，当时它与礼貌和人与人之间相互尊重的概念相联系。然而，现代市民社会的概念来自法国学者托克维尔（Alexis de Tocqueville）在 19 世纪提出的“市民协会”（civic associations）一说，他在美国发现了大量会社、慈善机构和宗教团体，并且观察到这些团体组织不仅发挥正面功能，而且是维持国家民主文化的根本。[3] 市民社会与公共领域的概念很接近。后者通常被视为针对社会及政治决策进行讨论和辩论的公共空间。相较之下，市民社会包括志愿团体、俱乐部和其他有组织的市民协会等形式。本章所指的利益团体属于市民社会中比较具有组织性、具有相同利益的社团组织。

根据罗伯逊（Robertson）的说法，利益集团是为促进政治系统中的部门利益而成立的协会。[4] 它们与政党的不同之处在于，利益团体不会派出代表自身利益的候选人进入政府。相较于政府关心的议题，利益团体所关心的议题往往较为单一、狭隘，即便如此，仍有部分利益团体会发展成政党，如环境保护团体绿色和平或绿党。

资本主义国家中的利益性社团组织普遍民间化，甚至政党也是一种民间性政治组织。在资本主义国家的政治过程中，利益性社团组织通常扮演压力型社团和院外活动社团的角色。院外活动广义上是指利益团体为了实现自己的特定目标，有意识地进行影响政府决策的活动，狭义上是指由利益团体自身或聘请代理人进行的，如在议会走廊或门厅里进行游说的活动。现在院外活动的概念更加广泛，泛指对整个政府（包括立法、司法、行政等部门）施加影响或压力的活动。事实上，任何利益性社团组织都是潜在的政治性社团组织，均会主动或被动地对政府的政策做出反应，并试图影响政策，使其更符合自己社团的利益。一旦利益性社团组织为了实现某些特殊利益而对政府施加政治影响或压力而发挥政治角色，同时会影响公共决策和公共权利，这时它就成了压力团体。目前学术界已经较少使用压力团体一词。

二、利益团体的分类

利益团体的种类甚多，普勒（Puhle）把利益团体更细致地区分为八类，即专业协会、商业和工业团体、工会、农业组织、单一利益团体、意识形态利益团体、公共利益团体、

---

① Scott W R，Davis G F. Organizations and Organizing：Rational，Natural and Open Systems Perspectives [M]. London：Routledge，2015.

② Giddens A，Sutton P W. Essential Concepts in Sociology [M]. Hoboken：John Wiley & Sons，2021.

③ Eberly R A. Citizen Critics：Literary Public Spheres [M]. Champaign：University of Illinois Press，2000.

④ Robertson D. The Routledge Dictionary of Politics [M]. London：Routledge，2004.

福利协会。[1] 只是这种罗列的方式未必是理解利益团体最好的方式，也无法穷尽所有利益团体，所以目前比较常见的分类方式是根据团体所追求的目标性质划分不同的利益团体。

《大英百科全书》根据团体所追求的利益性质将利益团体分为五类，即经济利益团体、目标利益团体、公共利益团体、私人与公共机构利益团体、非协会利益团体。

经济利益团体是指以经济利益为主的利益性社会组织。这类利益团体是最常见的社团组织，其目标是通过影响政府或其他机关而获得经济上的好处，因此其活动地点主要聚集在一国的首都。其内容包括工业联合会、农民团体、劳工团体与专业团体等以游说政策改变为目标的组织，如美国的工商业企业利益团体、劳动利益团体，加拿大的独立企业联合会，英国的工业联合会，等等。西方国家还有各种具有特殊团体利益的社团组织，如美国的枪支拥有者协会、生命权利协会等，中国则有个体劳动者协会、私营企业主协会等。

目标利益团体是指主要出于非经济目的，推动某种目标及价值的团体，因此范围非常广，包括教会与宗教组织、退伍军人协会、支持残障者权利的团体，如美国支持自闭症治疗的自闭症协会。这一类团体有些专注于单一议题，如堕胎、家暴、防吸毒、一夫一妻制、祷告等，但大部分都是追求社会的多目标以及推动多元价值。

公共利益团体有别于个别的群体利益，公共利益是以人们普遍承认面临的共同问题为主，如环境保护、生态问题，人权、消费者权利等，以这些问题为核心建立的团体就是公共利益型的社团组织。由于关心的是放之四海而皆准的议题，这一类组织在国际上认可度较高，像是塞拉俱乐部与国际反地雷组织。

私人与公共机构利益团体没有真正意义上的会员，因此严格来说只有利益，而不见正式的团体，可以称之为私人与公共组织，如公司与政府部门。但是，这一类组织同样想影响公共政策，如私人智库、民间的大学、各种新闻媒体、报纸等为了特定利益发声的机构。其中最大的一个机构就是政府，但是将代表人民利益的政府纳入利益团体难免会引发争议，虽然实际上政府不同部门之间也有各自的机构利益，如环保与工业部门的纠葛就是很典型的例子。许多公、私立大学也会争取政府的补贴来建设学校。

非协会利益团体没有政治组织，也没有固定的组织架构，例如前面提到的抗议团体，往往是在面对突发现象时瞬间聚集的一股力量。几年前针对世界贸易组织的抗议团体、韩国农民抗争政府农业政策的团体等都属于此类团体。

三、利益团体的功能与弊端

利益团体犹如一把双刃剑，对社会的影响利弊参半。从多元主义的立场来看，利益本就多元，不同团体的利益有助于将新思想带入政治领域，避免单一垄断多元政体。正如奥尔森（Olson）等理性选择理论家所言，利益集团是一般公民最理性的政治活动形

---

① Puhle H J. History of Interest Groups [M] //Smelser N J, Baltes P B. International Encyclopedia of the Social & Behavioral Sciences. New York: Elsevier, 2001: 7703 - 7708.

式，因为它们比政党规模小，能致力于发展各种的可能性。[①] 然而，有些自由派学者认为利益团体追求特殊利益常会忽视公共利益，这会违反民主原则。利益团体可能以牺牲其他人或整个公共利益为代价，不成比例地赋予某些利益团体特权。激进左派学者也认为，社会权力的主要来源是资本主义大企业，公司董事会的决定常常最终成为国家的公共政策，因此整个国家的权力主要集中在一群少数精英之手。[②] 每个社会都会有不同的利益团体。在不同的政治体制中，利益团体的行动机会与结构方式也会不同，其对政治的影响有利有弊。

1. 利益团体的功能

利益汇集：利益团体的主要作用是代表和集中各种利益。不同目标的利益性社团组织之间会协调沟通，相互妥协以达成一致意见。例如，常见的企业与工会之间的谈判。

执政党的决策助手：利益性社团组织为了自身的利益，会针对某一问题进行深入仔细的研究，搜集资讯，从社会、经济、政治和法律等方面提出论点支持或否定议会、行政部门的观点。这些材料可以为政府决策提供丰富的资讯来源，同时政党也会成为塑造社会的推手。[③]

制衡权力：利益团体可以成为制衡权力的“民间力量”。阿瑟·本特利认为，美国社会是一个“由团体组成的综合体”，政府的政策是不同团体在政府内外相互影响和斗争的结果。杜鲁门在《政治过程》一书中把利益团体视为“民主政治进程中不可缺少的组成部分”，强调利益团体对政治决策者的接触是西方民主政治的体现。

2. 利益团体的弊端

利益团体是政治不平等的产物，也是推动政治不平等的因素。资本主义国家的政治制度有赖于组织完整的利益团体，但也正因如此，无法有效组织起来的利益将难以在政治中被有效表达，如黑人和其他少数族裔、城市贫民、偏远地区的农民等等。就马克思主义传统来看，市民社会本身就不是一个自发性和创造性的进步场域。马克思认为市民社会与其他文化的上层建筑一样，都意味着传递资本主义及其价值的意识形态和文化宰制。因此，看似多元的利益团体事实上被社会中的少数资本拥有者所掌握，所谓的团体利益实际成为少数特权者的利益。[④]

高度自治化的团体会导致政治分裂和不稳定，增加政府治理的难度，另外，也可能造成民粹主义的兴起。阿拉托（Arato）和科恩（Cohen）研究了民粹主义政治与宗教团体和市民社会的矛盾关系[⑤]，他们认为，民粹主义运动和宗教团体蓬勃发展，其影响的政治范围甚于正式的政党政治，并延伸到抗议和社会运动、自组织和在线交流行动，是在

---

① Olson M，Jr. The Logic of Collective Action：Public Goods and the Theory of Groups，with a New Preface and Appendix [M]. Cambridge：Harvard University Press，1971.

② Mills C W，Wolfe A. The Power Elite [M]. Oxford：Oxford University Press，2000.

③ 张跃然．反映社会还是塑造社会?：国外社会学讨论“政党—社会关系”的两条路径 [J]. 社会学研究，2018，33 (3)：216-241，246.

④ 同②.

⑤ Arato A，Cohen J L. Populism and Civil Society：The Challenge to Constitutional Democracy [M]. Oxford：Oxford University Press，2021.

一连串危机中所呈现的跨国现象。[1] 这些利益团体不信任政府机构，也不愿意接纳外部的文化和社会精英，这实际上是和民主原则相违背的，对社会秩序的稳定造成了很大的影响。

利益团体不一定会强化民主。有些研究假设强大的市民社会必然强化民主，两者会同步发展。然而，实际情况未必如此。许多自愿性组织和团体根本就不民主，也没有理由认为它们应该会民主。认为可以借自愿性组织和团体解决正式政治中的民主缺陷或专制领导可能有误导之嫌。有些自愿性组织和团体享有高社会资本，如全美步枪协会等，它们有很强的渠道，使它们无须通过选举就比其他团体有更大的权力影响政策。

非经济性利益团体的发展衰退。帕特南（Putnam）研究美国公民协会时发现，有很多证据表明市民连带和自组织的成员人数实际上正在减少。[2] 他认为自 20 世纪 60 年代以来，家长教师协会、全国妇女俱乐部联合会、妇女选民联盟和红十字会的会员人数都减少了大约五成。随着资本主义的发展，个人主义日益盛行，非经济性利益团体的形成也更加困难，能发挥的影响也逐渐降低。除了美国，在英国和澳大利亚也发现了类似的情况，瑞典、荷兰和日本的社会资本（社会网络）则维持稳定或上升。[3]

政治军工复合体垄断庞大利益影响政治。利益团体对资本主义国家的政治有很大的影响，无论在福利政策、经济政策还是军事工业方面。作为冷战时期的产物和美国最强势的利益集团之一，美国军工复合体也对美国的政治政策产生了极大的影响，而渐渐被称为政治军工复合体。军工复合体的两大核心是军事机构和企业，即私人机构和公共机构的结合。一方面，其具有的军方背景能极大地影响政府的决策，但不能代替政府进行决策，并不直接掌控公共权力；另一方面，由于军工企业与军事机构在经济、人事等方面的密切结合，对政府政策的影响远较其他一般企业大得多。军工复合体可被视为权势利益集团的代表，以朝鲜战争和越南战争期间美国军事开支的增长为例，军工复合体从战争中获得了可观的利益，此后美国的军事预算并未随着冷战的退去而下降，反而节节高升。2021 年美国国防相关的预算超过 7 050 亿美元，如此庞大的预算直接或间接影响的厂商有 7 万家。[4]

由此可见，利益团体普遍存在于各种政治体制中，但不同的政治体制会产生不同类型的利益团体，政府与社会之间的关系会影响利益团体的政治影响途径，对社会大众也会形成各种正面或负面的影响。

第二节　“互联网＋”时代的媒体政治

一、媒体与政治

媒体影响人民对政治与国家的看法。根据英国理查德·威尔逊公爵的说法：“沟通是现代国家的核心活动。它是政府日常生活运作的基础。”在现代生活中，媒体扮演着重要

① Brubaker R. Why Populism? [J]. Theory and Society，2017，46：357－385.

② Putnam R D. Bowling Alone：The Collapse and Revival of American Community [M]. New York：Simon and Schuster，2000.

③ Halpern D. Social Capital [M]. Cambridge：Polity Press，2005.

④ Alic J A. The US Politico-Military-Industrial Complex [J]. Oxford Research Encyclopedia of Politics，2021.

的沟通角色，也是不可或缺的一部分。媒体的新闻报道不仅影响民众对世界的态度，也影响民众的具体决定以及采取的行动。因此，西方将媒体称为除立法、行政、司法之外的“第四种权力”。

1948年美国政治学者拉斯韦尔（Lasswell）列出新闻媒体的三大重要功能，分别是守望环境（监督）、协调社会对环境的反应（建立共识）以及传递文化（社会化），现在大部分专家会再加上娱乐功能。新闻媒体的政治功能包括传播信息、影响舆论、设置议程、政治社会化和监督政府。报道新闻和传播信息是新闻媒体的首要任务，然而，信息的传播绝非单纯地报道事件。虽然媒体的新闻报道力求真实性，但如记者安德鲁·玛尔（Andrew Marr）所言：“新闻是以事实为依据，但‘新闻’不等于‘事实’。”[①] 我们透过媒体的传播了解世界如何运作、事实如何发生，媒体让我们看到世界，也建构了我们的真实世界，这也是一种社会建构论的观点。我们对于自身利益的认知来自我们如何有效地利用这些事实理解世界和我们在其中的位置。新闻是我们情感、归属感甚至道德的源泉。记者不可能报道世界上发生的每一件事情，新闻必须要经过筛选，因此媒体也同时扮演“守门人”的角色，记者用事实“生产”新闻，筛选出要报道的事实，建构叙事，引起公众的兴趣，并因此产生新闻价值。新闻媒体并非绝对中立，背后必然牵涉其所选择的立场与遵循的价值，这些可能会支持或抵触既有的政治权力。因此，媒体可以影响和制造舆论，媒体所传播的信息将会改变民众的认知、行为与世界观，媒体还可以进行社会动员，并且能通过重新设置议程影响政府决策，督促政府；反过来，政府也可以利用媒体制造新闻、塑造自身形象。在现代政治中，新闻媒体成为一股不可忽视的社会力量。

除了新闻，当然还有其他媒体也会产生政治影响，包括戏剧、电影、小说等。俄罗斯总统普京（Putin）就曾告诉国防部部长绍伊古，如果他想了解美国政治，他应该看美剧《纸牌屋》。[②] 但一般大众不会默认这些媒体所描述的故事为真，而会相信新闻报道的真实性。鲍里斯·约翰逊（Boris Johnson）在《泰晤士报》担任记者时因被发现编造了他人的引言并捏造了两个故事而丢掉工作。[③] 记者有时候为了吸引观众或读者，想将事实变得更有趣，更具故事性、娱乐性、多样性，也会损害报道的真实性。记者就是说故事的人，撰写新闻的技巧艺术同小说家、剧作家并没有太大差异，都是为一般大众提供整体意义的人。

政治传播反映了人类的传播活动可以表达政治、参与政治的特性。媒体是实现政治传播最主要的工具。媒体在政治传播中通常呈现以下特点：（1）独立性。虽然政府与媒体之间存在密切的联系，但媒体是独立于政府和民众的第三方。媒体在政治传播中受自身特定的报道宗旨和把关标准制约。（2）多元性。媒体作为独立的社会组织，除发挥本身的功能之外，也会受到社会多元利益的影响。媒体在政治传播中通常表现出不同的报道特点和立场倾向。（3）动态性。媒体在政治传播中并非一成不变的，随着科学技术和

---

① Marr A. My Trade：A Short History of British Journalism [M]. London：Pan Macmillan，2004：60，63 - 64.

② Zygar M. All the Kremlin's Men：Inside the Court of Vladimir Putin [M]. New York：Public Affairs，2016：332.

③ BALL J. All the Times Boris Johnson Flat-Out Lied [EB/OL]．(2018 - 07 - 09) [2023 - 07 - 18]. https：//inews. co. uk/news/uk/times-boris-johnson-flat-lied-130475.

社会环境的发展变化，媒体在政治传播中发挥作用的内容和形式都会发生相应的变化。

不同的政治体制、社会环境下的民众对于新闻报道的标准与期望也会有所不同。发展中国家的记者在报告国家发展政策时倾向于采用更积极的框架，对国内政治较少采取对抗性的态度。丹尼尔·哈林（Daniel Hallin）和保罗·曼奇尼（Paolo Mancini）在2004年出版的经典作品《比较媒体制度：媒体与政治的三种模式》中，比较了西欧和北美地区18个国家的媒体制度，并归纳出三种模式：（1）地中海或“极化多元主义”模式，在南欧颇为典型，这些地区的报纸更具党派色彩，期望记者致力于特定政党的观点而非“客观”专业；（2）民主统合模式，又称北欧或民主社团主义模式，具有国家干预和国家补贴的传统，但具有很强的专业性和制度化的自律；（3）北美或自由模式，在美国和英国，除英国的公共广播之外，具有很强的专业化、非制度化的自律和市场监管。① 整体而言，他们得出的结论是，西方各国往往更接近于“极化多元主义”模式，而非自由模式。② 另外，两人在书中还归纳出影响媒体制度的四个变数，分别是媒体市场结构、政治平行的程度和形式、记者专业主义和国家的角色。这体现了不同政治、经济、社会环境对媒体制度的影响，与之相应的是，不同的媒体制度也会对政治生活产生不同的冲击。

二、新媒体在社会政治中的作用

新闻媒体是20世纪20年代左右出现的概念，一般来说，新闻媒体包括纸质媒介（报刊）和电子媒体（广播、电视）。最近几年新兴通信技术的发展使得媒体在政治领域的角色开始产生革命性的转变。随着互联网的兴起，作为“新电子媒体”的网络逐渐成为新的媒体类型。新媒体的出现彻底改变了信息的生产和接收方式，信息传播进入了以“新媒体”为主导的时代，重新定位了政治传播在社会公共领域的作用，颠覆了传统媒体在政治参与中的模式，为一般大众提供了参与政治活动的渠道、发表个人政治意愿的舞台。

马努阿·卡斯特（Manual Castells）认为，我们已经创造了一个网络相互链接的全球化世界，在此会产生新的表达形式、社交能力、网络犯罪、工作、社会运动等。③ 例如，在2019年至2020年针对全球变暖的“反抗灭绝”直接行动中，社交媒体得到了广泛使用，并且由参与者本身进行抗议活动的现场直播，这正说明了卡斯特“网络社会运动”的概念。先前分散的媒体形式已经通过所谓的媒介融合的过程交织在一起，以互联

---

① Hallin D C，Mancini P. Comparing Media Systems：Three Models of Media and Politics [M]. Cambridge：Cambridge University Press，2004.

② 2012年，在《比较媒介制》的基础上，哈林和曼奇尼编辑出版了《比较媒介制度：西方世界之外》（Comparing Media Systems Beyond the Western World），邀请11位来自东欧、中东、亚洲、非洲和南美的学者分别探讨了各自地区的媒介体制。虽然两位作者希望他们的分析可以在一定程度上为西方媒介模式祛魅，但是参与写作这本书的大部分学者还是把《比较媒介制》中的四个变数——媒介市场结构、政治平行的程度和形式、记者专业主义和国家的角色运用到自己的分析中，以此衡量各自的媒介体制。

③ Castells M. Communication，Power and Counter-Power in the Network Society [J]. International Journal of Communication，2007，1（1）：29.

网为中心。举例来说，报纸销售量已经下滑，新闻已经转移到网络上，而像Netflix这样的全球影音供货商，已经通过智能手机与其他装置的直播和回看彻底改变了收视习惯。这些新媒体所产生的影响可能比过去的报纸与电视产生的影响更大，它们为一般民众提供了可以利用新的公共领域对政治产生影响的其他机会，为市民组织提供了新的活动空间。新媒体产生影响可分为以下几个部分：

1. 促进横向沟通

过去国家内部的沟通渠道主要是垂直渠道。最具影响力的媒体往往聚集在国家首都，电视台尤为如此。政党和利益团体会致力于在此取得成果。其他团体不大有机会成为重要力量。现在，互联网的普及打破了传统媒体对公共舆论空间的垄断，使民众的心声得以表露。潜在的政治行动者有更多机会动员支持使用横向沟通（移动电话，包括简讯）和互联网沟通。在互联网的早期时代，人们对新媒体为组织政党提供的可能性持乐观态度，特别是在美国，外部利益团体受限于参与竞争所需的极大成本。但也有一些成功的例子，例如1993年，前摔跤手杰西·文图拉（Jesse Ventura）以第三方候选人的身份出人意料地赢得了美国明尼苏达州州长的选举。他广泛使用互联网传播信息，这似乎为其他局外人开辟了一条新的道路。然而，传统政党很快注意到这一威胁，并开始在它们的互联网战略上投入大量资金。它们改进了候选人使用互联网直接与个别选民沟通的技术，并针对选民的关注点提供特定信息。新媒体的出现打破了传统政治体制垂直沟通的模式，促进了更多的横向沟通，也让政治人物用更低的成本汇集民众的意见，与民众沟通，并宣传自己的政治理念与想法。

然而，打破传统垂直沟通、促进政治平民化，这一立意虽然好，但也有负面作用，美国特朗普就是一个负面的例子。假如没有新媒体的帮助，特朗普很可能无法成为美国第45任总统。新媒体绝对是特朗普的扩音器，也是特朗普最有力的政治武器。这体现了新媒体可能带来民粹主义的危机。民众的意见未必符合民众自身的利益，如果社会的整体民智持续恶化，公民的素质持续降低，那么又如何期待自下而上的声音会引导国家走向更好的前景?

2. 促进民众组织行动

互联网和移动电话改变了一般民众组织行动的能力，新的通信技术的兴起让团体组织活动更频繁，这是因为它们可以更快、出人意料地实时动员支持者。例如，菲律宾在2000年底利用大量短信对推翻民选总统埃斯特拉达（Estrada）产生了决定性的影响。各种社交网站大量传播了非正式渠道可以接触到的信息，这也推动了“阿拉伯之春”“茉莉花革命”“埃及暴乱”“占领华尔街”“英国伦敦骚乱”等社会运动的兴起。新媒体迫使我们重新思考政治可能以及应该进行的方式，不仅使国境内的公民更容易为追求政治目标而组织起来，而且还进一步模糊了国家和外国政治之间的界限。互联网和手机都可以打破国界的限制，志同道合的团体可以更自由地组织起来。例如，1999年在西雅图举行的对世界贸易组织会议的示威活动中可见，活动汇集了来自世界各地的抗议团体。从那时起，世界贸易组织和八国集团会议都会吸引类似的抗议者群体，尽管暴力程度不同。由此可见，这些群体组织的新可能性不仅在改变个别国家内部的公民社会，还开始促进国际公民社会的形成，在国际政治的运行中拥有更大的发言权。

因为新媒体带来民众自组织的新可能性，这对不同政治体制的国家都会产生关键性影响，但影响的方式有所不同。对新媒体管控较为宽松的政治体制容易受到瑞格德（Rheingold）所说的“聪明的行动族”① 的影响。这些精通网络的科技团体可以利用技术组织团体对抗政府权威，即使执政者知道这些组织的计划也很难阻止。这些人也可能通过新媒体进行政治勒索，挑战政府满足人民需求的能力。相对而言，管控比较严谨的政治体制会更强调控制组织群众的自由，因为这些网络上的抗议会对社会秩序与政局稳定产生威胁。随着新技术不断推陈出新，在管控上的难度也会日益增加，一旦新媒体突破管制与监视，民众抗议的声浪升高扩散，就会带来社会秩序混乱与政治动荡不安的危机。但新媒体兴起也可能有助于政治稳定。如果国家掌握了更多新媒体科技，就可以控制各种不稳定状态，例如面对新冠疫情的袭击，国家可以通过新媒体技术传播疫情的相关资讯，掌握民众的活动轨迹，避免风险扩散，对疫情的管控大有帮助。

3. 增加民众对政治的评论机会

新媒体的发展使媒体界以外的人们报道新闻和对事件发表有影响力的评论成为可能。因为新媒体的入门门槛低，这使得每个人都可以成为博主、报道者，让许多非新闻工作者更容易在博客上发表关于政治的评论和观点。有些人变得比成熟的评论员更有影响力，并且其观点会被记者引用，尤其是在选举期间。无论是当选还是参选的政治家，正越来越多地发布博客与选民建立联系，这可能导致政治人物以牺牲政党利益为代价提升候选人自己的个人形象。

由于手机的普及，如果个人恰巧在正确的时间出现在正确的地点，他们便可以像新闻机构一样快速报道突发新闻。如果正式渠道发布的消息不合乎目睹者所见，如重大意外灾难发生的实际状况，那么他们也可以立即发布视频以澄清事件的真相。无论是在博客、互联网上评论，还是在事发现场报道，这两种方式都表明新媒体已经开始改变传统媒体的互动模式，创造出更多的混合形式，并可能改变社会权威结构。然而，这也让所谓的公共领域概念变得更加抽象模糊，因为在互联网的世界中，每个人都可以随时随地对公共事务进行评论与报道，而不需要预定公共辩论和参与的地点。

三、新媒体对政治的挑战

1. 电子化决策

新媒体提倡者认为，新媒体的出现可以让公共决策实现。例如，巴伯（Barber）期待新技术开启“强大”民主的新时代，即现代的古代雅典直接民主。② 然而，就目前而言，比较接近这种理想民主形式的有两种模式：一是地方政府进行决策，二是应用在更多的公民投票机制上。前者是基于美国城镇会议的模式，即当地小区的公民开会讨论和

① Rheingold H. Smart Mobs：The Next Social Revolution [M]. New York：Basic Books，2007.

② Strong Democracy：Participatory Politics for a New Age [M]. Berkeley：University of California Press，1984.

决定政策，民众可以通过互联网进行辩论和决策，或者是对代表或管理人员提出的提案定期组织民众线上咨询。后者是运用新媒体进行电子投票。然而，这两种模式都没有取得很大的进展，欧洲对电子投票的研究也是如此。电子化决策或投票都会引起一个重要的问题——可信度。这项技术尤其是在投票方面，有多可靠？根据美国的研究报告可知，电子投票的潜在风险有很多[①]，而且投票范围越大风险越高，选票可能会被秘密窃取、复制或干脆被丢弃，整个过程可能还会被病毒破坏。美国许多州现有的投票制度在选举后遭到了严厉的批评，还有 2020 年的总统选举计票都证明了实现电子化决策的重重困难。

2. 假信息

新闻报道的真实性一直是媒体政治中备受争议的问题，传统媒体的传播速度慢、权力较为集中，即便报道的真实性有待商榷，但在影响层面与责任追究的部分还是比较容易控制的。随着新媒体的出现，假信息和虚假谣言影响更大，传播速度快、范围广。另外，人们对假信息的记忆会比较深刻，因为它比真实新闻更引人注目或看起来更新颖，而且更容易引起情绪反应。假信息带来的影响是巨大且深远的，尤其在面对一些重大事件或国家危机时，假信息往往会造成社会不安，影响政治稳定。新冠疫情以来，互联网上的很多虚假信息，包括疫情的扩散、疫苗的风险等，都会影响民众对政府管制政策的态度与反应。世界卫生组织也对此提出警告：此次疫情危机中虚假的信息和阴谋论已成为对抗疫情的一大挑战。世界卫生组织总干事谭德塞曾对记者表示，错误信息让世界卫生组织的工作更加艰难。“人们必须能接触到准确的信息，来保护自己和他人。”

因此，许多国家必须提出相应对策来避免网络上虚假信息或阴谋论的散播。比如新加坡国会于 2019 年 5 月通过的《防止网络假信息和网络操纵法案》，使政府有权要求个人或网络平台更正或撤下对公共利益造成负面影响的假新闻。政府可以责令发出假信息的网站撤下新闻并做出更正，不愿遵守指示的网络平台可被判罚款高达 100 万新元（约合 500 万元人民币）。恶意散播假信息、企图损害公共利益的个人，可被判坐牢长达 10 年、罚款最高 10 万新元。立法成为各国政府应对网络时代假信息危机的手段。

3. 强化同温层的社会分隔

新媒体的出现改变了人们获取新闻的方式。以前民众通过传统新闻媒体获取信息，现在他们的智能手机里充满了各种“有趣”的信息，越来越多的人开始通过社交媒体获取信息和新闻。他们“点赞”以表示支持，并转发给他们的朋友。凯斯·桑斯坦（Cass R. Sunstein）教授在《标签：社交媒体时代的众声喧哗》一书中提到了这种情况，他打破许多人认为“网络必然可以促进民主与言论自由”的迷思，以实证观察以及法理分析，点出各种社交媒体怎样极有效率地将我们这些使用者分类到“同温层”与“回音室”。在

① Celeste R, Thornburgh D. Asking the Right Questions about Electronic Voting [M]. Washington: National Academies Press, 2006.

物以类聚、同样的声音日益喧嚣时，我们容易忽略社会上的其他意见，这会导致不同政治立场的人无法相互理解。而恐怖分子还能利用这种局势，造成严重的后果。他在书中引用传播理论、心理学以及实证数据，深切地剖析了网络世界是如何形成“网络洪瀑”以及如何利用“确认偏误”促成各种极端化的现象。[①]

所谓的“网络洪瀑”是通过网络传播大量消息，但这些消息未必经过证实，因此会造成诸多不稳定现象，而这些现象非常不利于形成民主政治所需要的“共同”经验、对话及理解。桑斯坦建议去接触那些“非自愿”“非选择”的信息，打破“同温层”，让人们暴露在不同的信息与环境之中，去接触那些我们几乎不可能在自己的社交媒体上看到的信息。桑斯坦认为，社交媒体使我们容易选择自己想看的观点，同时互联网的人工智能会推送你想要看的内容，随机接触到其他观点的机会已被抹杀。这会形成“小圈子审议”，导致社会缺乏共同经验。这会对整个社会秩序产生极大的负面影响，如果每个人都只关注自己有兴趣的东西、只听自己喜欢的观点，社会上便难以形成共同的经验，而在对别人的情况不认识、不理解的情况下又对别人的做法指指点点，这只会萌生极端观点，形成对立关系。

由于互联网社交平台的快速兴起，人们已按喜好分成了不同的分享网络，只要信息合乎自己的兴趣就在网络上快速分享传播，令人担心的是这些消息并未经过查证，这亦是假新闻猖獗的原因。很多人都缺乏判断消息是否可信的能力，只是因为身边的人都传播便也加入了传播的行列。桑斯坦大力批评现代社会高涨的消费者主权，消费者主权强调消费者有权根据自己的喜好进行选择，主张个人化服务，假设人的喜好是无法转变的，信息提供者应该迎合消费者的喜好。这种只追求消费者主权的态度会侵犯政治主权。他认为市场选择有很多，人的喜好是可以转变的，通过讨论我们可改变想法，做出正确的选择。桑斯坦引用美国大法官布兰代斯（Brandeis）的名言：“自由的最大危害是怠惰的人。”我们贪图“同温层”带来的方便和安静，拒绝（或无法）接收和接受社会其他观点，就是布兰代斯口中的怠惰的人。

第三节　有中国特色的社会治理创新

社会治理创新是新时代党和国家最重要的治理议程之一。[②] 面对西方资本主义政治过程留下的经验及弊端，中国在自身摸索的基础上，如何进行有中国特色的社会治理创新，发挥广大民众参与社会治理的积极性，不仅是传统政治学所面对的理论难题，也是中国社会治理的一大挑战。不同于西方国家对利益团体及媒体角色的关注和对社会自主性与媒体监督功能的强调，有中国特色的社会治理创新意在打造一个党委领导、政府负责、

---

① Sunstein C R. Republic：Divided Democracy in the Age of Social Media [M]. Princeton：Princeton University Press，2018.

② 何艳玲，宋锴业．社会治理的国家逻辑：基于警务改革史的分析 [J]. 社会学研究，2021，36 (4)：86-108，227-228.

民主协商、社会协同、公众参与、法治保障、科技支撑的新格局，同时追求治理的效率与质量，而其中最重要的一环就是社会组织在治理过程中所扮演的角色与发挥的功能。

一、政府主导下的社会组织

1949—1978年，我国建立了民主集中制与计划经济体制，社会组织的发展空间有限，只有工会、共青团和妇联实现了较大的发展。改革开放后，政府大幅放权，主要体现在以下三方面：一是政企分开，政府将经营权、人事权下放给企业，将大部分经济权力下放给社会。二是中央政府大幅度地将权力下放给地方政府，无论是在干部管理权、行政管理权和社会管理权方面，还是在政治与经济决策以及税收、财政和金融方面，改革开放后各级政府的权力都大大增加。三是政府逐渐放权，人民自由活动的空间扩大。党和国家将部分权力下放到社会后，管理社会秩序的功能部分由社会组织填补，如农村的村民自治。政府的角色也相应发生了转变，此前中国政府的经济与社会职能在改革开放后逐渐弱化，大部分生产、经营、民事、文化、艺术和学术等领域不再受到政府的直接管理，政府将部分职能交给非政府的行业协会、同业组织等。改革开放为社会组织的发展提供了新的可能，除隶属于党政部门的工会、共青团、妇联、科协、文联等组织有更多的发展之外，各地还出现了大量非官办的社会组织，如个体劳动者协会、私营企业主协会等。在中国政治的发展过程中，这些社团组织向政府推荐人选或表达利益要求，主要活动是政治性或政策性的。

社会组织的兴起代表有越来越多的民众参与社会活动，以各种结社的形式来表达其社会欲求，实现其社会价值，通过各个不同层面的集体行动获取资源，进而推动社会的转型和进步。王名、孙伟林在《我国社会组织发展的趋势和特点》一文中提到在1978—2008年30年间中国社会组织的数量迅速增长。从结构上看，主要社会组织的数量增减中，各种协会、商会的比重呈显著增大趋势，而各种学会、研究会的比重则相对下降。[①]然而，数量的增长并不代表中国社会组织的制度环境已经成熟。2008年汶川地震时出现的志愿者与社会组织的风潮改变了政府过去对于社会组织的管理方式，让中国的社会组织不再追求量的增长，而是转向寻求质的提升。

社会组织在中国的发展与西方的利益团体或非政府组织强调自主、挑战并达成组织利益的目标不同，中国的社会组织是在政府的主导下实现了功能演变与结构调整，逐渐形成了政府为主、民间为辅的社会参与格局。

第一阶段（1978—1988年）是以学术性社会团体为主流的增长高潮期。这一阶段处于改革开放初期，公民个人要发起或参与社会组织并非易事。但自1978年以来的若干年内出现了一波社会组织“爆炸性”增长的浪潮。这一时期的社会组织包括各种学会、研究会、科普协会、农村专业技术研究会等，学术性社会团体有数十万家，占据了当时社会团体的主体部分。在这个阶段，政府将原本承担的过多的职能让渡出去，如经济管理、

---

① 王名，孙伟林．我国社会组织发展的趋势和特点［J］．中国非营利评论，2010，5（1）：1－23．

社会文化、社会福利等，交给社会组织来承接，这使得政府与社会组织之间的功能逐渐画出一条清楚的界线。[①] 简单来说，这个阶段体制内的官方支持是社会组织合法性的保障，发展过程为：具有社会责任感的公民个人以种种方式寻求体制内的官方支持，通过发起社会组织来获得既有体制及其社会成员的认同，以集体行动的方式加入改革开放的主流社会进程中，从而获取资源并推动社会转型。

第二阶段（1988—2007 年）是经济改革开放快速发展的时期，但社会组织发展较为乏力。从 20 世纪 80 年代后期起，由于政治波动、管理体制的清理整顿等一系列因素的影响，社会团体整体上陷入了增长的低迷期，这也使得西方政治学界对中国社会组织的发展持有比较保守的态度，并且逐渐认为中国社会的发展将走一条完全不同于西方资本主义社会发展的道路，即社会组织更多的是作为政府的补充、附属角色，代表着政党统治的社会基础。[②] 然而在低迷过后，这一阶段同时迎来了社会组织的另一次发展高潮。这一时期登记注册和媒体检索的两组数据都反映出社会组织的全面兴起，并形成了一个新增长高潮。从登记注册情况来看，2001 年社会组织登记注册数突破 20 万家，此后一直以年均 10%左右的速度递增。[③] 在各类社会团体中，行业性社会团体增长较快。另外，自 1999 年开始登记民办非企业单位以来，登记数量也迅速增长，到 2008 年已达 18.2 万家，几乎与其他类型的社会团体不分上下。

这一阶段的主要变化是社会组织双重管理体制建立，法律法规相继颁布，相关政策措施陆续出台，公民个人发起和参与社会组织的限制性规定增多、门槛提高、难度加大。另外，原有的结社主体——知识分子和农民已经失去了主导社会组织发展的作用。这一阶段社会组织的数量增速显著，这表明社会组织成员的多样性增加；这一时期的社会组织在活动领域、空间分布、组织形式、规模大小、结构特征等诸多方面相较于过去都更加丰富、复杂与多元。由此看来，这一阶段的社会组织逐渐走向规范化，即政府对于社会组织的管理法令及制度逐渐确立，而社会组织与政府之间也逐渐形成一种依附关系，政府必须对社会组织进行分类与管控。[④] 政府为了实现自身的施政目标，根据社会组织的能力和提供的公共物品，对不同的社会组织采取不同的控制策略。政府通过宏观的调节再加上微观的约束，对一些社会组织进行清理整顿，让社会组织走上依附政府发展的道路。

第三阶段（2008 年至今）是汶川地震后，中国社会组织开始了新一轮的发展。由于政府与市场受地震灾害的冲击而无法发挥正常功能，空缺的功能必须依赖民间力量与社会组织进行填补，社会组织的灵活性与专业性在应急救灾中得到了发展，获得了灾区民众与社会的好评。因此，进一步确立了党委领导、政府负责、民主协商、社会协同、公众参与、法治保障、科技支撑的治理逻辑，逐渐激发社会组织的活力来弥补政府功能的不足。新逻辑带来新举措，社会组织不再是由政府自上而下建构的，而是依据社会的需

---

① 苏曦凌．政府与社会组织关系演进的历史逻辑［J］．政治学研究，2020（2）：76-89，127-128．

② 林尚立．两种社会建构：中国共产党与非政府组织［J］．中国非营利评论，2007，1（1）：1-14．

③ 根据民政部 2008 年的统计数据，社会组织总量突破 40 万家。

④ 康晓光，韩恒．分类控制：当前中国大陆国家与社会关系研究［J］．开放时代，2008（2）：30-41．

求，以社会力量作为成立社会组织的理由与手段，激发社会组织的内在活力和发展动力。[①]

在简政放权的思维下，改革过去的双重管理制度，取消四类社会组织成立主管单位的前置审查，代之以直接向民政部门依法申请登记，同时也强化事中、事后的监管，加强对社会组织负责人、资金活动的管理，实现放管结合。最明显的一个改变就是，政府对社会组织的管理方式从过去的登记管理转变为通过购买服务让社会组织参与社会治理，采取了一种柔性管理的方式以引导社会组织加入适度竞争的公共服务市场。以公众为导向的外包设计，不但让社会组织参与其中成为治理主体，同时也使其转型为服务的主体。[②] 如此，大量的社工组织、福利团体、慈善团体就成为这一时期社会组织的主力，这也显示出在中国市场经济改革的这些年，政府逐渐转型为引导式政府，将一部分的政府服务功能交由社会力量来解决，满足了社会真正的需求。

二、影响社会组织建立的因素

对党政机构的模仿：改革开放之初，尽管大批社会组织在短时间内诞生了，但许多社会组织的内部结构和治理框架沿袭了党政机构的组织建制。1978 年 8 月，盲人聋哑人协会被作为民政部的下属单位而得以恢复建立，在行政级别、财政经费、人员编制、办公场所乃至党组织设置等方面均由民政部及其党组正式下文规范。后来成立的中国计划生育协会、中国儿童少年基金会、中国宋庆龄基金会、中国残疾人福利基金会等在组织建构上几乎大同小异，基本上按照党政机构设置一定的行政级别和工资级别，许多组织还建立了从中央到地方的纵向层级网络体系。对党政机构的模仿可视为社会组织发展初期的一种自然现象。在改革开放之初，社会组织作为一种制度创新，既无明确的规范也缺乏先例可循，各级党政领导对社会组织的支持往往成为其合法性的来源。而党政机构提供给社会组织的不仅是合法性的形式，也包括政治思想、物质条件上的保障，进而包括人员编制、行政级别和各种有形无形的社会资源，从而将社会组织纳入党政领导管辖的范围内，成为体制内的组成部分。

组织制度化：20 世纪 80 年代，国务院相关部门提出了对当时分别挂靠在各个部门的社会团体进行规范管理的建议。1988 年国务院在民政部设立社会团体管理司，对社会团体统一进行登记管理，并于 1988 年 9 月、1989 年 6 月和 1989 年 10 月先后颁布了《基金会管理办法》《外国商会管理暂行条例》《社会团体登记管理条例》三个法规。此后，各级政府陆续制定和颁布了一系列相关法律法规和政策措施，其中除规范社会组织登记管理的体制和制度之外，在社会组织的内部治理、组织结构、运作机制等诸多方面也做出了许多具体的规定。1990 年起，为了加强对社会组织的政治控制，党和国家先后多次开展自上而下的“清理整顿”活动，整顿和取缔农村合作基金会等，以消除社会组织发展中出现的种种负面影响。由此构成了一个自上而下制度化的过程，这对社会组织的组

---

① 参见《中共中央办公厅 国务院办公厅印发〈关于改革社会组织管理制度促进社会组织健康有序发展的意见〉》。

② 黄晓春．党建引领下的当代中国社会治理创新［J］．中国社会科学，2021（6）：116－135，206－207.

织建构产生了重大影响。制度化过程的主要作用在于结束了此前社会组织无章可循、无法可依的混乱状态，通过逐步构建体制和制度框架引导社会组织走上规范发展的道路。双重管理的体制一直到21世纪初才开始松动，社会组织在被动地接受管理之外，出现了主动按需登记成立的可能。

基于自律的社会治理创新：相对于制度化的“他律”，社会组织内部的自律要求在近年来社会治理创新中也成为相当重要的问题，因为在政府改放管的制度环境下，社会组织借助创新参与治理的过程特别需要组织的自律，这样才不致造成社会与政府管理上的困扰。自律问题的提出和市场经济的发展、社会组织的公信力等问题有关。行业协会是较早探索自律的一类社会组织。20世纪90年代中期以后，在温州等市场经济相对发达的沿海地区出现了行业协会自律联盟、自律公约等制度形式。在基金会的发展中，大规模公益项目的开展使得公信力成为基金会的生命线，内部自律和行业自律就成为许多基金会谋求发展的共识。一些基金会就试图组建具有自律联盟性质的“基金会联合会”，并多次以“公约”的形式发表自律宣言。近年来，围绕非营利性、自律、问责、可持续发展等诸多问题，许多社会组织进行了大胆的探索和创新，搭建了包括联盟、网络、论坛、评估中心等多种形式的制度平台。基于自律的制度创新对社会组织发展的主要作用在于：将规范发展的外部约束转变为社会组织的自觉行动，并通过社会组织之间的联合行动形成广泛的社会影响，进而影响社会组织整体的生态系统。

三、中国社会组织的功能

相较于资本主义国家的利益团体对政治的影响，中国社会组织对政治的作用有其特色，包括非对抗性和合作，本质上的利益是相互合作而非对抗。另外，必须在党和国家政府的领导下活动，中国共产党代表了工人阶级和各个社会团体的根本利益，各社会组织则代表局部的、特殊的群体的利益，这些社会组织的政治影响有以下几个部分：

参政议政。各地的工会、共青团、妇联的负责人都是各级人民代表大会的代表，这不同于是职业政治家的西方国家议员。在社会主义国家，人民代表大会的代表特别重视不同社会群体的构成。中国的政治协商制度为各社会团体提供了特殊的议政渠道。政协以制度化的形式为利益团体提供了一个参政议政的途径。新兴社会组织必须在党和政府规定的范围内参与政治，以此实现政治角色，大多数社会组织都可以符合党和政府的期待，因为这些利益团体的负责人都具有双重身份：社团负责人与国家干部。因此，他们都能自觉地服从上级，约束自己的政治行为。①

协助政府。按照我国的社团登记法，社团登记的条件是需要有一个主管单位，各级工会、共青团、妇联组织直接由各级党委负责，其他社团则由党政部门负责。例如，个体劳动者协会和私营经济协会的主管单位是工商行政管理局，行业协会的主管单位是经济委员会，中国科学技术协会的主管单位是国家科学技术委员会，中国文学艺术界联合会的主管单位是党委宣传部。由于社团在法律上的从属性质，各社团在章程中都规定了

① 王颖．社会中间层：改革与中国的社团组织［M］．北京：中国发展出版社，1993：104-105.

“助手”条款，例如共青团是“党的助手”，个体劳动者协会必须“协助税务和工商行政机关督促会员依法缴纳税金”等。因此，大多数社团都具有相当程度的行政职能，发挥协助政府行政的功能。除协助政府的行政职能之外，社会组织的公益活动也可以改善政府形象，增强公民的政治认同感。

推动政府决策民主化。社会组织推动政府决策民主化的方式有：（1）可以通过代表组织或行业向决策部门反映问题，提出要求，使权力机关制定相应的政策或措施。（2）应决策机关的请求，对某些专门政策的制定和实施发表意见。（3）当政府政策损害某些成员利益时，代表成员同有关部门交涉。

实现社会利益最大化。经济转型时期，获得政府支持的社会组织能够有效地治理完全竞争型产业的市场秩序，政府的管理范围可以减少，例如行业协会对行业的管理，政府将企业审批、产品质量检测、制定最低保护价及新产品维权等权力授予行业协会。由此可见，在私有产权为主的市场结构中，自制性自治型社会组织完全有可能发挥集体协调和提供信息的基本功能，可以将行业自律的社会效益最大化。

由此可知，虽然改革开放使国家与社会之间的关系产生了根本的变化，但中国仍然是一个政治动员的政治体制，国家能够有效动员和组织民众，国家处理社会关系的权力工具——公共行政部门的能力强弱会影响中国的国家与社会关系。但无论如何，新兴社会组织的发展促进了社会主义社会的民主化进程，社会组织可以参与政治活动，可以协助政府施政，可以促进政策的科学性与公正性，也可以促进政治稳定，发挥了不可或缺的政治影响。

参考文献

张跃然．反映社会还是塑造社会?：国外社会学讨论“政党-社会关系”的两条路径[J]．社会学研究，2018，33（3）：216-241，246.

何艳玲，宋锴业．社会治理的国家逻辑：基于警务改革史的分析[J]．社会学研究，2021，36（4）：86-108，227-228.

王名，孙伟林．我国社会组织发展的趋势和特点[J]．中国非营利评论，2010，5（1）：1-23.

苏曦凌．政府与社会组织关系演进的历史逻辑[J]．政治学研究，2020（2）：76-89，127-128.

林尚立．两种社会建构：中国共产党与非政府组织[J]．中国非营利评论，2007，1（1）：1-14.

康晓光，韩恒．分类控制：当前中国大陆国家与社会关系研究[J]．开放时代，2008（2）：30-41.

黄晓春．党建引领下的当代中国社会治理创新[J]．中国社会科学，2021（6）：116-135，206-207.

王颖．社会中间层：改革与中国的社团组织[M]．北京：中国发展出版社，1993.

Migdal J S. State in Society：Studying How States and Societies Transform and Constitute One Another [M]. Cambridge: Cambridge University Press, 2001.

Mann M. The Autonomous Power of the State: Its Origins, Mechanisms and Results [J]. European Journal of Sociology, 1984: 185 - 213.

Downs A. An Economic Theory of Political Action in a Democracy [J]. Journal of Political Economy, 1957, 65 (2): 135 - 150.

Hacker J S, Pierson P. After the "Master Theory": Downs, Schattschneider, and the Rebirth of Policy-Focused Analysis [J]. Perspectives on Politics, 2014, 12 (3): 643 - 662.

Scott W R, Davis G F. Organizations and Organizing: Rational, Natural and Open Systems Perspectives [M]. London: Routledge, 2015.

Giddens A, Sutton P W. Essential Concepts in Sociology [M]. Hoboken: John Wiley & Sons, 2021.

Eberly R A. Citizen Critics: Literary Public Spheres [M]. Champaign: University of Illinois Press, 2000.

Robertson D. The Routledge Dictionary of Politics [M]. London: Routledge, 2004.

Puhle H J. History of Interest Groups [M] //Smelser N J, Baltes P B. International Encyclopedia of the Social & Behavioral Sciences. New York: Elsevier, 2001: 7703 - 7708.

Olson M, Jr . The Logic of Collective Action: Public Goods and the Theory of Groups, with a New Preface and Appendix [M]. Cambridge: Harvard University Press, 1971.

Mills C W, Wolfe A. The Power Elite [M]. Oxford: Oxford University Press, 2000.

Truman D B. The Governmental Process: Political Interests and Public Opinion [M] //Shapiro I, Cheibub J A, Dahl R A. The Democracy Sourcebook. Cambridge: Massachusetts Institute of Technology Press, 2003: 364 - 371.

Arato A, Cohen J L. Populism and Civil Society: The Challenge to Constitutional Democracy [M]. Oxford: Oxford University Press, 2021.

Brubaker R. Why Populism? [J]. Theory and Society, 2017, 46: 357 - 385.

Putnam R D. Bowling Alone: The Collapse and Revival of American Community [M]. New York: Simon and Schuster, 2000.

Halpern D. Social Capital [M]. Cambridge: Polity Press, 2005.

Alic J A. The US Politico-Military-Industrial Complex [J]. Oxford Research Encyclopedia of Politics, 2021.

Marr A. My Trade: A Short History of British Journalism [M]. London: Pan Macmillan, 2004.

Hallin D C, Mancini P. Comparing Media Systems: Three Models of Media and Politics [M]. Cambridge: Cambridge University Press, 2004.

Castells M. Communication, Power and Counter-Power in the Network Society [J].

International Journal of Communication，2007，1（1）：29.

Rheingold H. Smart Mobs：The Next Social Revolution［M］. New York：Basic Books，2007.

Sunstein C R. Republic：Divided Democracy in the Age of Social Media［M］. Princeton：Princeton University Press，2018.

第六章
比较政治

随着世界范围内国家建设的扩展和发展经验的增多，21 世纪比较政治学在概念、主题、理论和方法上得到了充分的发展，其特征也尤为显著。第一，面向不同国家经验观察的系统化深入，促进了对原有比较政治学知识体系的检视和反思；第二，问题意识更具有现实性取向，越来越多的议题倾向于去政体标签化的、去意识形态化的研究，研究目标为改进不同国家涌现的现实问题；第三，对方法论体系的创新和运用激发了比较政治学的知识生产力，后发国家从方法论“拿来主义”逐步进入方法论的创新阶段。总体而言，比较政治学研究在世界范围内成为政治科学的主流领域，中国比较政治学随着自主性学科建设能力的提高形成了相对健全的发展模式。

第一节　比较政治研究中的理论与制度

一、比较政治研究的主体

从研究内容来看，以国家、政府、政党为主体展开研究是比较政治研究的基本方面，并为 21 世纪比较政治研究的进展提供了主要方向。

1. 超国家中心理论视野下的国家

国家始终是比较政治研究的重要主体，国家理论及其研究方式的历史发展深刻影响着比较政治研究的展开方式。观察国家的视角决定了理解国家的起源和存在意义的方式，诸如霍布斯的利维坦国家、亚当·斯密的“守夜人”国家、马克思主义国家理论以及之后兴起的福利国家理论和新制度主义国家理论等范式搭建了比较国家理论的基本框架。

进入 21 世纪以来，全球化的不断发展使我们不得不把国家的建构和发展嵌入全球化的时代背景中进行分析和讨论。一个代表性的理论争议就是：中心国家理论是否依然适用于资本快速流动、跨国公司迅猛发展以及超国家国际组织出现的21世纪？以亨廷顿为代表的国家中心论主流派学者认为，自19世纪后期以来，国家在资本属地化中的作用越来越大，这标志着一种新的、全球性的国家形式——国家生产模式的出现。① 该理论通过观察第一轮以国家为中心的全球化过程，以及由此引发的地理发展的不均衡现象，分析认为，19世纪末和20世纪初展开的全球化浪潮在事实效果上巩固了国家的作用。与该理论相似的还有吉登斯的民族-国家理论，吉登斯认为，尽管在全球化时代国家存在着经济主权的部分让渡，但是我们也不应该认为全球关系的集中化与国家主权两者总是相互排斥的，相反，随着大规模反思性监控的发展以及暴力的使用，民族-国家依然会在21世纪的政治舞台上扮演重要角色。②

值得注意的是，以尼尔·布伦纳（Neil Brenner）为代表的学者试图以一种全新的超国家中心理论对上述中心国家理论进行反思和补充，以期提出一种具有适应性的全球化国家观。布伦纳认为，当前的全球化浪潮导致盛行于20世纪的以国家为中心的资本主义领土组织，在次国家和超国家的地理尺度上产生了新的地域性结构。相反，以国家为中心的认识论将国家领土的形象视为社会生活的一种广义的本体论特征，从而忽视了国家领土概念的变迁和转化，这使得国家意义需要被重新审视。基于此，超国家中心理论认为，当代全球化从根本上对资本主义条件下的领土化过程的标量组织进行了考察，使国家规模的重要性相对化，同时强化了领土组织的次国家和超国家形式的作用。

基于上述理论的发展，我们在把国家作为比较政治的研究主体时，应该注意主权国家的基本特征以及全球化背景下国家特征的新发展与新变化，把对国家理论与国家建构的研究放到特定的时代背景下去考察。

2. 治理视角下的有效政府

伴随着20世纪后半期治理理论的出现与发展，如何科学界定作为权力执行者的政府在政治体系中的角色成为比较政治学的前沿研究问题。

以理查兹（Richards）和史密斯（Smith）为代表的治理代替论学者认为，政府是官僚机构、立法权、金融管控和强制力量的总和，而相比之下，治理的特性则是越来越多地使用非监管性工具。③ 因此，社会治理作用的突出与政府角色功能的下降成一种反向变动关系，随着这种关系的巩固，政府的角色与功能会被日益重要的社会治理所取代。在"治理"模式下，"社会实际上更多地是在进行自我引导，而不是依赖政府的指导"。而以安德鲁·乔丹（Andrew Jordan）等人为代表的积极政府论者基于对市场的工具、生态标签、环境管理系统和自愿协议的研究，提出政府在所有四个单元中都扮演着重要角色，无论是生态税还是可交易许可证都离不开政府的参与：政府通常参与设计、发起和监督

---

① Huntington S P. Transnational Organizations in World Politics [J]. World Politics, 1973, 25 (3): 334-368.

② Anthony G. The Nation-State and Violence [M]. Berkeley: University of California Press, 1988.

③ Richards D, Smith M. Governance and Public Policy [M]. Oxford: Oxford University Press, 2002.

它们。简而言之，它们也不完全是“自组织的”[①]。从这个角度来说，社会治理的出现与发展并不意味着对政府的替代；相反，在强调社会治理的同时，积极政府论也强调了政府与治理的相互作用和政府对治理的补充作用。与此相似的还有列维等学者提出的全新政府理论的研究范式——有效政府理论。

所谓有效政府理论认为，必须要承认政府在满足民众需求和提升公民能力方面的作用，在治理过程中，政府本身就是重要的参与者：他们影响游戏规则，分配或重新分配政治和经济资源；他们可以消散一个政体的财富，也可以增加一个政体的财富。我们不应该再满足于霍布斯式的解决方案，即一个只提供暴力安全保障的政府。我们的目标不仅仅是社会秩序，而且是一个安全、公平和繁荣的社会。[②] 值得注意的是，有效政府理论在强调政府的积极作用时也强调对政府滥用公权力的谨慎防范。该理论强调，为了确保统治者不会反过来剥削他们所统治的人，政府必须在某些方面有效、高效，而在其他方面则“无能为力”，政府行为体可以获得一些资源，但不能获得其他资源。既要让政府有为，又要让政府慎为。有效政府理论认为，制度是有效政府的关键组成部分，但同样重要的是领导人和制度提供的政治环境。换言之，政府是否是积极有效的公共利益维护者不仅取决于政府的执行力量，还取决于制度及其领导者等多元因素的综合。

除了治理是否超越政府之辩，公正政府机构理论也在21世纪成为政府理论的新发展。以博·罗思坦（Bo Rothstein）和简·特奥雷尔（Jan Teorell）为代表的公正政府机构论学者提出了一种政府理论的全新概念，即QoG。简言之，QoG就是在政治制度的输出端，也就是在行使公共权力时，必须以公平的方式补充输入端政治平等形式的民主。[③] 与公正政府机构论相类似，阿林娜（Alina）认为，在政府机制的运作中，公正的规范不仅排除了所有形式的腐败，还排除了诸如裙带关系、赞助、政治偏袒、歧视和其他形式的“特殊主义”[④]，换言之，对于公正的政府来说，腐败是公正的必要不充分条件，没有腐败不一定意味着公正，但是公正一定意味着没有腐败。

3. 政党及政党政治

政党作为凝聚与表达阶级利益要求、集合和发展阶级政治力量的工具，一直以来都是政治学领域研究的重点对象。21世纪以来，比较政治学对政党的研究发生了新变化，取得了一系列新进展，其中，政党的民主代表性研究、政治金融对政党政治的影响以及对发达民主国家中右翼政党的研究丰富了比较政治学研究的理论框架。

在对政党民主代表性的研究中，诸多研究聚焦于政党政治过程中的投票机制。投票席位代表理论认为：“公民是主要的，他们的偏好通过他们对政党的投票来表达……代表

---

① Jordan A，Rüdiger K W W，Anthony Z. The Rise of “New” Policy Instruments in Comparative Perspective：Has Governance Eclipsed Government? [J]. Political Studies，2005，53：485.

② Margaret L. Why We Need a New Theory of Government [M]. Cambridge：Cambridge University Press，2006.

③ Bo R，Jan T. What Is Quality of Government? A Theory of Impartial Government Institutions [J]. Governance，2008，21 (2)：165-190.

④ Mungiu-Pippidi A. Corruption：Diagnosis and Treatment [J]. Journal of Democracy，2006，17 (3)：86-99.

性是由相互竞争的政党、公民的选择和选举规则的互动影响的。”① 基于此，小 G. 宾厄姆・鲍威尔（G. Bingham Powell，Jr.）等学者认为：“公民投票确实具有特殊功能。选举是委托代理关系中的正式授权步骤，相对于选票而言，代表性明显不足的公民很可能会觉得民主平等的基本标准遭到了侵犯……从这个意义上说，选举揭示了具有独特权威的公民的偏好。”② 基于此，对选民偏好以及政党代表性的研究就成为比较政治学政党研究的重点。而从选举对政党政治影响的角度来说，政治金融也成为一个新的议题。

以苏珊・E. 斯卡洛（Susan E. Scarrow）为代表的政治金融论者在对美国政党的研究中发现，一方面，在任者可能会利用他们早期的筹款能力来阻止强大的潜在挑战者，这意味着资金可能会在任何一笔资金投入之前就能影响选举结果；另一方面，挑战者的筹款能力似乎与他们认为的成功可能性直接相关，这意味着竞选支出是受欢迎程度的反映，而不仅仅是受欢迎程度的原因。政治金融论者认为，从这个意义上来说资金投入与政党选举呈现所谓的交叉互动关系。“对各种政治捐款模式的文化和体制基础进行更多的跨国研究，可能有助于深入了解政党筹款能力与竞选能力的相关性。这些工作也可能有助于解释监管政治金融模式在方式上的跨国差异。除了塑造捐款模式，政治金融监管和制度还可能以其他方式影响政治格局。值得注意的是，许多研究人员认为，对政党的公共补贴可能会对政治竞争模式产生重大影响。”③ 因此，在比较政治学的研究范畴中，聚焦政治金融对政党政治的影响能够在一定程度上便于我们解释和分析当前的政党竞争与政治格局。斯卡洛同时也认为，从资金对政党选举影响的角度来看，在一定程度上提高公共补贴是必要的，公共补贴的提高不仅能够使政党摆脱对少数富有捐赠者的依赖，而且政党和候选人也需要一些资金来发展和宣传他们对公共利益的愿景并加深其与选民的联系。

除上述理论外，近几年来对发达民主国家右翼政党的关注也逐渐成为比较政治学理论发展的新方向。诺姆・吉德龙（Noam Gidron）和丹尼尔・齐布拉特（Daniel Ziblatt）等学者在对发达民主国家右翼政党的研究中认为：“在不同的政治利益结果——民主化、经济政策制定和欧洲一体化——中右翼政党在积极塑造政治发展方面发挥了关键作用。”④ 重视对发达民主国家右翼政党的比较研究的学者认为，右翼政党的研究之所以重要，是因为其在塑造民主国家政治的过程中一直发挥着重要作用，这种作用在今后会持续甚至加强。从今后一个时期对该议题的研究方向来说，比较政治研究学者可以试图从组织能力的差异等层面去解释右翼政党发展轨迹的差异。

二、比较政治制度研究

制度主义主导了比较政治学研究的历史议程，经过行为主义和新制度主义研究范式

---

①② Powell G B，Jr . Political Representation in Comparative Politics [J]. Annual Review of Political Science，2004，7：279.

③ Nassmacher H，Nassmacher K H. Major Impacts of Political Finance Regimes [J]. Foundations for Democracy：Approaches to Comparative Political Finance—Essays in Honour of Herbert E. Alexander，2001：181－196.

④ Noam G，Daniel Z. Center-Right Political Parties in Advanced Democracies [J]. Annual Review of Political Science，2019，22：17－35.

的发展，依旧呈现出重要的范式价值。政党政治、选举制度、代议制等议题成为比较政治研究的重点。本部分基于21世纪最新理论成果，试图整理与阐述民主制度、政党制度和行政制度在21世纪比较政治学领域的新发展。

1. 民主制度

21世纪以来对选举在民主制度中所扮演角色的关注在比较政治学研究中得以进一步推进，从选举的视角分析民主制度的内涵成为该议题的焦点。吉列尔莫·A. 奥唐奈（Guillermo A. O'Donnell）在对熊彼特所谓的“极简主义”或“过程主义”的批判中重新厘定了民主制度的概念。他认为：“民主制度的个人关联是政治公民身份，它包括民主赌注所产生的斗争的法律分配，即参与公平选举的权利，包括投票和被选举的权利。”① 换言之，当公平选举制度化时，它们是民主制度的核心组成部分。同样，达尔也认为：“真正民主的政治制度对他们来说意味着必要的某些权利和机会。它们意味着一系列复杂的可执行权利和机会：参与选举代表，最广泛意义上的言论、调查、讨论和审议自由，为调查和政治行动与他人建立联系，获得公民身份的权利和机会……”②。从选举的作用来看，“民主制度中的选举制度机制将对各国政策决策起着至关重要的影响”③。可以说，选举制度始终是进行民主制度比较的重点视角。

民主扩散理论为解释威权崩溃与民主化何以在特定时期内得以广泛发生提供了理论支撑。作为民主研究的经典理论，民主扩散理论以地理中心论为基点，提出“一个国家或地区的民主化使其附近的民主化更有可能发生”④。然而，以单一地理要素囊括民主化动因的尝试显然捉襟见肘。因而，作为对民主扩散理论再思考的理论成果，爱德华·戈德林（Edward Goldring）与希娜（Sheena）提出，政权相似性而非地理邻近性是专制崩溃与民主扩散的首要原因。具体而言，此种新的定义与阐释认为，当一个国家发生专制崩溃或是向民主化过渡时，与其政权相似的其他国家也将因受到影响而尝试转变民主发展模式。⑤ 首先，以政权相似性作为解释民主化的理论依据在于，当一个与本国政体相似的国家发生专制崩溃时，该国的舆论将会对既有政权施压，要求统治者进行民主化改革；其次，若受到相似政权民主转型的影响，抗议者更有可能进行正确的类比并采取与政权相似的目标国所运用的成功策略，这也极大增强了民主扩散的可能性。

对此前民主制度主流理论的批判也值得关注。从民主制度的体现形式上来说，传统的理论认为总统制民主是建立在行政权力和立法权力分离的基础上的，而议会民主是建立在这些权力融合的基础上的，而以若泽·安东尼奥·切布（José Antonio Cheibub）和费尔南多·利蒙吉（Fernando Limongi）为代表的学者对这一理论进行了重新思考，他

---

① O'Donnell G A. Democracy，Law，and Comparative Politics [J]. Studies in Comparative International Development，2001，36：7－36.

② Dahl R A. A Democratic Paradox? [J]. Political Science Quarterly，2000，115（1）：35－40.

③ Finnegan J J. Institutions，Climate Change，and the Foundations of Long-Term Policymaking [J]. Comparative Political Studies，2022，55（7）：1198－1235.

④ Beissinger M R. Structure and Example in Modular Political Phenomena：The Diffusion of the Bulldozer/Rose/Orange/Tulip Revolutions [J]. Perspectives on Politics，2007，5（2）：259－276.

⑤ Goldring E，Greitens S C. Rethinking Democratic Diffusion：Bringing Regime Type Back in [J]. Comparative Political Studies，2020，53（2）：319－353.

们认为："不能从政府的形成方式推断政治制度的运作，其他宪法条款和其他条款也会影响议会民主和总统民主的运作方式。"① 对民主制度存活率的研究表明："议会制度不是在'多数主义命令'下运作的；僵局不像总统制想象的那样频繁，议会制也不例外……决策在议会制下并不总是集中，在总统制下也不总是分散。议会和总统政权的现实都比我们从它们的第一原则中得出这些制度的全部行为更为复杂。"②除此之外，民主倒退论的提出也为我们对民主制度的研究提供了一个理论参考，民主倒退论者对民主在政治制度中的进步作用持续进行反思，例如他们认为，在没有国内冲突的情况下，竞争性选举、自由媒体和公民社会将会成为军队挑战民主合法性核心的战场。③

2. 政党制度

政党与政党制度国有化理论是政党制度比较研究的一个新方面。所谓政党与政党制度国有化是指："一个政党在全国获得类似程度的选举支持的程度。"④ 因此，"所谓高度国有化的政党制度，是指主要政党各自的投票份额在各省之间差别不大的制度……高度国有化的政党在不同的地理单元中拥有相对均衡的投票份额，而弱国有化的政党在不同的地理单元中拥有广泛不同的份额"⑤。

通常认为，政党制度决定了民主的实现形式，政党与政党制度国有化在不同情况下的差异有时甚至能够直接影响到民主制度的运作。以马克·P. 琼斯（Mark P. Jones）和梅因沃林为代表的政党与政党制度国有化论者基于现有比较政治学中政党与政党制度国有化研究所存在的不足，进一步拓展了对政党制度的比较研究的前沿领域，认为对政党制度国有化的研究应该给予除发达国家外的其他国家更系统的关注。政党与政党制度国有化理论认为，政党体系的国有化程度对于政治制度的稳定与政府效能的有效性来说是重要的："如果一个政党体系的国有化程度处于中等或较低水平，那么国家层面的衡量标准，如平均选区规模和选举政党的有效数量，很可能会遇到有效性问题。"⑥戴蒙德（Diamond）也指出，在种族、民族或宗教分裂与领土重合的新民主国家，一些主要政党的国有化可能是维护民主的关键因素。在这种情况下，一些具有足够选举号召力的政党帮助组建国家政府，表达全国范围内的方案性关切，可能是有益的。⑦ 随着政党与政党制度国有化理论的深入，不难发现政治制度的国有化程度在不同国家之间存在着显著差异。就目前政党与政党制度国有化理论的研究成果而言，首先，联邦制国家的政党制度国有化程度往往较低，反映出各次国家单位的政党选举表现差异较大；其次，较为分散的政党体系往往是国有化程度最低的；最后，选举动荡与政党国有化之间会存在令人匪夷所思的反比关系。

除了政党与政党制度国有化理论，政党制度两极分化理论也在近些年成为比较政治学中政党制度研究的焦点。政党制度两极分化理论基于对以往政党数量论的批判和反思，

---

①② Cheibub J A，Limongi F. Democratic Institutions and Regime Survival：Parliamentary and Presidential Democracies Reconsidered [J]. Annual Review of Political Science，2002，5 (1)：151－179.

③ Beetham D. The Legitimation of Power [M]. 2nd ed. London：Bloomsbury Publishing，2013.

④⑤⑥ Jones M P，Mainwaring S. The Nationalization of Parties and Party Systems：An Empirical Measure and an Application to the Americas [J]. Party Politics，2003，9 (2)：139－166.

⑦ Diamond L. Class，Ethnicity，and Democracy in Nigeria：The Failure of the First Republic [M]. New York：Syracuse University Press，1988.

与以往认为政党数量会影响投票行为、选举投票率、政治冲突模式的观点不同，该理论认为更重要的指标应该是政党竞争的质量而非数量。拉塞尔·J. 多尔顿（Russell J. Dalton）在对该理论进行阐述的过程中，认为“对于两极分化的衡量可以相对独立于政党数量，因为即使是政党数量相对相似的政党体系，在这些政党的左右分布上也存在很大差异”①。基于此，我们认为政党制度的两极分化能够在一定程度上衡量政党是如何沿着意识形态的连续体分散的，这种分散性能够使我们更清晰地理解政党代表的意识形态的多元性和主体倾向，而不仅是从中了解政党意识形态的差异。“对于大多数政党制度来说，简单地计算政党的数量可能更容易，但在许多情况下，它会忽略政党制度最重要的属性。”②换言之，衡量一种政治制度是否具有稳定性的应该是政党两极化的程度和作用，而不是政党制度的分化，从这个意义上来说，质量以及政党所谓的意识形态分散化趋向，与以往单纯根据数量来判断政党制度的属性与运作机制相比，对比较政治学的研究更有前瞻性意义。

3. 行政制度

关于行政制度的比较研究对今后比较政治学的发展来说是至关重要的。“对制度的比较研究有助于理解仍在进行的科学技术革命所引发的普遍的全球特征。由于比较视角具有公共行政‘去地方化’的效果，它允许我们看到更广泛的行政行为，识别各种问题，同时提高我们对自身行政环境的缺陷和局限性的理解。”③

“新管理主义”的提出解释了行政制度在此方面的新变化，拉里·D. 特里（Larry D. Terry）认为：“新管理主义培养的公共管理者是自利的，具有机会主义和冒险主义观念。换句话说，新管理主义支持市场驱动管理的理念，这一理念增进了企业领导的角色意识。”④ 我们不难发现，全球化与市场化深刻改变着行政制度的形态，从而推动了政府由管理者角色向企业家角色的转变，“新管理主义”就是这种企业家角色的观念在行政制度理论创新上的具体体现。与此相似的还有费雷尔（Ferrel）提出的观点，“根据被认为拥有最先进行政系统的发达国家的例子，研究者普遍认为，需要采用两个基本的绩效标准。一个是这些官僚机构应该是高效的，另一个是它们应该是工具性的。为了提高效率，官僚机构应该有效利用资源来实现公共政策目标。为了发挥作用，它们应该充当代理人而不是主人，并对政治领导人提出的公共政策目标做出迅速反应”⑤。

第二节　比较政治结构与过程

20 世纪 60—70 年代是比较政治学发展的黄金年代，以阿尔蒙德为代表的学者通过结

①② Dalton R J. The Quantity and the Quality of Party Systems：Party System Polarization，Its Measurement，and Its Consequences [J]. Comparative Political Studies，2008，41 (7)：899－920.

③ Jreisat J E. Comparative Public Administration Is Back in，Prudently [J]. Public Administration Review，2005，65 (2)：231－242.

④ Terry L D. Administrative Leadership，Neo-Manedalism，and the Public Management Movement [J]. Public Administration Review，1998，58 (3)：197.

⑤ Heady F. Comparative and International Public Administration：Building Intellectual Bridges [J]. Public Administration Review，1998，58 (1)：32－39.

构-功能主义理论，分析考察不同政治体系的结构及其功能发挥，为我们留下了宝贵的理论财富。随着比较政治学的继续发展，学者们开始在微观层面对政治进行深入研究，广泛研究世界各国的政治结构和功能，使得比较政治学实现了全面而纵深的发展。

一、地方分权理论的发展

国家结构形式是中央权力和地方权力的关系在国家组织结构形式和原则上的体现。20 世纪 80 年代以来，地方分权研究逐渐得到了很多关注，学者们在原有规范性理论的基础上，应用当代社会科学方法，丰富发展了分权理论。

在分权概念的厘清方面，亚伦・施奈德（Aaron Schneider）以分权的定义为基础，使用分权测度模型，对大量国家的数据进行实证检验，认为地方分权的内涵包括三个核心维度：财政、行政和政治。[①] 财政分权是指中央政府将财政影响让与非中央政府实体的程度，行政分权是指非中央政府实体相对于中央政府拥有多少自治权，政治分权是指中央政府允许非中央政府实体承担政府政治职能的程度。[②] 尽管亚伦・施奈德对分权内涵做出了划分，但包括其本人在内的诸多学者都认为这三种分权之间并非孤立而是相互联系的，财政分权结构、委托代理的行政分权、多个层次的代议制政府机构以及政党结构都显著影响分权治理的效果。由此，对特定国家内部政治的关注成为理解分权政治结果的关键。

在分权理论的理想与分权政治现实的冲突中，学者们更加强调国家内部制度和政治激励对地方分权治理的重要性。除了法律文本，理解这些政治行动者是否愿意履行相应的义务非常重要。诺思等新制度主义学者也认为，当正式规则因与现存的非正式约束不一致而发生根本变迁时，它们之间无法解决的紧张状态将会导致长期的政治不稳定。[③] 由于各个国家的历史传统、文化和宗教信仰等不同，所以解决不同国家地区的分权问题的理论必然是有差异的。

总之，在地方分权理论领域，实证研究直接着眼于比较政治学理论的构建，形式理论在清晰地产生假设和阐明假设方面发挥了重要作用；定量研究在检验分权治理对经济结果的影响方面尤其有价值。同时学者们跨越研究领域和学科界限，在整合国际关系理论、经济学理论、经济史、制度主义理论和实证工作的基础上，使得分权政治研究取得了相当多的积累。

二、民主化与现代化

一方面是以民主化和现代化为中心展开的比较研究不断深入发展。娜迪亚・乌尔比

① Heady F. Comparative and International Public Administration：Building Intellectual Bridges [J]. Public Administration Review，1998，58 (1)：32 - 39.

② Schneider A. Decentralization：Conceptualization and Measurement [J]. Studies in Comparative International Development，2003，38：32 - 56.

③ North D. Institution，Institutional Change and Economic Performance [M]. Cambridge：Cambridge University Press，1990.

纳蒂（Nadia Urbinati）和马克·E. 沃伦（Mark E. Warren）认为政治代表权问题逐渐明显，如在研究中特别关注公平、选区定义、审慎的政治判断以及新的非选举形式的代表权等问题。① 非选举领域较为关注新形式的代表制，如行政政策、公民社会倡导和全球公民社会等。这些经验论证同样影响了民主化理论的发展。斯蒂芬·哈格德（Stephan Haggard）和罗伯特·R. 考夫曼（Robert R. Kaufman）认为许多新民主国家的不稳定和威权政权的扩散，促使人们回归结构性理论，强调不发达、资源禀赋、不平等和民族宗教分裂给民主化所带来的制约。② 随着民主化理论的深入发展，学者们更关注基层和地方的公民社会团体、独立工会、宗教力量等对稳固民主的作用。阿里奥拉（Arriola）认为改革能减少国家对金融的控制、鼓励竞争和透明的公司治理以及发展独立的私营部门，进而促进民主转型。③

另一方面则是对民主理论的反思。在 20 世纪 70 年代中期以来的第三波民主化浪潮中，新型民主国家的转型困境使得学者们开始重新反思民主化理论。卡罗瑟斯（Carothers）批评了对民主的乐观情绪，认为脱离独裁统治的运动不会必然导致民主。④ 在传统民主国家内部，塞伦·A. 埃尔詹（Selen A. Ercan）和让-保罗·加尼翁（Jean-Paul Gagnon）在对历史上历次"民主危机"进行梳理之后，认为在当前地方和全球两级更广泛变革的背景下，这些变革近年来对民主理论和实践产生了重大影响，包括：从政府到治理的转变，非民选政治家或专家主导的政策问题非政治化，民主政党人士破坏民主的持续风险，新技术推动的新形式集体行动，等等。⑤

三、政治参与理论

近年来，互联网作为获取政治信息、参与全球政治和选举的一种手段，变得越来越重要，以青年为主体的互联网使用者使得政治参与发生了新变化，其中以青年政治参与研究与新媒体之下的政治参与研究为代表。扬尼斯·塞奥哈里斯（Yannis Theocharis）以后物质主义理论为基础，指出年轻人表现出后物质主义倾向，对传统形式的政治参与不感兴趣。而后物质主义的意识形态促成了以互联网的方式进行政治参与的发展。⑥ 21 世纪以来，青年人政治参与的意愿更加明显，投票率也逐渐提高。达纳·R. 费希尔（Dana R. Fisher）研究美国年轻人的社会运动和选举政治时发现，青年人对奥巴马的总

① Urbinati N，Warren M E. The Concept of Representation in Contemporary Democratic Theory [J]. Annual Review of Political Science，2008，11：387－412.

② Stephan H，Robert R K. Democratization during the Third Wave [J]. Annual Review of Political Science，2016，19：125－144.

③ Arriola L. Multiethnic Coalitions in Africa：Business Financing of Opposition Election Campaigns [M]. Cambridge：Cambridge University Press，2012.

④ Thomas C. The End of the Transition Paradigm [J]. Journal of Democracy，2002，13 (1)：5－12.

⑤ Selen A E，Jean-Paul G. The Crisis of Democracy Which Crisis? Which Democracy? Democratic Theory [J]. Democratic Theory，2014，1 (2)：1－10.

⑥ Theocharis Y. Young People，Political Participation and Online Postmaterialism in Greece [J]. New Media & Society，2011，13 (2)：203－223.

统竞选起到了巨大作用。[①] 社交媒体若要对政治参与产生影响，就要使公民接触相关信息，让公民更加明确当前状态与理想状态的差距，掌握理想状态的可实现性，从而形成一个明确的参与性目标，在行为情境中为实现该目标而抗争。

四、革命与改革理论

自 2010 年突尼斯“茉莉花革命”开始，阿拉伯世界原有政权接连动荡甚至倒台，推动了革命理论的发展。针对阿拉伯世界革命发生的原因，部分学者认为尽管阿拉伯国家几十年来经济和社会发展取得了进展，但民众对生活水平的不满、缺乏就业以及政治腐败，导致了“不幸的发展”（unhappy development）悖论。另有学者认为社交媒体在集体行动中发挥了一定作用，但更重要的是政治组织团体在革命中发挥的作用。[②] 菲利佩·R. 坎潘特（Filipe R. Campante）和达文·乔尔（Davin Chor）看到了教育在酝酿革命中的作用，民众教育程度越高，对政权不合理的感知和反抗意愿就越强，教育、经济环境、政治参与和制度变迁之间密切联系。[③]

第三节 比较政治学的研究方法

一、范式的发展

“范式”一词，源于希腊模型，意指“模范”“模型”。从古典范式发展到新制度主义范式，范式的发展依次经历了古典范式、“历史-比较”范式、制度主义、行为主义、新制度主义的发展路径，范式更新对我们当今比较政治学的研究具有前瞻性、深远性的影响。

1. 研究范式的时代更新

范式的发展为比较政治学的学科发展提供了源源不断的生命力。除了主流理论中的新制度主义研究范式，归纳迭代、理性主义的比较政治经济学等研究范式的出现也为范式理论的更新提供了新的关注点。

肖恩·约姆（Sean Yom）认为：“以往以定性研究方法与定量研究方法为代表的程序主义范式尽管可以通过程序性的实施步骤检验理论经验与研究成果，但是却有其固有的缺陷，而归纳迭代的探究范式可以而且应该补充演绎程序主义，以帮助学者产生因果

---

① Fisher D R. Youth Political Participation：Bridging Activism and Electoral Politics [J]. Annual Review of Sociology，2012，38：119－137.

② Wolfsfeld G，Segev E，Sheafer T. Social Media and the Arab Spring：Politics Comes First [J]. The International Journal of Press/Politics，2013，18 (2)：115－137.

③ Campante F R，Chor D. Why Was the Arab World Poised for Revolution? Schooling，Economic Opportunities，and the Arab Spring [J]. Journal of Economic Perspectives，2012，26 (2)：167－188.

解释。”① 这种归纳迭代的研究范式遵循这样的理论逻辑：“第一，研究人员可以从一些不完全理论化的假设开始研究，比如根据知识进行预感和猜测。第二，在分析数据或案例时，调查人员可能会退到理论化，重新制定他们的解释，以回应研究固有的不和谐，如矛盾或无效的结果、相互竞争的命题、意外的灵感。他们回到这些数据和案例中，重新评估它们与不断演变的解释的契合度等等。第三，这种迭代循环不会在一个单一且最终的假设检验后结束。相反，研究人员必须介入这一过程，并判断一个理论上有根据且内部可靠的解释是否已经结合在一起，以获得感兴趣的结果。”② 约姆认为，归纳迭代能够鼓励比较主义者在进行和展示研究时更加透明，将注意力集中在演绎模板阻碍理论构建的破坏性偏差上，如数据挖掘、选择性报告等。除此之外，它通过从演绎模板中去除原则分歧带来的污点来提高透明度，揭示了实证研究中理论和数据之间的关系。更重要的是，各种形式的迭代和归纳研究越来越多地呈现在比较政治学研究中。

与迭代研究的范式不同，理性主义比较政治经济学的出现与发展也成为值得关注的现象。比较政治经济学的研究范式起源于对政治与经济的互动性关注，诸如亚当·斯密、马克思以及诺思等学者对该问题多有论述。而对于现代比较政治经济学，有研究指出，“当代比较政治经济学指的是将经济推理应用于政治现象，以及充分考察政治对经济或经济对政治的影响。越来越多的自称为政治经济学家的人必须真正学习当代经济学的理论和方法以及政治学的理论和方法”③。与亚当·斯密所提倡的放任自由经济政策不同，当代比较政治经济的研究范式更注重政治对经济发展的积极作用。“要对当代比较政治经济学的两个主要研究主体进行简要评估。第一种方法是明确地对经济进行建模，并检查宏观经济政策。第二种方法是自觉的理性主义，将经过修正的微观经济推理应用于比较政治中的一系列问题。”④ 可以说，比较政治经济学范式的发展及其对理性主义的强调已经成为政治学研究的趋势。

2. 新制度主义

新制度主义是相对于法律主义、结构主义等旧制度主义而言的一种全新范式。除了政治科学中普遍的三种新制度主义的范式（历史制度主义、理性选择制度主义和社会学制度主义），21 世纪还发展出了一些值得关注的新制度主义的全新理论。

其中一个新的角度就是通过新制度主义范式考察性别政治问题，发展出新制度主义的一个新的分支——女权制度主义。性别视角下的新制度主义基于现有新制度主义三种范式的不足进行了补充。一些学者认为，理性选择制度主义忽略了结构；社会学制度主义则面临着结构决定论的风险，变成了“没有代理人的行动”；历史制度主义被批评过于结构化或过于机构化。且从政治权力的角度来说，新制度主义似乎显得不那么有解释力，

---

①② Yom S. From Methodology to Practice：Inductive Iteration in Comparative Research [J]. Comparative Political Studies，2015，48 (5)：616 - 644.

③④ Margaret L. The Economic Turns in Comparative Politics [J]. Comparative Political Studies，2000，33 (6/7)：822 - 844.

“新制度主义者经常因低估权力关系的重要性而受到批评”①。而女权制度主义批评了现有领域的性别盲目性，认为性别视角的应用为该领域的核心关注点提供了新的见解以及认识到对话和相互学习所包含的挑战和潜力。② 该理论认为，性别关系对制度配置的重要性是不言而喻的，性别关系被“制度化”后，能够嵌入特定的政治制度中，影响社会互动性别关系对制度配置的塑造力。

另外，话语制度主义被称为新制度主义的“第四范式”发展起来，成为一种全新的理论。从话语制度主义的几个核心特征来看，话语制度主义把有知觉的主体的思想和话语作为其解释的对象；从解释制度定义的逻辑上看，沟通、意义结构和建构是其逻辑的出发点和核心；把通过想法和话语互动实现变化作为改变的途径，并通过认知社区、倡导联盟、沟通行动、协商民主，通过重构、重塑集体记忆和叙事进行内生建构。③ “如果没有被理解为思想交流的话语，就很难解释思想是如何从个人思想转变为集体行动的。”④ 无论是关于协商民主的研究还是关于话语民主的研究，抑或是关于公共辩论以及关于政策建设的协调性研究和政治沟通的相关研究，话语机制对于解释制度的变迁来说至关重要。

二、研究方法的发展

除了范式理论的更新，关注比较政治学研究方法的发展也成为 21 世纪比较政治学研究的重点。本部分将从定性与定量研究、历史研究、案例研究、田野调查等四个方面对 21 世纪研究方法理论的更新进行梳理，并通过梳理对研究中的方法论进行反思。

1. 定性与定量研究

对于定性与定量研究的使用在政治学研究中已多有著述，而比较政治学对于这两种研究方法的关注引起了对这两种方法的比较。

詹姆斯·马奥尼（James Mahoney）对当前比较政治学研究方法的情况进行了描述：（1）最著名的学科期刊几乎完全发表定量工作；（2）世界政治和比较政治研究是多元化的，尽管后者正变得越来越量化；（3）比较政治学主要发表定性文章。也就是说，定性研究与定量研究各有不同的侧重领域，且日益偏向一种混合型的研究方法。定性研究主要关注比较政治学领域一些关键概念的定义，诸如民主、国家等术语，并且主要以案例研究（案例内研究与跨案例研究）为其分析手段。⑤ 鲍曼（Bowman）等人认为：“从事定性研究的学者不太可能会发现他们的工作受到‘数据引发的测量误差’的影响……定性研究以案例为导向的性质使得定性研究人员通过对每个案例进行大量学习能够避免一

---

①② Fiona M，Meryl K，Louise C. New Institutionalism through a Gender Lens：Towards a Feminist Institutionalism? [J]. International Political Science Review，2010，31 (5)：573-588.

③④ Vivien A S. Taking Ideas and Discourse Seriously：Explaining Change through Discursive Institutionalism as the Fourth "New Institutionalism" [J]. European Political Science Review，2010，2 (1)：1-25.

⑤ James M. Debating the State of Comparative Politics Views from Qualitative Research [J]. Comparative Political Studies，2007，40 (1)：32-38.

些大型统计数据库中常见的简单编码错误。”①

诚然，比较政治学经常声称自己是一个社会科学的领域，但实践却大相径庭。其对于定性研究的重视要远远高于对定量研究的重视。数据表明，对政治制度的研究——涉及民主化等问题的大量文献——绝大多数依赖定性研究，很少使用混合方法；而对社会行动者的研究更可能依赖定量方法，无论是单独使用还是与定性方法结合使用。这一结果在很大程度上反映了比较政治学偏向于使用调查方法来研究公民态度和政治文化。② 因此，随着比较政治学的发展，其对定量研究重要性的强调也日益突出，认为定量研究能够避免定性研究不够准确的固有缺陷，为比较政治学提供一种更为科学的研究方式，增加比较政治学的研究范围与精确性。但是这种量化研究通常也因其过于重视数据、忽视研究性质而广受批评。

因此，现有的比较政治学更倾向于发展一条中庸型的方法道路，即两种研究方法的混合使用。赫拉尔多·L. 蒙克（Gerardo L. Munck）等学者认为，将比较政治学领域划分为按照方法论路线定义的阵营（如定性方法与定量方法）所产生的方法冲突可能会导致不健康的划分和分裂。此外，强调方法论定义的差异，压制了比较主义者在使用和组合不同方法时所享有的巨大自由和灵活性。同一位研究人员可以在不同的项目中，在职业生涯的不同阶段，与拥有不同但互补技能的同事合作，使用截然不同的方法论工具。比较政治学越来越强调跨越定性-定量鸿沟的“多种方法”研究，这表明在实践中，比较主义者抵制被方法论所定义和区隔。因此，比较主义者面临的另一个关键挑战是如何更好地将他们的关注，与物质和方法、政治和科学相结合。有许多途径可以获得全球政治知识，而比较政治在理论、方法和实质方面的多样性探索是一个强大的力量源泉。尊重这种多样性对该领域的健康发展至关重要。③

2. 历史研究

所谓历史的研究方法就是通过对历史案例的分析解释政治发展的内在因果逻辑，从而为当下以及未来的研究提供一种历史的借鉴和参考。从当下的历史研究来看，主要将因果分析法、时间分析法和历史数据的使用作为其主要的分析方法。

丹·斯莱特（Dan Slater）等人在将因果分析作为历史研究途径时，认为现存的比较政治学中的历史研究往往对历史关注太少，学者们在“关键时刻”截断因果分析时，恰恰会阻碍因果推理和知识积累。④ 据此，基于以往比较政治学对历史研究中因果分析的关注，进而提出了对历史研究中“关键前因”的重视，所谓“关键前因”也就是更系统地关注关键时刻之前发生的事情，但这并不是说关键时刻实际上并不重要，而是因为对结果产生关键影响的条件往往产生于前置环境之中。学者们认为对“关键前因”

① Kirk B，Fabrice L，James M. Measuring Political Democracy：Case Expertise，Data Adequacy，and Central America [J]. Comparative Political Studies，2005，38：939-970.

② Gerardo L M，Richard S. Debating the Direction of Comparative Politics：An Analysis of Leading Journals [J]. Comparative Political Studies，2007，40 (1)：5-31.

③ 同②45-47.

④ Dan S，Erica S. Informative Regress：Critical Antecedents in Comparative Politics [J]. Comparative Political Studies，2010，43 (7)：886-917.

的研究不仅有助于超越关于因果时间的争论、揭示相互竞争的因果论点中的共同发现，并且能够为可控的比较研究建立更现实的基础。在今后比较政治学将时间分析法作为研究方法时，应该重视时间点确认上的困难，即所谓的关键时刻或者历史时刻是何时发生的。

而历史研究中的时间分析法强调对路径依赖的研究，即认为制度的演变和发展与历史惯性高度相关，例如科里·巴巴（Kaori Baba）在对拉丁美洲养老金改革的研究中，通过研究第一次改革中国家与社会的互动以及否决权参与者在决策过程中的作用，认为最初改革的制度设计决定了随后再改革的可能性和内容。据此利用历史的视角使我们能够通过一种机制来理解两次改革之间的理论和实证联系，通过这种机制，我们可以发现，历史因素决定了谁在最初的改革中获得权力。① 以诺思为代表的政治学研究者同样重视路径依赖在制度变迁中的影响，他认为过去的制度不会随着历史的发展而消逝，反而会随着现存经济的发展与制度的变迁得到进一步强化。②

3. 案例研究

案例研究法是通过对一个或少数案例进行深入的、详细的分析，旨在获得对特定现象、事件或问题的更深刻理解，并从中推导出相关的理论或见解。这种方法在学科发展中发挥了重要作用，特别是在推动开创性理论研究方面。马奥尼等学者认为，单一或少量案例的理论研究方法在比较政治学等领域仍将继续占据主导地位。③

（1）案例研究的复兴。

近年来，数据统计分析逐渐被深入的案例研究所影响。这种变化不仅是因为研究方法的不断发展，包括定性比较分析方法、因果联系序列方法、案例分析的类型学方法等，同时还因为世界范围内政治发展对方法论精细化的需求。一方面，新的研究方法能够使研究者更好地深入研究个别案例，理解其中的复杂因果关系和机制。这些方法强调案例的多样性，而不是仅仅依赖大规模数据的统计分析，从而更好地满足复杂社会和政治现象的研究需求。另一方面，世界政治的不断变动也促使研究者重新思考研究方法。政治、社会和国际关系领域的事件与现象常常具有高度的复杂性和特殊性，难以用传统的定量方法来捕捉。研究者开始更加重视不同案例的细致研究，以更好地理解各种背景和情境下的独特特征和趋势。

此外，研究者也认识到，过去侧重数据统计的研究可能忽略了案例的多样性和复杂性。在现实世界中，不同国家、组织和事件之间存在巨大的差异，这些差异在定量分析中可能被忽略，深入的案例研究可以弥补其不足之处。

（2）案例研究出现的新方法。

悉尼·塔罗（Sidney Tarrow）分析了配比比较方法在比较分析中的一些优势，包括纠正对单个案例的概括、研究制度差异以理解系统内行为，以及在理论构建中创建中间

---

① Kaori B. Power and Institutional Change：Re-Reforms of Latin American Pension Systems in a Comparative Perspective［J］. Comparative Political Studies，2015，48（14）：1847－1878.

② 诺思．制度、制度变迁与经济绩效［M］．杭行，译．上海：格致出版社，2014.

③ James M. Qualitative Methodology and Comparative Politics［J］. Comparative Political Studies，2007，42（2）：122－144.

步骤。为了进一步完善配比比较研究，他提出了一些改进方法的建议，包括增加方法论的多样性、逐步测试范围条件、使用定位理论、相关性与过程追踪方法结合。这些改进建议可以提高研究的深度和准确性，并强调了理论的适应性和局限性。[①]

斯莱特和齐布拉特的研究强调了对照比较方法在平衡理论内部有效性和外部适用性方面的重要作用，这有助于打破“定量提供外部，定性提供内部”的偏见。[②] 他们指出，如果只关注国家内部的变化而不进行跨国比较，将会限制我们理解国家层面属性在调节次国家变量之间的因果关系中的重要性。因此，结合对照比较和跨国比较可以提供更全面的视角，以更好地理解政治现象和因果机制。这种方法的改进有助于充实研究的内部和外部有效性，使研究更具综合性。

4. 田野调查

田野调查包括进行调查、正式或非正式访谈、田野实验、过程跟踪等等。比较政治学者们倾向于使用田野调查方法研究非西方地区，通过参与式观察，获得一手的研究资料，详细描述记录所在社会政治互动的模式。

目前，比较政治学者们通过将田野调查和其他研究方法进行结合，建立了明确的事实性研究，进而形成合理的因果机制。例如，塔罗将民族学方法与其他方法结合，研究和比较抗争政治，认为新一代的“民族志+”研究工作具有连续性和偏离性。[③] 杰里米·温斯坦（Jeremy Weinstein）对四个案例进行了数月的田野调查，研究叛乱组织发展轨迹，认为初始资源禀赋的差异影响了叛乱组织的行为结果。[④] 尽管影响田野调查结果的因素有很多，如调查者个人主观偏好、伦理问题、调查取证困难等，但田野调查仍然是当下比较政治学中较为核心的研究方法。

参考文献

Huntington S P. Transnational Organizations in World Politics [J]. World Politics, 1973, 25 (3): 334 - 368.

Anthony G. The Nation-State and Violence [M]. Cambridge: Cambridge University Press, 1988.

Richards D, Smith M. Governance and Public Policy [M]. Oxford: Oxford University Press, 2002.

Andrew J, Rüdiger K W W, Anthony Z. The Rise of “New” Policy Instruments in

---

① Sidney T. The Strategy of Paired Comparison: Toward a Theory of Practice [J]. Comparative Political Studies, 2010, 43 (2): 230 - 259.

② Dan S, Daniel Z. The Enduring Indispensability of the Controlled Comparison [J]. Comparative Political Studies, 2013, 46 (10): 1301 - 1327.

③ Sidney T. Progress Outside of Paradise: Old and New Comparative Approaches to Contentious Politics [J]. Comparative Political Studies, 2021, 54 (10): 1885 - 1901.

④ Jeremy W. Inside Rebellion: The Politics of Insurgent Violence [M]. Cambridge: Cambridge University Press, 2006.

Comparative Perspective：Has Governance Eclipsed Government? [J]. Political Studies，2005，53：485.

Margaret L. Why We Need a New Theory of Government [M]. Cambridge：Cambridge University Press，2006.

Bo R，Jan T. What Is Quality of Government? A Theory of Impartial Government Institutions [J]. Governance，2008，21 (2)：165－190.

Mungiu-Pippidi A. Corruption：Diagnosis and Treatment [J]. Journal of Democracy，2006，17 (3)：86－99.

Powell G B，Jr. Political Representation in Comparative Politics [J]. Annual Review of Political Science，2004，7：273－296.

Noam G，Daniel Z. Center-Right Political Parties in Advanced Democracies [J]. Annual Review of Political Science，2019，22：17－35.

O'Donnell G A. Democracy，Law，and Comparative Politics [J]. Studies in Comparative International Development，2001，36：7－36.

Dahl R A. A Democratic Paradox? [J]. Political Science Quarterly，2000，115 (1)：35－40.

Finnegan J J. Institutions，Climate Change，and the Foundations of Long-Term Policymaking [J]. Comparative Political Studies，2022，55 (7)：1198－1235.

Goldring E，Greitens S C. Rethinking Democratic Diffusion：Bringing Regime Type Back in [J]. Comparative Political Studies，2020，53 (2)：319－353.

Cheibub J A，Limongi F. Democratic Institutions and Regime Survival：Parliamentary and Presidential Democracies Reconsidered [J]. Annual Review of Political Science，2002，5 (1)：151－179.

Beetham D. The Legitimation of Power [M]. London：Bloomsbury Publishing，2013.

Jones M P，Mainwaring S. The Nationalization of Parties and Party Systems：An Empirical Measure and an Application to the Americas [J]. Party Politics，2003，9 (2)：139－166.

Diamond L. Class，Ethnicity，and Democracy in Nigeria：The Failure of the First Republic [M]. New York：Syracuse University Press，1988.

Dalton R J. The Quantity and the Quality of Party Systems：Party System Polarization，Its Measurement，and Its Consequences [J]. Comparative Political Studies，2008，41 (7)：899－920.

Jreisat J E. Comparative Public Administration Is Back in，Prudently [J]. Public Administration Review，2005，65 (2)：231－242.

Terry L D. Administrative Leadership，Neo-Manedalism，and the Public Management Movement [J]. Public Administration Review，1998，58 (3)：197.

Heady F. Comparative and International Public Administration：Building Intellectual Bridges [J]. Public Administration Review，1998：32－39.

Schneider A. Decentralization：Conceptualization and Measurement [J]. Studies in Comparative International Development，2003，38：32－56.

North D. Institution，Institutional Change and Economic Performance [M]. Cambridge：Cambridge University Press，1990.

Urbinati N，Warren M E. The Concept of Representation in Contemporary Democratic Theory [J]. Annual Review of Political Science，2008，11：387－412.

Stephan H，Robert R K. Democratization during the Third Wave [J]. Annual Review of Political Science，2016，19：125－144.

Arriola L. Multiethnic Coalitions in Africa：Business Financing of Opposition Election Campaigns [M]. Cambridge：Cambridge University Press，2012.

Thomas C. The End of the Transition Paradigm [J]. Journal of Democracy，2002，13 (1)：5－12.

Selen A E，Jean-Paul G. The Crisis of Democracy Which Crisis? Which Democracy? Democratic Theory [J]. Democratic Theory，2014，1 (2)：1－10.

Theocharis Y. Young People，Political Participation and Online Postmaterialism in Greece [J]. New Media & Society，2011，13 (2)：203－223.

Fisher D R. Youth Political Participation：Bridging Activism and Electoral Politics [J]. Annual Review of Sociology，2012，38：119－137.

Wolfsfeld G，Segev E，Sheafer T. Social Media and the Arab Spring：Politics Comes First [J]. The International Journal of Press/Politics，2013，18 (2)：115－137.

Campante F R，Chor D. Why Was the Arab World Poised for Revolution? Schooling，Economic Opportunities，and the Arab Spring [J]. Journal of Economic Perspectives，2012，26 (2)：167－188.

Yom S. From Methodology to Practice：Inductive Iteration in Comparative Research [J]. Comparative Political Studies，2015，48 (5)：616－644.

Margaret L. The Economic Turns in Comparative Politics [J]. Comparative Political Studies，2000，33 (6/7)：822－844.

Fiona M，Meryl K，Louise C. New Institutionalism through a Gender Lens：Towards a Feminist Institutionalism? [J]. International Political Science Review，2010，31 (5)：573－588.

Vivien A S. Taking Ideas and Discourse Seriously：Explaining Change through Discursive Institutionalism as the Fourth "New Institutionalism" [J]. European Political Science Review，2010，2 (1)：1－25.

James M. Debating the State of Comparative Politics Views from Qualitative Research [J]. Comparative Political Studies，2007，40 (1)：32－38.

Kirk B，Fabrice L，James M. Measuring Political Democracy：Case Expertise，Data Adequacy，and Central America [J]. Comparative Political Studies，2005，38：939－970.

Gerardo L M，Richard S. Debating the Direction of Comparative Politics：An Analysis of Leading Journals [J]. Comparative Political Studies, 2007, 40 (1): 5-31.

Gerardo L M, Richard S. Visions of Comparative Politics: A Reply to Mahoney and Wibbels [J]. Comparative Political Studies, 2007, 40 (1): 45-47.

Dan S, Erica S. Informative Regress: Critical Antecedents in Comparative Politics [J]. Comparative Political Studies, 2010, 43 (7): 886-917.

Kaori B. Power and Institutional Change: Re-Reforms of Latin American Pension Systems in a Comparative Perspective [J]. Comparative Political Studies, 2015, 48 (14): 1847-1878.

第七章
地方政治

21 世纪的全球化进程使得“地方政治”成为政治学讨论的焦点之一。当代世界的特征是政治全球化和地方化，在全球化进程的影响下，政治也随之全球化和地方化。20 世纪 90 年代学界流行思潮认为全球化是一股具有同质化的力量，它会使世界各地的人民和国家服从于全球市场，从而消除了地方特色。然而，与这些预期相反的是，政治本土化已被证明是现代化的产物，是全球化和相关民族国家重组的组成部分。

地方政治作为国家政治体系的一个重要环节，是一国特定历史条件的产物。现有的地方政治大体上可分为两类：西方国家模式和发展中国家模式。西方地方政治有三点共性。首先，在组织形式上具有超党派性；其次，在政府间关系上具有分权自治性；最后，在权力运行上坚持法治化原则。西方国家的地方政府与政治，在本质上是资产阶级专政的一部分。马克思和恩格斯在《共产党宣言》中明确指出：“从大工业和世界市场建立的时候起，它在现代的代议制国家里夺得了独占的政治统治。现代的国家政权不过是管理整个资产阶级的共同事务的委员会罢了。”① 发展中国家的地方政治情况各有差别，但也具有共性：首先是具有鲜明的被动性；其次是普遍具有机械性；最后是后期遇到阻力时，往往会回归本国政治传统。中国的地方政治也走出了一条区别于西方的中国特色的地方政治道路。中国特色的地方政治是中国特色社会主义政治制度的重要组成部分，充分发挥了中国特色社会主义制度优势，使得中国地方政治也形成了巨大的政治优势：首先，体现了社会主义民主的真实性；其次，民主集中制的组织原则既反映了人民当家作主的要求，又保证了党的集中统一领导；最后，实现了国家统一性和地方多样性的结合，既维护了国家统一，又促进了地方发展。

本章介绍了 21 世纪地方政治的政治领域发展。地方政治往往涉及当地的政治制度、政治文化、政治活动，因而本章以中国地方政治为中心，围绕这三方面的内容展开论述。首先，本章定义了地方政治的内涵，指出其在 21 世纪的背景下的新变化与发展；其次，本章又分析对比了中外地方政治制度创新，并论述了其内在动因以及模式；再次，本章

① 马克思，恩格斯．共产党宣言［M］．北京：人民出版社，2018：29.

总结概括了当下地方政治文化的内涵、类型及发展；最后，对地方政治实践及其在中国的实践进行了系统性的介绍。

第一节 地方政治的新内涵

21世纪的政治全球化和地方化趋势为地方政治带来了新的发展，扩充了地方政治的内涵，与西方的地方政治不同，中国地方政治具有其自身特色，本节就地方政治的新内涵进行简要介绍。

一、地方政治的内涵

地方政治是指最低一级当选政府的选举、政治参与、政党领导和党派竞争同政治行为、政治结果相联系的方法的一个术语。这是一个分析性概念，具有三层含义。

首先，在对地方选举行为或地方政党竞争的研究中，它被用来描述最低一级当选政府内部的政治行为。地方化政治研究可以研究地方政府单位内部地方精英和权力分配的性质，或研究地方政府单位的人口统计学、社会经济学方面的特点与该地方单位内部政治活动之间的联系。这方面的典型案例是美国的社区权力研究。学者们围绕将美国社区定性为“精英主义者”还是“多元主义者”展开了辩论。其次，地方政治也可被用来描述区县、乡镇等基层政治组织、政党或官僚机构为达到地方单位的特定目的而干预上一级政治单位的活动。在这种情况下，地方单位被作为政治主题试图最大限度地实现其在政治、社会和经济等方面的自身利益。这种含义下的地方政治在各国政治中指代不一样的政治行为。最后，地方政治这一术语也可指地方政府结构作为一个整体代表其集体利益向国家政府或者各上级政府施加影响的方法。政治体制结构的差异化——联邦政府体制和一元政府体制使得各国地方政治在干预国家决策时也存在差异。研究表明，国家政治与地方政治之间权力的系统平衡或许对政治体制的宪法、历史，甚至文化方面的特点有更大的影响。①

二、地方政治的新变化

20世纪下半叶开始，地方政治研究得以创新，研究重点转向政策输出对经济、社会和政治各方面的影响。政治的地方化是指通过制度改革实现权力下放、地方民主化和善治，增进地方参与和公民社会的发展，以及围绕地方、国家和全球问题进行地方化政治动员。在过去的20年里，各国政府和国际发展机构对行政权力下放重新产生了兴趣，即有意将责任从中央国家机构转移到地方国家机构（权力下放）和非国家行为者（私有化）。近年来，地方政府也更加强调政治权力下放。

---

① Miller D, Bogdanor V. The Blackwell Encyclopedia of Political Thought [M]. Hoboken: Blackwell, 1987.

英美学界认为，地方政治是随着居民将他们居住的区域确定为“社区”，居民会为了提高自身的政治参与度而出现的一种政治模式。在这个社区内，人们所面临的问题大多来源于他们所在的社区。[①] 他们可能会关心孩子的教育质量、医院设施是否触手可及、道路状况等。这些普通人可能面临的普通问题构成了地方政治的大部分内容。哈维却并不赞同这一结论，他认为社区并不能实现彻底的开放，社区中总是包含着实施独裁性权力和规范化的限制。他指出，德里克已总结过，一个成功建立起来的“社区”是一个封闭的绝对空间，无论是否出于自愿进入这一空间，都必然会受到规则的限制。[②] 然而法国学者并不关心“社区”这一概念，一部分原因在于对现代世界中“社区”的相关性的批评，另一部分原因在于截然不同的地方行政系统。[③]

在新自由主义以及全球化的浪潮之下，许多国家正在经历转型，走向去国家化（减少国家权力以支持市场自由化）和去国有化（重构国家权力有利于区域化和地方化），这意味着政治权力在国家之间越来越分散。英国学者针对中央与地方分权，从组织维度、功能维度、政治维度和意识形态维度这四个方面重新定义地方政治，通过构建新的分析地方政治的二元论方法来分析英国中央与地方政治。[④] 加拿大学者试图通过比较印度尼西亚、菲律宾以及印度等亚洲国家的政治民主转型来探讨民主化浪潮之下的政治本地化与民主化。这些全球化和政治本地化的过程与当代民主转型相吻合，亨廷顿将其描述为“第三波民主化浪潮”[⑤]。

三、中国特色的地方政治

共产主义国家的战后崛起促进了西方学界相关研究领域的发展，苏联解体后，美国曾经一度认为自己成为“天选之国”，实现了“历史的终结”，可以做想做的任何事情，并且可以随意灭掉任何想要挑战的国家。然而，事实并非如此，世界范围内共产主义国家的崛起，特别是中国近几十年的发展引起了西方学者的普遍关注，这些迹象都表明上述论断太过简单化。中国的经济稳定与政治稳定引起了西方学界的广泛关注，即为何中国能够实现如此平稳的发展？如何理解中国政治？布热津斯基指出，要想理解中国政治，就必须先理解中国共产党这一角色。理解中国政治绕不开“党政体制”[⑥] 这一关键词，中国政治中最为显著的事实就是中国共产党是中华人民共和国的领导核心，是当代中国政治体制的中轴。

---

①③ Mabileau A, Moyser G, Parry G, et al. Local Politics and Participation in Britain and France [M]. Cambridge: Cambridge University Press, 1989.

② David H. Cosmopolitanism and the Geographies of Freedom [M]. New York: Columbia University Press, 2008.

④ Sanders P. “Local Socialism? Labour Councils and New Left Alternatives”, Rethinking Local Politics [M]. London: Macmillan Publisher, 1984.

⑤ Harriss J, Stokke K, Törnquist O. Politicising Democracy: The New Local Politics of Democratization [M]. New York: Springer, 2004.

⑥ 西方学界用 Party-State 这一词语描述社会主义国家，有人将其译为“党国体制”，中国学者景跃进认为，“党国体制”并不能准确地描述中国的党与政府，在中国政治特征下应采用“党政体制”这一更为准确的说法。

正如江泽民同志在庆祝中国共产党成立 80 周年大会上指出的："要按照总揽全局、协调各方的原则，进一步加强和完善党的领导体制，改进党的领导方式和执政方式，既保证党委的领导核心作用，又充分发挥人大、政府、政协以及人民团体和其他方面的职能作用。"[①] 在中国，党的领导权既是全方位的，也是独一无二的。党从中央到地方及至基层建有严密的组织体系，对国家机关、军队和社会团体实行统一而有分工的领导，在国家和社会政治生活中拥有不容挑战的政治权威，由此形成了一个完整而独特的党政体制。在这个体制中，党的领导原则被表述为"总揽全局、协调各方"。党的"领导核心作用"和国家机关社会政治团体各方的"职能作用"，是这个党政体制运行的关键所在。

德国著名中国问题专家托马斯·海贝勒（Thomas Heberer）认为，西方学术界关注的问题是哪种体系是"最好的"体系，强调的是法律和权利的重要引导作用。而在传统的中国政治哲学中，关键的问题是如何实现"治"，避免"乱"。[②] 这一点在中国的地方政治中也得到了反映。区别于西方国家的三权分立地方政治，中国的地方政治是在地方党委的领导下，通过党组和人事权等实现地方人大、行政机关和司法机关三部门之间的协同。

在这之中地方党委是领导核心，"总揽全局、协调各方"。在组织上，这种领导核心作用的实现路径是地方党委常委兼任地方各国家机关领导，从而使地方党委成为党政生活各大领域重要事务的实际决策场所。在人事安排上，根据"党管干部"的原则，地方党委管理本级政府的领导干部，并按照"下管一级"的原则，对下一级地方政府首长的人选进行提名，并向政府机关推荐重要领导干部人选。在责任分工上，地方重大事务或部门重大问题的决定均由党中央或地方各级党委做出，地方各级党委可以就地方的重大问题，把党中央和上级党委的决策具体化。在功能上，地方党委把政府部门按工作性质划分为若干类或若干个系统，即所谓的"口"，进行对口管理，以保证党委的决策在政府工作中得以全面实现。

在中国，地方政府不仅肩负着（在中央方针范围内）执行上级权威主体政策的责任，同时在执行过程中也获得了更多的自由裁量权，即能够根据当地的资源和特点来推动发展。地方政府必须先解决当地的问题并确保社会稳定，进而，中央政府将一些决策权力交给地方，同时也密切监督主要地方领导的实际表现。

这种带有强烈中国特色的地方政治与政府形成也并非一蹴而就的，也历经了多次改革与治理，共分为三个阶段。第一阶段，萌芽时期。在革命战争年代，中国特色的地方政府与政治已初具雏形。这一时期下的红色政权具有两大重要特征：一是政权的民主性，二是坚持党的领导。这一时期确立了民主集中制的组织原则，民族地区治理问题经历了由"民族自决"到"民族区域自治"的转变。在社会主义探索时期，中华人民共和国的成立使得中国共产党在革命战争年代关于地方政权方面的一些探索转化为国家的法律，成为正式的国家制度。第二阶段，产生时期。"文化大革命"之后，以邓小平同志为主要

---

① 江泽民．在庆祝中国共产党成立八十周年大会上的讲话［M］．北京：人民出版社，2001：34.

② Heberer T，Trappel R. Evaluation Processes，Local Cadres' Behaviour and Local Development Processes ［J］. Journal of Contemporary China，2013，22 (84)：1048 - 1066.

代表的中国共产党人总结社会主义探索时期的惨痛教训，果断提出了中国特色社会主义的论断。一是恢复地方党委，改善地方党委领导；二是将地方各级革命委员会改组为地方各级人民政府，改善地方政府的民意基础；三是中央与地方的权力划分开始明晰化，充分发挥中央与地方两方面的积极性。此外，在这一时期，“一国两制”科学构想的形成及运用在维护国家主权统一和考虑历史形成的特殊情况方面取得了重大突破。第三阶段，成型时期。在党中央的努力下，中国特色的地方政府与政治基本成型。在经历了一系列地方政府民主化改革之后，地方政府的人民性变得越来越具体、清晰。《地方组织法》和《选举法》的不断修改与完善，为各级人大选举的顺利进行和选民权利的真正实现提供了制度保障。2007 年，胡锦涛同志在党的十七大报告中提出了“加快行政管理体制改革，建设服务型政府”的要求。从此，服务型政府成为地方各级人民政府建设的目标，地方居民的需要成为政府日常工作的重要动力。

美国的中国问题学者沈大伟（David Shambaugh）指出，中国本土的儒家政治文化使得中国拥有自己的治理形式和政治文化。① 白鲁恂（Lucian Pye）曾指出，这些文化和历史资源使得中国的党政关系区别于其他共产主义政党国家。② 亚当·普沃斯基（Adam Przeworski）认为，中央政府在进行控制时展现出了相当程度的自我克制，使得地方政府可以进行试错，可以从实践中学习，进而推广有效政策。海贝勒曾探讨过这种“主动的地方政治”。中国地方政治中至关重要的一点就是政策设计和政策实验。政策实验的目标就是树立“模范”和“目标”，即追寻政治创新。

根植于中国政治文化的中国特色地方政治也具有其独特的优势。一是地方政府的人民性充分显示了社会主义民主的真实性，《宪法》第 105 条规定：“地方各级人民政府是地方各级国家权力机关的执行机关。”地方政府的权力来源于人民，地方政府的运行是为了维护地方公共秩序、实现地方公共利益，最终也是为人民服务。二是民主集中制的组织原则既反映了人民当家作主的要求，又能保证党的集中统一领导。地方政府遵循民主集中制的组织原则，既能保证人民性与党的领导的统一，又有利于实现地方局部利益与国家利益的统一。三是国家统一性与地方多样性相结合，既能维护国家的统一，又有利于照顾地方的利益，促进地方的发展。我国是多民族国家，民族区域自治和特别行政区制度成为中国的历史选择，是我国地方政府与政治的又一重要特征和巨大优势。

第二节　地方政治制度创新

逐步完善的地方政治制度设计是社会发展的重要源泉与动力，本节立足于当代世界政治发展实践，分析地方政治制度创新的内涵、动因以及模式。

---

① Shambaugh D. China's Communist Party Atrophy and Adaptation [M]. Berkeley: University of California Press, 2009.

② Pye L. The Mandarin and the Cadre: China's Political Culture [M]. Ann Arbor: University of Michigan Center for Chinese Studies, 1988.

一、地方政治制度创新的内涵

制度创新理论与制度变迁理论总是相吻合的，制度变迁思想深深蕴含在政治研究传统之中，古代政治思想家往往从哲学思想和现实政治运作两个方面考察政治制度的变迁。柏拉图认为，政治制度变迁如同生物演化，必然具有生成、维系、变迁、消亡的过程。[①]亚里士多德则从现实政治角度出发，指出一切政体都可以被内部的变故所毁弃，一般也可以被外力所破坏。[②]

尽管如此，政治研究中的制度变迁思想并没有随着政治科学的不断发展而取得长足进展，由于旧制度主义范式侧重法条式的静态描述，政治制度变迁很少被研究者纳入理论分析的视野中。

新制度主义后来在丰富的理论资源中做出了开创性的贡献，正如罗思坦（Rothstein）所言，制度变迁是政治制度中分析最弱也是最难的一点。[③]与此同时，在新制度主义理论文献中，关于制度变迁的过程也存在两种冲突性的观点。第一种观点将制度变迁理解为受到所处时段之中各种要素深刻影响的连续性过程，但它也呈现出阶段性的特征。其中，制度安排对于政治权力而言可能是流动变化的，也可能表现为某种活动性。在这个时段之下，制度通过抵制那些使其脱离相应轨迹的运动而具有一定的稳定性。第二种观点则认为，制度变迁是持续不断的并且在本质上具有有机特征的组织变迁过程。[④]

在承认制度变迁具有丰富内涵的同时，本章也基于微观视角中地方政治制度的发展，将地方政治制度创新理解为：在一定条件下由于某种因素的影响，地方政治制度安排随着时间的推移，脱离了既有轨迹的过程。如此界定地方政治制度创新，有助于将制度变迁同相应的时序性过程紧密联系起来，也把它同生成过程和维系过程进行区分；从时段角度对制度变迁进行界定，有助于保留各种分析视角或理论立场在制度变迁方面的不同认识，可以从多个角度考察地方政治制度创新动力机制。这也为深入分析政治制度创新的各种模式提供了必要的基础。

二、地方政治制度创新的动因

由于政治制度创新背景的复杂性及制度安排的多样性，地方政治制度创新的动因也是多样的，概括起来可归结为以下三个方面：环境动因、内部动因和经济动因。

第一，由社会生产力发展所带来的社会变迁是地方政治制度创新的环境动因。地方

---

① Klosko G. The Development of Plato's Political Theory [M]. Oxford：Oxford University Press，2006.

② Aristotle. Politics [M]. Oxford：Clarendon Press，1999.

③ Rothstein B，Sven S. Restructuring the Welfare State：Political Institutions and Policy Change [M]. New York：Springer，2016.

④ Peters B G，Jon P. Institutions and Time：Problems of Conceptiontualization and Explanation [J]. Journal of Public Administration Research and Theory，1998，8 (4)：565 - 584.

政治制度创新的环境动因是指由社会生产力的发展而导致的社会环境的变迁。马克思关于社会发展规律的基本原理指出，导致社会变迁的力量是社会生产力与生产关系、经济基础与上层建筑之间的矛盾运动。① 要想对地方政治制度创新进行研究，首先要分析作为整个社会制度经济基础的生产力及与之相适应的生产关系，然后才能对耸立在这个基础上的道德和法律等上层建筑的性质做出合理的说明。

马克思关于制度变迁的根本动力来源于社会基本矛盾的思想，无疑为任何一种形式的制度创新的动因分析提供了理论上的指导，即政治制度创新的基本动力来自作为社会生产力的客观力量。正是这种社会生产力发展的客观需求与为社会生产力发展创造条件的政府的主观能动及二者的相互作用推动了政治制度的创新。

第二，制度结构本身所具有的缺陷是地方政府制度创新的内部动因。地方政府制度创新的内部动因是指，制度本身的变迁机制导致的地方政府对现有制度的完善和新制度的供给。②

制度自身的局限性主要表现在以下两个方面：首先，单一性和多样性的矛盾。制度是从人的关系演化而来的，可以规定、确认、强化、调节和控制既有关系，却不能决定关系的发生，因而它的功能也不以人的意志为转移，因为制度在某种意义上也是人们互动的结果。③ 其次，规定性和选择性的矛盾。制度规定越细意味着人们活动的空间越小，而人越是遵守制度，就越不利于发挥人的积极性、主动性和创造性，但是如果给人们提供足够的选择空间，制度也就为违规行为提供了机会，又会使违规行为成为可能。单一性和多样性的矛盾、规定性和选择性的矛盾既是制度局限性的原因，又是制度创新、制度变革和制度发展的动因。

第三，对制度创新预期净收益的诉求则是地方政治制度创新的经济动因。地方政治制度创新的经济动因是指行政分权体制下政治制度根据其利益指向而不断进行变迁。④

诺思关于制度变迁模型的基本假定是：制度变迁的诱致因素在于主体期望获取最大的潜在利润，所谓“潜在利润”就是外部利润，由于外部利润不能在既有的制度结构中获取，因此要获取外部利润就必须进行制度再安排，即制度创新。⑤ 借鉴制度变迁研究中普遍使用的理性“经济人”假设，地方政府可以被看作“有限理性”下追求利益最大化的行动者。基于此，“成本-收益”是地方政府创新动力的分析路径，地方政府创新动力的大小来自创新所能带来的预期收益，预期收益越大，创新的动力越大。当然，成本、收益的定义并不局限于经典经济学理论中的物质利益范畴，还包括非物质的收入支出，

---

① 马克思，恩格斯．共产党宣言［M］．北京：人民出版社，2018.

② Steinmo S，Thelen K，Longstreth F，et al. Structuring Politics：Historical Institutionalism in Comparative Politics［M］. Cambridge：Cambridge University Press，1992：18－26.

③ Shapiro I，Skowronek S，Galvin D. Rethinking Political Institutions：The Art of the State［M］. New York：New York University Press，2006.

④ 同②114－154.

⑤ North D C，Thomas R P. The Rise and Fall of the Manorial System：A Theoretical Model［J］. The Journal of Economic History，1971，31（4）：777－803.

如工作量、可能的问责、受到的褒扬等。

立足于21世纪的中国，由于改革的初始条件和改革成本等因素的制约，选择了一条渐进式的制度变迁路径，由局部改革逐渐到整体性推进。这种模式必然要求中央政府通过放权让利来调动地方政府的积极性。放权让利赋予了地方政府制度创新的动力和能力。一方面，放权让利使地方政府逐渐成为一个具有独立经济利益目标的经济组织，具有了强烈追求本地经济快速增长的动力以及响应获利机会进行制度创新的动机。另一方面，中央政府把一部分经过选择的决策权下放到地方政府，从而使地方政府拥有了比过去更多的资源配置权，获得了实现地方利益最大化的手段。因而，地方政府在向市场经济转型的过程中在自己的职权范围内进行了前所未有的制度创新，以积极谋取潜在的制度净收益。①

三、地方政治制度创新的模式

地方政治制度创新是多方主体为发展和促成新的政治愿景、目标、战略和政策方案而进行的深思熟虑的努力。由于政治制度的类型繁多，制度同环境或行动者之间的关联也十分复杂，因此地方政治制度创新模式并非一种，在西方地方政治制度的确立与创新过程中，英国最具代表性，而“一国两制”的中国模式在政治发展领域内也是独树一帜的。

1. 英国议行合一的内阁制度

议会民主制产生于英国，迄今已有200多年的历史。19世纪上半叶，这一制度逐渐向世界传播，目前世界上实行这一政体的国家有30多个，除英国外还有日本、意大利、瑞典等国家，但英国是最早建立议会君主制的国家，实现了真正的地方政治制度创新。

以英国议会制度为原型，奉行多数原则行事的民主模式被称为多数制统治模式，也被称为威斯敏斯特模式（英国议会设在伦敦的威斯敏斯特宫内）。② 这种模式具有以下特点：第一，国家元首在政治生活中只起象征性作用，而不行使实际权力。第二，议会上下两院地位不同、职权不等，权力掌握在下议院手中。第三，行政机关由立法机关产生，向立法机关负责，行政权与立法权几乎是融合的。第四，获得下院多数席位的政党单独组阁，执政党议会党团组织严密，纪律严明，控制内阁和议会。第五，反对政党制度成熟，“影子内阁”健全。

2. 中国特色的“一国两制”方针

“一国两制”是具有中国特色的政治实践和管治方式，是通过地方政治制度安排和法律规定在国家主权内对部分区域进行的一种创新性治理。“一国两制”政策的转变有两种方式：一是向“一国”的方向转变，二是向“两制”的方向转变。该制度是邓小平同志提出的中国特色社会主义理论之一，是为解决台湾问题，恢复对香港、澳门行使主权，

---

① 付永，付中元．论地方政府在制度创新中的作用［J］．韶关学院学报（社会科学版），2002（10）：51-54.

② Lijphart A. Patterns of Democracy：Government Forms and Performance in Thirty-Six Countries［M］. New Haven：Yale University Press，1999.

实现祖国和平统一而提出的重大战略决策和科学构想，该构想自 1979 年提出后，逐渐影响着内地（大陆）和港澳台的制度设计，比如 1983 年，内地成立劳动和社会保障部；2002 年 7 月，香港确立了部长级制度（ministerial system），旨在改善包括社会政策在内的所有政策部门的协调。

2017 年 7 月 1 日，习近平总书记在庆祝香港回归祖国 20 周年大会暨香港特别行政区第五届政府就职典礼上指出："作为直辖于中央政府的一个特别行政区，香港自回归之日起，重新纳入国家治理体系。"香港回归，开启了一个快速增长和全球化的中国经济一体化的新时代。

第三节　地方政治文化发展

与政治科学的其他领域相比，政治文化引起人们的关注和兴趣并成为政治学研究的一个独立的对象不过是近几十年的事情。随着政治文化研究的不断深入，围绕政治文化的讨论实现了从宏观议题向微观领域的转变，即开始日益关注地方政治文化。

一、地方政治文化的内涵及其基层体现

要厘清地方政治文化这一概念及其与地方政治的内在逻辑联系，首先需要对政治文化概念的内涵及政治文化与地方政治文化的关系有一个比较清晰的认识。早在古希腊时期，柏拉图、亚里士多德等政治思想家就探讨过心理因素的重要性。① 但政治文化是一种旧观念的相当新的术语②，是一个非常现代的概念。现代政治科学对政治文化的研究产生于 20 世纪 50—60 年代，首倡者是美国政治学家阿尔蒙德。多年来，阿尔蒙德努力探求"每一个政治体系背后镶嵌的特定政治行为取向"③。经过深入的研究和思考，他对政治文化的含义有了更明确的解释，认为政治文化是一个民族在特定时期流行的一套政治态度、信仰和感情。④ 相较于广义的文化概念，鲍威尔、白鲁恂等诸多政治学家是在更为狭隘的层面上对该词进行了界定。安德鲁·海伍德明确指出，政治文化体现了人们的心理倾向，政治文化就是针对政党、政府和宪法等政治客体的"倾向模式"，并表现为信仰、符号和价值。政治文化不同于公共舆论或民意，它是由长期的价值塑造而成的，具有稳定性和相对永久性⑤，反映的是长期形成的比较稳定的政治倾向和心理。

20 世纪 80 年代以来，在改革开放的背景下，我国政治学学科逐渐复兴。国内政治学界掀起了研究政治文化的热潮，围绕政治文化的讨论日益扩大，从比较政治文化、本

---

① Eckstein H. A Perspective on Comparative Politics，Past and Present [M]. New York：Free Press，1963.

② Miller D，Bogdanor V. The Blackwell Encyclopedia of Political Thought [M]. Hoboken：Blackwell，1987.

③ Almond G A. Comparative Political Systems [J]. The Journal of Politics，1956，18（3）：391－409.

④ Almond G A. Comparative Politics：System，Process and Policy [M]. Boston：Little，Brown and Company，1978.

⑤ Inglehart R. The Renaissance of Political Culture [J]. American Political Science Review，1988，82：1217.

国政治文化分析等宏观议题转向地方政治文化的微观层面。地方政治文化是一个由政治文化衍生出来的次级概念，它发生于地方基层这一特定场域中，是社会成员在长期的实践活动中所形成的各种政治理论、思想和价值观念等的总积淀，是政治的心理与主观维度集合形成的展示。①

地方政治文化与地方政治有着密切的联系，主要表现在：其一，地方政治文化能够将地方的整体政治利益诉求等转化为民众的政治感情和心理，从而积极鼓励和引导民众进行政治参与；其二，地方政治文化是地方政治体系中的一种软件要素，可通过凝聚民心等方式为地方政治体系的存续、运行和发展提供支撑；其三，地方政治文化能够影响民众的政治角色定位，从而影响其对政治体系采取的政治态度和行动；其四，地方政治文化还可以通过政治教育、政治培训等途径提高民众的政治素养。可见，政治文化会使个人的政治行为按一定的方式运行，赋予政治系统价值取向。因此，对地方政治文化进行深入探讨，将有助于推动地方政治的建设和发展。

二、地方政治文化的类型

类型学研究方法已经成为政治学研究中一种重要的分析工具。阿尔蒙德和维巴通过分组归类的方法，对五国政治文化的模式和特征进行了综合性的分析，发现了三种一般类型的政治文化，即村民型文化、臣民型文化和参与型文化。② 学界对于政治文化的类型划分主要是参考阿尔蒙德的观点，地方场域中的政治文化大体上可分为四类，即村民型地方政治文化、臣民型地方政治文化、参与型地方政治文化和绩效型地方政治文化。

1. 村民型地方政治文化

村民型地方政治文化是一种在认知上既无意愿也无能力参与政治的狭隘的地方自治性质的文化。③ 村民型地方政治文化主要存在于较为原始阶段的政治体系中，如非洲的部落和某些国家的边远地区。村民型地方政治文化具有以下特点：一方面，社会政治体系比较原始，其各个组成部分相对独立。这样的社会并没有专业化的政治角色，政治共同体也没有发育成熟。因而，中央政府与村民和部落成员之间几乎是毫无接触的。另一方面，社会成员缺乏政治意识。偏僻部落或地区的民众处于政治的边缘地带，他们只能略微意识到中央政权的存在，缺乏政治敏感和政治热情，对政治体系的变革也几乎不抱任何期待。村民型地方政治文化是一种落后的政治文化，公民的政治参与行为几乎不可能发生。

2. 臣民型地方政治文化

臣民型地方政治文化意味着，地方场域中的社会成员虽然对政治体系的角色、结

① Sills D L. International Encyclopedia of the Social Science [M]. New York: Macmillan and Free Press, 1961: 12, 218.

② Almond G A, Verba S. The Civic Culture: Political Attitudes and Democracy in Five Nations [M]. Princeton: Princeton University Press, 2015.

③ Almond G A, Coleman J S. The Politics of the Developing Areas [M]. Princeton: Princeton University Press, 1960.

构、权威、规范以及自己在体系输出方面的责任等有较明确的认知，但在政治体系价值输出、社会治理的意见输出等方面的积极性和主动性较低，潜意识里对政府的态度是服从的。臣民型地方政治文化主要有以下特点：一方面，存在集权型政治体系。国家具有较强的权威性甚至实行独裁统治，把国家职权统一于中央政府，公民被迫受到自上而下的管理。因而，他们畏惧政府权威，认为自己影响政府的能力是非常有限的。另一方面，公民政治参与的积极性较低。由于受到权威的打压，公民把自己置于从属的服从地位，把自己视为臣民，而不是参与政治的公民，政治参与积极性较低。这种政治文化主要存在于中央集权型政治体系中，如封建社会就存在等级观念，主张上下有等、尊卑有序。由此可见，臣民型地方政治文化是一种较为落后的文化，严重阻碍政治的现代化过程。

3. 参与型地方政治文化

参与型地方政治文化意味着地方场域中的社会成员，对政治体系输入和输出方面的态度都比较积极，并认识到自己是政治体系成员中的个体，且对自身的权利、能力、责任以及政治行为的效能都具有明确的认知。参与型地方政治文化具有以下内涵：首先，公民具有独立的政治人格。公民认为政治体系与自身是利益攸关的，参与政治不仅是自己的权利，也是维护自己利益的工具。其次，参与型地方政治文化强调国家认同。公民能够正确认识个人利益与国家利益之间的关系，把国家利益置于首位，为推动国家的发展贡献自己的力量。最后，参与型地方政治文化注重政治参与的开放与公开。公民具有平等的参与权，可以自由发表自己的意见和看法，可以平等参与国家政治生活等。总体来看，参与型地方政治文化与民主政治制度相协调，民众不仅愿意参与政治生活，而且认为自己有能力改进国家事务，这是一种较为先进的政治文化。

4. 绩效型地方政治文化

所谓绩效，就是成绩和效益，是政治合法性的基础。绩效型地方政治文化就是，政治体系中的社会成员密切关注政治体系所取得的成就、成绩，政治绩效影响社会成员对政治体系的认可度和支持度。绩效型地方政治文化具有自身的特性，主张实行绩效管理，以提高政府服务质量，实现“三 E”，即经济（economy）、效率（efficiency）和效益（effectiveness）。[①] 普通民众的幸福感、满意度是政府治理绩效的“晴雨表”，民众把绩效作为衡量政治工作水平高低的指标。在这种政治文化中，如果政府能够认真履行公共管理、公共服务和公共安全三大职能，满足社会公众的需求，切实担当公共责任，提高政府的经济性、效率性和效益性，那么，民众就会认为这是一种高绩效型政府，对政府的认同感会越来越高，进而提高参与政治的积极性。绩效型地方政治文化是政治民主化水平较高的政治体系才存在的政治文化，希望通过提高政治绩效以满足社会公众的需求，达到提高普通人满意度、认同感的最终目的，从而保证政治体

① Osborne D，Gaebler T. Reinventing Government：How Entrepreneurial Spirit Is Transforming the Public Sector [M]. London：Penguin Group，1992；Cpollitt. Performance or Compliance [M]. Oxford：Oxford University Press，1992.

系的整体有效运作。

三、地方政治文化的发展

从历史纵向角度分析地方政治文化可知，地方政治文化的发展大体可以分为四种类型，即几乎不问、不言、不参与政治的村民型文化，存在根深蒂固的服从思想的臣民型文化，注重公众参与的参与型文化和以绩效考评为抓手的绩效型文化。然而，与绩效激励的短期性相比，文化认同一般来说具有长期稳定性，是最深层次的、内化于心的认同。因此，地方政治文化的未来发展应是实现绩效型政治文化向认同型政治文化的转变。

认同型地方政治文化意味着群体中社会成员对整个政治体系的归属、认可和接纳，这种政治文化彰显了人们对于政治系统和系统各个部分的态度，以及对系统中自我角色的态度。[①] 它本着多元共生、和而不同的精神，接纳并倡导文化多元主义发展，广泛凝聚人心和力量，实现国家政治认同。认同型地方政治文化有以下显著特征：一方面，政治体系是开放的、富有包容性的。在该政治体系中，它承认差异、尊重差异，推崇的是包含各种文化及其差异性的包容原则。另一方面，公民政治意识成熟，公民意识强。公民认为自己是政治体系中不可缺少的一部分，在人们内心深处对于政治具有高度的认同感、参与感。文化认同是一种身份的构建和归属，地方政治文化认同的削弱将以各种直接或间接的方式削弱共同体意识。由此可见，建设认同型地方政治文化是实现政权认同、国家认同和制度认同的必由之路。

综上所述，未来地方政治文化的发展方向应是构建认同型地方政治文化。它是在当今世界多元文化的背景下，在尊重个体差异、包容多样的基础上形成的，关注人们精神主观感受、共同情感体验，致力于打造一种稳固的共同体意识。认同型地方政治文化是与高政治民主化水平的政治体系相伴而生的一种文化，也是继续深入推动政治发展的不竭动力。

第四节　地方政治实践与政治参与

地方政治是国家政治体系的基础，是一个有机而又复杂的系统，本节将针对地方政治实践及其主要方式进行系统性介绍。

一、地方政治实践及表现形式

研究国家的政治发展和演变，离不开对地方政治的研究。一般意义上的地方政治实践是指，地方政治主体为实现某种政治目标而开展的政治行为，以及相应的政治行为产

---

① Almond G A，Verba S. The Civic Culture：Political Attitudes and Democracy in Five Nations [M]. Princeton：Princeton University Press，2015.

生的政治结果的综合术语。其主体是地方人民政府、企事业单位和广大人民群众，目的是完成一定的政治目标。地方政治实践是地方政治主体具体的政治行为，由于政治实践是不同的政治主体在不同的政治权利关系中完成的，地方政治实践也具体表现为地方政治治理和地方政治参与两种不同的形式。

第一种形式是地方政治治理活动。经济合作与发展组织将政治治理界定为“运用政治权威管理和控制公共资源，以求经济和社会发展的公共治理活动”。中国学者俞可平在政治治理的基础上提出了善治的概念，他认为善治是一种还政于民的过程，并在此基础上实现政治、经济、社会和管理等多种政治效果。地方政治治理具体表现为政治规划、政治决策、政治组织、政治指挥、政治监督等政治行为。

良好的政治治理对国家和社会都有重要的意义。一方面，地方政治治理的有效性是维护地方政府权威的重要基础。有效的政治治理能够产生相对较高的政治绩效，为公民带来政治福利，进而使公民更加支持地方政府的政治管理活动。另一方面，地方政治治理是地方社会发展的重要实现方式，借助相对强大的政治权威，地方政府的有效治理为地方社会的发展指明方向，能满足人民群众的利益诉求，进而推动地方社会的整体发展。

第二种形式是地方政治参与活动。政治参与概念首先产生于西方并逐渐发展为支持参与和限制参与两种民主理论①，以卢梭、约翰·密尔（John Mill）、杰斐逊等人为代表的支持参与的政治家认为，广泛的政治参与是激发社会活力和创造力、抵制政治暴力、集中民主智慧的有效方式②；与之相反，以达尔、熊彼特和亨廷顿等人为代表的政治学家普遍认为，政治需要节制③，对政治不熟悉的人参与政治容易破坏社会公共利益，造成政治上的盲目从众，甚至扰乱公共议事议程、破坏政治民主。④

区别于地方政治管理行为，地方政治参与行为的主体是普通公民，核心目标是获取并应用自身的政治权利，影响政府的政治决策，而地方政府在政治参与过程中更多的是从事政治动员和政治引导工作。围绕政治参与的定义，政治学界有不同的争论。《布莱克维尔政治学百科全书》将政治参与定义为“参与制定、通过或贯彻公共政策的行为”；格林斯坦在《政治科学大全》中将政治参与定义为“一般平民直接地、或多或少意欲影响政府人事的选择以及他们采取的行动而做出的法律行为”。综上所述，西方学者主要针对政治参与的对象、参与范围、参与形式、参与的合法性等方面进行讨论。中国的地方政治参与由于起步时间较晚，深受西方理念的影响，但仍有独特性。

二、中国的地方政治参与

在中国，政治参与研究的高峰始于改革开放后，有学者认为：“政治参与是普通公民通过一定的方式去直接或间接地影响政府的决定或与政府相关的公共政治生活的政治行为。”詹姆斯·R. 汤森（James R. Townsend）将中国政治参与界定为：“民众对自中国

①② Miller D, Bogdanor V. The Blackwell Encyclopedia of Political Thought [M]. Hoboken: Blackwell, 1987.

③ Huntington S P. The Crisis of Democracy: Report on the Governability of Democracies to the Trilateral Commission [M]. New York: New York University Press, 1975.

④ Schumpeter J A. Capitalism, Socialism and Democracy [M]. London: Routledge, 2010.

共产党所界定的最高的、统一的国家利益的政治行动的支持。”① 约翰·P. 伯恩斯（John P. Burns）在《中国农民的政治参与》中将政治参与界定为“个体公民旨在影响公共事务的活动”。王浦劬在《政治学基础》中将政治参与界定为“普通公民通过各种合法方式参加政治生活，并影响政治体系的构成、运行方式、运行规则和政策过程的行为”。② 包刚升在《政治学通识》中将政治参与界定为“公民通过正式途径影响统治者或公共决策的行动与过程”③。定义虽不尽相同，但都指明了中国政治参与的共性：

第一，中国地方政治参与是一种合法的政治行为。

第二，中国地方政治参与仅指实质性政治行为，不包括政治态度。

第三，中国地方政治参与的主体是普通公民。

第四，中国地方政治参与是普通公民自愿的政治行为。

第五，中国地方政治参与包括主动参与和被动参与等多种方式。

第六，中国地方政治参与的结果是影响与政府有关的政治生活。

地方政治参与的主要表现形式有政治投票、政治选举、政治结社等多种政治行为。政治投票是公民表达自身政治偏好或政治态度的政治行为，随着科技和经济的不断发展，政治投票也发展出互联网投票、现场投票、电话投票等多种方式。政治选举是指向候选人和政党分派公职、将选票换成席位的一种方法。选举权是中国公民的基本权利，地方政府所采用的选举方式一般包括直接选举、间接选举、等额选举、差额选举等，通过选举引导公民参与地方政治生活。在选举过程中，公民除了直接参与政治投票外，还可以通过协调、宣传、动员等方式进行政治参与。政治结社是指具有共同利益的公民结成持久性的集团组织的政治行为。地方政府通过吸纳、动员公民加入政党和政治组织，使公民进行政治参与。④

随着政治改革进程的不断深化，中国地方政府不断创新政治参与方式，使基层社会的政治参与水平不断提高。影响中国地方政治参与的因素主要有以下几方面：

第一，地方经济发展水平。一般意义上认为，社会经济发展状况与政治参与水平呈正相关。2023年，中国GDP规模126万亿元，保持世界第二大经济体地位，占全球经济份额超17%，贡献全球经济增长32%，地方经济实力也在不断增强，人均GDP为89 358元，接近高收入国家标准，人民的教育、医疗和收入水平提升，生存压力降低的公民的政治参与积极性会提高。另外，社会经济的不断发展会催生更多的正式或非正式的社会组织，例如各种正式的行业协会、非正式的社会组织，更多的人加入社会组织，起到了整合社会力量的作用，为地方政治参与储存了后备资源。

第二，地方政治制度供给。丰富而有效的制度供给是公民有序进行政治参与的基础条件。改革开放以来，中央政府进行全局性制度设计，地方政府在落实中央政策的同时根据地方政治实际，完善政治参与的制度供给，拓宽公民政治参与的渠道。人民

---

① Townsend J R. Political Participation in Communist China [M]. Berkeley: University of California Press, 1967: 4-6.

② 王浦劬. 政治学基础 [M]. 北京：北京大学出版社，2018：209.

③ 包刚升. 政治学通识 [M]. 北京：北京大学出版社，2015：251.

④ Andrew H. Politics [M]. 3rd ed. London: Palgrave Macmillan, 2013.

代表大会制度是实现全过程人民民主的重要载体，保证了人民有序政治参与，听证制度为公民进行政治参与提供了直接渠道，信访制度成为公民维护自身利益的补充手段，村民自治制度和居民自治制度为公民政治参与提供了最大的实践空间。在此基础上，为实现地方政治、经济、社会的稳定运行而制定的“家庭联产承包责任制度”“公共突发事件管理制度”“行政问责制度”等制度，在响应国家制度设置的同时，推动了地方的发展。

第三，地方政治文化。政治文化是民族、国家、集团所建构的政治规范、制度和体系，以及人们关于政治现象的态度、心理习惯和价值观念的有机复合体。① 社会主义民主是在完整的制度程序和参与实践中完成的，改革开放以来，地方各级政府在中国特色社会主义文化的指导下，积极塑造尊重差异、包容多样、开放民主的地方政治文化，向人民群众宣传“共建共治共享”“协商民主”“拥抱世界”的政治理念，培养出众多参与型公民，村民自治、居民自治也在群众的积极参与中不断发挥实质性作用。

公民凭借自身的政治资格参与地方政治活动的政治行为，对公民自身、政府和社会都有重要的意义。

就公民自身而言，一方面，公民主动或被动参与政治活动，进而影响政治权力、实现自身利益。如亨廷顿所言，“一个国家的公民是以自身利益能够得到或者部分得到相应的满足为限度”，而当今社会普遍认为“政治权力承担着社会资源分配的功能”②，公民参与地方政治活动，能够争取和维护自身的合法利益。另一方面，政治参与是提高公民判断力的最好工具。参与者为参与政治学习政治知识、明确自身的利益诉求、了解政治制度的运作机制，进而以合法正确的方式参与政治活动，既提升政治参与的积极性，又促进政治环境的发展与进步。

就政府和社会而言，地方政治参与的影响是多方面的。首先，政治参与影响政治稳定。当政治参与水平较高时，公民的利益诉求能够得到倾听和满足，公民对政府有较高的支持度，则政治稳定；反之，会导致政府与公民关系紧张，不利于国家政治稳定。其次，地方政治参与影响经济发展。带有支持性的政治参与活动能够推进经济建设的步伐，为经济建设提供支持力量，促进国家经济发展，相反则会阻碍经济的发展。最后，地方政治参与有利于实现社会公平。公民参与政治活动，能够争取到更多的工作机会、更高的社会地位，从而减少社会中的不公平现象。

参考文献

包刚升．政治学通识［M］．北京：北京大学出版社，2015：251.

付永，付中元．论地方政府在制度创新中的作用［J］．韶关学院学报（社会科学

① Barrett T H. Cultural Authority and Political Culture in China：Exploring Issues with the Zhongyong and the Daotong during the Song，Jin and Yuan Dynasties［J］．Bulletin of the School of Oriental and African Studies，2013，76（3）：548－550.

② Ergenc C. Political Efficacy through Deliberative Participation in Urban China：A Case Study on Public Hearings［J］．Journal of Chinese Political Science，2014，19：191－213.

版)，2002 (10)：51－54.

马克思，恩格斯．共产党宣言［M］. 北京：人民出版社，2018.

王浦劬．政治学基础［M］. 北京：北京大学出版社，2018：209.

Andrew H. Politics［M］. 3rd ed. London：Palgrave Macmillan，2013.

Arend L. Patterns of Democracy：Government Forms and Performance in Thirty-Six Countries［M］. New Haven：Yale University Press，1999.

Peters B G，Jon P. Institutions and Time：Problems of Conceptiontualization and Explanation［J］. Journal of Public Administration Research and Theory，1998，8 (4)：565－584.

Rothstein B，Sven S. Restructuring the Welfare State：Political Institutions and Policy Change［M］. New York：Springer，2016.

Ergenc C. Political Efficacy through Deliberative Participation in Urban China：A Case Study on Public Hearings［J］. Journal of Chinese Political Science，2014，19：191－213.

Cynthia C. The Local State：Management of Cities and People［J］. Race & Class，1977，18 (4)：363－376.

David H. Cosmopolitanism and the Geographies of Freedom［M］. New York：Columbia University Press，2008.

Elkin L. City and Regime in the American Republic［M］. Berkeley：University of Chicago Press，2015.

Barnard F M. Culture and Political Development：Herder's Suggestive Insights［J］. American Political Science Review，1969，63 (2)：379－397.

Fagen R R. The Transformation of Political Culture in Cuba［M］. Stanford：Stanford University Press，1969.

Almond G A. Comparative Political Systems［J］. The Journal of Politics，1956，18 (3)：391－409.

Almond G A. A Developmental Approach to Political Systems［J］. World Politics，1965，17 (2)：183－214.

Almond G A，Verba S. The Civic Culture：Political Attitudes and Democracy in Five Nations［M］. Princeton：Princeton University Press，2015.

Klosko G. The Development of Plato's Political Theory［M］. Oxford：Oxford University Press，2006.

Shapiro I，Skowronek S，Galvin D. Rethinking Political Institutions：The Art of the State［M］. New York：New York University Press，2006.

Trounstine J. All Politics Is Local：The Reemergence of the Study of City Politics，Perspectives on Politics［M］. Cambridge：Cambridge University Press，2009.

Burn J. Political Participation in Rural China［M］. Berkeley：University of California Press，1988.

Harriss J，Stokke K，Törnquist O. Politicising Democracy：The New Local Politics of Democratization [M]. New York: Springer, 2004.

Schumpeter J A. Capitalism, Socialism and Democracy [M]. London: Routledge, 2010.

Pye L W, Verbs S. Political Culture and Political Development [M]. Princeton: Princeton University Press, 1965.

Woods M. Rethinking Elites: Networks, Space, and Local Politics [J]. Environment and Planning A, 1998, 30 (12): 2101 - 2119.

John P, Cole A. Political Leadership in the New Urban Governance: Britain and France Compared [J]. Local Government Studies, 1999, 25 (4): 98 - 115.

Simpson P L P. The Politics of Aristotle [M]. Oxford: Oxford University, 2000.

Wolfinger R E. Nondecisions and the Study of Local Politics [J]. American Political Science Review, 1971, 65 (4): 1063 - 1080.

Rogrrs E M. Diffusion of Innovation [M]. New York: Free Press, 2003.

Huntington S P. The Crisis of Democracy: Report on the Governability of Democracies to the Trilateral Commission [M]. New York: New York University Press, 1975.

Woodman S. Local Politics, Local Citizenship? Socialized Governance in Contemporary China [J]. The China Quarterly, 2016, 226: 342 - 362.

Steinmo S, Thelen K, Longstreth F, et al. Structuring Politics: Historical Institutionalism in Comparative Politics [M]. New York: Cambridge University Press, 1992.

Barrett T H. Cultural Authority and Political Culture in China: Exploring Issues with the Zhongyong and the Daotong during the Song, Jin and Yuan Dynasties [J]. Bulletin of the School of Oriental and African Studies, 2013, 76 (3): 548 - 550.

Anton T J. Power, Pluralism, and Local Politics [J]. Administrative Science Quarterly, 1963: 425 - 457.

第八章

政治心理

为什么不同的国家会选择不同的政治制度？我们个体的政治行为，比如投票，完全受利益驱动吗？情绪在我们政治参与中又起到何种作用？为什么我们会有政治偏见？这些都是政治心理研究涉及的内容。本章将聚焦以下几个方面的问题：政治心理研究何以兴起？到底是性情还是情境决定了人的政治行为？人们的政治认知过程如何影响政治行为以及相关的政治决策？情绪是非理性的吗？情绪对我们的政治认知以及政治行为可能产生哪些影响？政治信任、政治稳定与政治参与又是何种关系？有哪些因素会影响公民的政治信任水平？

第一节　政治心理研究的历程及其展望

一、政治心理研究兴起的学术与历史背景

对于政治心理相关命题的研究古已有之，比如亚里士多德在《政治学》中对政体类型与公民性格之间关系展开的论述，但政治心理研究作为一个学科产生于 20 世纪。19 世纪末 20 世纪初，随着心理学的诞生，一些心理学家、政治学家从各自的角度开始有意识地、系统地将心理学的有关知识运用于对政治现象、政治问题的研究，逐渐创立了一门颇引人注目的新兴学科——政治心理学（political psychology）。这种产生并非偶然，它有着深刻的理论和现实背景。

首先，传统政治学的研究方法的局限使其对现实问题的解释力减弱。传统政治学主要以规范性的演绎、静态性的解释来阐释政治学中的核心问题，如国家问题、权力问题等。19 世纪末 20 世纪初，随着选举越来越频繁，传统政治学研究方法的局限以及研究主题的局限使得其对投票主体以及相关问题的关照力日显局限。与此同时，心理学、社会学、社会心理学纷纷独立，这些为政治心理学的独立提供了强大的动力。

其次，20 世纪社会历史现实需要学者对政治学的主体的心理背景给予更多的关注。

西方社会中政治动乱的加剧，两次世界大战带来的毁灭性灾难，现代极权主义及其暴行的发展，大众传媒的系统利用等，都使人们迫切需要获得有关政治过程和心理过程相互关系的知识，以找到这些事件产生的原因和与之斗争的办法。

最后，自然科学和社会科学的不断发展为政治心理学的诞生创造了客观条件。科学的技术和方法取得了不断的进步，大型计算机以及数据处理技术的发展让大规模的定量研究成为可能。简言之，当时社会的客观需要，加上科学技术的发展，促使一些学者对政治心理学有关问题进行了研究。

总而言之，政治学科本身不断发展和完善的内在逻辑，以及 20 世纪社会的客观需要，使政治心理学的产生具有了必要性。而自然科学和社会科学理论与方法的新进展，又为政治心理学的产生创造了客观条件。

二、政治心理研究与发展的脉络

政治心理学认为，人们的政治行为同其他任何行为形式一样，都是社会政治、经济条件和社会历史环境同人们的心理要素相互作用的产物。因此，政治学家在政治活动中，必须注意到人的心理因素，注意研究人们的心理因素同他们的政治行为、同政治制度之间的作用关系。具体而言，政治心理学不仅要研究人们的心理过程对政治过程的影响，同时还应注意探求政治过程对形成人们心理过程的作用。这就是说，政治心理学研究的主要是政治过程和心理过程这样一种双向的互动关系。由于政治心理学主要源于政治学与心理学的交叉，因此其发展深受心理学研究主题的影响。根据研究主题以及研究路径，大致可以将政治心理学的发展划分为以下三个重要的阶段。最后，阐述了政治心理研究在中国的发展。

1. 人格政治研究时期

基于心理学非常流行的精神分析理论以及人格理论，20 世纪四五十年代开始，政治心理学领域涌现了一大批人格政治研究的成果。例如，政治心理学的奠基人拉斯韦尔分别于 1930 年、1948 年出版了《精神病理学与政治》(Psychopathology and Politics) 和《权力与人格》(Power and Personality)。这两本书将弗洛伊德的一些精神分析学派观点运用于研究之中。在《权力与人格》一书中，拉斯韦尔运用弗洛伊德的转移与升华理论，研究政治人格形成的动因，提出“补偿理论”。身为拉斯韦尔学生的亚历山大·乔治 (Alexander George) 和朱丽叶·乔治 (Juliette George)，在他们的代表作《总统人格：伍德罗·威尔逊的精神分析》中，追溯典型政治人物的心理形成过程，对其个性进行分析，形成了“心理传记”的研究模式。[①] 这一时期另一本比较有影响的著作为阿多诺的《权力主义人格》。这本书旨在研究反犹太主义和法西斯主义的心理基础。作者运用现代心理分析和临床心理的概念，采用了态度测定、观察、临床交谈等社会心理学的研究方法，得出结论：反犹太主义以及对外族人种偏见的根源在于人格——易受法西斯主义影

① George A L，George J L. Woodrow Wilson and Colonel House：A Personality Study [M]. New York：J. Day Co，1956.

响的人格，提出了有名的法西斯量表，即F量表。

2. 政治态度与选举行为研究时期

20世纪六七十年代，政治心理学家从以精神分析方法为主导的人格研究转向了以“理性人”为假设的政治态度和政治行为研究①；研究方法从之前的定性分析为主转为定量分析方法；理论导向也从之前的单一精神分析取向转向更为多元的行为及其态度研究。这一时期比较具有代表性的理论有费斯廷格（Festinger）的认知失调理论。② 这一理论强调，个体行为与态度之间的不一致会引发心理上的紧张不适，为了消除这种不适，个体要么改变行为要么改变态度，从而使得行为与态度一致。坎贝尔（Campbell）的《美国选民》开启了运用政治心理学研究公众政治态度和政治现象关系的先河，并提出了选民心理的模型。③ 这一时期，理性选择理论也被应用于追溯投票的重要性的相关议题研究中。④

3. 政治认知研究时期

20世纪80年代，认知理论在政治心理研究中得到了广泛运用，形成了以聚焦政治信仰、信息加工和决策等研究内容为主要特征的发展阶段。认知理论强调个体的知识结构对其行为与决策产生的影响，以及人类从根本上都是有限理性的。认知理论的很多观点被运用于政治现象研究中，比如“认知捷径”被运用于政治决策研究、选举选择研究中。卢皮亚（Lupia）表明，在加利福尼亚州的保险公投中，选民将保险公司的立场作为线索，制定他们自己对复杂的备选方案的偏好。⑤“认知偏差”也运用于投票问题研究中，认为个体的认知偏差会导致其在信息的选择中产生选择性接触行为，进而使政党选举决策的结果表现出一定的验证性偏差效应。⑥ 当前，分析人员还利用竞选活动中的时间变化来揭示各种政治事件对选举的影响，尤其是关于竞选广告的数量和内容变化对竞选结果的影响。哈根（Hagen）和贾米森（Jamieson）发现，小布什的微弱胜利取决于广告信号不平衡，也就是说在战场州的广告信号对他是非常有利的。⑦ 后来希尔等人进一步验证了广告信号对选举结果的影响，并进一步揭示了广告效应的半衰期，提出在选举前几天，

---

① 郑建君．政治心理学［M］．北京：北京师范大学出版社，2020：8.

② Festinger L. A Theory of Cognitive Dissonance［M］. Stanford：Stanford University Press，1957.

③ Campbell A，Converse P E，Miller W E，et al. The American Voter［M］. Chicago：University of Chicago Press，1960.

④ Key V O. The Responsible Electorate［M］. Cambridge：Harvard University Press，1966；Fiorina M P. Retrospective Voting in American National Elections［M］. New Haven：Yale University Press，1981.

⑤ Lupia A. The Effect of Information on Voting Behavior and Electoral Outcomes：An Experimental Study of Direct Legislation［J］. Public Choice，1994，78（1）：65-86.

⑥ Fischer P，Greitemeyer T，Frey D. Self-Regulation and Selective Exposure：The Impact of Depleted Self-Regulation Resources on Confirmatory Information Processing［J］. Journal of Personality and Social Psychology，2008，94（3）：382-395.

⑦ Hagen M G，Jamieson K H. The 2000 Presidential Election and the Foundations of Party Politics［M］. Cambridge：Cambridge University Press，2014.

选民可能会受到电视广告的强烈影响。① 对选民心理的分析仍然是当前美国政治行为和政治心理研究的热门问题。

进入21世纪，政治心理研究从两个方面展示了新的活力。首先在研究内容上，政治心理研究不断扩展，特别是将情绪问题引入认知领域，认为情绪在认知过程中十分重要，提出“热认知”的概念。其次，在研究方法上有突破，突破了之前以理论分析、思辨论证为主的方法，越来越注重科学方法的运用，大量采用问卷调查、大数据，甚至是精心设计的实验、脑成像技术等，为政治心理研究提供了新的技术支持和保障。

4. 政治心理研究在中国

政治心理研究在中国属于新兴领域。政治心理研究在中国的开展也是遵循介绍、模仿、创新的历程。

首先，学界大量引入、翻译西方政治心理研究的成果。例如，《现代外国哲学社会科学文摘》在1984年第6期翻译了美国学者多伊奇（Deutsch）的《什么是政治心理学?》和《政治心理学的若干例证性研究》两篇论文；《现代外国哲学社会科学文摘》1987年刊载了一组美国学者威廉·G. 斯通的政治心理学的相关研究成果，随后在《政治学研究》《国外社会科学》《国外社会科学动态》等杂志上，陆续介绍了一些有关西方政治社会化、政治文化研究的论文。在翻译论文的基础上，学界也翻译了相关著作。例如，20世纪80年代浙江人民出版社出版了一系列政治学著作，其中就有沃拉斯的《政治中的人性》和阿尔蒙德与维巴合作的《公民文化》等政治心理学研究著作。1987年，黑龙江人民出版社还出版了斯通的《政治心理学》一书。另外，有关学者还翻译了大量精神分析学派和新精神分析学派的著作，如弗洛姆的《对自由的恐惧》、阿德勒的《自卑与超越》等。尤其是中国人民大学尹继武教授主编的《政治心理学前沿译丛》，将国外最有影响力和最前沿的政治心理研究成果引入中国。

在翻译的基础上，我国的政治学工作者也开始结合中国实际进行研究。丘晓主编的《政治学原理》一书还专章介绍了政治心理，王沪宁的《比较政治分析》介绍了政治文化。季乃礼、尹继武、刘训练、郑建君等学者先后主持编著了政治心理学教材。一些高校，如武汉大学、南京大学等主办了一年一届的政治心理研究的高质量学术会议。一批青年学者投身于政治心理研究，聚焦中国传统国民政治心理及其在改革开放过程中的转型、变革，政治心理与政治体制的相互作用，以及中国社会各阶层的政治心理，近些年发表了一批高质量的学术研究成果。正如俞可平教授所言，中国政治学的研究议题发生了天翻地覆的变化，其中一条最重要的主线是，从单纯政治制度的研究拓展到政治心理与政治行为的研究。②

尽管中国政治心理问题研究如火如荼，但正如季乃礼教授总结的，目前我国政治心理研究还存在两大缺陷：其一是直观、抽象、文献等思辨研究多，而实证性研究少，

① Hill S J, Lo J, Vavreck L, et al. The Duration of Advertising Effects in the 2000 Presidential Campaign [C] //Annual Meeting of the American Political Science Association, 2008.

② 俞可平．中国政治学的主要趋势（1978—2018）[J]. 北京大学学报（哲学社会科学版），2018，55（5）：9-19.

与政治心理学所要求的研究方法矛盾比较大。其二是我国的问卷调查存在几个问题，比如抽样不随机，缺乏代表性；调查尚处于表层政治意见，缺乏对深层政治心理的了解；沿袭国外政治心理学所运用的框架，对中国的政治心理缺乏透彻把握；问卷缺乏量度。[①]

三、政治心理研究的性情与情境路径之争

到底是人的性情，如人格、认知、动机或情感，塑造了人的行为，还是人所处的情境造就了特定的行为？这一问题构成了政治心理学理论和研究的一条长期争辩的主线。霍顿（Houghton）指出，在行为主义、从众以及群体决策等领域，一直是情境主义（situationism）的解释占据主导地位；而在心理传记学、认知、情感和神经科学等领域，人的性情因素成为主要的解释工具。[②] 对于特定问题的解释，性情主义和情境主义的解释难以完全区分开来。比如，政治行为与决策，往往会有情境论的解释，但是支持决策的精英个人风格也是区分不同决策类型的关键因素。较为著名的情境论观点是津巴多（Zimbardo）关于驻伊拉克美军虐囚丑闻的分析。他基于著名的斯坦福监狱实验，以"路西法效应"的情境主义分析解释了平时"遵纪守法"的美国大兵为何做出令人发指、没有基本人权意识的虐囚行为。

性情还是情境，何种因素在个体行为、群体行为中居于主导影响地位？或者说性情主义和情境主义两种解释路径，哪种更有效？所有的政治行为都发生在特定的背景下，在特定的时间和地点，由具有不同背景、偏好和个性的特定个人来完成。因此，凯瑟琳（Kathleen）认为，任何对政治行为普遍规律的探索都注定要失败。[③] 我们难以笼统地评判，因为这要取决于所要解释的特定问题。因此研究揭示在哪些条件下个体及个体的性情可能会起到更重要的作用也是比较有意思的研究命题。一般来说，在情境的压力较小、情境较为新颖、信息不太充分或模糊等条件下，个体的性情可能会起到更加重要的作用。

第二节　政治认知

20 世纪 70 年代前后，心理学经历了一场"认知革命"，认知研究几乎支配了整个心理学学科。后来一批政治学者和心理学者将认知理论引入政治问题研究。我们如何处理政治信息？怎样解释政治世界？我们在政治议题、选择与冲突的情境中如何认识他人、

① 季乃礼．政治心理学导论［M］．北京：中国人民大学出版社，2010.

② Houghton D P. Political Psychology：Situations，Individuals，and Cases［M］．2nd ed. London：Routledge，2014.

③ Mcgraw K M. Why and How Psychology Matters［M］//Goodin R，Charles T. The Oxford Handbook of Contextual Political Analysis. Oxford：Oxford University Press，2006：150.

对象以及我们自己？我们怎样接收（受）信息、解释信息，并以此做出决策？本节主要尝试去回答这些问题。

在心理学中，认知概念对于理解人们如何处理信息和体认他们周围的世界具有中心作用。认知是“与知识的获取、组织和使用有关的心理过程的一种集合术语”[①]。在我们的头脑中，知识和信息被组织进一个认知体系中，认知过程包括从知觉[②]、记忆、注意和问题解决到信息处理、语言、思维和想象等所有事物。

认知心理学大约在20世纪80年代前后被引入政治学界，主要原因是选举战略与技术的进步。相较于其他理论，认知心理学能够更精细地解释选民的投票心理。

一、认知相符（失调）论与气候政治研究

1. 认知相符（失调）论

20世纪50年代和60年代，认知相符论成为人们解释信念与行为关系的流行理论。[③]寻求一致性的内驱力通过一些方式影响我们对信息的处理。首先，它产生了选择性知觉，包括“选择性发现”、“选择性注意”和“选择性解释”[④]。不一致的信息或者被忽略，或者被扭曲，以使它看起来同态度或者认知类型相一致。寻求平衡和避免不一致性的过程也会导致支持作用（bolstering），它涉及对信息的选择性发现，即人们寻求支持他们的决策的信息而避免批判他们决策的信息。当人们贬损没有被他们选中的方案而夸大他们所做的决策时，也会出现支持作用。

在信息处理过程中寻求一致性的内驱力的作用下，人们仅仅接受符合期望的信息，这就会导致人们错过重要的信息。对信息加以解释以使它符合人们的期望而不是符合某一客观的可能性，这种做法会导致国家之间或者政治群体之间的冲突不断加剧。对信息加以扭曲，以便遵照一致性，这样做可能不会发现政治中价值权衡（value trade-off）的必要性。[⑤]在国际关系领域，一国对另一国已有认知，寻求一致性的内驱力会使得两国在以后的交往中加深对某些政治信号的收集或回避，或对某些政治信息进行扭曲，从而加深两国的误解。

2. 寻求一致的努力？——气候政治行动困境

21世纪，随着气候问题的凸显，学界将认知失调和紧急帮助行为的理论应用于气候政治研究。学者们注意到石油公司高管和联邦政府之间的关系，分析气候怀疑

---

① 科塔姆．政治心理学［M］．胡勇，陈刚，译．北京：中国人民大学出版社，2013：57.

② 知觉是个体对作用于感觉器官的客观事物的主观反映，它体现了个体经过对外部刺激信息的主动性加工所形成的对客观事物各个部分及各个属性的整体性反映。知觉具有选择性、整体性、理解性与恒常性等特征。影响知觉的因素包括知觉的主体、知觉对象以及知觉情境。

③ 费斯汀格等人认为，人们可以在不一致和不平衡的状态中生活，但是他们不喜欢这样。当不一致达到极端状态的时候，它就会造成精神上的痛苦。人们会有一种寻求一致性的内驱力。

④ Fiske S T，Taylor S E. Social Cognition［M］. 2nd ed. New York：Mcgraw-Hill，1991：469.

⑤ Jervis R. Perception and Misperception in International Politics［M］. Princeton：Princeton University Press，1976.

论运动，并分析媒体框架如何扭曲观众对气候问题的理解。[①] 他们力争通过认知心理理论来研究公众、政府、媒体、石油企业等主体在气候变暖这一事实上的认知及其行为。

这一问题的研究主要有三种路径。第一种路径关注个人，他们尝试研究世界各地的人们为什么不理解气候变暖与化石燃料之间的关系？尽管“信息赤字”的解释在某种程度上能够回答这一问题，但仍不能回答为什么在了解全球变暖并表达担忧却未采取任何行动的人的行为。第二种路径指向政治经济学与公众认知之间的关系。学者们尝试分析企业对媒体的控制如何限制和塑造关于全球变暖的可用信息的传播。有些学者提出“平衡作为偏见现象”是如何对气候科学进行“正常”扭曲的。[②] 通过将认知理论的相关观点运用于气候政治这一特殊领域研究，学者们尝试回归对政治认知的理论提升，他们提出在某些情况下，公众可能缺乏信息，可能完全被媒体、专家甚至政府误导，但这些因素是否是限制公众以更大的兴趣进行关注并参与的因素呢？也就是说，知识对于引起公众参与的反应来说是必要的，但知识是否是决定因素，这一点还需要进一步论证。第三种路径将认知失调原因、作用以及帮助行为的相关理论应用于气候变化研究，从而推动了第二条路径中提出的问题。保罗·凯尔斯特（Paul Kellstedt）和他的同事发现，大众对气候变化信息的认知水平越高，其担忧和个人责任感就越低。[③] 辛西娅·弗朗茨（Cynthia Frantz）和斯蒂芬·迈耶（Stephan Mayer）将帮助行为的经典模型应用于公众对气候变化的反应。[④] 基于这一模型的标准，他们指出，气候变化很难被注意到，由于其责任的分散，并且有行动的心理成本，每一个因素都抑制了个人行动反应的可能性。

此外，学者卡里·马里·诺尔加德（Kari Marie Norgaard）提出“气候否认”这一概念来分析气候保护合作行动难以达成的原因。所谓“气候否认”就是大家在集体层面对气候变化的相关信息进行积极抵制，这种心理否认机制将气候治理的困境归咎于包括政府在内的其他人的不作为。这种否认得到了相关企业的全球性支持，从而使得气候治理以及生态平衡遥遥无期。[⑤] 显然，认知失调理论在关于气候合作及行动困境方面的解释是有说服力的，让我们看到为什么在应对气候变化方面建立共识不能仅仅通过科学机构来进行，而是需要一种更有区别、更具文化敏感性，事实上更具世界性的方法来应对气候现象。[⑥]

---

① Norgaard K M. Climate Denial：Emotion，Psychology，Culture，and Political Economy［M］//Dryzek J S，Norgaard R B，Schlosberg D. The Oxford Handbook of Climate Change and Society. Oxford：Oxford University Press，2011.

② Boykoff M T. The Cultural Politics of Climate Change Discourse in UK Tabloids［J］. Political Geography，2008（27）：549－569.

③ Kellstedt P M，Zahran S，Vedlitz A. Personal Efficacy，the Information Environment，and Attitudes toward Global Warming and Climate Change in the United States［J］. Risk Analysis：An International Journal，2008，28（1）：113－126.

④ Frantz C M，Mayer F S. The Emergency of Climate Change：Why Are We Failing to Take Action?［J］. Analyses of Social Issues and Public Policy，2009，9（1）：205－222.

⑤ 同①.

⑥ Jasanoff S. Testing Time for Climate Science［J］. Science，2010，328（5979）：695－696.

二、归因理论、类型化理论与国际政治研究

1. 归因理论与国际政治中的归因偏差

归因理论从“为何某一行为会发生”这一问题入手，聚焦于揭开人们自身行为的原因，而不是不断重建自己的信念，让信念与行为之间达到平衡。归因理论将个体看作“朴素的科学家”，或问题的解决者，而不是将人看作“一致寻求者”。哈罗德·凯利（Harold Kelly）、理查德·尼斯贝特（Richard Nisbett）和莱斯·罗斯（Less Ross）对这种认知理论的发展贡献良多。①

人们在将他人行为和自身行为进行归因时，很难做到周到客观。正如菲斯柯尔（Fiskle）和泰勒（Taylor）提出的：基于日常观察，人们经常以一种相对粗心的方式进行归因。认知能力的有限，导致人们常常会走捷径。人们的归因常常会出现偏误，这种现象被称为“归因偏差”（attribution bias）。归因偏差可以分为基本归因偏差、自我服务偏差两大类。前者是指个体在进行归因时，对他人的行为结果更倾向于归因于行动者本身（如动机、态度、人格等），而忽视客观环境的影响。后者是指个体对自我归因时，总是倾向于将自己的成功归因于主观因素，将失败归因于外部因素。

在政治生活领域，除了我们常常走捷径进行归因，我们还容易犯“基本归因误差”的错误。国际政策制定者们倾向于推论自己国家的行为是受环境的驱使，并将他国的行为归因于该国或其领导人的某些基本的“性格”。尤其当决策者在做决策时，如果对他者具有一种强烈的负面态度，那么决策者会倾向于将他者归因于其性情而非环境。比如德博拉·韦尔奇·拉森在分析冷战遏制起源的研究中提出：华盛顿官员太想将苏联的行动归因于意识形态的扩张主义的动机，但其行动或许仅仅真实反映了其安全考虑。② 冯·维茨贝格（Yaacov Vertzberger）提出用移情的实践来尽量避免这种归因误差。他认为将我们自己置于对手的位置上，换位思考，是朴素的科学家经常在国际关系中对归因误差有效的矫正方法。③ 归因理论在国际政治研究中的运用，在某种程度上揭开了国际问题决策的“黑箱”，为国家关系领域的正常和平发展提供了一种思路。

2. 类型化理论与国际合作困境

认知系统不只是一些知识片段，它们还是组织化的，以便使人们不用思虑过甚就可以穿行于自己的世界之中，并可以有效地管理他们周围的环境。认知系统帮助人们理解

---

① Kanouse D E，Hanson L，Jones E E，et al. Attribution：Perceiving the Causes of Behavior［M］. Morristown：General Learning，1972：47－62；Nisbett R，Ross L. Human Inference：Strategies and Shortcomings of Social Judgement［M］. Hoboken：Prentice Hall，1980.

② Larson D W. Origins of Containment：A Psychological Explanation［M］. Princeton：Princeton University Press，1985：38.

③ Vertzberger Y. The World in Their Minds：Information Processing，Cognition and Perception in Foreign Policy Decision-Making［M］. Stanford：Stanford University Press，1990.

自己的世界，使与人们的生存环境有关的知识得到了组织化和简化，并且被用来理解复杂的社会与自然现实。奥尔波特（Allport）认为，人脑必须在类型（category）的帮助下思考……类型一旦形成，就会成为常规的预先判断的基础。[①]

类型化理论的主要观点为：一旦某个人或者某种情境被划为一种类型，人们就会使用以类型或者图式（schema）为形式的有组织的一般化知识，来处理和这个人或者这种情境有关的信息，并做出和他或者他们有关的决策。人们构建和运用认知类型，从而帮助他们有效地处理信息。刻板印象是一种特殊的认知类型。刻板化是一种心理捷径，可以让人们对某个人或者群体有相当多的“了解”，不管这种了解是准确的还是有误差的。刻板化可以在没有明确思考的情况下迅速地出现。缺失的信息可以由类型或意象本身来提供。

我们也可以将政治世界进行类型化。例如我们可以根据国家的类型，如敌人或盟友，建构国际环境。这些认知类型就是所谓的意象[②]，意象所起的作用非常类似于刻板印象。比如在制定外交政策的过程中，决策者会在相关国家的经济特性、军事力量、文化属性等多方面形成相应的意象，而这些意象会影响其政策制定和选择。联盟意象被认为在能力和文化上与感知者的国家是同等的，而且在价值观上也非常相近。敌人意象就是某个国家被视为在能力和文化上与感知者的国家是同等的，在意图上就有威胁性。

在21世纪的今天，国际之间的沟通与交流并没有随着全球化的浪潮而加深，进而达成合作，反而出现了国与国之间的价值观的分歧，尤其东西方国家之间的价值观分歧越来越大。普洛宁（Pronin）、吉洛维奇（Gilovich）等学者提出“天真的现实主义”（naïve realism）这一概念来分析21世纪国家间的合作难题。[③] 总的来说，天真的现实主义就是：我相信我是对的，我的政党、我的团体、我的国家垄断了客观性。天真的现实主义的信念会让双方都觉得对方太有偏见，无法与之讲道理；当不满情绪被公开时，对方会被指控有偏见或“战略”不理智，而且对手之间的差距被认为比实际情况更大，这使得人们对解决冲突持更加悲观的态度。人们从不同的偏好和倾向开始，而有偏见的政治推理会加剧这些偏好，从而加剧分歧与矛盾。对于国际冲突的起因及其可能的解决机制，归因理论、类型化理论都贡献了理论层面的资源。

第三节　政治情绪与情感

情绪（情感）、认知、道德作为文化的三个组成部分，尽管在文学作品、新闻以及现

① Allport G W. The Nature of Prejudice [M]. Cambridge：Addison-Wesley，1954.

② 意象理论（image theory）是一种政治心理学路径，它关注政策制定者对他国的意象及其行为之间的联系。参见：Blanton S L. Images in Conflict：The Case of Ronald Reagan and El Salvador [J]. International Studies Quarterly，1996，40（1）：23-44；Schafer M，Walker S. Beliefs and Leadership in Word Politics：Methods and Applications of Operational Code Analysis [M]. New York：Palgrave Macmillan，2006.

③ Pronin E，Gilovich T，Ross L. Objectivity in the Eye of the Beholder：Divergent Perceptions of Bias in Self versus Others [J]. Psychological Review，2004，111（3）：781-799.

实中被描摹、被感知，但直到20世纪末情绪研究才受到学界重视。最近几年，情绪才被作为理解政治的严肃的分析工具。例如，由于将情绪（情感）理论引入国际关系研究，布雷克尔（Bleiker）和哈奇森（Hutchison）认为，国际关系正在经历“情感转向”，即由传统的以理性为中心的国际关系理论构建转向重视研究评估情绪在国家政治中的作用。[①]

一、情绪与情感

一般来说，情绪是一种相对短暂的有意识的体验，其特征是强烈的精神活动和高度的快乐或不快乐。情绪是强迫或吸引我们关注周围世界的一种东西。情感与情绪存在着差异。学者试图将二者分开。比如菲斯克和泰勒把情感界定为“表示全部范围的偏好、评价、心境和情绪的一个一般术语”[②]，而把情绪视为一种“复杂的情感类别，超出了仅仅好的或者坏的感情，而包括高兴、从容、愤怒、悲伤、恐惧，还有其他”。纽曼（Neuman）、马库斯（Marcus）、克里格勒（Crigler）和马克昆（Mackuen）把情感界定为“变化着的认知与心理反应，这种反应针对具有个人意义的发现”[③]。奥塔蒂（Ottati）和怀尔（Wyer）持有一种更为狭隘的定义，他们认为情感是一种心理状态，可以是愉快的或者不愉快的、肯定的或者否定的体验。[④] 他们把情绪定义为一种情感状态，这种情感状态可以被更为精确地表示出来，如愤怒、仇恨、恐惧、爱情和尊重。综合来看，在某个偏好向度上情绪比情感更为强烈，能被清晰地感知，与情感相比，情绪稳定性弱、持续时间短。

二、情绪与政治认知

情绪如何影响政治中的思想和行动？在认知过程中，情绪是否是非理性的因素？是否应该尽量避免情绪对我们获知信息和决策的干扰？

情感和认知如何相互联系是一个有争议的问题。一些人认为情感高于认知，也就是说，一个人做出认知评价，然后情感才被激发。另一些人认为，人们首先有所感受，然后这种感受激发认知。目前学界更倾向于认为，情绪深刻参与了认知的过程，即从信息的获取到信息的处理。因此，目前认知心理研究被称为“热认知”。安东尼奥·达马西奥（Antonio Damasio）在埃利奥特（Elliot）开创性研究的基础上，提出了“情感

---

① Hutchison E，Bleiker R. Theorizing Emotions in World Politics [J]. International Theory，2014，6（3）：491－514.

② Fiske S T，Taylor S E. Social Cognition [M]. 2nd ed. New York：Mcgraw-Hill，1991：410－411.

③ Marcus G E，Neuman W R，MacKuen M，et al. The Affect Effect：Dynamics of Emotion in Political Thinking and Behavior [M]. Chicago：University of Chicago Press，2007：9.

④ Ottati V，Wyer R S. Affect and Political Judgment [M] //Iyengar S，McGuire W J. Explorations in Political Psychology. North Carolina：Duke University Press，1993：296－320.

和感觉过程的某些方面对理性是不可或缺的”[①] 的理论。他认为，情感“在理性的循环中，可以帮助推理过程，而不是像通常认为的那样必然干扰推理过程”[②]。认知现象，比如刻板印象、信息处理和政治决定，也涉及情感与情绪。同认知成分相比，以偏见形式出现的情绪，与行为具有更加密切的联系[③]；而且，如果我们不能理解情绪的角色，就不能理解大规模暴力，包括族群屠杀。此外情绪在决策制定中扮演着一种积极角色。

情感和情绪的类型明显地给信息处理、决策制定和某些行为倾向以不同的影响。伊森（Isen）在有关肯定性情感研究的一篇评述中注意到，肯定性情感与情绪有助于解决问题、进行谈判和制定政策。[④] 肯定性情感看起来可以发展人们的能力，以此可以发现各认知事项之间的相互关系与联系。另外，同中性情感相比，肯定性情感和否定性情感，特别是肯定性情感，会降低人们感知其他群体中的变化的能力。[⑤] 卡西诺（Cassino）和洛奇（Lodge）注意到，积极性情感与在信息处理中更多地使用启发联系在一起，而否定性情感产生了更深刻的信息处理策略。[⑥]

特定情绪与特定的政治认知和行为联系在一起，例如愤怒被发现同对已知的愤怒源头的冲击和攻击联系在一起。轻视被描绘为冷淡和疏远，导致对他人的非个性化和非人性化行为。焦虑导致对环境的强烈关注，并且强化了对威胁的知觉。恐惧和焦虑是不同的，因为恐惧同一个明确的和确定的威胁联系在一起，而焦虑同对于威胁的不确定性联系在一起。

三、情绪对政治心理与行为的作用机制

1. 情绪与政治信息加工

马库斯、纽曼强调了情绪在信息处理中的作用。他们认为，情绪扮演着双重角色。首先，情绪构成了一种倾向体系，这种体系影响着我们对于正常的、熟悉的情境的反应。其次，情绪扮演着一种监督角色，让我们对于新奇的、可能危险的情境保持警惕。[⑦] 第一种情况中的信息处理位于意识的后面；而在后一种情况中，它位于意识的前面。情绪对

---

① Damasio A. Descartes' Error：Emotion，Reason and the Human Brain [M]. London：Penguin，2005：53.

② 同①x - xi.

③ Fiske S. Stereotyping，Prejudice，and Discrimination [M] //Gilbert D T，Fiske S T，Lindrey G，et al. The Handbook of Social Psychology. 4th ed. New York：Mcgraw-Hill，1998：357 - 441.

④ Isen A M. Positive Affect and Decision Making [M] //Lewis M，Haviland J M. Handbook of Emotions. New York：The Guilford Press，1993：261 - 277.

⑤ Park J，Banaji M R. Mood and Heuristics：The Influence of Happy and Sad States on Sensitivity and Bias in Stereotyping [J]. Journal of Personality and Social Psychology，2000，78 (6)：1005 - 1023；Stroessner S J，Mackie D M. Affect and Perceived Group Variability：Implications for Stereotyping and Prejudice，Affect，Cognition and Stereotyping [M]. Cambridge：Academic Press，1993：63 - 86.

⑥ Cassino D，Taber C S，Lodge M. Information Processing and Public Opinion [J]. Politische Vierteljahresschrift，2007，48 (2)：205 - 220.

⑦ Marcus G E，Neuman W R，MacKuen M. Affective Intelligence and Political Judgment [M]. Chicago：University of Chicago Press，2000.

个体政治信息加工的影响主要体现在信息搜索和认知分析两个阶段。在信息搜索过程中，情绪具有明显的动机功能，是个体对外部刺激进行评价的结果反映；同时特定的情绪还会限定个体的信息获取意愿，比如焦虑会增加个体的信息搜索意愿与行为表现。在信息分析过程中，情绪会通过对个体记忆、注意等环节的影响来发挥作用，例如个体总是倾向于回忆起那些与其既有情绪情感相一致的信息，并对其进行后续的评估加工。

2. 情绪与政治评价

随着核磁共振技术在心理研究中的运用，神经生理学家将这种技术运用于情绪与道德判断和伦理行为之间关系的研究。例如，约书亚·格林（Joshua Greene）和他的同事运用这一技术记录“人行天桥”与“电车困境”中的受试者的神经活动，通过研究发现，与情绪相关的神经活动和做出道德判断之间有很强的相关性。① 在随后的研究中，他们甚至发现，在心理学和神经学上，义务论的决定往往是即时的、情绪化的反映，而不是经过深思熟虑的理性思考的结果。总之，情绪是道德推理以及伦理行为的重要组成部分。一方面，特定情绪对客观刺激的评价会影响其后续的心理与行为。另一方面，对具体政治事件的评价还会引发个体形成特定的情绪，这种特定的情绪与一般性的政治态度相比较，能够更有效地预测个体的政治参与动机和后续行为表现。此外，特定情绪也更容易使个体将自身与社会政治事件相关联，形成更为鲜明的意识形态观念。

3. 情绪与个体的政治决策和参与

情绪对个体行为的影响至少体现在行为发生的激发和行为实施的过程两个方面。作为个体的动机来源或类型，情绪首先在很大程度上决定了个体是否会参与相关政治议题或活动。在群体层面上，认同心理所诱发的群际情绪也会增加个体的参与可能。对于个体的政治参与过程而言，特定情绪会促进政治资源的调用与配置。布拉德研究发现，被激发和唤起热情情绪状态的个体，会对政治参与活动表现出更高的兴趣和更大的参与意愿，甚至表现出一种情绪化的参与倾向。②

科林斯（Collins）将参与的情绪重铸为一种互动仪式，在这种仪式中，情绪关注是一种主要的回报。③ 相关研究还发现，情绪对于个体的政治心理、行为的影响具有明显的个体差异性。④ 一方面，情绪对那些具有更为丰富政治经验或实践经历的个体影响更为明显。另一方面，情绪对那些具有较高智商水平的个体影响更为明显。乔纳森·麦克唐纳·拉德（Jonathan McDonald Ladd）和加布里埃尔·伦兹（Gabriel Lenz）认为情商（affective intelligence）理论回答了一个有关民主的基础问题：为什么绝大多数公民对政

---

① Greene J D，Sommerville R B，Nystrom L E，et al. An fMRI Investigation of Emotional Engagement in Moral Judgment [J]. Science，2001，293 (5537)：2105 - 2108.

② Brader T. Striking a Responsive Chord：How Political Ads Motivate and Persuade Voters by Appealing to Emotions [J]. American Journal of Political Science，2005，49 (2)：388 - 405；Brader T. Campaigning for Hearts and Minds. How Emotional Appeals in Political Ads Work [M]. Chicago：University of Chicago Press，2020：280.

③ Collins R. Social Movements and the Focus of Emotional Attention [M] //Goodwin J，Jasper J M，Polletta F. Passionate Politics：Emotions and Social Movements. Chicago：University of Chicago Press，2001：27 - 44.

④ Miller J C. The Role of Emotion Regulation in the Defensive Processing of Fear-Arousing Health-Risk Information [M]. Ames：Iowa State University Digital Press，2011.

治问题关注少，一旦环境能产生足够的焦虑，公民就会做出充分而富有思想的政治决策?①

四、政治恐惧

日常生活中我们常用害怕、畏惧、惧怕、不安、担心、焦虑、惊恐、恐怖等描述恐惧，恐惧意在表明人们对当前或未来的未知事物所怀有的一种心态。恐惧是个体生活中密不可分的一部分。渗透于政治生活的恐惧被称为政治恐惧。我们将其界定为：政治主体对政治和社会危险、不确定情况或者想象的威胁进行判断和省察时所形成的担心、忧虑、不安等复杂情绪。政治恐惧的主体是一个政治体系内的公民，即一个国家的公民。

政治恐惧往往由社会团体之间的冲突或社会内部的矛盾引发。“所有的私人恐惧都是我们自己心理以及经历的人工产品，除了对我们自己有所影响，对其他的毫无作用。相反，政治恐惧源自社会内部或者社会之间的冲突。”② 所有个体的恐惧都是个体经验及基因特质综合作用的结果，但政治恐惧显然不是来自个体的基因特质，而是来自情景，它深深受当时社会结构以及社会事件的影响，即能引起公民疑惧不安的人、物或者行为，其中最重要的是各级政府或团体施加在普通人身上的威胁。更为确切地说，当来自社会各级政府或政治团体的威胁已对个人或集体的安乐现状造成某种损害时，恐惧就超越个人的情感体验而上升为一种政治情感。

恐惧作为一种心理情绪，对政治生活产生了重大的影响。在一个稳定的政治生态中，恐惧的功能是多方面的。恐惧作为一种实用的政治工具，能够实现特定的政治目的。在近现代政治生活中，恐惧被变戏法似的精巧利用，比如在政治改革、政治选举、政治宣传，甚至维护政治安全的过程中大打恐惧攻防战，以此赢得民众支持或者获得国家安全与稳定。恐惧渐渐成为一种政治工具的过程能够不断影响和塑造人的政治行为，从而影响政治系统架构的形成。布兰登·汉伯（Brandon Hamber）关注恐惧在型构机制正义方面对处于转型阶段国家的工具性作用。③ 同时，政治恐惧还具有压制性特性，能够加深政治不平等，继而引发政治冲突。丹尼尔·卡普斯特（Daniel Kapust）认为，对政治体内某个权力强大的个人的恐惧会导致不团结以及道德滑坡。④ 值得肯定的是，政治恐惧能够激发一种普遍的精神觉醒，提高民众对政治价值观念的认同度。罗宾（Robin）说：“不像自然灾难，政治灾难迫使一个社会去发现并追寻政治理想，这一政治理想就是减小民众处于受威胁环境中的可能性。对政治灾难的恐惧，可能会唤醒一代人，他们唯一的使

---

① Ladd J M，Lenz G S. Does Anxiety Improve Voters' Decision Making? [J]. Political Psychology，2011，32 (2)：347-361.

② Robin C. The Politics and Antipolitics of Fear [J]. Raritan，2004，23 (4)：79-108.

③ Hamber B. Flying Flags of Fear：The Role of Fear in the Process of Political Transition [J]. Journal of Human Rights，2006，5 (1)：127-142.

④ Kapust D. On the Ancient Uses of Political Fear and Its Modern Implications [J]. Journal of the History of Ideas，2008，69 (3)：353-373.

命就是将他们继承的东西再传递下去。”①

政治恐惧是一个复杂的问题，它不仅具有历史性，也具有时代性。政治领域中的恐惧是一个不断动态发展的过程，影响政治恐惧的因素也是十分复杂的，政治恐惧的功能也是多元的，因此我们要理性地看待政治恐惧。

第四节 政治信任

政治信任是理解政府与公民关系的核心议题，在现代政治生活中具有重要的作用。一般而言，较高水平的政治信任是一个国家维持政权稳定和实现有效治理的基础和关键。自 20 世纪 60 年代美国信任直线下滑后，学者们几乎没有发现明显的证据表明信任的下降对美国公共舆论或政策输出具有富有意义的影响。随后，学者们发现信任的下降确实具有重要的影响力，尤其会削弱美国自由的国内政策的雄心。② 随后，政治信任（政府信任）及其相近概念，如政治支持等概念成为对政治主体行为分析的重要指标。

一、政治信任的内涵

政治信任是信任心理的一种类型，也是信任心理在政治领域的体现。政治信任具备信任的所有属性。首先，政治信任的基础是一种对实然事实符合应然理性的乐观期望，包括相信的成分，也包含信心的内容。其次，政治信任是一种具有风险性的心理和行动，也是建立在对他人善良意图的期望基础上的一种冒险行为。最后，政治信任是政治生活中人与人合作的基础，是降低所有社会、经济和政治关系的交易成本的有效途径。

作为一种政治态度，政治信任被认为是公民对政治体系、政策满意度的最直接反映。目前学界对政治信任的内涵界定尚未有共识，从狭义上理解政治信任，会将其等同于政府信任；从广义上理解政治信任，会将其与政治体系、政治制度、政治体制、政权基础、政府绩效等紧密联系起来进行理解。

政治信任是信任主体与客体的互动。政治体系的顺利运转与政府政策的顺利推行均离不开公民对政治体制的信任。伊斯顿指出，所谓政治信任即指公众对政治体系、政治机构及其运行的信念和信心，是民众对政治体系的基本评价与情感取向。③ 完美的政治信任水平代表公民与政治体制、政治体系有着良好的互动。政治信任的定义表明了政治信任是公民与政治体制、政治体系某种互动的合作状态，而不是与其他个体形成的人迹信

---

① Robin C. The Politics and Antipolitics of Fear [J]. Raritan，2004，23 (4)：79-108.

② Chanley V A，Rudolph T J，Rahn W M. The Origins and Consequences of Public Trust in Government：A Time Series Analysis [J]. Public Opinion Quarterly，2000，64 (3)：239-256；Hetherington M J. Why Trust Matters：Declining Political Trust and the Demise of American Liberalism [M]. Princeton：Princeton University Press，2005；Hetherington M J，Globetti S. Political Trust and Racial Policy Preferences [J]. American Journal of Political Science，2002：253-275.

③ 伊斯顿．政治生活的系统分析 [M]. 2 版．王浦劬，等译．北京：华夏出版社，1999：179-182.

任、社会信任。

政治信任是动态的，而非静止的。公民对政治体系的政治信任程度并非一成不变的，政治信任程度在某种程度上取决于公民与政治系统之间的互动。它涉及公民、政治系统与特定价值之间的特定关系，是民众基于理性思考、实践感知、心理预期等对政治制度、政府及政策、公职人员行为的信赖，是一个历史的，不断调整、修复和发展的动态过程。政治生活中的每一位公民都是理性“经济人”，公民会追求利益最大化，当政府人员达到了公民的某种预期，政治信任便生成。公民的政治信任并不是一成不变的，政治信任具有波动性。

因此，政治信任指的是民众对政府以及相关政治机构、政府人员、军队的依赖与信心，政治信任相当于政治合法性，更具有波动性。

二、政治信任与政治参与和政治稳定

1. 政治信任与政治参与

大量研究表明，个体的政治信任与公民参与行为之间有密切的关联。在已有的研究中，关于政治信任与政治参与之间的关系有两种不同的主张。一些学者认为信任是任何形式的参与行为发生的先决条件；但另一些学者声称不信任可能是参与非制度化形式的一个激励因素，因为公民缺乏政治信任意味着公民将放弃精英主导的参与形式，转而挑战精英的参与行为。[①]

政治信任对政治参与的影响主要体现在以下几个方面：

首先，公民政治信任水平高，政治参与的意愿更高。诺里斯研究发现，“对政府信任水平较低的民众的政治效能感也更低，在选举参与上也更偏消极”[②]。

其次，公民政治信任水平高，进行非制度化政治参与的可能性反而低。马克·霍格（Marc Hooghe）和索菲耶·马里安（Sofie Marien）根据2006年欧洲社会调查的结果，深入分析了25个国家政治信任与参与的关系，多层次回归表明，虽然政治信任与制度化参与呈正相关，但与非制度化参与呈负相关，而且政治效能感对制度化参与的政治信任取决于对一个人理解政治的能力的自信。[③]

再次，公民的政治信任存在层级差异，但这种层级差异对基层政治参与的影响比较复杂。比如基于CGSS2015数据，易承志的研究表明，民众对中央政府的信任不影响民众参与居委会或村委会的选举，但民众越信任基层政府，参与基层投票的积极性也越

---

① Levi M，Stoker L. Political Trust and Trustworthiness [J]. Annual Review of Political Science，2000，3 (1)：475-507.

② Norris P. Critical Citizens：Global Support for Democratic Government [M]. Oxford：Oxford University Press，1999：257-271.

③ Hooghe M，Marien S. A Comparative Analysis of the Relation between Political Trust and Forms of Political Participation in Europe [J]. European Societies，2013，15 (1)：131-152.

高。① 需要澄清的是，低水平的政治信任不应该等同于低水平的政治参与，甚至可能相反：不信任的公民更有可能参与一系列政治活动。正如诺里斯与罗桑瓦隆（Rosanvallon）等学者的主张：低水平的政治信任并不意味着与政治制度本身的疏远，而是表明公民与公民之间存在不同形式的互动的结构性趋势。② 另外，公民的政治信任也会深刻影响公民关注的政治事件的内容，从而影响国家政策的重点和内容。马克·赫瑟林顿（Marc Hetherington）和贾森·胡塞尔（Jason Husser）根据美国媒体公布的1980—2004年的数据分析了信任是如何影响美国公民将注意力从种族和再分配问题转向国防的。③

最后，不应孤立地来看政治信任对政治参与的影响。由维巴、史洛兹曼（Schlozman）和布雷迪（Brady）构建的公民志愿主义模型（civic voluntarism model）提出，促进政治参与的一个主要资源是政治效能。④ 安德森（Anderson）提出了政治效能的内部与外部之分。⑤ 他们认为内部效能与政治信任的结合是政治行动的理想温床。信任和效能因此被视为政治参与的必要但不充分的条件。

2. 政治信任与政治稳定

政治稳定是政治系统良好运作的一个重要条件。公民的政治信任水平对政治系统的稳定具有显著的影响。帕特南的社会资本理论将信任作为社会资本的三大要素之一，并认为其是使民主运转起来的“陀螺”之一。民主程序的良好运转，意味着政治体系能最大可能实现良好的治理，公民的权利和利益能更有保障，民主制度的有效性和合法性更高，从而更有利于政治稳定的实现，因此政治信任水平对政治稳定具有较正向的影响。相反，低政治信任水平经常被视为驱动非制度化参与的重要因素，比如诺里斯等人提出的“不满的激进主义”⑥。就公民个人而言，对政治系统持有更多的政治信任，就会更愿意进行制度化的政治参与。与此相反，对政治系统或关键性政治机构的不信任，往往意味着以挑战现有制度框架的方式进行政治参与，因而会引发政治冲突。丹妮拉·布朗（Daniela Braun）等学者通过对22个欧洲民主国家的多层次分析发现，不信任代议机构的公民更有可能进行非制度化参与，但这种关联还应考察政治制度自身的开放性，政治制度越开放，尤其是文化越开放，政治信任与非制度化政治参与之间的负相

---

① 易承志．政治信任与内在效能感对基层选举投票的影响［J］．华中师范大学学报（人文社会科学版），2015，54（6）：16－26.

② Norris P. Critical Citizens：Global Support for Democratic Government［M］．Oxford：Oxford University Press，1999；Rosanvallon P，Goldhammer A. Counter-Democracy：Politics in an Age of Distrust［M］．Cambridge：Cambridge University Press，2008.

③ Hetherington M J，Husser J A. How Trust Matters：The Changing Political Relevance of Political Trust［J］．American Journal of Political Science，2012，56（2）：312－325.

④ Verba S，Schlozman K L，Brady H E. Voice and Equality：Civic Voluntarism in American Politics［M］．Cambridge：Harvard University Press，1995.

⑤ Anderson M R. Community Psychology，Political Efficacy，and Trust［J］．Political Psychology，2010，31（1）：59－84.

⑥ Norris P，Walgrave S，Van Aelst P. Who Demonstrates? Antistate Rebels，Conventional Participants，or Everyone?［J］．Comparative Politics，2005，37（2）：189－205.

关就越强。[①]

在政治生活中，并不是政治信任度越高越好。信任犹如双刃剑，不充足的信任预言了市民社会的瓦解，但过度的信任会培养出政治冷漠的情绪，鼓励公民对政府丧失警惕，疏于控制，这两种倾向都会侵蚀民主。[②] 因此，不应盲目追求高度政治信任感，应该给政治不信任以正向的评价。诺里斯认为公民对政治制度的批判性观点不应被视为与政治制度疏远的症状。相反，新一代“批判性公民”的兴起将导致挑战精英的政治参与形式增多。罗桑瓦隆、希宾（Hibbing）和泰斯-莫尔斯（Theiss-Morse）的研究成果表明：不信任是大多数自由宪法框架中的关键期望之一。[③] 公民不应盲目信任政治当局，警惕的公民会积极监控政治家和决策者的行为。

三、影响政治信任的因素

尽管学界在政治信任的功能问题上达成了共识，认为政治信任是影响民主政治运转的重要因素，但对于影响政治信任生成的因素，学界却存在不同的观点。除了人口学特征指标和社会经济地位变量，大致还有以下几个方面的影响因素：

1. 文化因素

在主流政治学文献中，关于政治信任起源的两种主要理论观点占主导地位：制度理论认为政治信任源于民主制度，文化理论认为政治信任根植于社会信任等历史文化因素。我们首先来考察文化因素对政治信任生成的影响。政治文化视角主要从传统与现代两个角度分析政治文化对政治信任的影响。从传统角度来看，文化论者认为政治信任与该国的传统政治文化有较大的关联性，如东亚社会的传统政治文化易形成威权主义。另一个则是从现代角度来看，较多的学者认为随着经济的快速发展，民众的“后物质主义价值观”[④] 也会慢慢形成，民众由之前对经济发展的需求转变为对言论自由以及政策制定参与过程的需求，更加强调表达自我与追求自由，进而对政治信任产生影响。与此同时我们也发现，政治文化其实会随着经济发展水平的变化而变化。正如马克思所言，“决不是国家制约和决定市民社会，而是市民社会制约和决定国家”[⑤]，换言之，经济基础决定上层建筑。

---

① Braun D，Hutter S. Political Trust，Extra-Representational Participation and the Openness of Political Systems [J]. International Political Science Review，2016，37（2）：151－165.

② Gamson W A. Power and Discontent [M]. Belmont：Dosey Press，1986：46.

③ Rosanvallon P，Goldhammer A. Counter-Democracy：Politics in an Age of Distrust [M]. Cambridge：Cambridge University Press，2008；Hibbing J R，Theiss-Morse E. Americans' Desire for Stealth Democracy：How Declining Trust Boosts Political Participation [C] //Annual Meeting of the Midwest Political Science Association，2001：5.

④ Abramson P R，Inglehart R. Generational Replacement and Value Change in Six West European Societies [J]. American Journal of Political Science，1986，30（1）：1－25；Inglehart R. Christian Welzel Modernization，Cultural Change，and Democracy：The Human Development Sequence [M]. Cambridge：Cambridge University Press，2005.

⑤ 中共中央马克思恩格斯列宁斯大林著作编译局．马克思恩格斯全集：第3卷 [M]. 2版．北京：人民出版社，2002：13－14.

2. 制度绩效与经济绩效

理性选择主义视角认为政治信任的形成来自外部，即民众对政府的政治信任来源于对政府执政绩效的评估。理性选择主义视角从经济学理性人的角度假设每一个人都是理性的，都会做出利益最大化的选择，因而认为政治信任其实是政府在何种程度上满足了民众的期望。民众会根据政府的执政目的以及执政绩效表现产生政治信任。首先，制度绩效，尤其涉及公民日常切身感受的公共服务质量的，影响公民的政治信任度。米舍（Misher）等学者认为制度绩效是产生政治信任的重要因素。[①] 学者们发现，在社会保障网络运行相对良好、公共安全通过社保人员的参与得到改善的地方，居民之间的信任度要高于其他社区。也就是说，公共服务的可达性对政治信任具有显著的正相关性。其次，经济发展绩效可以转为政治制度绩效，从而影响公民的政治信任度。孟天广、李锋发现政府质量和执政绩效对公众的政治信任具有显著的正向影响。[②]

3. 媒介

传播媒介是影响民众政治信任生成的重要影响因素。首先，传播媒介的类型影响受众的政治信任水平。传播媒介主要分为两类：一类是传统媒体，如报纸、电收音机等；另一类是依靠互联网兴起的传播媒介，如微信、微博等。公众在传统媒体中更多地扮演的是信息的接受者，加上传统媒体较多由政府主导，政府通过对传播的内容进行审核，能够较好地塑造公民对其的政治信任。然而，新媒体相对传统媒体更具有自由性，审核相对较松，因此新媒体易充斥着谣言，易对政府形象造成冲击，进而削弱民众对政府的政治信任。同时，由于新媒体的方便可及，诺里斯认为，在发达工业国家，互联网使得公众对民主的运行提出了更高的要求[③]，促进了公众更为积极的政治表达，并进一步提高了公众获取政治信息的能力，也就是说互联网对于培育批判性公民有深远的意义。

其次，公众使用新媒体的频率也会影响公众的政治信任水平。公众越暴露在新媒体之下，尤其在各种自媒体平台的信息包围下，公众接收到虚假信息、攻击政府的信息的可能性就越大，政治信任水平就会受到负面影响。游宇、王正绪、余莎对世界价值观获得的数据进行分析发现，个体的互联网使用频率显著拉低了公众对政治机构的信任度。[④]

最后，社会群体，尤其是个人网络在影响个人意见形成方面具有重要的作用。贝克（Beck）等人认为，投票是一种“社会演算”，其中媒体、社会组织和个人讨论者都是党派和意识形态信息的载体。[⑤] 坎帕斯（Campus）认为，在私人网络和小团体范围内，网

---

① Mishler W，Rose R. What Are the Origins of Political Trust? Testing Institutional and Cultural Theories in Post-Communist Societies [J]. Comparative Political Studies，2001，34 (1)：30 - 62.

② 孟天广，李锋．政府质量与政治信任：绩效合法性与制度合法性的假说 [J]. 江苏行政学院学报，2017 (6)：99 - 108.

③ Norris P. Critical Citizens：Global Support for Democratic Government [M]. Oxford：Oxford University Press，1999.

④ 游宇，王正绪，余莎．互联网使用对政治机构信任的影响研究：民主政治的环境因素 [J]. 经济社会体制比较，2017 (1)：164 - 177.

⑤ Beck P A，Dalton R J，Greene S，et al. The Social Calculus of Voting：Interpersonal，Media，and Organizational Influences on Presidential Choices [J]. American Political Science Review，2002，96 (1)：57 - 73.

络可能是比主流媒体更强大的影响个人政治观点形成的载体。① 从这个意义上而言，讨论网络传播的内容会深刻影响个人对制度的信任水平。

四、中国公民的差序政府信任

所谓的差序政府信任就是指公民对政府机关的政治信任随着政府行政层级的降低而降低。学者们在研究中国民众对中国政府的信任度时发现，民众对地方政府与中央政府的信任度不同。李连江受费孝通差序格局概念的启发，将民众政治信任随着行政层级的降低而降低的信任格局命名为“差序政府信任”②。我国民众对中央政府和基层政府的信任也呈现出差序性的特征，即相对于地方政府而言，我国民众对中央政府的政治信任度更高，民众对政府的政治信任度与行政层级呈正相关。

公民对政府信任的层级差异会给公民的政治参与行为带来何种影响呢？数据分析表明，政府信任的层级差异和公民的非制度化政治参与行为具有正相关性。③ 我国民众对中央政府的政治信任度较高，对地方政府的政治信任度较低，但是由于中央政府在我国民众脑海中的职能较为抽象宏观，再加上我国传统文化对权威的崇拜，公民对中央政府的政治信任更多是一种情感性支持，对中央政府的高信任和对地方政府的低信任使民众在遇到极端事件时易采取非制度化政治参与行为。此外研究发现，我国公民对常接触、职能较为具体的政治对象（如地方政府和公务员）的政治信任度较低，地方政府以及公务员是党和人民之间的“连心桥”，地方政府以及公务员的作为在很大程度上会影响民众对政府的信任。因此，需要平衡民众对地方政府和中央政府的政治信任结构，促进公民有序进行政治参与。

参考文献

郑建君．政治心理学［M］．北京：北京师范大学出版社，2020.

王丽萍．政治心理学［M］．北京：北京大学出版社，2022.

季乃礼．政治心理学导论［M］．北京：中国人民大学出版社，2010.

易承志．政治信任与内在效能感对基层选举投票的影响［J］．华中师范大学学报（人文社会科学版），2015，54（6）：16－26.

孟天广，李锋．政府质量与政治信任：绩效合法性与制度合法性的假说［J］．江苏行政学院学报，2017（6）：99－108.

刘伟，肖舒婷．“民心政治”的实践与表达：兼论中国政治心理学研究的拓展［J］．

---

① Campus D. Political Discussion，Opinion Leadership and Trust［J］．European Journal of Communication，2012，27（1）：46－55.

② Li L. Hierarchical Government Trust in China［C］//IIAS Study Group Workshop on Trust in Public Administration and Citizen Attitudes，2012.

③ 吕书鹏．不同政府信任类型对公民政治参与的影响：基于第三波 ABS 数据的实证研究［J］．华中师范大学学报（人文社会科学版），2017，56（4）：31－39.

政治学研究，2023（2）：113－128.

Abramson P R，Inglehart R. Generational Replacement and Value Change in Six West European Societies [J]. American Journal of Political Science，1986，30（1）：1－25.

Anderson M R. Community Psychology，Political Efficacy，and Trust [J]. Political Psychology，2010，31（1）：59－84.

Campbell A，Converse P E，Miller W E，et al. The American Voter [M]. Chicago：University of Chicago Press，1960.

Beck P A，Dalton R J，Greene S，et al. The Social Calculus of Voting：Interpersonal，Media，and Organizational Influences on Presidential Choices [J]. American Political Science Review，2002，96（1）：57－73.

Hutchison E，Bleiker R. Theorizing Emotions in World Politics [J]. International Theory，2014，6（3）：491－514.

Hamber B. Flying Flags of Fear：The Role of Fear in the Process of Political Transition [J]. Journal of Human Rights，2006，5（1）：127－142.

Cassino D，Taber C S，Lodge M. Information Processing and Public Opinion [J]. Politische Vierteljahresschrift，2007，48（2）：205－220.

Collins R. Social Movements and the Focus of Emotional Attention [M] //Goodwin J，Jasper J. M，Polletta F. Passionate Politics：Emotions and Social Movements. Chicago：University of Chicago Press，2001：27－44.

Robin C. The Politics and Antipolitics of Fear [J]. Raritan，2004，23（4）：79－108.

Dahlgren P. The Internet，Public Spheres，and Political Communication：Dispersion and Deliberation [J]. Political Communication，2005，22（2）：147－162.

Damasio A. Descartes' Error：Emotion，Reason and the Human Brain [M]. London：Penguin，2005.

Kapust D. On the Ancient Uses of Political Fear and Its Modern Implications [J]. Journal of the History of Ideas，2008，69（3）：353－373.

Larson D W. Origins of Containment：A Psychological Explanation [M]. Princeton：Princeton University Press，1985.

Campus D. Political Discussion，Opinion Leadership and Trust [J]. European Journal of Communication，2012，27（1）：46－55.

Pronin E，Gilovich T，Ross L. Objectivity in the Eye of the Beholder：Divergent Perceptions of Bias in Self versus Others [J]. Psychological Review，2004，111（3）：781－799.

Fischer P，Greitemeyer T，Frey D. Self-Regulation and Selective Exposure：The Impact of Depleted Self-Regulation Resources on Confirmatory Information Processing [J]. Journal of Personality and Social Psychology，2008，94（3）：382－395.

Fiske S. Stereotyping，Prejudice，and Discrimination [M] //Gilbert D T，Fiske S T，Lindrey G，et al. The Handbook of Social Psychology. 4th ed. New York：McGraw-

Hill, 1998: 357 - 441.

Fiske S T, Taylor S E. Social Cognition [M]. 2nd ed. New York: Mcgraw-Hill, 1991.

Frantz C M, Mayer F S. The Emergency of Climate Change: Why Are We Failing to Take Action? [J]. Analysis of Social Issues and Public Policy, 2009, 9 (1): 205 - 222.

Marcus G E, Neuman W R, MacKuen M, et al. The Affect Effect: Dynamics of Emotion in Political Thinking and Behavior [M]. Chicago: University of Chicago Press, 2007.

Hetherington M J. The Political Relevance of Political Trust [J]. American Political Science Review, 1998, 92 (4): 791 - 808.

Houghton D P. Political Psychology: Situations, Individuals, and Cases [M]. 2nd ed. London: Routledge, 2014.

Inglehart R. Christian Welzel Modernization, Cultural Change, and Democracy: The Human Development Sequence [M]. Cambridge: Cambridge University Press, 2005.

Isen A M. Positive Affect and Decision Making [M] //Lewis M, Haviland J M. Handbook of Emotions. New York: The Guilford Press, 1993: 261 - 277.

Park J, Banaji M R. Mood and Heuristics: The Influence of Happy and Sad States on Sensitivity and Bias in Stereotyping [J]. Journal of Personality and Social Psychology, 2000, 78 (6): 1005 - 1023.

Gross J J. The Emerging Field of Emotion Regulation: An Integrative Review [J]. Review of General Psychology, 1998, 2 (3): 271 - 299.

Jasanoff S. Testing Time for Climate Science [J]. Science, 2010, 328 (5979): 695 - 696.

Miller J C. The Role of Emotion Regulation in the Defensive Processing of Fear-Arousing Health-Risk Information [M]. Ames: Iowa State University Digital Press, 2011.

Jervis R. Perception and Misperception in International Politics [M]. Princeton: Princeton University Press, 1976.

Ladd J M, Lenz G S. Does Anxiety Improve Voters' Decision Making? [J]. Political Psychology, 2011, 32 (2): 347 - 361.

Norgaard K M. Climate Denial: Emotion, Psychology, Culture, and Political Economy [M] //Dryzek J S, Norgaard R B, Schlosberg D. The Oxford Handbook of Climate Change and Society. Oxford: Oxford University Press, 2011: 399 - 413.

Mcgraw K M. Why and How Psychology Matters [M] //Goodin R, Charles T. The Oxford Handbook of Contextual Political Analysis. Oxford: Oxford University Press, 2006: 150.

Kellstedt P M, Zahran S, Vedlitz A. Personal Efficacy, The Information Environment, and Attitudes toward Global Warming and Climate Change in the United States [J]. Risk Analysis: An International Journal, 2008, 28 (1): 113 - 126.

Levi M, Stoker L. Political Trust and Trustworthiness [J]. Annual Review of Political Science, 2000, 3 (1): 475 - 507.

Loftus J. America's Liberalization in Attitudes toward Homosexuality, 1973 to 1998 [J]. American Sociological Review, 2001: 762 - 782.

Lupia A. The Effect of Information on Voting Behavior and Electoral Outcomes: An Experimental Study of Direct Legislation [J]. Public Choice, 1994, 78 (1): 65 - 86.

Hooghe M, Marien S. A Comparative Analysis of the Relation between Political Trust and Forms of Political Participation in Europe [J]. European Societies, 2013, 15 (1): 131 - 152.

Marcus G E, Neuman W R, MacKuen M. Affective Intelligence and Political Judgment [M]. Chicago: University of Chicago Press, 2000.

Hetherington M J, Husser J A. How Trust Matters: The Changing Political Relevance of Political Trust [J]. American Journal of Political Science, 2012, 56 (2): 312 - 325.

Boykoff M T. The Cultural Politics of Climate Change Discourse in UK Tabloids [J]. Political Geography, 2008 (27): 549 - 569.

Norris P. Critical Citizens: Global Support for Democratic Government [M]. Oxford: Oxford University Press, 1999.

Ottati V, Wyer R S . Affect and Political Judgment [M] //Iyengar S, McGuire W J. Explorations in Political Psychology. Durham: Duke University Press, 1993.

Rosanvallon P, Goldhammer A. Counter-Democracy: Politics in an Age of Distrust [M]. Cambridge: Cambridge University Press, 2008.

Baumeister R, Bratslavsky E, Muraven M, et al. Ego Depletion: Is the Active Self a Limited Resource? [J]. Journal of Personality and Social Psychology, 1998, 74 (5): 1252 - 1265.

Stroessner S J, Mackie D M. Affect and Perceived Group Variability: Implications for Stereotyping and Prejudice, Affect, Cognition and Stereotyping [M]. Cambridge: Academic Press, 1993.

Brader T. Campaigning for Hearts and Minds. How Emotional Appeals in Political Ads Work [M]. Chicago: University of Chicago Press, 2020.

Key V O. The Responsible Electorate [M]. Cambridge: Harvard University Press, 1966.

第九章
认同政治

20 世纪下半叶尤其是 21 世纪以来，世界政治发生了一个重要变化，即认同政治与利益政治一样成为决定国内政治生态和国际政治格局的重要因素，这在西方国家表现得尤为明显。人们在政治上的选择和行为越来越多地受到群体身份认同的制约，进而影响到各类政治选举的结果、政府的政治运作乃至国家关系的互动。当今世界，无论是在一个国家内部还是在国际政治中，认同政治都得到了显著强化，身份认同在政治生活中发挥着愈加重要的作用。

第一节　认同政治的概念与历史

近年来，西方主要国家的政治右转现象引起世界瞩目。从特朗普当选美国总统到英国“脱欧”成功，再到法德等国的民粹政党在选举中屡屡得势，种种现象表明，民粹主义、极端民族主义和右翼思潮正席卷全球，而这些又与认同政治在世界范围内的急剧抬头密切相关。由此，对认同政治的反思和讨论成为国际思想界和学术界的热点问题。

一、认同政治的概念与内涵

认同（identity），也被译为身份，从词源角度看，起源于拉丁语限定词 idem，本义是表达人与物的同一性（sameness）。认同具有个人和社会两个层面的意涵。从个体角度看，个体在成长和发展的过程中必须进行自我确认和角色选择，自我认同紊乱会带来个体的认同危机；从社会角度看，公民在社会政治生活中会对某一类群体和文化产生归属感，如民族认同、宗教认同与文化认同等，社会认同的概念由此产生。[①] 认同政治

① 赵丁琪．身份政治的困境与右翼民粹主义的兴起：西方身份政治的危机与反思［J］．当代世界与社会主义，2020（5）：112－119.

(identity politics)通常也被称作身份政治，是指相同的群体身份认同，包括种族、民族、宗教、文化、性别等把人们凝聚在一起的重要力量。因此，认同政治特指因认同上述集体身份的共同利益而展开的政治实践活动。

认同政治是一个内涵和外延都很广泛的概念，内容与主体极具弹性。它横跨民族学、社会学、政治学和国际关系等学科，与左派思想、自由主义、保守主义、社群主义、女性主义、文化研究、后现代主义、话语理论等都有牵连，讨论的议题也囊括族群政治、宗教政治、文化政治、女权政治和性取向政治等。大体而言，对何谓认同政治学术界主要有四种理论学说。第一种学说将认同政治视作权力意义上的少数群体（minority）追求公正和承认的斗争；[①] 第二种学说主张追求认同政治的主体主要是性别、宗教、种族和移民等文化群体，认同政治实质上是一种文化政治；第三种学说强调认同政治的“排他性”，其极致追求身份单一主义；[②] 第四种学说则将认同政治定义为一种追求平等、尊严和承认的群体政治。[③] 总而言之，认同政治既是一种社会理论，也是一种政治实践。它的主要特征是，通过政治和文化自我伸张的过程来重塑群体身份，以挑战和推翻加诸身上的压迫。[④] 认同政治的实质是一些特定的少数群体，通过其作为少数的身份为自己争取与其他多数不同的政治、经济、社会和文化权利。[⑤]

一般认为，认同政治这一概念出现并流行是在20世纪中后期，特别是美国黑人民权运动之后。身份和认同作为一种新的政治原则和价值理念进入了政治思想和政治实践的中心位置，不仅成为政治动员的组织力量，而且成为当代政治研究必须解释的一个重要问题。需要注意的是，“身份政治”和“认同政治”两个词经常被不同的学者交替使用。前者侧重客观的“身份”，后者强调主观的“认同”，两者在内涵和外延上并无本质不同，因此在本章中它们将会被替换使用。不过，要注意区分“认同政治”与“政治认同”[⑥](political identity)，这是两个既相互联系又有所区别的概念。两者的不同在于，前者强调的是基于身份认同产生的“政治”活动或过程，而后者强调的是一种在政治身份归属上的“认同”。此外，有少数学者将阶级也视为一种身份认同要素，但大多数观点还是主张将身份政治的范围局限在社会和文化层面，以此来区别传统上强调经济问题的阶级政治。

---

① 对该类少数群体的研究被称为“disability studies”，参见：Siebers T. Disability Studies and the Future of Identity Politics [M] //Alcoff L M, Hames-Garcia M, Mohanty S P, et al. Identity Politics Reconsidered. London: Palgrave Macmillan, 2006: 10.

② 例如霍布斯鲍姆在谈及“排他性的身份政治”时说，“在我们拥有的多重身份中，有一种决定着或者至少主导着我们的政治：如果你是女权主义者，那就做个女人……如果你参与同性恋运动，那就做个同性恋者”。参见：霍布斯鲍姆，易晖．身份政治与左派［J］．汉语言文学研究，2017，8（1）：37－43.

③ Fukuyama F. Identity: The Demand for Dignity and the Politics of Resentment [M]. New York: Farrar, Straus and Giroux, 2018: xiii.

④ Heywood A. Key Concepts in Politics and International Relations [M]. 2nd ed. London: Palgrave Macmillan, 2015: 95.

⑤ 唐士其．西方国家基本的社会政治秩序及其内在矛盾［J］．亚太安全与海洋研究，2019（3）：2，13－22.

⑥ 政治认同，指的是对政治性相关团体（包括政党以及民族、族群、语言或者性别团体）产生的一种认同或作为其成员的归属感。参见：James D. Wright, International Encyclopedia of the Social & Behavioral Sciences [M]. 2nd ed. New York: Elsevier, 2015.

二、认同政治的历史和发展

“identity”这个词一直到20世纪50年代才开始广泛使用，心理学家埃里克·埃里克松（Erik Erikson）被认为是最先使用这个词的学者。但从历史角度看，认同（身份）一词实际上是一个很古老的概念，成为政治的议题也不是一种新的现象[①]，甚至可以追溯到古典时代。早在古希腊时期，柏拉图就在《理想国》中使用了“thymos”一词。苏格拉底认为，灵魂中除了欲望和理性，还包括渴望得到尊重和承认的那一部分，而这“正是如今身份政治的地盘”[②]。此外，距今300多年前荷兰发生的宗教派别之争，后来出现的比利时语言群体、美国的黑人与白人、加拿大等地欧洲殖民者与土著人之间的斗争，以及19世纪美国的废奴运动和基于身份的选举权运动，都可以说已经具有了早期认同政治的特征。[③]

二战结束后，随着凯恩斯主义的确立和福利国家理念的推行，欧美资本主义国家逐步建立起一套比较完备的社会保障体系，社会经济领域的劳资阶级矛盾得到了极大缓解。与此同时，原子能、电子计算机和航天技术等引领的第三次科技革命浪潮方兴未艾，生产力得到了极大解放，生产效率极大提高。这些变化使得传统产业工人的比例急速下降，新兴的技术白领和中产阶级队伍不断壮大。物质生活的日益丰裕和经济社会结构的深刻转型使得传统的阶级政治在这一时期陷入了历史性的困境，左翼的斗争阵地逐步从经济领域向社会与文化领域转移。

认同政治在20世纪中后期伴随着一系列新的社会政治运动登上了历史舞台，其出现“是人类社会在20世纪第三个25年内出现的极其迅速、深刻的变动和转型的结果”[④]。随着阶级斗争的逐渐退隐，原先遮蔽在阶级同一性之下的种族、宗教、文化、性别和性取向等问题开始进入西方主流社会的视野。例如，族裔（ethnicity）这一体现身份政治的显著概念伴随相关著作的刊行在20世纪60年代开始流行。[⑤] 以20世纪60年代美国黑人民权运动为标志，女权运动、环保运动、同性恋运动等“新社会运动”此起彼伏。这些运动立足于特定身份群体对不平等、不公正的反抗，不仅寻求“主流”的承认和平等对待，也要求少数群体区别于其他群体的独特性和价值能够得到认可和尊重。这一时期，提倡尊重少数群体利益和维护文化多样性的文化多元主义成为新的政治正确（political correctness）。

---

① 在某些政治理论家看来，“身份政治从来不是一个新事物……在某种意义上，所有的政治都是身份的，所有的身份都是政治的”。参见：Ford R T. Political Identity as Identity Politics [J]. Harvard Journal of the Legal Left, 2005, 1: 53-57.

② 古希腊语中的“Thymos”一词英译为“Spiritedness”，意指超出对外物的欲望和理性的计算，以捍卫正义、尊严和荣誉，中文有时译成“血气”。参见：Fukuyama F. Identity: The Demand for Dignity and the Politics of Resentment [M]. New York: Farrar, Straus and Giroux, 2018: 23.

③ Eisenberg A, Kymlicka W. Bringing Institutions Back in: How Public Institutions Assess Identity [M]. Vancouver: University of British Columbia Press, 2011: 1; Alcoff L M, Mohanty S P. Reconsidering Identity Politics: An Introduction [J]. Identity Politics Reconsidered, 2006: 8.

④ 霍布斯鲍姆，易晖．身份政治与左派 [J]. 汉语言文学研究，2017，8（1）：37-43.

⑤ 格拉泽（Glazer）和莫伊尼汉（Moynihan）于1963年出版了《熔炉之外》（Beyond the Melting Pot）一书，族裔（ethnicity）这一概念首次进入公众视野。

20 世纪 80 年代以后，由于新自由主义大行其道再加上对普遍主义权利和公民身份观缺陷的深刻反省①，认同政治在这一时期被进一步放大和强化。是否认同并尊重以身份为标志的少数群体成为衡量国家政治社会进步的重要标志。在这个阶段，认同政治主要以文化政治（cultural politics）的方式高歌猛进。② 冷战结束尤其是 21 世纪以来，随着全球化的迅速发展，在世界范围内，认同政治与利益政治的天平进一步倾斜，阶级政治加速向身份政治转化。政治在身份认同建构过程中的重要性愈加凸显，人们不仅使用政治来促进他们的利益，而且还用它来界定自己的认同。③

在今天的西方社会，少数族裔与种族冲突、性别歧视与性取向政治、移民问题与难民冲击、极端主义与恐怖袭击、民粹主义与右翼兴起等，几乎所有的政治焦点问题都与身份和认同政治有关。与身份政治相关的话题往往会引起社会的热烈关注与讨论，并成为选举政治的动员利器。在学术界和思想界，以美国为代表的人文社会科学发展出越来越多的学科分支，譬如非裔-拉丁裔-亚裔美国人研究、文化研究、性别研究、女权主义研究、话语理论研究等。这些今天依然在不断涌现的各种新理论、新研究和新学说蔚然成风，成为一时显学。其实仔细推敲会发现，它们的流行都与身份认同议题成为社会的主流和政治正确密切相关。④

第二节　世界范围内的认同政治

如火如荼的族群与性别政治激发了右翼民粹主义在美国本土的兴起，高举文化多元主义的欧洲在面对移民融合和难民冲击时遭遇困境，新兴的身份政治在广大发展中国家方兴未艾。凡此种种，都表明认同政治正成为世界范围内一个令人瞩目的重要政治现象。本节选取美国、西欧和印度尼西亚三个具有代表性的案例，以展示身份和认同政治在世界不同地区的发展状况。

一、美国：从阶级政治转向身份政治

20 世纪下半叶，随着社会福利政策的推行及新科技浪潮带来的经济结构转型，美国社会经济领域的阶级矛盾得到了极大缓解，传统的阶级政治逐步退出了中心舞台。20 世纪 60 年代黑人民权运动以来，美国政治的重心逐渐从阶级政治向身份政治转移。自由派

---

① 这一反省的逻辑是，自由民主制度赋予了民众忽略差异性而强调同质性的公民身份，但普遍平等的理念与不平等、不公正的现实之间存在着巨大的鸿沟。面对拥有不同历史经验和文化特质的身份群体，在满足和解决其特殊诉求时，基于同质性的普遍主义权利和公民身份则会显示出其无能为力的一面。

② Fukuyama F. Identity：The Demand for Dignity and the Politics of Resentment ［M］. New York：Farrar, Straus and Giroux，2018：9.

③ 亨廷顿．文明的冲突与世界秩序的重建［M］. 3 版．周琪，刘绯，张立平，等译．北京：新华出版社，2002.

④ 刘康．从“后学”到认同政治：当代美国人文思潮走向［J］. 学术月刊，2020，52（2）：129－141.

和保守派、左派和右派之间的矛盾以前主要围绕经济和收入分配等问题展开，而在此之后，由身份差异导致的认同政治在很大程度上塑造了今天美国政治和社会的图景。左派转而更多地关注如何保护和促进少数族裔、移民难民、妇女和性少数群体等边缘群体的利益，而右派（如茶党等）则宣扬以传统的民族身份和宗教文化为核心的爱国主义，甚至表现出了种族主义倾向。

美国身份政治的一个核心问题是“谁是美国人”。在历史上，有关美国黑人的地位和权利是十分敏感和尖锐的问题。1787 年美国宪法的权利主体仅指白人男性，黑人、其他少数族裔和女性却不受美国宪法的平等保护。奴隶制虽然在南北内战后被废除，但是种族主义的社会基础依然存在，种族隔离制度在美国南方甚至一直公开延续到 20 世纪 60 年代。保守主义者和右派在面对种族问题时经常强调自己“无种族意识”（color-blind），认为在美国的民主体制下，种族问题已然解决从而无须多谈。而民权运动家及左派自由主义者则认为，美国社会的种族歧视问题依然十分严重，必须采取“有种族意识”（race-conscious）的措施加以应对。

半个世纪以来，身份政治在美国大致经历了三波前后相继的浪潮。第一波浪潮发生在 20 世纪 60—70 年代。这一时期主要是黑人民权运动的兴起及对少数族群（如印第安人等）权利的承认。身份政治成为美国黑人斗争的武器，如出现了“黑即是美”（black is beautiful）等具有政治性的自信表达，针对贩奴和蓄奴的历史发动了要求美国政府进行赔偿的运动，并发生了多次种族冲突和骚乱。① 此外，20 世纪 70 年代出现的另一个引人注目的现象是性别认同和女权主义开始高涨。在“个体即政治”（The personal is political）的大旗下，族群、性别与性取向成为美国身份政治的三大核心议题。② 作为对黑人民权运动的回应，美国政府采取了一系列“平权行动”（affirmative action）措施，并一直处于“改变但不结束”的状态延续至今。③ 第二波浪潮发生在 20 世纪 80—90 年代。在这一阶段，大批拉美裔和亚裔移民涌入美国，移民问题成为美国身份政治的主要议题。大量的新移民（特别是拉美裔移民）在接受“美国人”身份的同时却并未放弃对自己原生文化的认同，这引发了关于美国社会到底应该采取所谓的“大熔炉”（对移民吸纳融入进行同化使其符合传统的 WASP 文化标准）还是“马赛克”（选择多元文化路径尊重移民群体的多样性文化构成）政策的辩论。随着文化多元主义的胜利，包括移民在内的少数群体的权益必须得到承认和保护成为美国社会的主流共识。然而，身份认同问题带来的冲击和思考却并未就此结束，“美国国家特性和国民身份的历史演变及其现状存在着一些引人入迷的、重要的问题，需要深入研究和分析”④。

---

① 王军，黄鹏 . 欧美身份政治的历史演进与治理困境 [J]. 民族研究，2020 (4)：42 - 60，139.

② 林红 . 身份政治与国家认同：经济全球化时代美国的困境及其应对 [J]. 政治学研究，2019 (4)：30 - 41，125 - 126.

③ 平权行动，又称作肯定性行动、赞助行动或扶持行动等，指的是美国政府为改善少数族群和妇女的社会经济状况，消除就业、教育等领域的种族与性别歧视而制定和实行的一系列补偿性计划。参见：周顺 . 美国平权运动及其对政治认同的影响 [J]. 史学月刊，2021 (9)：98 - 105.

④ 亨廷顿 . 谁是美国人?：美国国民特性面临的挑战 [M]. 程克雄，译 . 北京：新华出版社，2010：2.

第三波浪潮发生在2000年后。21世纪，美国身份政治出现了新的变化，所谓“白人的身份政治”成为令人瞩目的焦点。2008年的金融危机加剧了底层白人工人阶级的生存困境，白人中产阶级的生存状况也受到威胁，产生了严重的相对被剥夺感。左翼运动和自由主义者由于早已“从对工人阶级的强调转向了少数边缘群体的要求”①，对此处于失语状态无力回应。因而，在政治上感到被抛弃、经济上陷入困境同时对社会议题久已不满的部分白人随之被右翼民粹主义所俘获，形成了将阶级议题与种族议题混杂在一起的“逆向身份政治”。白人民粹主义者主张保护基层劳工、反移民、反全球化，具有宗教保守主义甚至种族主义倾向。这波浪潮催生了“茶党”等右翼身份政治运动，并于2016年将特朗普推上了美国总统的宝座，其影响至今仍然在美国社会和政治领域延续。

二、西欧：文化多元主义的困境

文化多元主义“链接着当代文化、认同和身份问题，内在包括种族、民族、性别等一系列政治实践”②。由于欧洲特殊的历史、民族和文化等因素影响，再加上对人权问题的高度重视③，西欧国家在20世纪70年代后普遍宣布采取多元文化政策，重视并保护少数群体的权利，主张承认多元的公民身份并尊重多样性的社会文化。然而近10多年来，在移民问题、恐怖袭击和难民潮的连番冲击下，西欧各国政府的多元文化政策几乎都失败了，文化多元主义遭遇了严峻挑战，陷入困境。

20世纪60—70年代，与美国几乎同步，西欧国家也在黑人民权运动的背景下为缓和种族问题引起的社会矛盾采取了积极行动。譬如，英国工党政府于1965年和1968年先后立法禁止在公共领域的种族歧视，并于1976年颁布了影响深远的《种族关系法》。许多国家还采取措施保护原住民（包括欧洲历史最为悠久的少数族群罗姆人）的权利。与此同时，西欧不少国家出现了地方民族主义的复兴现象，这主要涉及欧洲国家国内少数民族问题，典型的例子有加泰罗尼亚、巴斯克、科西嘉、南蒂罗尔和北爱尔兰等地区的分离或独立运动。认同少数民族身份的支持者反对社会的同质化趋向，不甘于成为所谓主流文化的一部分，在各自的具体时空和环境下提出了各类权益诉求，有的甚至不惜采取激烈的暴力和流血行动以达成目标。④

20世纪80—90年代后，随着冷战的结束与全球化的加速发展，由于自身在经济和

---

① Fukuyama F. Against Identity Politics：The New Tribalism and the Crisis of Democracy [J]. Foreign Affairs，2018，97（5）：90-114.

② Mills C W. Multiculturalism as/and/or Anti-Racism? [M] //Laden A，Owen D S. Multiculturalism and Political Theory. Cambridge：Cambridge University Press，2007：89.

③ 从欧洲共同体到后来的欧盟，促进和保障人权都被视作欧洲一体化的价值基石，贯穿于欧盟及各国政府的内政外交政策中。因此，保障少数族群、女性及性少数派等边缘或弱势群体的权益是欧洲国家的共识。参见：How to Better Foster Human Rights among EU Policies [M]. Brussels：Frame，2017：6.

④ 马尔蒂尼埃罗．多元文化与民主：公民身份、多样性与社会公正 [M]. 尹明明，王鸣凤，译．北京：社会科学文献出版社，2015：6-9.

社会福利方面的优势，西欧国家吸引了大量移民。由新移民浪潮引起的身份和认同政治问题在各国浮现，并日益成为西欧国家的社会焦点和公共政策辩论中的突出议题。迁徙和移民并不是一个全新的历史和社会现象，在漫长的人类历史中，一共出现过三次全球性的大移民。[①] 西欧出现的这波移民潮与二战结束20年后欧洲经济的复兴密切相关。随着经济的快速恢复和蓬勃发展，以德、法为代表的西欧国家相继遇到了劳动力短缺问题。为弥补本国劳动力市场的缺陷，外来劳工被有计划地大量引入。在德国主要是来自土耳其的大批劳工，而在法国则是涌入了阿尔及利亚及原法属非洲国家的移民。一开始，西欧国家把外来移民主要视作一种经济现象，认为他们总有一天会返回自己的国家，譬如德国就把外来劳工称作"客工"(guest worker)。但不久后，西欧国家就发现并没有出现他们所期待的移民回国潮。这些外来劳工不仅自己留在了欧洲，也通过各种方式将留在母国的亲人接到新的国家团聚，同时还生育了下一代。由此，衍生出了外来移民及其后代的公民权争议、移民群体对客居社会适应不良、外来族群与原居民之间的文化冲突等系列矛盾，这成为西欧国家非常突出的政治和社会问题。

迈入21世纪特别是最近10年来，欧债危机、恐怖袭击及难民涌入三重危机，给欧洲带来了复杂的政治和社会后果。英国伦敦、法国巴黎、西班牙马德里等地连续遭受严重恐怖袭击，恐怖主义与反恐怖主义的轮回冲突加剧了欧洲白人与穆斯林少数群体身份政治的直接对抗。2015年开始的难民危机则使数以百万计的中东北非难民涌入欧洲，不仅带来了严重的社会经济问题，而且对欧洲人的心理也造成了巨大冲击。[②] 以法国为例，许多法国人觉得外来移民太多，并表示他们对穆斯林不抱有好感。[③] 更重要的是，很多西欧民众认为穆斯林少数族群的日常生活，如宗教祷告、衣着打扮和饮食习惯等，均与欧洲主流的基督教文化不同，"对上帝与人、个体与群体、公民与国家、父母与子女、丈夫与妻子的种种关系有不同的观点，而对权利与责任、自由与权威、平等与阶级的相对重要性亦有迥异的看法"[④]。

相当多的西欧人担心欧洲主流文化和价值观会受到穆斯林少数族群的严重冲击，这种普遍情绪不仅造成"欧拉伯"[⑤] 这样的词汇大行其道，甚至发展出了极端的"伊斯兰恐

---

① 三次全球性的大移民指，从人类史初期持续到16世纪为寻求生存资源和军事征服的第一次大移民，从大航海时代持续到20世纪中期以迁徙和殖民活动为目的的第二次大移民，以及在后冷战时期由新自由主义和全球化推动的第三次大移民。最后一次移民活动持续到21世纪，动机更加复杂、形式更加多样、影响更加深远。参见：Tehranian M. Cultural Security and Global Governance：International Migration and Negotiations of Identity [M] // Friedman J，Randeria S. Worlds on the Move：Globalization，Migration and Cultural Security. London：I. B. Tauris，2004：20.

② 宋全成，温婧．欧洲缘何泛起排斥穆斯林族群的思潮？[J]．西亚非洲，2019 (5)：22-41.

③ 从19世纪到20世纪末期，法国一共经历了四波大的移民输入浪潮，大部分穆斯林都是在20世纪60年代后的第四波移民浪潮中从北非马格里布地区到法国的。在法国这个以天主教徒为主的国家里，穆斯林的人数已经超过了新教徒和犹太教徒，伊斯兰教已经成为法国的第二大宗教。

④ Huntington S P. The Clash of Civilizations? [J]. Foreign Affairs，1993，72 (3)：22-49.

⑤ "欧拉伯"(Eurabia) 一词由"欧洲"(Europe) 和"阿拉伯"(Arabia) 两个单词组合而成，体现的是欧洲主流社会对自身身份认同的担忧，害怕大量的阿拉伯穆斯林移民使欧洲白人失去自我认同。参见：Ye'or B. Eurabia：The Euro-Arab Axis [M]. Madison：Fairleigh Dickinson University Press，2005.

惧症”（Islamphobia）[①]。英国“拉什迪事件”、丹麦“漫画风波”、法国“头巾”问题和“《查理周刊》事件”等，不仅是这种社会心理导致的结果，同时也对重塑欧洲身份认同起到了推波助澜的作用。在这样的大背景下，移民和少数族群的身份政治叙事遭遇了主流社会更多的质疑、担忧和反思。10位欧洲保守主义知识分子发表了《巴黎宣言：一个我们能够信赖的欧洲》，呼唤复兴基督教、固有文化和道德精神等传统价值，以对抗虚无主义、世俗主义、多元主义乃至过度的平等主义。过去几年间，德国前总理默克尔、英国前首相卡梅伦、法国前总统萨科齐等西欧政治人物先后发表讲话，公开承认各国实施的多元文化政策近乎失败，主流的文化多元主义正受到前所未有的批评和挑战。[②]

三、印度尼西亚：认同政治的兴起

如前所述，虽然身份认同现象在人类历史上早已出现并广泛存在于世界各国的社会和政治生活中，但必须看到，认同政治的实践发展和理论探讨都发轫于美欧等西方国家。本部分涉及的印度尼西亚是一个具有代表性的发展中国家，同时也是一个新兴民主国家，其认同政治的兴起和发展路径显然与欧美有所不同。因此，对印度尼西亚的认同政治问题进行探讨就具有了特别的意义。

印度尼西亚是位于东南亚的地区大国，它既是东盟成员国中人口最多的国家和最大的经济体，同时也是G20成员国之一。此外，印度尼西亚还是世界上穆斯林人口最多的国家，拥有超过2.4亿的伊斯兰信徒，约占全国总人口的87%。[③] 尽管如此，印度尼西亚却不能被简单地称作伊斯兰国家，因为伊斯兰教并未被确立为国教，整个国家也奉行政教分离原则。立国之初，印度尼西亚就确立了“潘查希拉”[④] 原则，以确保国家的世俗性、多元化和统一性。1998年，结束前总统苏哈托30年的强人统治后，印度尼西亚开始了向民主政治的转型。近年来，印度尼西亚政治发展中一个引人注目的现象是认同政治的兴起，并在几次重要选举中得到了集中体现。2014年，非精英群体及非军人出身的佐科（Joko Widodo）竞选总统后，受到许多针对他身份的攻击，成为印度尼西亚认同政治抬头的标志。2017年，具有华裔和基督徒“双重少数”身份的钟万学（Basuki Tjahaja Purnama）竞选连任雅加达地方首长，被强硬派伊斯兰团体人身攻击并进行街头施压，最终不仅连任失败更因被控亵渎伊斯兰教而身陷囹圄。这件事是认同政治激化的标志性事件，产生了深远影响。此后的数年，认同政治成为影响印度尼西亚选举的关键性因素。无论是2018年地方选举中候选人格外重视向选民展现自己的宗教元素，还是2019年佐

---

① 从历史上来看，西方世界对伊斯兰的担忧由来已久，“‘伊斯兰恐惧症’……深深存在于（西方的）历史意识中”，参见：Sardar Z. Racism, Identity and Muslims in the West [M] //Abedin S Z, Sardar Z. Muslim Minorities in the West. London: Grey Seal, 1995: 1-17.

② 王军，黄鹏．欧美身份政治的历史演进与治理困境［J］．民族研究，2020（4）：42-60，139.

③ 外交部．印度尼西亚国家概况［EB/OL］．（2023-01-01）［2023-05-03］．https://www.fmprc.gov.cn/web/gjhdq_676201/gj_676203/yz_676205/1206_677244/1206x0_677246/.

④ 所谓“潘查希拉”是指印度尼西亚的建国五项原则，由首任印尼总统苏加诺于1945年提出，主要内容包括：(1) 信奉独一无二的神明；(2) 正义和文明的人道主义；(3) 团结统一的印度尼西亚；(4) 在代议制和协商的明智思想指导下的民主；(5) 为全体印度尼西亚人民实现社会正义。

科总统在竞选连任中选择具有宗教身份背景的竞选搭档，都显示基于特定族群（爪哇族）和宗教身份（穆斯林）的认同政治走到了印度尼西亚政治的前台。

认同政治在印度尼西亚的兴起既与印度尼西亚的社会结构息息相关，也与发展中国家政治转型后普遍遇到的问题密不可分。印度尼西亚是个面积广袤、人口众多、宗教多样而族群林立的岛国，可以说是“想象的共同体”[①] 的最佳例子。在族群结构上，虽然根据宪法印度尼西亚只有一个民族——印度尼西亚民族，但实际上印度尼西亚却有超过1 000个族群，使用700种以上的部族和地方语言。[②] 占印度尼西亚总人口四成以上的爪哇族是印度尼西亚的第一大族群，也是印度尼西亚最有政治影响力的族群。在宗教信仰上，印度尼西亚官方认可伊斯兰教、基督新教、天主教、佛教、印度教和儒教六大宗教，但实际上印度尼西亚还存在其他两三百个非官方认可的宗教派别。在所有宗教信徒中，伊斯兰教的信仰人数最多，接近总人口的九成。[③] 印度尼西亚错综复杂的族群和宗教状况使其社会结构呈现出很强的异质性，极易形成一个个互相割裂对立的小单元，成为身份政治的温床。而这其中，爪哇族和伊斯兰信徒的“族群-宗教”二元重合身份无疑是印度尼西亚最强大的认同政治。

与此同时，政治转型后的印度尼西亚社会感受到了强烈的“民主不适”。这具体表现在：一是民主化后特别是转型初期出现了连续的社会政治动荡，阶级矛盾、贫富悬殊、族群和宗教冲突此起彼伏，民众的不安全感增加，许多人自然会转向传统的族群和宗教身份，从中寻求心理慰藉和社会支持；二是政治转型后民众的政治权利得到了保障，政治参与程度明显提高。少数族群特别是华人的政治地位不断提升，在政治上的表现也日趋活跃，这使得传统的主流身份群体明显感到自身利益受到了威胁，促使他们对特定的族群和宗教身份进行强调，以重新巩固自身的主导地位。2017年的钟万学事件就是一个典型的例子。

认同政治尽管在印度尼西亚国家的政治动员和政治参与中起到了一定作用，但也带来了显而易见的负面后果。它不仅导致了印度尼西亚社会内部的撕裂，破坏了社会的和谐稳定，而且使得族群和宗教问题遮蔽了其他亟待解决的社会经济问题，不利于国家的团结和整体长远利益。更为严重的是，当身份和认同政治走向极端时，消极的仇恨动员不仅会危及“潘查希拉”建国原则，还会助长宗教极端势力乃至恐怖主义的发展。

第三节　认同政治的未来

当今世界正处于百年未有之大变局中，大国关系和地缘政治格局面临重大的结构性调整，各国政治势力也在快速地变动和重组。无论是在一个国家内部还是国家间的关系

---

① Anderson B. Imagined Communities：Reflections of the Origin and Spread of Nationalism：Revised Edition [M]. London：Verso books，2006.

② 娜敏．试析当代印尼身份政治兴起的原因 [J]. 和平与发展，2020 (6)：105 - 120，137 - 138.

③ 许利平，薛松，刘畅．列国志：印度尼西亚 [M]. 新版．北京：社会科学文献出版社，2019：28.

中，以身份为核心的认同政治都在强化，从平民百姓到政治精英都深陷其中。认同政治成为一个普遍的世界趋势，将产生广泛而深入的影响。本节将讨论两部分内容：一是认同政治的外溢会对国际关系产生什么样的影响与冲击；二是如何客观评价认同政治，并思考认同政治的未来发展。

一、认同政治与国际关系

将身份作为认同和动员要素，有时可以起到团结和凝聚的积极作用，但有时也会产生紧张、矛盾乃至冲突等消极后果。因此，认同政治与冲突具有内在的关联性。尤其当认同政治从一国国内外溢到地区和国际上的时候，不仅可能滋生宗教极端主义和国际恐怖主义等不稳定因素，还可能导致国家间的龃龉、冲突和对抗，给国际关系带来负面影响。

英国“脱欧”是身份政治作用于国际关系的一个典型例子。2020 年 1 月 22 日，英国议会正式通过“脱欧”协议相关法案，次日这些法案获得女王批准成为法律。在欧洲议会批准英国“脱欧”协议后，英国于 2020 年 1 月 31 日正式退出欧盟。至此，延烧数年的英国“脱欧”事件终于尘埃落定，英国与欧盟正式分道扬镳。在启动“脱欧”程序前，英国国内已经因为欧盟法律的适用、英国的财政经费负担和具体的渔农政策等争议分裂成了“留欧派”（Remainers）和“脱欧派”（Brexiteers）两派。前者积极支持欧洲一体化、全球化和超国家主义，后者更认同保护英国的国家主权和国家利益。2015 年汹涌而至的难民大潮不仅冲击了欧洲大陆，也给英欧关系带来了新的阴影，使得“脱欧派”声势大涨，最终终结了两派的长期争论。因担心被强制分配接收难民名额再加上其他因素的推动，英国下决心启动“脱欧”公投。不同于以往基于族群、文化、性别等的传统身份认同，也不再受限于左右阶级意识形态和党派立场，英国民众围绕“脱欧”问题形成了新的身份认同并成功进行了政治动员。英国“脱欧”的结果不仅震惊了欧洲，还对地缘格局和国际关系产生了深远影响。除英国“脱欧”外，还有学者关注到认同政治的背离与缺失给中东欧地区的区域整合带来了严峻挑战，以及思考宗教基要主义的身份认同如何使宗教极端主义和国际恐怖主义跨国泛滥并危及世界安全等议题。

近年来，随着地缘政治格局和大国关系的急剧变动，认同政治的发展出现了一种新的趋势，即基于“民主”等意识形态之上的身份认同，俨然已成为国际政治的新主题。[①] 特朗普总统任内后期，美国将中国定义为试图改变既有国际格局并挑战美国超强地位的战略竞争对手，指责中国运用实力进行经济胁迫并破坏国际规范。美国对华大打贸易战并在高科技领域围堵中国的同时，还在涉港、涉疆和人权等问题上激化与中国的矛盾。拜登上台后，不仅没有改变特朗普政府的做法，还表明将团结价值理念相同的盟友，如召开史上首次“民主峰会”以结成所谓的“民主统一战线”，进一步从实力地位出发继续

---

① Teixeira N S. The International Politics of Democratization：Comparative Perspectives［M］. London：Routledge，2011：26－52.

围堵中国。[①] 欧盟对中国的疑虑和防范也在不断加深，认为中国不仅是经济和科技领域的竞争者，在民主价值观等政治理念方面，中国更是欧盟的制度性对手（systemic rival）。很显然，认同政治此时已从个体认知和社会群体的层面上升到国家及国家集团对自身的认同层面。美欧通过排斥和妖魔化中国，强化西方国家的民主身份认同并进行集体政治动员。越来越多的西方政治家甚至毫不掩饰地对自身优先原则进行捍卫。然而，人类的历史经验已经表明，将世俗价值宗教化和道德化的做法十分冒险。把中国和其他国家置于对立面，这种认同政治具有很大的危险性。

二、对认同政治的评价

认同政治自20世纪60年代美国黑人民权运动后登上历史舞台，迄今已成长为一股有重要影响力的社会思潮和政治运动，深刻改变了世界各国的社会和政治面貌。过去几十年，强调群体身份及其差异的多元文化主义，是西方政治实践与政治理论的一个重要主题。尤其在欧美等国家，关于族群、文化、性别和性少数等的身份政治议题往往成为选举过程中的焦点和核心问题。

受后现代话语影响而形成的认同政治，是二战后西方阶级政治陷入低潮的产物。认同政治最初是少数身份群体对于加诸到身上的不公正和不平等对待进行的反抗，有其历史的必然性和正当性。然而，随着形势的变化，越来越多的人担心认同政治这个“主旋律”会带来隐忧。一方面，基于特定少数群体身份的认同政治不时会产生对抗和冲突，有的甚至极具暴力和破坏性。[②] 有学者警告，认同政治带来的政治正确正在撕裂美国并对全球安全和人类福祉带来重大威胁，“美国政治精英对群体认同置若罔闻，这些群体认同与大部分美国人民息息相关，并正在撕裂美国……认同政治以极为危险和充满种族对立情绪的方式，攫取了美国的左右两翼。在今天的美国，每个群体都在感受着威胁……美国弥漫着集体的受迫害感和被歧视感”[③]。另一方面，认同政治在提高西方社会宽容度和包容度的同时，也消解了阶级在社会运动中的主体地位。在全球资本主义日益陷入危机的背景下，认同政治催生了一种“逆向身份政治”或者“多数人的身份政治”。感到自身处境遭到恶化的社会群体借助传统身份政治话语进行了反击，成为欧美国家右翼民粹主义兴起的重要推动因素。[④] 如果说认同政治曾长期被视为具有社会批判意义的进步力量，那么英国“脱欧”、特朗普当选还有近年来认同政治的外溢现象则引发了有识之士的高度忧虑。

---

① Biden J R, Jr. Interim National Security Strategic Guidance [R]. Executive Office of the President Washington DC, 2021.

② 据统计，自二战结束以来，美国发生了近十次波及全国的种族骚乱，包括1962年密西西比州骚乱、1967年底特律大暴乱、1968年因马丁·路德·金遇刺引发的全美骚乱、1992年洛杉矶大骚乱、2001年辛辛那提骚乱、2013年桑福德骚乱、2014年弗格森骚乱、2016年夏洛特骚乱以及2020年的“黑人命也是命”（Black Lives Matter, BLM）运动所引发的冲突，这些种族骚乱造成了大量人员伤亡和财产损失。

③ Chua A. Political Tries: Group Instinct and the Fate of Nations [M]. London: Penguin Group, 2018: 2.

④ 赵丁琪．身份政治的困境与右翼民粹主义的兴起：西方身份政治的危机与反思 [J]. 当代世界与社会主义，2020 (5): 112-119.

当前，对认同政治的讨论实际上已经远远超出单纯的社会文化领域，还涉及审视国家政治的基本原则和根本理念，甚至还包括民族国家能否存续以及世界政治未来的发展这样一些复杂而根本的问题。人们永远不会停止从身份的角度思考他们自己及其所处的社会和国家，但是，人的身份既不固定，也不一定与生俱来。因此，认同政治固然是用来“分”的，但未必不能发挥“合”的功能。例如，美国最高法院 20 多年前就开始意识到，认同政治与自由主义原则和政治体的统一之间似乎存在着某种原则性的冲突。因此，最高法院在一系列判决中反复强调，不能因为过分突出认同政治而让美国社会分裂为无数的小集团。[①] 福山也曾提出，建立更具整合性的、围绕对国家根本理念认同的“信念式国家身份”（creedal national identities），以此来补救身份割裂和对立状态带来的危害。[②] 针对认同政治的这些政治实践和理论思考，将持续给我们带来反思和启发。

参考文献

王缉思，等．美国战略探析与中美关系前景展望［J］．国际经济评论，2024（2）：1－41.

周顺．美国平权运动及其对政治认同的影响［J］．史学月刊，2021（9）：98－105.

赵丁琪．身份政治的困境与右翼民粹主义的兴起：西方身份政治的危机与反思［J］．当代世界与社会主义，2020（5）：112－119.

刘康．从“后学”到认同政治：当代美国人文思潮走向［J］．学术月刊，2020，52（2）：129－141.

娜敏．试析当代印尼身份政治兴起的原因［J］．和平与发展，2020（6）：105－120，137－138.

王军，黄鹏．欧美身份政治的历史演进与治理困境［J］．民族研究，2020（4）：42－60，139.

林红．身份政治与国家认同：经济全球化时代美国的困境及其应对［J］．政治学研究，2019（4）：30－41，125－126.

唐士其．西方国家基本的社会政治秩序及其内在矛盾［J］．亚太安全与海洋研究，2019（3）：2，13－22.

许利平，薛松，刘畅．列国志：印度尼西亚［M］．新版．北京：社会科学文献出版社，2019.

王葎．文化多元主义的身份政治困境［J］．山东师范大学学报（人文社会科学版），2019，64（6）：57－65.

宋全成，温婧．欧洲缘何泛起排斥穆斯林族群的思潮？［J］．西亚非洲，2019（5）：22－41.

霍布斯鲍姆，易晖．身份政治与左派［J］．汉语言文学研究，2017，8（1）：37－43.

---

① 例如，美国最高法院 1993 年在一项判决中裁定，为确保黑人当选国会议员而重划选区的做法无效。参见：唐士其．西方国家基本的社会政治秩序及其内在矛盾［J］．亚太安全与海洋研究，2019（3）：2，13－22.

② Fukuyama F. Against Identity Politics：The New Tribalism and the Crisis of Democracy［J］．Foreign Affairs，2018，97（5）：90－114.

马尔蒂尼埃罗．多元文化与民主：公民身份、多样性与社会公正［M］．尹明明，王鸣凤，译．北京：社会科学文献出版社，2015.

亨廷顿．文明的冲突与世界秩序的重建［M］．3 版．周琪，刘绯，张立平，等译．北京：新华出版社，2002.

外交部．印度尼西亚国家概况［EB/OL］．(2023－01－01)［2023－05－03］．https：//www. fmprc. gov. cn/web/gjhdq _676201/gj _676203/yz _676205/1206 _677244/1206x0 _677246/.

Chua A. Political Tries：Group Instinct and the Fate of Nations［M］. London：Penguin Group，2018.

Eisenberg A，Kymlicka W. Bringing Institutions Back in：How Public Institutions Assess Identity［M］. Vancouver：University of British Columbia Press，2011.

Ye'or B. Eurabia：The Euro-Arab Axis［M］. Madison：Fairleigh Dickinson University Press，2005.

Mills C W. Multiculturalism as/and/or Anti-racism?［M］//Laden A，Owen D S. Multiculturalism and Political Theory. Cambridge：Cambridge University Press，2007：89.

Gellner E. Nations and Nationalism［M］. New York：Cornell University Press，1983.

Fukuyama F. Against Identity Politics：The New Tribalism and the Crisis of Democracy［J］. Foreign Affairs，2018，97 (5)：90－114.

Fukuyama F. Identity：The Demand for Dignity and the Politics of Resentment［M］. New York：Farrar，Straus and Giroux，2018.

How to Better Foster Human Rights among EU Policies［M］. Brussels：Frame，2017：6.

James D. Wright，International Encyclopedia of the Social & Behavioral Sciences［M］. 2nd ed. New York：Elsevier，2015.

Biden J R，Jr. Interim National Security Strategic Guidance［R］. Executive Office of the President Washington DC，2021.

Cochrane K. All the Rebel Women：The Rise of the Fourth Wave of Feminism［M］. London：Guardian Books，2013.

Alcoff L M，Mohanty S P. Reconsidering Identity Politics：An Introduction［J］. Identity Politics Reconsidered，2006：1－9.

Tehranian M. Cultural Security and Global Governance：International Migration and Negotiations of Identity［M］//Friedman J，Randeria S. Worlds on the Move：Globalization，Migration and Cultural Security. London：I. B. Tauris，2004：20.

Teixeira N S. The International Politics of Democratization：Comparative Perspectives［M］. London：Routledge，2011.

Ford R T. Political Identity as Identity Politics［J］. Harvard Journal of the Legal

Left，2005，1：53－57.

Huntington S P. The Clash of Civilizations? [M]. New York：Foreign Affairs，1993.

Siebers T. Disability Studies and the Future of Identity Politics [M] //Alcoff L M, Hames-Garcia M，Mohanty S P，et al. Identity Politics Reconsidered. London：Palgrave Macmillan，2006：10.

Sardar Z. Racism，Identity and Muslims in the West [M] //Abedin S Z，Sardar Z. Muslim Minorities in the West. London：Grey Seal，1995：1－17.

第十章
政治传播

20世纪以来，随着信息技术的发展，传播主体、传播方式愈发多元，政治传播（political communication）这一经典的政治学研究议题，再次成为社会科学研究中的一个热门概念。聚焦于政治传播对国家、政府、政党以及社会等不同主体的影响途径、作用机制等，国内外形成了丰硕的研究成果。纵观中西方学术界政治传播的研究，最新的转变可概括为两个层面：其一是伴随新兴技术和交叉学科的发展，政治传播研究议题日趋多元化，以政治与传播为两大关键词，政治学、社会学、传播学、媒介学等诸多学科均形成了相对较为独立的研究子领域，为我们了解政治传播提供了多元的学科视角。其二是研究方法的发展推动了一批研究者尝试将量化的研究方法与政治传播相结合，带来了研究范式上的创新与转变。本章将围绕政治传播这一主题，结合当前信息时代技术和学科发展的新特征、新趋势，介绍政治传播研究的新进展与新形态。

第一节　政治传播三大基本理论的新发展

政治传播是政治传播学中的一个重要概念。“政治传播”具有政治学与传播学的双重学科属性，不同学科对这一概念的界定各不相同。通常来讲，政治传播的研究内容包括政治传播结构、政治传播媒介、政治传播效果等。实际上，数字技术的发展在推动传统媒介与新兴媒介不断融合的同时，也激发了学者们对政治传播实践的关注，研究者们提出政治传播正在面临诸如传播技术的变化、政治传播的职业化、信息与娱乐之间的界限模糊、公共话语的碎片化以及政治信息流动的全球化等现实问题。[1] 我们认为，政治传播研究对新兴现象的关注始终以基本理论为基石，不断进行理论对话、理论反思、理论补充，进而提升理论对新现象、新问题的解释力。

---

① Maarek B，Wolfsfeld G. Political Communication in a New Era［M］. New York：Taylor & Francis，2005.

一、议程设置理论

议程设置理论最早由美国学者麦库姆斯（McCombs）和唐纳德·肖（Donald Shaw）提出。他们通过对选民的抽样调查和对不同传播媒介报道内容的比较分析发现，在大众传播过程中，媒介能够通过对公众议程的设置（如议题顺序先后、事件报道频次等），“引导”和“转移”公众的观点和注意力，潜移默化地影响着公众对各类事件的判断。

自议程设置理论提出以来，学术界不乏高质量的研究关注和讨论了这一理论，结合政治传播的相关实践，议程设置的最新发展和讨论议题包括：

（1）认知维度下议程设置理论的发生机制。大众媒介无法短时间内直接决定公众对事件的一致性看法，却能够通过议题的设置引导公众关注某一事件。换而言之，议程设置理论认为媒介能够通过改变公共事件的报道顺序、信息传递强度等，改变公众对事件的认知和观点。

（2）行动维度下剖析议程设置理论的运作逻辑。面对不同传播媒介丰富且繁杂的信息，公众对信息重要程度的判断取决于媒介在议程设置中的方式和策略，且公众会对媒介反复强调重要的事件予以优先反应和行动，大众传媒中媒介对事件信息传递的频率与公众对事件的重视程度呈正相关。

（3）着重从效果出发讨论议程设置如何影响政治传播。公众与传播媒介的接触频次是议程设置理论得以发挥影响的关键。公众对事件认知程度与传播媒介议程设置二者间不是简单的对应关系，对于那些很少或者几乎不接触大众传媒的人而言，媒介的议程设置显然无法影响个人对公众实践的认知。

议程设置理论为观察政治传播过程中媒介的作用提供了新角度，即在政治传播中媒介拥有一定程度的自主性，媒介对传播环境的塑造是我们理解舆论导向的一个重要观察点。值得注意的是，随着新兴媒体、自媒体的出现，点对点、点对多、多对多等多元传播成为主流，在反思传统议程设置理论时，需要指出的是议程设置不再由单一的媒介主导，社群间议程设置、媒介议程设置、公众议程设置等多重过程均影响着议题的出现与传播。因此，对政治传播的研究不仅需要关注单一媒体在议程设置中的作用，同时也需要关注个人和社会的态度对政治传播的作用。

二、“沉默的螺旋”理论

“沉默的螺旋”理论（the spiral of silence）由德国著名传播学家诺埃尔-诺伊曼提出。该理论指出，人的社会天性使得个人会最大程度地避免自己在交往中被孤立，总是在人群中寻求一种和谐关系，由此产生“沉默的螺旋”现象，即：当人们感到自己的意见（可能是一种新的意见，或者是一种已经存在的意见）属于“多数”或处于“优势”时，便倾向于积极大胆地发表这种意见；当发觉自己的意见属于“少数”或“劣势”时，遇到公开发表的机会，可能为防止被孤立而保持“沉默”。一方的沉默与另一方的不断肯定导致观点螺旋发展的过程被称为“沉默的螺旋”现象。

“沉默的螺旋”理论作为政治传播的经典基础理论之一，为我们提供了认识群体意见形成过程的一个分析视角，少数人的观点容易淹没在一致默认的公众“舆论”之中。20世纪以来，不少研究对这一理论展开了进一步的研究论证与反思。一方面，“沉默的螺旋”理论的适用范围有限。面对不同国家的文化背景以及新兴传播媒介的发展，对于那些强调多元主义的国家具有包容性的社会文化，但并没有出现“沉默的螺旋”现象，反而会更尊重社会中不同的意见，个体发声渠道变得更为多元，少数群体也能够通过多种渠道发声。另一方面，单一心理变量不足以全面揭示个体在群体中意见表达的逻辑。实际上，人性的复杂以及不同情景的差异均会影响个体表达意见的意愿，比如个体无知的沉默（不知道）、无所谓的沉默（不感兴趣）、个体政治冷漠导致的沉默等等。诺维尔什（Neuwirth）就认为，个体意见的不表达与其受教育程度、性格、能力等都有较为紧密的关系。

尽管学界对“沉默的螺旋”理论存在不少质疑和挑战，但并不能改变这一基础理论在政治传播中的重要地位。特别是在互联网高度发达以及算法技术广泛运用的当下，面对高热度、高关注度的舆论事件，如何避免陷入“沉默的螺旋”，为多元的意见表达留有空间，仍有进一步思考和讨论的空间。

三、政治修辞理论

政治修辞是指政治主体运用政治语言进行政治说服的技巧和能力，其目的在于说服政治受众，从而推动政治目标的顺利完成。政治修辞是一种客观的政治现象，对于维持政权的稳定性与合法性具有重要的作用。政治修辞的范式大致包括如下几种：

（1）情景修辞。情景修辞是政治修辞的基本范式，劳埃德·比彻尔（Lloyd Bitzer）的《修辞情景》是这一研究范式的标志性成果。比彻尔将修辞定义为：“改变现实的一种方式，它通过创造那种对思想与行为的调停来改变现实的话语。”在比彻尔看来，修辞是改变现实的一种方式，是存在于紧急状态并对其做出反应的话语。

（2）制度修辞。制度修辞是聚焦于政治制度，对不同政治机构间的关系予以刻画和描述的范式。更具体地讲，制度修辞是对政治机构间的制衡、互动、说服过程的呈现，例如凯西·史密斯（Kathy Smith）和艾伦·史密斯（Allen Smith）的相关研究，围绕美国的三权分立制度，分析美国行政、立法与司法在政治传播中如何对自身行为进行辩护和阐释，从而在权力博弈中实现政治目标。

（3）首脑修辞。首脑修辞是指以国家元首为主要对象的政治修辞，既包括首脑对国家运行制度的政治修辞，也包括对首脑自身思想、行为、风格等方面的修辞。在各国传播媒介中对美国、俄罗斯等国家首脑的形象、性格的描绘，均属于首脑修辞的范畴。

经验表明，政治修辞普遍地存在于政治运作的过程之中。一方面，在政治权力的获得过程中，无不充斥着对政权合法性的修饰。不管是以暴力的形式，还是以和平的手段获取政权，政治主体都需通过政治修辞为自己行动的正当性展开辩护，从而获得支持者的信任。另一方面，政治修辞在政权运作过程中也颇为常见，如在政治宣传、政治沟通中，政权主体均会采用不同的范式来增强客体的认同感，从而实现长期稳定的统治。

第二节　政治传播的新形态

政治传播作为政治发展的重要条件，在整个政治系统内部扮演着重要角色。随着时代的发展，政治传播以不同的形式来满足政治发展的需求，其形态变化也体现了较强的时代性。学术界将政治传播划分为三种基本形态，即政治宣传、政治沟通和政治营销。

一、政治宣传

尽管政治传播在发展过程中不断衍生出新的信息传递形式，但政治宣传作为政治传播的基本运转形态一直贯穿于政治发展的始终，是统治阶级传递政治信息的主要形式。传播学的四大奠基人之一——拉斯韦尔将政治宣传定义为：以有含义的符号，具体指以描述、谣言、报道、图片和其他种种社会传播形式，来控制意见的过程。围绕政治宣传，不同国家政治宣传的新形式、新特点构成了我们理解政治传播形态的重点内容。

聚焦于政治宣传及其特点，我们认为，政治宣传是以宣传的形式将政治的理想性转变为现实的过程，其本质是通过核心政治价值观的宣传和意识形态的引导不断建构和维护政治合法性，其内在机理是将一种可选择的政治信息输送给受众，并在政治的不确定性中获得确定，在一种复杂的政治环境中简化选择的过程。中国的政治宣传在一定程度上受到了苏联政治宣传模式的影响，例如，将爱国主义教育、民族团结等价值宣传作为媒体工作的主要内容，构建国家统一的宣传话语——团结、统一和对抗外敌。进而言之，政治宣传是执政党进行政治统治的一种象征性工具，它与政党施行的政策、策略一起构成了一个相互依存的整体，这个整体可以说服和影响公众的行为。以上不难看出，政治宣传是特定统治阶级或利益集团为获得民众的政治认同，而通过宣传的方式将其政治理念和相关政治信息社会化的过程。也就是说，行为主体通过特定的政治组织以及传播媒介，使政治成员知晓、认同其执政理念和政策方针，进而将执政理念和政策方针转化为行动的过程。

中西方在政治宣传上存在较大差异已然成为学界、政界的共识，对不同国家政治宣传形式的比较分析成为研究的一个新趋势。实际上，政治宣传的行为主体是政党或利益集团，传递的主要内容是政治信息，信息的主要接收者是特定政治共同体中的政治成员，主要途径是媒体、互联网等大众传播媒介，运行方向具有明显的单向性，目的是获得政治认同。

聚焦具有中国特色的政治宣传方式，中国政治宣传的运行过程可概括为五个阶段：第一个阶段是发文阶段，也就是宣传信息的确定阶段；第二个阶段是层层传递，普遍宣传；第三个阶段是领会阶段；第四个阶段是抓住典型，以点带面；第五个阶段是“统一思想，达成共识”。中国政治宣传的主体主要是政党及政府，政治宣传的媒介主要是官方新闻媒体，通常以新闻传媒的形态出现。在这样的宣传图景中，各官方新闻电台、报刊也就成为政党及政府的主要宣传阵地。中国是具有悠久历史的民族国家，中华民族的传统节日也理所当然地成为统治阶级维护其政治立场的重要媒介。例如，借助清明祭祖、中秋节及春节团圆等节日理念强化公民的家国意识，铸牢中华民族共同体意识等。

针对西方国家的政治宣传，西方国家选举、政府日常管理中的政治宣传实践表明，政治宣传是西方国家意识形态工作的重要组成部分，西方国家主要是通过明确的政治价值导向来维护特定阶级的利益。对于英美国家来说，政治宣传大多以一种隐秘的方式出现。而且随着新媒体的出现，网络政治迅速发展，脱口秀、评论性文章、媒体以及各网站上的虚假信息导致了公众对所接收的政治信息的真实性持怀疑态度，媒体所传递的政治信息的真实性引起了社会的激烈讨论，这使得政治宣传的场景比以往更加不稳定，政治家和新闻记者在接触公众方面面临着越来越多的挑战。[①] 在俄罗斯，政治宣传毫无例外地成为政府向群众表达政治立场的手段。譬如，在苏联时期，政党往往依靠既定的宣传结构和媒体播报向基层传递中央的政治决策，同时也会根据政治形势的需要来变换宣传用语，从而控制社会舆论，为自身的统治创造有利条件。

需要指出的是，在不同的政治意图下，政治宣传往往以不同的基调出现。例如：在紧急状态下，领导阶级为实现政治动员，会渲染出一种紧张的政治氛围。在日常化的社会动员中，统治者往往会诉诸宣传社会生活中有利于其统治与治理的"正能量"，通过对先进典型事迹的正向宣传来发挥引领作用，以此实现社会公众对统治阶级或者是当局的认同，塑造共同体意识。在战争情景中，政治宣传往往突出双方的差异，塑造对方"敌人"的形象，达到孤立竞争对手的目的。但不管它以何种基调出现，目的依然是为维护政治统治服务。在外交情境中，政治宣传往往致力于本国"求和""友善"等国际形象的塑造，争取更多的国家支持。

不难看出，政治宣传形式多样，一般具有较强的政治性和选择性。行之有效的政治宣传能够将统治阶级的政治意图及执政理念广而告之，也能影响政治成员的认知和判断，降低公众的政治迷失感，树立良好的国际形象，增强国际影响力，是统治阶级传递政治意图和政策方向、获得政治合法性的重要手段。但是，政治宣传是一种政治信息单向运行的过程，且所传递的政治信息是经过选择和编排的。因此，其本身也存在局限性，在推进民主政治建设的进程中所发挥的作用也是有限的。

二、政治沟通

20世纪五六十年代，政治传播理论研究在美国兴起，政治沟通成为政治传播关注的热点之一。从语义上讲，政治沟通与政治传播在英文语义上具有同等的含义，均为"political communication"，但从中文语义上讲，政治传播与政治沟通在内涵上略有不同。具体来讲，"沟通"都是双向的。换言之，政治沟通强调的是政治信息的双向流动。美国学者诺里斯将政治沟通视为一个沟通主体多向互动的过程，并将政治信息的流转归纳为三个不同维度：（1）政府机构与民众之间信息传递的下行过程；（2）参与者之间相互传递

---

① Blumler J G. The New Media and Our Political Communication Discontents: Democratizing Cyberspace [J]. Information, Communication & Society, 2001, 4: 1.

信息的平行过程；（3）舆论从公众传至当局的上行过程。[①]《布莱克维尔政治学百科全书》将政治沟通阐释为：赋予政治过程之信息和情报的流动，不只包括政治精英对其民众发送信息的过程，还包括影响政治的整个非正式沟通的过程。[②] 还有学者指出，政治沟通是政府与公众之间在言词、信息、感知以及情感等政治联系的基础上进行信息交换，引起共鸣，从而获得公众支持的过程。

政治沟通是政党最具包容性的功能，普遍存在于政治生活中，它强调不同沟通主体之间的信息流通与反馈，既是政治系统运转的前提，同时也是推动政治民主化发展、实现政治发展目标的重要动力和基础。与被动接触媒体信息相比，积极的人际沟通无疑对实现持久性政治社会化更为关键。阿尔蒙德将政治沟通比作政府运行的"血脉"，多伊奇则将政治沟通喻为"政府的神经"。由此可见，不管是在政治发展的何种阶段，政治沟通在其中都充当着不可或缺的角色，发挥着重要作用。有效的政治沟通能够提高社会公众的满意度和公共政策的科学性，减少政策偏差和社会矛盾与冲突，而无效的政治沟通却会激化矛盾。就政治沟通的运行走向来说，学术界将其划分为两种走向：一种是内部沟通，即政府内部的沟通；另一种是外部沟通，即政府与社会之间的沟通。就其内容来说，政治沟通的内容不仅包括政治信息的多向传递，还包括各种社会信息的向上反映。就其行为主体来看，在政治沟通过程中，政治信息的生产者和传递者不仅仅是政党、政府等官方组织，还包括公众、非正式组织等行为体。

政治沟通具有包容性，是构建政治协商平台的重要契机。新时代政治的发展需要国家意志及社会民意的双向流通，而政治沟通本身就具有鲜明的双向性，其本质是一个信息的交流与反馈的过程，理应是政治传播不可缺少的发展形式。在各国的政治发展过程中，政治沟通的有效运行能够使政治信息与社会信息、国家意志与社会民意上下流通、双向互动，更有利于统治阶级根据不同主体的信息反馈来制定出正确的方针、政策。对中国而言，政治沟通也是执政党坚持民主协商的重要方式，对实现现代化国家建设具有重要意义。

三、政治营销

政治营销（political marketing）是一个舶来词，在市场化的过程中，政治营销逐渐在现代政治传播中占据重要位置，成为西方政治传播的主流形式。"营销"一词原本应用于经济学领域，随着经济社会的发展，以美国为代表的西方国家将其广泛运用于政治实践中，特别是在国家领导人的选举中得到了普遍运用，政治学界关于政治营销理论的研究也随之兴起。20 世纪五六十年代，许多西方学者开始关注营销行为在政治系统中的重要作用，美国学者斯坦利·凯利（Stanley Kelley）在其开创性的著作《专业公关

① Norris P. A Virtuous Circle：Political Communications in Postindustrial Societies［M］. Columbia：Association for Education in Journalism and Mass Communication，2000.

② Vernon B. The Blackwell Encyclopaedia of Political Institutions［M］. Hoboken：Blackwell，1987.

与政治权力》中首次提出了“政治营销”一词。[①] 20世纪90年代至今，学术界掀起了政治营销理论研究的热潮，不少学者对政治营销的定义、概念、特征等方面进行了探讨。

现代营销学之父——菲利普·科特勒将政治营销定义为“通过交易过程以满足需求和欲望的政治活动”[②]。莱茵认为政治营销是动静结合的政治过程，具体表现为政党和政治候选人利用舆论和环境分析以推动竞争，满足选民需求，从而获得选民支持的过程。美国营销学教授纽曼则将政治营销的概念定义为：政治营销是不同的个人和组织将营销原则和程序应用于政治竞选活动的过程。纽曼关于政治营销的定义是学术界普遍赞同的观点，他在《营销总统：选战中的政治营销》一书中建立了“环境分析-候选人理念-营销攻势-政治选战过程”[③] 的政治营销分析模型，这一模型对政治营销学研究领域的学者产生了重大影响。此外，还有学者基于营销模型中的“4P”模式提出，政治营销是政党或候选人通过民意调查和环境分析的方式来产生和促进竞争性选举的过程，在这一过程中，通过满足选民需求、获得选民的支持来实现组织目标。[④]

政治营销产生于复杂的市场经济环境中，主张政治市场化，是经济理性在政治领域的具体表现。就其运行过程来讲，政治营销始于政治营销策略的制定，并贯穿于统治阶级执政合法性的获得以及国家治理活动的始终。政治营销策略的施行是为了实现特定的政治目标，在这一过程中，政治组织借助大众传播媒介，将政治信息推销给民众，从而实现利益的相互满足。它在某种程度上提高了政治传播的效率和品质。有学者将整个政治营销的流程归纳为四个步骤：（1）营销主体：政党（或候选人）；（2）环境分析；（3）部署战略组合：制定政党形象宣言、传播方式、拉票策略、选民心理预期评估；（4）落实：在选民市场中运行。[⑤] 在这一过程中，政党被视为公司，选民则被视为消费者，当政党形象在公众视野中的差异性不明显时，政党就需要依靠营销技巧来制造差异。[⑥] 可见，政治营销的运行过程具有形式上的灵活性和竞争性、手段上的商业性、运行目标上的政治性的特征。这里需要提到的是，政治营销的运行与发展深受公众舆论的影响，因此，政党或竞选者在采取政治营销手段时往往会通过制造公众舆论的方式来影响公众或选民的行为。

在政治营销的发展进程中，政治营销在中国的适用性问题是一个备受关注的议题，主要形成了两种基本观点：

第一种观点认为，政治营销未来或许是中国政治传播发展的主要形态。虽然政治营销根源于西方竞选政治的土壤，但中国的民主政治发展依然需要政治营销的支撑，特别是在网络政治高速发展的时代，政治信息的传递需要在与社会实用性、娱乐性信息的竞争中获得公众的关注和在信息市场中的占有率，在这一过程中就难免需要动用营销的手

---

① Wring D. Reconciling Marketing with Political Science：Theories of Political Marketing [J]. Journal of Marketing Management，1997，13：651-663.

② Kotler P. A Generic Concept of Marketing [J]. Journal of Marketing，1972，36 (2)：46-54.

③ Newman B. The Marketing of the President：Political Marketing as Campaign Strategy [M]. Thousand Oaks：Sage Publications，1994.

④⑤ 同①.

⑥ Scammell M. Political Marketing：Lessons for Political Science [J]. Political Studies，1999，47 (4)：718-739.

段和方式迎合各种发展趋势。

第二种观点认为，在当前中国的政治环境中，政治营销的运行可能会引发令人担忧的问题。政治营销存在于复杂的发展环境之中，其普遍性和有效性是有限的。政治营销的运转对一国政治环境极其挑剔，它需要完备的法律制度与牢固的体系结构做保障，否则可能会对民主政治的发展带来巨大的冲击。

可以看出，政治营销的诞生与发展无疑是对政治宣传与政治沟通的价值补充与升值，其本身所具有的政治性、竞争性以及灵活性有利于各政治行为主体在复杂的政治环境中借助营销手段完善信息传播机制，提升政治宣传效率。当然，政治营销的运行也需要借助特定的制度环境，西方国家较为成熟的法律、制度环境为政治营销的运转创造了先行条件。对中国而言，在推进国家治理体系和治理能力现代化的历史趋势下，完善法律法规和相关制度、规范信息竞争市场以及创造良好的信息传播环境对引导政治营销进行正确转化，形成更符合中国特色社会主义政治环境的政治营销路径具有重要意义。结合中国政治传播的特点与优势，政治宣传、政治沟通与政治营销能够成为新时代中国政治传播的新力量，助力打造公平、公正、公开的良好政治生态环境。

第三节　信息时代的政治传播

技术变革是时代变革和政治变革的先决条件。1946 年世界第一台电子计算机的问世，标志着人类社会进入信息时代，并开启了政治传播的新纪元。“以信息技术为中心的变化是目前与下一次变革浪潮的核心，将重建政治领域的功能。”① 随着计算机技术和信息技术的飞速发展，大数据、人工智能和新型算法取得了重大突破，信息传播的速度变快、广度不断拓宽，新的传播平台和传播形式不断涌现。信息时代的来临，塑造了新的政治现象并将政治活动从现实空间拓展到了网络虚拟空间，政治传播也因此展现出新的活力与样态。

一、新媒体背景下的政治传播

科学技术的进步推动了互联网的蓬勃发展，同时也催生了以网络为代表的新媒体传播形式。“新媒体”作为传播媒介的一个专业术语，是指一种依托数字技术和网络通信技术，通过互联网、局域网、无线卫星通信等渠道，借助电视、手机、电脑等输出终端向用户提供信息和服务的新传播形态。新媒体的出现彻底革新了政治传播的途径与效果，不同的政治现象均与政治传播有着密切的联系，政治传播日趋呈现大众化、即时化、碎片化、感性化、功利化等特点。

---

① Dunleavy P，Margetts H，Bastow S，et al. New Public Management Is Dead：Long Live Digital Era Governance [J]. Journal of Public Administration Research and Theory，2006，16 (3)：467－494.

1. 政治的媒体化

媒体对当代政治的重要作用不言而喻，政治与媒体表现出的高度粘连被称为“政治的媒体化”。对于现代国家而言，媒体已经成为政治和公共生活的中心。尽管我们依旧能在当前的政治生活中看到很多传统政治的行为方式，如传统的挨家挨户争取选票，组织政党活动、社会运动等，人们依旧会采用传统的方式直接参与政治讨论，但更为普遍的现状是，如果缺少了新兴媒体这一平台，现有的很多治理形式以及对公众意见的收集将很难实现。政治的媒体化表现为从新闻节目到娱乐节目，媒体向公众提供了各类政治话题，对社会问题提出了具有吸引力的观点，一定程度上刺激了民众之间的政治沟通，民众乐于围绕某一政治议题进行讨论和表明观点。在这一过程中，需要厘清中介媒体与政治行为之间的关系，具体影响因素包括：

- 媒体的信息来源和范围的多样性；
- 各类信息主体出现的频次；
- 与政治相关的信息呈现出的样式（包括报道的深度与细节、小报和娱乐风格的使用以及叙述方式和意识形态的相关运用）；
- 信息呈现中对社会客观现状以及报道者个人主观因素间的平衡；
- 公众参与中获取信息以及反馈信息的方式。

例如，不同的新闻机构会根据政治议题划分内容报道的所有权，新闻机构彼此间的竞争关系或多或少地会影响记者个人对报道内容、报道方式的选择，从而选取更有利于提升自身竞争力的方式向公众传播相关信息。了解这一内在逻辑，有助于解释新闻中出现不同议题议程的原因、议题被报道的方式以及公民对政治的认识是如何被塑造的。

事实上，政治的媒体化对公民个体究竟有着怎样的影响这一问题，至今仍未形成一致观点。有观点认为，面对政治的媒体化，个体容易淹没在嘈杂和政治操纵的信息环境之中，信息经过层层筛选、过滤以及加工后，会不断弱化个体的独立的判断能力。当然，也有研究者持较为乐观的态度，认为尽管公民经常受到宣传策略和情绪化政治信息的轰炸，媒体会或多或少地对个人形成干扰，但公民的政治思维往往能够达到令人印象深刻的理性水平。①

2. 公共领域的政治传播

面对新媒体的发展，媒体社会中的政治传播成为关注热点。媒体在公共领域究竟发挥着怎样的传播作用逐渐成为讨论的焦点。一个有效的公共领域被视为社会中的交流空间群，允许信息、思想、辩论以一种不受约束的方式进行，进而形成政治意愿（公众意见）。

在这样的空间中，大众媒体的互动具有十分重要的作用，有助于促进公民与社会权力者之间的交流联系。例如哈贝马斯在其文章《媒介化社会中的政治传播：民主是否仍然拥有认识论维度？规范理论对经验研究的影响》中提出，以传媒为中介的政治传播在

---

① Zaller J. Monica Lewinsky and the Mainsprings of American Politics［M］. Cambridge：Cambridge University Press，2000.

一定条件下能够推动公共领域的政治协商。在哈贝马斯看来，一方面，传媒系统要在运行上保持自律，同时需要保持自身在社会中的独立性；另一方面，消息的传播能够在精英和大众间得到有效互动与反馈。以上两点是政治传播能够推动政治协商的前提。① 可以看出，互联网等新技术，在不断革新政治传播方式的同时，也为民众在公共领域参与政治、表达意见提供了更为广泛的空间。

3. 公民参与和政治传播

媒体对促进公民参与发挥的作用是政治传播研究的一个热门话题。随着新媒体的快速发展，有必要深入分析民主、媒体与社会运动三者间的互动关系。媒体极大地推动了协商民主的发展，由此带来的民主政治的转型为社会运动提供了空间，从而有助于反过来塑造协商民主的形式和做法。从民主参与协商的过程来看，互联网依然是动员公民参与协商的重要方式。哈林（Hallin）和曼西尼（Mancini）基于 2007 年芬兰的选举发现，互联网能够有效地动员和组织那些政治上活跃且具有一定政治能力的公民。②

聚焦于年轻人的政治参与，研究者们认为，新媒体已然成为培养年轻人公民观念的一个重要平台，互联网在一定程度上能够弥补当前年轻人政治参与不足的问题。一方面，传统的政治组织使用社交媒体平台进行单向交流，主要是为了向其支持者提供信息。另一方面，新型社会组织也在使用社交媒体平台与公众展开更为频繁的交流互动——允许其支持者在帖子上发表评论。然而，大多数针对青年的互动并没有充分利用开放的互动网络，这表明青年群体更多的是接受自上而下的现成的公民观念。弗罗曼（Vromen）通过研究澳大利亚 100 个以年轻人为用户导向的公民网站，证明了当前青年群体所能接收到的政治信息主要是一种自上而下的宣导，国家试图通过网络参与创造一个“尽责的年轻公民”的形象。

那么，互联网究竟如何扩大青年的政治参与？哲罗迪莫斯（Gerodimos）认为，强调一个人的行动所带来的切实利益和影响，并明确指出参与某一特定事业的重要性，就有可能让年轻人参与到网络运动中来。这些策略也揭示了一种公民身份的消费主义方法，将公民参与视为一种选择，必须以吸引消费者（公民）和有益的条件进行营销，而不是作为一种义务。

可以看出，新媒体已然构成了推动公民参与的一种重要方式，但在政治传播的过程中，新媒体又是一把“双刃剑”，如何发挥新媒体对社会的正向作用，仍需要在体制机制、制度设计等方面做进一步的探索。

二、大数据、算法与传播创新

随着科学技术的发展，数据生产、存储、计算和传播能力得到了显著增长，大数据

① Habermas J. Political Communication in Media Society：Does Democracy Still Enjoy an Epistemic Dimension? The Impact of Normative Theory on Empirical Research [J]. Communication Theory，2006，16（4）：411－426.

② Hallin D C，Mancini P. Comparing Media Systems：Three Models of Media and Politics [M]. Cambridge：Cambridge University Press，2004：145.

和算法进一步构建了新的政治传播模式，二者在信息传播方面的运用和合作是信息时代政治传播的重要创新实践，有效解决了传统政治传播在数据收集和处理方面效率不高、精度不足的问题。基于此，大数据、算法等新技术对政治传播的影响和实际运用受到了研究者们的广泛关注。

从广义上来看，大数据是指获取、存储、传输、分析和应用数据的一种技术和方法；从狭义上来看，大数据是指规模庞大、结构复杂、用传统技术手段难以处理的数据集。研究者们通常用“5V”和“6C”来概括大数据的特点。“5V”即 volume（数据量庞大）、variety（数据种类多样）、velocity（数据传输和处理速度快）、veracity（数据准确精确）、value（能够提取有价值的信息）；“6C”指大数据技术的 6 个内容，包括 connection（数据收集与信息网络）、cloud（数据存储与数据需求）、cyber（模型与内存）、content（意义与关联）、community（分享与合作）、customization（个性化信息获取和推送）。大数据为自然科学和社会科学研究提供了新的视角和研究手段，也进一步开辟了大数据分析、大数据社会学、大数据政治学、大数据金融等研究领域。

算法是与大数据紧密相连的一个概念，伴随着大数据的不断发展，算法隐藏于政治传播的链条之中。算法是指一系列用以解决问题和实现目标的规则，常用来计算和处理数据以及进行各种数据推理。大数据、算法与政治传播的有机结合，是信息时代应对政治传播对象和政治传播信息从线下转向线上、从现实社会转向虚拟网络的结果。从两者的关系来看，大数据和算法彼此联系、相辅相成，共同作用于政治传播过程。目前，相关研究主要涉及以下三个方面：

首先，通过经验性描述介绍大数据和算法在政治传播中的实际应用情况。有研究表明，目前大数据和算法已经被广泛应用于政治传播之中，如在英国“脱欧”、美国总统竞选等重大政治事件中均发现了网络舆论的算法操控以及大数据分析公司的介入，而在微博、微信等社交媒体中政治信息的发布、加工、转发、互动等方面也离不开社交机器人的后台运作。民主国家和非民主国家对同一冲突事件的报道存在着明显的差异，不同的报道模式会产生不同的政治传播效果。随着大数据、算法、人工智能等新技术与政府治理的不断融合，政府的信息收集和处理能力得到了显著提高，政务服务也逐渐朝着智能化、专业化、精细化的方向发展。

其次，通过大数据和算法分析、预测政治事件走向和公众行为。“大数据的核心就是预测”，这种预测的方式和结果可以为人所用。早在 20 世纪 80 年代，特拉普（Trappl）等人就尝试利用 C4.5 决策树模型对政治冲突管理行为的结果进行预测①；此后，施罗特（Schrodt）利用隐马尔可夫模型对 20 世纪 90 年代南斯拉夫的各种冲突进行了分析和预测。② 除此之外，卡利（Carley）利用大数据和算法对恐怖组织和恐怖分子的行为进行了

---

① Trappl R，Fürnkranz J，Petrak J，et al. Machine Learning and Case-Based Reasoning：Their Potential Role in Preventing the Outbreak of Wars or in Ending Them [J] //Riccia G D，Lenz H，Kruse R. Learning，Networks and Statistics，1997，382：209 - 225.

② Schrodt P A. Forecasting Conflict in the Balkans Using Hidden Markov Models [M] //Trappl R. Programming for Peace：Computer-Aided Methods for International Conflict Resolution and Prevention. New York：Springer，2006：161 - 184.

预测分析，为世界反恐做出了重要贡献。[①] 还有研究聚焦于电商平台的用户购买行为预测，利用集成算法探析大数据背后“网购”用户的消费偏好和购买习惯。

最后，批判性地分析大数据、算法对政治传播、政治生活和社会生活的影响及作用。有研究认为，大数据和算法为政治事件和政治宣传提供了技术支撑，在提升群众政治传播自主性、提高社会资源整合能力、有效处理信息过载等方面存在着明显的技术优势。也有研究认为，过于依赖大数据和算法进行政治传播，容易造成信息的“窄化”和“极化”，导致“技术无意识”“黑箱操作”等问题。还有些学者致力于研究大数据的政治监控功能，认为大数据会侵犯公民隐私、减少个人自由。在福柯的“全景敞视主义”解释下，被囚禁在特定建筑中的人们不知自己一直生活在监督者的监视之下，以此影射大数据时代的政治监控问题。[②] 许倬云在为《大数据：正在到来的数据革命，以及它如何改变政府、商业与我们的生活》一书所作的序言中提道：“资讯时代，对于极权的掌权者，他们拥有无可比拟的强大工具，甚至于比坦克车和催泪弹更为有效。资讯管理、资讯控制，是无影无踪，又是无所不在。”

实际上，研究者们对大数据和算法在政治传播中的应用和作用并没有一味地肯定或是全盘否定，而是以客观辩证的眼光进行审视和研究，既看到大数据、算法的技术优势，也警惕其背后的信息极权控制和监督盲区。目前，我国大数据和算法的发展还处在初级阶段，对大数据的治理还不完善，但我们有理由相信，随着技术水平和治理能力的不断发展，大数据、算法与政治传播的研究将成为政治学研究领域的热点和前沿。

三、新媒体发展的反思：娱乐至死？

20世纪以来，信息媒体的高速发展有目共睹。新媒体的出现和普及以及大数据和算法在政治传播中的运用打破了传统媒体的信息垄断，丰富了政治传播的渠道和方式，使政治传播的信息能够更好地送达目标群体。以往自上而下、以少对多的政治传播格局被打破，新的政治传播格局正在形成。网民对信息的获取、吸收和传播具有了更多的选择和更大的自由度，政治传播主体和客体之间的相互关系在新的技术手段的支撑下沿着新的政治传播轨迹运转。如何看待当前媒体传播的快速发展给政治、社会带来的影响？进而言之，信息时代的政治传播在为我们的生活带来种种便利和好处的同时，其隐藏的危机也不容忽视。

1. 泛娱乐化危机

当今，泛娱乐化已经成为一种普遍的社会现象。电视上各种综艺节目、选秀节目和“抗日神剧”频频涌现，微博热搜中娱乐新闻和流量明星的动态接连出现，社交平台里各类网络用语层出不穷，此类迎合娱乐化倾向的做法，虽然抓住了一大波受众，但带来的却是极其负面的传播效果。泛娱乐化的政治传播不仅使优秀的传统文化和有用的信息被

---

① Carley K M. Dynamic Network Analysis for Counter-Terrorism [M] //Weidman S T. Proceedings of a Workshop on Statistics on Networks. Washington：The National Academies Press，2007.

② Foucault M. Discipline and Punish：The Birth of the Prison [M]. New York：Vintage Books，1995.

边缘化，还导致了享乐主义、虚无主义、拜金主义等不良社会风气的盛行。

2. 政治信任危机

在信息网络时代，每个人都是信息的传播者，政府部门和主流媒体不再是政治传播的绝对主导者。在一些网站上，政治话语权不再由官方把控，网民可以在平台上“畅所欲言”，评论和讨论政治现象和国家政策。这也就使得政治传播内容鱼目混珠，大量真假难辨的信息杂糅在一起，再加上缺乏完善的监督和审核制度，政治信息的权威性和可信度面临严峻挑战。当民众对政治信息产生怀疑而又没有渠道得以证明和申诉时，就会对政府和主流媒体产生不信任，从而采取游行、示威、网络抗议等“非常手段”来表达自己的愤怒和不满，长期如此，势必会造成政治信任危机和社会动乱。

3. 舆论误导与“网暴”

在当今的现代化国家，民众与政府之间的有效沟通是民主政治正常运转的必要条件，而大众传媒则是政治沟通的基本工具。这就要求政府和大众媒体之间必须要达成共识，形成良性互动。作为“中介”的媒体，一方面要协助政府做好政治传播和政治说服工作，另一方面要切实反映群众的声音做好舆论监督工作。但在实际生活中，我们会发现，一些媒体在政治传播的过程中存在断章取义、隐瞒信息、夸大其词、负面解读或过度解读的行为，造成政治传播信息的偏差和舆论误导。此外，虽然网络技术得到了飞速发展，但网民的文化素质和道德水平还有待提高。再加上网络本身具有开放性、匿名性、自由性、虚拟性和隐藏性的特点，因此会使得个人的道德自律脱落。

总而言之，进入信息时代以后，网络技术和新型算法等的不断发展，催生了新的传播媒介形式和政治传播模式，给人们的生活带来了许多可喜的变化，但同时，泛娱乐化、政治不信任、舆论误导和网络暴力等危机也开始显现，需要提高警惕，时刻保持清醒的头脑，采取积极的应对措施。规范新媒体背景下的政治传播途径，加强网络监督和管理，完善相关法律法规，提高网民文化素质和道德水平，推动政治传播与时代发展和人民利益相适应，是 21 世纪政治传播变革和创新的应有之义。

参考文献

张开平．数字时代的政治传播：理论重构、议题革新与范式转向［J］．政治学研究，2023（5）：193－206，212．

荆学民，赵洁．从“视界融合”到“学科建制”：中国政治传播研究 40 年学术检视与理论思考［J］．社会科学文摘，2023（1）：72－74．

郎劲松，沈青茁．政务短视频的人格化传播：呈现与驱动：基于政务抖音号的实证分析［J］．新闻与写作，2020（10）：39－46．

庞金友．网络时代“后真相”政治的动因、逻辑与应对［J］．探索，2018（3）：77－84．

荆学民．论中国政治传播研究向纵深拓展的三大进路［J］．现代传播（中国传媒大学学报），2018，40（1）：87－91．

支庭荣，罗敏．“后真相”时代：话语的生成、传播与反思：基于西方政治传播的视

角 [J]. 新闻界，2018 (1)：54 - 59.

史安斌，杨云康. 后真相时代政治传播的理论重建和路径重构 [J]. 国际新闻界，2017，39 (9)：54 - 70.

陈龙. 修辞术博弈："后真相时代"的政治传播症候 [J]. 探索与争鸣，2017 (4)：18 - 21.

荆学民，段锐. 政治传播的基本形态及运行模式 [J]. 现代传播（中国传媒大学学报），2016，38 (11)：8 - 15.

马得勇. 政治传播中的框架效应：国外研究现状及其对中国的启示 [J]. 政治学研究，2016 (4)：57 - 69，126 - 127.

孟天广，郭凤林. 大数据政治学：新信息时代的政治现象及其探析路径 [J]. 国外理论动态，2015 (1)：46 - 56.

刘辉. 大数据时代思想政治教育的微传播化 [J]. 思想理论教育，2014 (6)：81 - 85.

荆学民，苏颖. 中国政治传播研究的学术路径与现实维度 [J]. 中国社会科学，2014 (2)：79 - 95.

薛忠义，刘舒，李晓颖. 当代中国政治传播研究综述 [J]. 政治学研究，2012 (5)：102 - 110.

聂静虹. 论政治传播中的议题设置、启动效果和框架效果 [J]. 政治学研究，2012 (5)：111 - 123.

Maarek B，Wolfsfeld G. Political Communication in a New Era [M]. New York：Taylor & Francis，2005.

Noelle-Neumann E. The Spiral of Silence：A Theory of Public Opinion [J]. Journal of Communication，1974，24 (2)：43 - 51.

Bitzer L F. The Rhetorical Situation [J]. Philosophy & Rhetoric，1968：1 - 14.

Blumler J G. The New Media and Our Political Communication Discontents：Democratizing Cyberspace [J]. Information，Communication & Society，2001，4：1.

Harvard J. Socialist Communication Strategies and the Spring of 1917：Managing Revolutionary Opinion through the Media System [J]. Scandinavian Journal of History，2019，44 (2)：169 - 192.

Valentino N A，Sears D O. Event-Driven Political Communication and the Preadult Socialization of Partisanship [J]. Political Behavior，1998，20：127 - 154.

Medero R S. Democratization in Political Communication [J]. Political Studies Review，2021，19 (4)：607 - 623.

Kotler P. A Generic Concept of Marketing [J]. Journal of Marketing，1972，36 (2)：46 - 54.

Wring D. Reconciling Marketing with Political Science：Theories of Political Marketing [J]. Journal of Marketing Management，1997，13：651 - 663.

Scammell M. Political Marketing：Lessons for Political Science [J]. Political Studies, 1999, 47 (4): 718 - 739.

Dunleavy P, Margetts H, Bastow S, et al. New Public Management is Dead—Long Live Digital—Era Governance [J]. Journal of Public Administration Research and Theory, 2006, 16 (3): 467 - 494.

Habermas J. Political Communication in Media Society: Does Democracy Still Enjoy an Epistemic Dimension? The Impact of Normative Theory on Empirical Research [J]. Communication Theory, 2006, 16 (4): 411 - 426.

Trappl R, Fürnkranz J, Petrak J, et al. Machine Learning and Case-Based Reasoning: Their Potential Role in Preventing the Outbreak of Wars or in Ending Them [J] // Riccia G D, Lenz H, Kruse R. Learning, Networks and Statistics, 1997, 382: 209 - 225.

Schrodt P A. Forecasting Conflict in the Balkans Using Hidden Markov Models [M] //Trappl R. Programming for Peace: Computer-Aided Methods for International Conflict Resolution and Prevention. New York: Springer, 2006: 161 - 184.

Carley K M. Dynamic Network Analysis for Counter-Terrorism [M] //Weidman S T. Proceedings of a Workshop on Statistics on Networks. Washington: The National Academies Press, 2007.

Swigger N . The Online Citizen: Is Social Media Changing Citizens' Beliefs about Democratic Values? [J]. Political Behavior, 2013, 35 (3): 589 - 603.

Ekstrom P D, Lai C K. The Selective Communication of Political Information [J]. Social Psychological and Pesonality Science, 2021, 12 (5): 789 - 800.

Hossein K, Marzieh A. Mapping Persian Twitter: Networks and Mechanism of Political Communication in Iranian 2017 Presidential Election [J]. Big Data & Society, 2021, 8 (1): 1 - 16.

Theo J. Mind the Gaps: Silences, Political Communication, and the Role of Expectations [J]. Critical Review of International Social and Political Philosophy, 2021, 24 (3): 296 - 315.

Moeen K. Communication Strategies of Winning Hearts and Minds: The Case of the Muslim Brotherhood's Political Communication Campaign Post Morsi's Downfall [J]. Global Media and Communication, 2021, 17 (1): 87 - 120.

Li S. The Effectiveness, Defect and Limitation of Political Communication under Social Media: Take Donald Trump's Performance in the 2016 and 2020 US Elections as an Example [J]. International Journal of Social Science and Education Research, 2021, 4 (4): 166 - 169.

Omonov R. Theory of Political Communication [J]. Academicia: An International Multidisciplinary Research Journal, 2021, 11 (4): 220 - 224.

Tusinski B K. Considering the Ethics of Political Communication and Doing the Right Thing [J]. Journal of Media Ethics, 2021, 36 (1): 68 - 71.

Dan V, Arendt F. Visual Cues to the Hidden Agenda: Investigating the Effects of

Ideology-Related Visual Subtle Backdrop Cues in Political Communication [J]. The International Journal of Press/Politics, 2021, 26 (1): 22 - 45.

Farkas X, Bene M. Images, Politicians, and Social Media: Patterns and Effects of Politicians' Image-Based Political Communication Strategies on Social Media [J]. The International Journal of Press/Politics, 2021, 26 (1): 119 - 142.

Sjoraida D F. Development of Political Communication through Social Media [J]. Hamdard Islamicus, 2020, 43: 47 - 57.

Earl J. Symposium on Political Communication and Social Movements: Audience, Persuasion, and Influence [J]. Information, Communication & Society, 2019, 22 (5): 754 - 766.

Kosicki G M. The American Presidency and Entertainment Media: How Technology Affects Political Communication [J]. Presidential Studies Quarterly, 2018, 48 (4): 863 - 864.

Capogna S, Figus A. Political Communication and Social Aspects Interaction in Complex Society [J]. Geopolitical, Social Security and Freedom Journal, 2018, 1 (2): 13 - 26.

Barrington L W. "Nation" and "Nationalism": The Misuse of Key Concepts in Political Science [J]. Political Science & Politics, 1997, 30 (4): 712 - 716.

Norris P. A Virtuous Circle: Political Communications in Postindustrial Societies [M]. Columbia: Association for Education in Journalism and Mass Communication, 2000.

Vernon B. The Blackwell Encyclopaedia of Political Institutions [M]. Hoboken: Blackwell, 1987.

Newman B. The Marketing of the President: Political Marketing as Campaign Strategy [M]. Thousand Oaks: Sage Publications, 1994.

Hallin D C, Mancini P. Comparing Media Systems: Three Models of Media and Politics [M]. Cambridge: Cambridge University Press, 2004.

Foucault M. Discipline and Punish: the Birth of the Prison [M]. New York: Vintage Books, 1995.

Postman N. Amusing Ourselves to Death: Public Discourse in the Age of Show Business [M]. London: Penguin Group, 2006.

Armstrong K. Big Data: A Revolution That Will Transform How We Live, Work, and Think [J]. Mathematics & Computer Education, 2014, 47 (10): 181 - 183.

第十一章
政治发展

政治发展研究具有多样化、异质性两大特征，其内容包罗万象，既包括政治文化、政治机构，也涵盖政治秩序和政治崩溃等。政治发展主要关注的是特定国家政治制度的变化过程。学界对政治发展的概念达成了一定共识，即认为政治发展是指构成一个社会的政治权力体系的制度、态度和价值观的发展。①

20 世纪中叶，“政治发展”成为政治学讨论的焦点之一，同时期还开辟了比较政治学研究的前沿阵地。进入 21 世纪，学界对政治发展这一重要研究领域的相关研究呈现了两个主导性趋势：政治的发展和发展的政治。其中，“政治的发展”关注政治领域的制度、行为和态度的变化与发展。在这一范畴内的许多研究涉及过渡和巩固民主化的相关议题，以及涉及在一些特定的情况下，民主进程的逆转或独裁主义的复返的相关议题。“发展的政治”则强调使政治发展的方法，将政治发展的重点从“政治”转向“发展”，其核心问题是发展中国家如何才能达到发达国家的地位。从对发展的定量测量到对变化的定性评估，学者们辩论的重点是各发展中国家若要成为发达国家应采取何种有效的战略。在后殖民时代的社会中，人们也在讨论如何按照一种内部驱动居多而非外部强加的方式来实现发展。

本章介绍了 21 世纪政治发展领域的理论发展部分。首先，本章重温了政治发展方面的经典理论，并将其置于 21 世纪的背景之下进行讨论。除常规的描述性解释外，本章还对这些研究观点进行剖析，以便为相关政治实践提供新的分析视角。其次，本章结合政治发展理论沿革情况，探讨了与之相关的实践性问题，主要关注点是西方发达国家和南方发展中国家的发展。再次，本章还讨论了中国特色社会主义背景下的政治发展。最后，本章总结了 21 世纪政治发展的新趋势，并点明政治发展在政治学研究领域的持续相关性。

---

① McLean I，McMillan A. Political Development ［M］//McLean I，McMillan A. The Concise Oxford Dictionary of Politics. 3rd ed. Oxford：Oxford University Press，2009.

第一节　政治发展理论的新发展

21世纪学界的主导理论适应了政治领域的新变化，一系列理论假设得以修改或更新。与政治科学的其他领域类似，政治发展理论要么被支持和普及，要么被否定或搁置。在过去的20年里，至少有三种相关理论被运用于研究政治发展，即现代化理论、依附理论和后殖民主义理论。本节就以上三种理论的发展情况进行简要介绍。

一、现代化理论

关于政治发展的讨论，几乎总是与政治现代化的讨论相吻合。支持这一理论的学者将现代化等同于发展——要成为一个发达社会，就需要具备现代社会的种种特征。现代化理论固守着从传统（或原始）社会过渡到现代社会的观念。政治社会学家如韦伯和塔尔科特·帕森斯（Talcott Parsons）认为，现代社会更具有异质性、多样性和功能性。然而，早期关于政治现代化的研究更多地集中于美国和欧洲的现代化进程。这些学者认为现代国家是使欧洲走进新纪元的那些战后欧洲国家。欧洲的民主国家和美国成为现代民主的理想模式。

不可否认的是，上述现代化的观点有局限性，因为它只关注了当时已经发展起来的国家。现代化理论倾向于从这种特定的角度看待发展，并将这种观点强加给欠发达国家。其主要论点是：只有发展中国家走上发达国家的道路，才能实现现代化。① 现代化发展的目标是使发展中国家成为美国化或欧洲化的国家。也就是说，发展中国家要按照既定的西方民主制度实现现代化，它们不仅要采用民主政府的治理框架，还必须认同新自由主义的经济体系，否则发展中国家将持续处于发展阶段。在某种程度上，发达国家正在决定现代化的方式。② 从政治人类学的角度看，现代化理论间接地将传统社会的本土政治与文化视为“他者”（others），而将西方的价值观和传统置于更加优越的地位。③

现代化理论提倡发展的线性进展，并且特别关注经济发展的线性进展。④ 然而，纵观美国和欧洲民主国家的经验，它们的“现代化”进程并不完全遵循它们现在给出的“药方”。相反，它们的政治、社会和经济体制的发展是过山车式的产物——有起有落，且这类体制一直在经历持续的发展过程。例如，城市化和工业化是现代化的两个常见指标，在英国和其他欧洲国家，历经工业革命及启蒙运动之后就自然而然地实现了现代化过渡。

---

① 普遍的观念认为，国家必须民主化才能实现发展，如俄罗斯。参见：Sakwa R. Modernisation，Neo-Modernisation，and Comparative Democratisation in Russia [J]. East European Politics，2012，28 (1)：43-57.

② Bull B，Bøås M. Between Ruptures and Continuity：Modernisation，Dependency and the Evolution of Development Theory [C] //Forum for Development Studies. London：Routledge，2012，39 (3)：319-336.

③ 梁孝. 西方现代化理论的意识形态反思：一种方法论的视角 [J]. 齐鲁学刊，2021 (6)：52-64.

④ Hout W. Classical Approaches to Development：Modernisation and Dependency [M] //Grugel J，Hammett D. The Palgrave Handbook of International Development. London：Palgrave Macmillan，2016：21-39.

而在后殖民社会中，对于西式城市化与工业化的过度强调影响了发展的道路，产生了不同的结果。鉴于现代化理论具有明显的局限性，且扭曲了发展的本质概念，学者们逐渐将其束之高阁。

进入 21 世纪后，现代化理论重新得到了关注。学者们提出了新的、更有针对性的理论版本，复兴的现代化理论继承了早期现代化理论的核心观念，并发展出至少六大分支：反思性现代化、进化性现代化、生态性现代化、价值观念现代化、全球现代化、多重现代化等。

反思性现代化理论最接近“旧”的或“传统”的现代化理论，该理论对现代化和现代性秉持乐观态度。然而，它质疑社会和政治概念的“既定性”（givenness），如职业、家庭、性别和国家等。这种对现代性以及延伸到发展领域的自我反思承认，无论是对于环境（例如人为的危害）还是社会（例如社会冲突）而言，现代化项目的实施都可能带来风险。①

进化性现代化关注社会和国家发展过程中社会网络的变化。“经济发展破坏了使前现代社会的文化保持运行于传统健康轨道的社会机制。在前现代社会，几乎所有的社区和社会网络都是基于亲属的。”② 与婚姻、儿童以及家庭和社区团结有关的问题是传统社会首要关注的问题；而在现代社会中，关注重点转换到教育、职业成功、个人舒适、获得财产等方面。这种转变影响了国家如何制定政策，并对满足新的社会利益的服务需求做出了回应，如提供更多的教育机构或免费教育服务。

对现代化的批评意见之一是能源密集消耗及其带来的环境破坏。然而，生态性现代化反驳了这一观点。学者们认为，现代化进程固有的合理性可以抵消生态退化，如莫尔（Mol）认为可以通过城市拾荒者的垃圾回收和新技术的运用（如“清洁燃烧的氢气”和光伏发电）来保护环境，实现可持续发展。③ 然而，后续的研究发现与莫尔的假说恰恰相反。研究结果表明，国家的人口增长、城市化和经济发展越快，其能源消耗的增长就越明显，但没有证据表明，在较高的发展水平下能源消耗的使用效率会更高。尽管如此，这也是在生态环境挑战之下对现代化理论重新审视的有益尝试。

与上述三项相比，现代化理论的以下三项修正更侧重于政治方面。

首先，现代化影响到了社会所提倡的价值观。价值观念现代化理论认为，随着社会的发展，公民的价值观也从生存价值观转变为自我表达的价值观。这些价值包括宽容、人际信任、主观幸福感、公民行动主义和对个人自由的渴望。自我表达的价值观被证明是一种社会力量，有助于缩小正式民主（普选）和有效民主之间的差距。

其次，全球化也已经与现代化理论相结合。德兰迪（Delanty）将此称为“全球现代

---

① Beck U，Giddens A，Lash S. Reflexive Modernization：Politics，Tradition and Aesthetics in the Modern Social Order [M]. Stanford：Stanford University Press，1994.

② Newson L，Richerson P. Why Do People Become Modem? [J]. Population and Development Review，2009，35：117－158.

③ Mol. Globalization and Environmental Reform [M]. Cambridge：Massachusetts Institute of Technology Press，2001.

化”[①]。这是继吉登斯断言“现代化本质上是全球化的”之后，学者们再次关注全球化与现代化理论的结合问题。事实上，世界各国所经历的全球化是现代化的延续而不是断裂。全球现代化被认为是现代化的新发展阶段，促使西方占主导地位的现代化降格为多中心的现代化。多中心的现代化是“现代安排的全球扩散将不仅仅产生一个位于日本或东亚其他地方的新中心，而是产生分布在世界各地的若干中心”。这也影响到各个国家内部治理的类型和质量。各国政府为促进更合理化、更透明的治理所做出的努力，与其说是来自早期现代化理论所强调的社会内部因素的推动，不如说是被全球化进程的各种因素所推动。

最后，从全球现代化的角度出发，多重现代化是对现代化理论的一项重大修正。根据多重现代化的内容，西方和东亚较现代化的社会的现代性形式由于文明、文化和历史背景的不同而多种多样，我们谈论的不是单一的现代性，而是多重“现代性”。这一点得到了东亚和东南亚的学者们的支持。然而，多数西方学者认为这种对现代化理论的修正没有道理。他们认为，多重现代化强调高度现代化社会之间的差异，但没有考虑并比较欠发达社会之间的差异。

总而言之，与后来的理论相比，政治发展理论中涉及现代化的相关讨论非常广泛。第一，即使政治发展的最新理论已经尝试介入诸如环境和改革等现代化的其他领域，该理论在理解政治、社会和经济的变化方面依然保持着主导地位。第二，现代化理论的支持者仍然存在着明显分歧。比较保守的学者倾向于拒绝为适应其他形式的现代化而做出理论修正，其他学者则继续提出新的理论观点来解释非西方背景下的政治发展。

二、依附理论

正如政治科学中的其他理论一样，现代化理论也具有局限性。现代化理论的兴起受到了批评，而且根据其批评者的说法，现代化理论将政治发展和现代化的西方叙事放在首位。现代化理论所提倡的线性发展概念并不符合发展中国家的经济和社会实际。因此，拉丁美洲的学者们提出了自己的理论来理解政治发展。依附理论就是为对抗现代化理论在理解政治发展中的主导地位而产生的。现代化理论假设发展中国家将通过“现代化”来发展，并且在发展过程中会比发达经济体受益更多。而依附理论主张发达国家和发展中国家之间的关系是不平等的。

依附理论的分析根植于马克思主义和新马克思主义的传统之中。依附理论认为，西方国家继续剥削它们的前殖民地，使前殖民地接受它们的经济和贸易标准。[②] 已经建立的国家被视为经济活动的中心，而前殖民地则被留在边缘地带，这些前殖民地要想繁荣发展，就需要加倍生产原材料，输送到发达国家的工厂去生产商品，这些生产出来的商品被进口到原材料生产国，并以更高的价格出售。因为发展中国家的经济发展水平很低，

---

① Delanty G. Modernity [M] //Ritzer G. The Blackwell Encyclopedia of Sociology: VII. Hoboken Blackwell, 2007: 3068-3070.

② 满其旺. “依附理论”再认识及其启示意义 [J]. 重庆邮电大学学报（社会科学版），2015，27（1）：17-22，42.

所以消费这些产品的能力成为财政挑战。[①] 其结果是，已经很富裕的经济体继续受益，而较贫穷的经济体则始终处于不利地位。这种剥削和异化前殖民地的计划，主要是在拉丁美洲、非洲和东南亚等地区推行。简言之，依附理论是一种关于不发达国家政治发展的理论。

在政策方面，依附理论促使上述地区的发展中国家采取进口替代工业化计划和外资产业国有化政策。政策肇始阶段，进口替代工业化计划在各国内部得到了积极的响应，该计划促进了发展中国家的工业发展，鼓励当地企业家从事商业和贸易，并通过推广自己的产品来维护国家的完整性。然而，进口替代工业化和依附理论的论点也存在问题。虽然原材料的成本仍然很低，但生产成本却直线上升，经济体没有准备好承受制造业扩张的压力，企业家从他们的销售中获利，质量却不如国际同行。这促使消费者对国内生产的产品质量产生了某种程度的不信任。进口替代工业化的结果是一小部分富商控制了一个尚未成熟的经济体。

可以完全肯定的是，新自由主义经济学家反对依附理论的信条和主张。在适应进口替代工业化计划的国家，经济发展中的低效率更为明显。进口替代工业化计划适得其反，甚至延缓了有关国家的经济发展。依附理论没有考虑个人机构和话语权在寻求国家发展中的作用。依附理论遭遇了与现代化理论相同的命运，被一些学者认为"死了"而遭到遗弃。然而，从世界范围内发展中国家的视角出发，依附理论远未死亡。

在政治发展和政治经济学的研究中，21 世纪的依附理论呈现出了新的价值，2004 年的一项研究证明了依附理论的假设仍然正确。众所周知，世界被划分为发达经济体和发展中经济体，两种经济体的发展水平不一致。此外，通过考察各经济体的发展轨迹，学者们断言，发达经济体将继续保持发达，而发展中经济体将维系发展水平，甚至可能停滞不前。同时，不同地区（亚洲、非洲、拉丁美洲、欧洲或美洲）的国家的经济表现各不相同[②]，并与民主指标相关联。然而，他们强调，那些主要位于欧洲和北美的先进国家，"与其他国家的情况不同"。

对重塑依附理论最直接的尝试来自该理论产生的地区——拉丁美洲。鲁伊·莫罗·马里尼（Ruy Mauro Marini）和特奥托尼奥·多斯-桑托斯（Theotonio Dos-Santos）等经典的依附理论家提出这一理论时，是根据特定地区的背景来分析经济发展问题。然而，当经济学家安德烈·冈德·弗兰克（Andre Gunder Frank）发展他的理论版本时，却嵌入了马里尼和多斯-桑托斯试图避免的欧洲中心主义的发展阶段观。事实上，依附理论最初被概念化是为了在意识形态和经济上对抗西方的统治。随着 21 世纪拉丁美洲的变化，学者们试图重新审视这一理论。一个发展中国家要想发展，就必须经历发达国家规定的发展阶段，但是非均衡与结合发展论（UCD）反对分阶段发展的想法。UCD 从托洛茨基

---

① 普雷比施（Prebisch）是著名的依附理论学者。他领导了一个联合国委员会，研究拉丁美洲的依附问题。关于他在这个问题上的想法，参见：Prebisch R. Raul Prebisch on Latin American development [J]. Population and Development Review，1981，7 (3)：563-568. 另一组巴西学者研究了依附理论的影响。关于巴西城市化的政治经济学的讨论，参见：Singer P I. Economia Política Da Urbanização [M]. São Paulo：Editora Contexto，2002.

② Foweraker J，Landman T. Economic Development and Democracy Revisited：Why Dependency Theory Is Not Yet Dead [J]. Democratization，2004，11 (1)：1-20.

的作品特别是《俄国革命史》中得到启发。简而言之，UCD与依附理论结合后，可以在现有的西方主流范式之外理解发展中世界的发展性质。

显然，依附理论具有不同的假设和主张。依附理论强调发达国家和发展中国家之间关系的不平衡。很少有国家能控制世界经济，更多的国家仍然被束缚在“发展中”阶段。[①] 21世纪，无论是拉丁美洲的“粉红浪潮”，还是中东地区的发展停滞不前，依附理论仍然是理解和分析边缘国家不发达状况的重要理论。

三、后殖民主义理论

后殖民主义理论与依附理论有许多相似之处，两者都反对西方的现代化观点，都认为有必要从发展中国家的角度来看待发展。[②] 如果说现代主义赋予西方以特权，那么依附理论和后殖民主义理论则赋予较贫穷的经济体以特权。尽管有相似之处，但依附理论和后殖民主义理论的假设之间也有明显的偏差。前者使用结构主义和社会经济视角来理解发展和帝国主义，而后者则使用后结构主义和文化视角来理解发展。[③]

后殖民主义理论并不完全是新颖的理论。对后殖民时期政治的关注来自曾经作为西方大国殖民地的国家的发展，无论是积极主动的国家还是落后的国家。[④] 然而，与依附理论不同的是，后殖民主义理论关注的是一个国家的殖民历史对其目前的治理方式以及与前殖民者的关系的影响。后殖民主义理论学者研究思想、知识、话语和叙事是如何被塑造以影响机构、价值观和态度的。

后殖民主义理论并不拒绝一个国家的殖民历史，相反，它拥护那段历史，并利用那段历史来理解和框定该国家社会内部的变化。后殖民主义理论是“对欧洲及其衍生的帝国统治和全球非殖民化的哲学、政治、经济和社会文化后果的探索”。后殖民主义理论中的“后”既是时间性的，强调非殖民化的过程；也是分析性的，通过探究统治、抵抗、颠覆、矛盾和模糊性的问题来质疑殖民主义的后果。例如，在对巴布亚新几内亚教育系统的研究中，麦克劳林（McLaughlin）和希克林-赫德森（Hickling-Hudson）利用后殖民主义理论来剖析澳大利亚的外援及其政治是如何影响前殖民地的公民的。[⑤]

然而，这一理论对个人行动者如何实际参与缺乏关注。后殖民主义理论更注重权力和发展的话语。例如，散文、小说、戏剧中的描述被认为是对殖民历史、重组的身份甚至是“他者”的形象化。然而，随着后殖民主义理论转向一般化的社会科学，特别是成

---

① 卢地生．外围国家如何破除资本主义系统性危机的影响：基于萨米尔·阿明依附理论的分析［J］．安徽农业大学学报（社会科学版），2020，29（2）：102－109.

② Sylvester C. Development Studies and Postcolonial Studies：Disparate Tales of the “Third World”［J］. Third World Quarterly，1999，20（4）：703－721.

③ 万雪飞．后殖民主义：历史与理论［J］．湖南师范大学社会科学学报，2014，43（1）：69－76.

④ Kapoor I. Capitalism，Culture，Agency：Dependency versus Postcolonial Theory［J］. Third World Quarterly，2002，23（4）：647－664.

⑤ McLaughlin J M，Hickling-Hudson A. Beyond Dependency Theory：A Postcolonial Analysis of Educating Papua New Guinean High School Students in Australian Schools［J］. Asia Pacific Journal of Education，2005，25（2）：193－208.

为政治科学的分支后，它探索了更多的分析数据的来源。

第二节　当代政治发展的新议题

21 世纪以来，政治领域出现了新的发展和挑战。西方学者特别关注民主化以及政治的机构、态度和行为如何被改变的问题。具体来说，这些议题主要集中在民粹主义与民主倒退、右翼政治与极端民族主义以及数字政治与民主化上。

一、民粹主义与民主倒退

历史上民粹主义领导人从未缺席过。事实上，100 多年来，无论是民选总统，还是自封的独裁者，许多拉丁美洲国家是由民粹主义领导人领导的。[①] 21 世纪，由于全世界的民粹主义领导人越来越多，人们对民粹主义重新产生了兴趣。[②] 尽管民粹主义领导人的统治似乎对实现民众的现实利益是有利的，但在政治实践中民粹主义领导人的统治导致了一个意想不到的后果——民主的倒退。[③]

这成为一个与政治发展有关而值得关注的问题。[④] 首先，在民粹主义领导人统治的国家，民粹主义政治如何促进或抑制民主化进程？民粹主义在学者处获得了负面的评价，他们认为民粹主义领导人往往会逃避责任，并使治理失去透明性，其实施的政策受到民众欢迎但问题丛生。其次，民粹主义政治是如何影响国家经济发展水平的？民粹主义领导人通常与腐败和失败的经济议程有关。但只要领导人仍然受欢迎，不管他们对经济的实际影响如何，民粹主义政治都能蓬勃发展。

民粹主义是一个模棱两可的概念。“它不是一种意识形态或政治制度，不能归结为特定的纲领性内容。”[⑤] 民粹主义的形态和形式各不相同，它们的形态取决于采用民粹主义策略的政治家。然而，民粹主义领导人，无论是左翼还是右翼，都拥有共同的特征，那就是他们蔑视体制或制度。不管自己是否是同一政治精英集团的成员，民粹主义领导人

① Roberts K，Basurto J. Populism in Latin America [M]. Alabama：University of Alabama Press，2012.

② Taggart P. Populism and Representative Politics in Contemporary Europe [J]. Journal of Political Ideologies，2004，9 (3)：269 - 288. 关于世界各地（特别是欧洲）的民粹主义趋势的更广泛比较和更深入分析，参见：Albertazzi D，McDonnell D. Twenty-First Century Populism：The Spectre of Western European Democracy [M]. London：Palgrave Macmillan，2008.

③ Abts K，Rummens S. Populism versus Democracy [J]. Political Studies，2007，55 (2)：405 - 424；林红．西方民粹主义思潮与世界政治重构的动力 [J]. 国外理论动态，2024 (2)：126 - 137.

④ 一项研究谈到了俄罗斯政府如何将民粹主义官方化，参见：Robinson N，Milne S. Populism and Political Development in Hybrid Regimes：Russia and the Development of Official Populism [J]. International Political Science Review，2017，38 (4)：412 - 425.

⑤ Chantal Mouffe. The End of Politics and the Challenge of Right-wing Populism [M] //Panizza F. Populism and the Mirror of Democracy. London：Verso books，2005：50 - 71.

都会试图通过塑造反精英或精英替代的形象来吸引大众。① 因此，在对民粹主义的分析中，政治理论家常提醒学者应如何对待这个非常松散而缺乏稳定性的想法。② 民粹主义是一种“薄弱的思想意识”——它没有能力为解决关键的政治问题提出一个广泛而连贯的方案。③

然而，民粹主义已经成为21世纪政治发展中的一种趋势。对政治家而言，不管是偶然还是有意为之，运用民粹主义策略已被证明是有效的。毕竟，最重要的是他们能吸引国家的大部分人口。在选举制民主国家，这可能意味着危险。各大洲的民粹主义政治家一度当选，包括唐纳德·特朗普（美国）、雅伊尔·博尔索纳罗（巴西）、纳伦德拉·莫迪（印度）、佐科·维多多（印度尼西亚）、罗德里戈·杜特尔特（菲律宾）和奈杰尔·法拉奇（英国）。④ 他们在任职期间一直陷于各种争议，因为他们主张破坏性的政策，并将民众分为不同的派别，例如，英国被分为支持和反对英国“脱欧”的派别⑤；在美国，共和党人和民主党人之间的分歧从未如此激烈和明显；在菲律宾，杜特尔特的追随者对总统的支持过于热情，甚至连友谊和家庭关系都被打破了。⑥

21世纪最早的民粹主义领导人案例之一是泰国的他信-西那瓦。⑦ 当他信在2001年成为泰国总理时，他还不是一个民粹主义领导人，但他对泰国农村群众的吸引力却在不断加强。他的政府启动了再分配政策，试图帮助穷人并改善他们的生活。在5年的时间里，他信的民望一发不可收拾。他不仅批评了泰国的统治精英，而且还与他们严重对立。城市中产阶级反对他信的这种民粹主义风格，中产阶级的反对/负面情绪导致了一场政变，最终他信被赶下台，政变发生后军政府接管了政权。国家被划分为黄色（支持他信）和红色（反对他信）两派，其结果是泰国民主制度的终结和国民经济的放缓。当民主选举恢复后，他信的妹妹参加了竞选并赢得了总理职位，但由于公众担心另一个民粹主义政权可能会统治泰国，因此她的命运与她的哥哥一样。

泰国人对民粹主义的担心颇有道理。在许多情况下，民粹主义政权把现有的政治机构放在一边，倾向于个人化的治理方式。民粹主义领导人能够通过庇护主义来获得公众的支持。领导人的受欢迎程度成为他们实施可能损害政治和经济体系政策的理由。他信

---

① Moffitt B, Tormey S. Rethinking Populism: Politics, Mediatisation and Political Style [J]. Political Studies, 2014, 62 (2): 381-397.

② Acemoglu D, Egorov G, Sonin K. A Political Theory of Populism [J]. The Quarterly Journal of Economics, 2013, 128 (2): 771-805; Urbinati N. Political Theory of Populism [J]. Annual Review of Political Science, 2019, 22: 111-127.

③ 民粹主义是一种浅薄的思想意识，没有明确的纲领，需要更全面的思想意识来补充。参见：Stanley B. The Thin Ideology of Populism [J]. Journal of Political Ideologies, 2008, 13 (1): 95-110.

④ 民主研究的趋势是将威权主义理论化。民粹主义领导人可能具有专制倾向，而这些倾向包含着不同的动机。阿普尔鲍姆对这些倾向进行了推断，认为美国和欧洲正处于民主的黄昏期。关于匈牙利、波兰、西班牙、美国和英国的独裁主义的广泛解释，参见：Applebaum A. Twilight of Democracy: The Seductive Lure of Authoritarianism [M]. New York: Anchor Books, 2020.

⑤ 刘益梅. 英国“脱欧”公投中的民粹主义现象分析 [J]. 江苏行政学院学报，2017 (4): 83-89.

⑥ 吴杰伟. 超越裙带政治之路：“民粹主义”与杜特尔特的“强人政治”[J]. 东南亚研究，2018 (5): 1-18, 153.

⑦ Phongpaichit P, Baker C. Thaksin's Populism [J]. Journal of Contemporary Asia, 2008, 38 (1): 62-83.

在 2006 年的倒台也是自己失败的产物——他没有把支持他的群众组织起来，并且他对泰国精英的攻击不仅没有成功，反而巩固了这个群体。

民粹主义也会影响政党的制度化。就东欧国家而言，当基本不具备民粹主义议程时，政党往往会变得更加稳定和制度化。民粹主义在爱沙尼亚的政治中扮演着边缘化的角色，而在拉脱维亚的政治中则发挥了关键性的作用，在立陶宛的政治中也具有非常大的影响力。在拉脱维亚和立陶宛，政党来了又走，政党的更替率很高。政治体制为民粹主义政党的出现和消失创造了机会。在民主国家的运行中，政党在政治舞台上代表民众的利益至关重要。一旦被民粹主义的理念所主导，政党就可能不再是真正的代表，就像印度国大党一样，虽然已下台，但也只是被另一个民粹主义政权所取代。

民粹主义的研究很少被认为是政治发展领域的成果。民粹主义同样是民主化和民主政治所关注的问题。在政治发展领域，民粹主义的研究有两大关键的贡献。首先，民粹主义研究发现并解释了民粹主义领导人是如何塑造政治体制的。因此，民粹主义不仅是一个研究的问题或话题，也是理解政治发展的一种方法。其次，研究民粹主义的学者还探究了领导人和公众的价值观与态度的转变，并揭示了这些变化是如何影响政党等组织的形成的。①

二、右翼政治与极端民族主义

20 世纪末 21 世纪初几乎是自由民主意识形态的全盛时期。虽然全球也出现了小区域的战争和冲突，但各国的发展普遍较为顺利：欧盟一直在紧锣密鼓地推进一体化战略，东南亚国家联盟也在朝着同样的目标前进，拉丁美洲和非洲也是如此。一体化不仅体现在经济层面，如欧盟的货币单一化，而且体现在政治层面，即各国需要调整其国内政策，以符合区域协议和条例的要求。②

右翼政治的崛起也引起了政治学者们的关注。伴随着民粹主义政治的兴起，右翼政治在各国浮出水面，尤其是在欧洲。③ 事实上，很多国家的民粹主义领导人属于右翼政党。④ 在全球的区域性组织中欧盟是最发达的，它拥有一个由来自不同成员国的成员组成的议会，具有选举功能和政党，具备法律和法规，甚至还有欧盟旗帜。由于区域

---

① 关于西方民粹主义的批判，参见：刘雨．当代西方“民粹主义批判”外溢：表现、危害及应对［J］．中共福建省委党校（福建行政学院）学报，2023（4）：144－153.

② 赵银亮．东南亚新地区主义的范式研究：基于经济一体化的视角［J］．亚太经济，2009（4）：8－12，28.

③ 在欧洲，农村和农业社区对右翼政党有相当多的支持。关于这一点的讨论，参见：Mamonova N，Franquesa J. Populism，Neoliberalism and Agrarian Movements in Europe. Understanding Rural Support for Right-Wing Politics and Looking for Progressive Solutions［J］．Sociologia Ruralis，2020，60（4）：710－731；石立春．欧洲右翼民粹主义发展的特点及原因［J］．战略决策研究，2020，11（6）：85－104，108；周超．中东欧激进右翼和极右民粹主义的兴起：从社会文化遗产角度的分析［J］．俄罗斯研究，2019（6）：143－175.

④ Wodak R. The Micro-Politics of Right-Wing Populism［M］//Fitzi G，Mackert J，Turner B. Populism and the Crisis of Democracy. London：Routledge，2018：11－29；Chantal M. The End of Politics and the Challenge of Right-wing Populism［M］//Panizza F. Populism and the Mirror of Democracy. London：Verso Books，2005：50－71.

一体化等政治发展使民族身份相形见绌，右翼民族主义者的公开出现几乎成为一种必然。①

保守派政治不一定与右翼有关②，欧洲右翼政党的崛起有两个主要原因。③ 第一，许多欧洲国家的民众对经济状况的不满越来越多，即使在较富裕的德国和法国，民众也有经济发展不平衡的感受。④ 这种对国民经济地位的不满，尤其是农村地区穷人的不满，和对他们所经历的经济不平等的怨恨激化了人民的右派情绪。政府专注于满足全球化的要求，对改善贫困社区的状况不太重视。看到这种差距，国内右倾人士行动起来组成政党，其主要议程指向促进公民的经济和政治利益，反对地区和宏观层面的利益诉求。

第二，对民族认同的威胁。民族认同可能意味着两件事：首先，民族认同是指个人如何将自己视为民族共同体的一部分。例如，奥地利人属于奥地利民族，如同法国人属于法国，希腊人属于希腊。右翼政党认为，一体化战略稀释了这些民族性。随着国家边界变得可渗透，它们的国籍有可能因欧洲身份而消亡。当然，这种观念只是被这些超级民族主义者用来推进他们的事业。这种心态也对移民产生了负面影响，并引发了种族主义和其他问题。对极端民族主义情绪的倡导，导致了对混血公民和移民的歧视。其次，民族认同还指经济身份上的认同。经济灵活性和自由化的增加给当地的市场经济带来了挑战，这造成了对每个国家经济模式的"认同危机"，并进一步引发了民众的焦虑和恐惧。虽然这些都是毫无根据的，但右翼政客却利用这种说法来提升自己的地位，并最终在议会中取得了席位。

奥地利的自由党是欧洲极右翼政党的典型案例之一。该党一直持有反移民、反伊斯兰教和欧洲怀疑论的论调。从 2000 年到 2019 年衰落之前，该党一直是联合政府中的重要角色。在欧洲其他地方，德国有德国选择党，顾名思义，该党宣传自己是默克尔的中间派基督教民主党的替代品。⑤ 2022 年，法国右翼政治家玛丽娜·勒庞进入大选第二轮，这让欧洲感到惊讶。在欧洲之外，保守的右翼政党正在争夺自由主义者和社会主义者的政治统治地位。美国南部有白人至上主义运动和保守的基督教徒，而巴西的右派也在当地商业精英中存在。在南非，右倾团体试图争夺政府职位，以抵制变革，扭转反种族隔

---

① 邱卫东，高海波．对金融危机以来西方右翼民粹主义的政治经济学批判［J］．国外社会科学前沿，2020（11）：36－44，96．

② 虽然一些保守派政党与右翼运动结盟的情况很常见，但并不总是如此。关于两者之间的理论和意识形态差异的讨论，参见：He B，Warren M E. Authoritarian Deliberation：The Deliberative Turn in Chinese Political Development［J］．Perspectives on Politics，2011，9（2）：269－289．

③ Heinisch R. Right-Wing Populism in Austria：A Case for Comparison［J］．Problems of Post-Communism，2008，55（3）：40－56．

④ 李文红，王鲲．德、法右翼民粹主义政党崛起的原因及其影响：基于德、法右翼民粹主义政党的比较研究［J］．区域国别学刊，2023，7（6）：48－70，154－155．

⑤ Arzheimer K. The AfD：Finally a Successful Right-Wing Populist Eurosceptic Party for Germany?［J］．West European Politics，2015，38（3）：535－556；Berbuir N，Lewandowsky M，Siri J. The AfD and Its Sympathisers：Finally a Right-Wing Populist Movement in Germany?［J］．German Politics，2015，24（2）：154－178．

离政策。[①] 在印度尼西亚，一批右翼伊斯兰团体正在为在该国更严格地实施伊斯兰法而开展运动。[②]

许多评论家和学者将右翼政党的崛起称为“政治的终结”。[③] 一旦欧洲国家在政治体制、价值观和态度方面获得了任何积极的发展，右翼和超民主主义就会扭转这些发展。然而，它们的迅速崛起也意味着迅速衰落。在许多欧洲国家，右翼政党已经趋于成熟。英国独立党在该国决定脱离欧盟后，已经失去了在下议院的席位，此后也没有得到任何额外的支持。

三、数字政治与民主化

21 世纪是数字时代，数字化的概念中已经隐含了发展的含义。由于科学技术的进步，互联网对政治领域产生的影响日益增强。[④] 数字政治主要属于政治传播领域，政治传播的变化对政治发展有着不可避免的影响。[⑤] 最早的迹象之一就是“阿拉伯之春”。

2010 年初，一系列反政府的抗议、起义，甚至武装叛乱已经蔓延到整个阿拉伯地区。这影响了以前由独裁者统治的国家，如利比亚、埃及、也门、叙利亚和巴林。[⑥] 在这些国家发生的革命并没有保证和平过渡到新政府。[⑦] 然而，它证明了数字技术的进步可以成为组织和收集公众各种政治情绪的重要工具。活动家们利用 Facebook（现改名为 Meta）等社交媒体进行非正式组织，并向参与者通报他们即将开展的活动。[⑧] 这些社交媒体创造了一个新的空间或“互动领地”，他们可以分享在物理性的空间中无法分享的事物。[⑨]

另一个例子是美国的“占领运动”（Occupy Movement），它也被复制到其他国家。[⑩] 这场运动表达了人们对美国金融之都华尔街资本家的日益不满。然而，与传统的运动不

---

① Zille H. The Right Wing in South African Politics [M] //Berger P L. A Future South Africa. London: Routledge, 2019: 55 - 94.

② Hadiz V R. Imagine All the People? Mobilising Islamic Populism for Right-Wing Politics in Indonesia [J]. Journal of Contemporary Asia, 2018, 48 (4): 566 - 583.

③ Chantal M. The End of Politics and the Challenge of Right-Wing Populism [M] //Panizza F. Populism and the Mirror of Democracy. London: Verso Books, 2005: 50 - 71.

④ 卢岚．思想政治教育数字化转型的逻辑意蕴与范式革命 [J]. 思想教育研究，2024 (6): 61 - 69.

⑤ 在印度，向数字化的过渡推动了公众参与的民主化。关于印度案例的深入讨论，参见：Udupa S, Venkatraman S, Khan A. “Millennial India”: Global Digital Politics in Context [J]. Television & New Media, 2020, 21 (4): 343 - 359.

⑥ 关于埃及的“阿拉伯之春”的分析，参见：Wilson C, Dunn A. The Arab Spring Digital Media in the Egyptian Revolution: Descriptive Analysis from the Tahrir Data Set [J]. International Journal of Communication, 2011, 5: 25.

⑦ Kazemi H. Digital Politics and Political Decay in Weak States: The Experience of Arab Revolutions [J]. Politics Quarterly, 2016, 46 (3): 709 - 726.

⑧ Comunello F, Anzera G. Will the Revolution Be Tweeted? A Conceptual Framework for Understanding the Social Media and the Arab Spring [J]. Islam and Christian-Muslim Relations, 2012, 23 (4): 453 - 470.

⑨ “阿拉伯之春”的复杂性表明，对阿拉伯国家民主转型的任何概括都有局限性。参见：刘中民．对“阿拉伯之春”与中东民主化若干问题的思考 [J]. 国际政治研究，2021, 42 (6): 33 - 55, 5 - 6.

⑩ Kavada A. Creating the Collective: Social Media, the Occupy Movement and Its Constitution as a Collective Actor [M] //Karatzogianni A, Schandorf M, Ferra I. Protest Technologies and Media Revolutions. West Yorkshire: Emerald Group Publishing, 2020: 107 - 125.

同，“占领运动”比较松散，没有明确的领导人。在这场持续数日的运动中，将参与者团结起来的是他们在推特上展开的非正式和间接的对话，通过使用标签（文字前面附加有♯符号的词语）使之成为具有类似思想和情感的条目的标识。因此，在某种程度上，数字政治并没有完全改变政治态度或行为，而是提供了一个可以表达这种态度和行为的渠道，并反过来帮助采取行动。

2000 年以来，关于选举的讨论和辩论部分是在数字领域进行的。[①] 政治家们利用网络平台的优势，轻松地传播他们的计划和议程。除了网站，候选人在社交媒体、主流网站上也有自己的账户。他们也跟上了最新的网络潮流，有些人还开设了自己的 YouTube 频道，甚至 TikTok（抖音集团下的短视频社交平台）账户。[②] 近几年，主要受制于新冠疫情的大流行，议会的会议、政府机构的会议，甚至与公众的日常互动都转移到网络平台。在许多情况下，这种转变需要改变机构的运作规则，以允许通过在线会议软件进行投票和参与。

的确，运行速度更快的电脑、智能手机和新设备的出现，无疑对政治参与、机构、行为和态度的发展产生了影响。虽然一些学者认为这是民主深化发展的积极方面，但其他学者却对给予数字平台过多赞誉持谨慎态度。[③] 一方面，存在着什么构成“数字政治的问题”[④]，即这种“新”形式的政治是否需要使用互联网？另一方面，还涉及数字媒体的覆盖面。社交媒体和移动设备的使用在城市社区更为普遍，那么是否意味着数字政治会排斥农村居民？因此，关于数字政治对政治发展和民主化的影响，部分学者持谨慎态度。[⑤]

上述部分是许多学者正在讨论的关于政治发展的当代问题。它们展示了 21 世纪不断变化的环境及其对政治，特别是政治发展的影响。政治行动者塑造了政治体制，而政治体制也塑造了政治行动者的行为。民粹主义和右翼政治没有什么不同，无论是向前还是向后，民粹主义领导人确实影响了政治的发展，右翼民族主义者试图维护现状，抵制变革。此外，也有新的互动空间，那就是政治不仅局限于物理世界，也存在于网络之中。

---

① Bennett W L. The Personalization of Politics：Political Identity，Social Media，and Changing Patterns of Participation ［J］. The Annals of the American Academy of Political and Social Science，2012，644 （1）：20－39；Postill J. Digital Politics and Political Engagement ［M］ //Geismar H，Knox H. Digital Anthropology. London：Routledge，2020：165－184.

② 张爱军．抖音政治的特性、功能与优化路径：基于微观公共权力与公民权利的伦理视角［J］．湖北社会科学，2021（5）：24－33.

③ Bennett W L，Pfetsch B. Rethinking Political Communication in a Time of Disrupted Public Spheres ［J］. Journal of Communication，2018，68 （2）：243－253；Vromen A. Digital Citizenship and Political Engagement ［M］. London：Palgrave Macmillan，2017：9－49；Treré E. The Dark Side of Digital Politics：Understanding the Algorithmic Manufacturing of Consent and the Hindering of Online Dissidence ［J］. IDS Bulletin，2016，41 （1）：127－138.

④ Karpf D. Two Provocations for the Study of Digital Politics in Time ［J］. Journal of Information Technology & Politics，2020，17 （2）：87－96；Coleman S，Freelon D. Introduction：Conceptualizing Digital Politics ［M］ //Coleman S. Handbook of Digital Politics. Cheltenham：Edward Elgar Publishing，2015：1－14.

⑤ 高奇琦，张鹏．从算法民粹到算法民主：数字时代下民主政治的平衡［J］．华中科技大学学报（社会科学版），2021，35（4）：15－25.

第三节　中国特色社会主义：中国的政治发展

上述讨论主要集中于西方国家的政治发展，即那些采用西式民主的国家，或者试图朝这个方向发展的国家。然而，与西方国家相比，立足于21世纪的当下，中国的政治发展已经发生了翻天覆地的变化，但它所经历的过程却相当漫长。中国的改革开放带来了一系列硕果累累的变化，中国已经成为仅次于美国的世界第二大经济体。在中国共产党的全面领导下，在社会主义市场经济的框架中，市场化、民营化和全球化的进程仍在继续。中国已成为世界上名副其实的大国之一，并一直作为国际事务中的重要参与者，在世界舞台上的地位也得到了巩固。

海外和中国学者特别探讨了中国民主化进程的特定价值。随着全国各地经济的快速发展，城市发展和人口构成变得复杂多变，中央政府将建立一个强大的基层治理体系视为解决方案。党的十八大以来，有广大民众参与的地方政府改革一直走在全国各类改革的前列。例如，城市社区成立了居民委员会，并率先展开了基层社会治理。在对中国六个省的城市社区进行调查发现，"居民在地方自治过程中的参与性活动非常广泛"①，这一发现使得西方学者对中国基层治理的负面看法有所改观。这一发现证明了"社区中的机构和活动在居民之间以及他们与更高层次的治理之间，产生了厚实的网络和互动"②。

中国的发展，主要集中在国家建设和民族建设方面。中国发展成功的一个关键因素是形成了中国特色社会主义道路。国外学者对中国特色社会主义如何运作并产生明确的结果以促进中国的政治和经济发展产生了浓厚的好奇心和兴趣。正如辛向阳所言："要了解中国的发展和未来的趋势，我们首先应该掌握中国特色社会主义制度和中国治理体系的显著特点。"③

首先，中国特色社会主义是以人为本的制度，得到了人民的支持。中国共产党坚持以人民为中心，把人民放在心中最高位置，以百姓心为心，团结带领中国人民实现从站起来、富起来到强起来的伟大飞跃，中华民族伟大复兴迎来了光明前景。对人民群众的所思所想、所盼所愿、所急所难敏锐感知、细心体会、认真把握、及时解决，即全心全意为人民服务是中国共产党能够赢得人心的根本。同时，中国共产党注重完善经济体系，促进高质量发展，满足人民的需求，还推动了国家公共服务体系的建立和完善。

其次，中国特色社会主义是提倡为社会产生更大利益的制度。它建立在对客观规律

---

① Wang Z，Liu J，Pavlićević D. Democratic Localism：The Case of Grassroots Self-Governance in Urban China [J]. Chinese Political Science Review，2018，3：129－153.

② 关于中国的经济发展如何影响中国公民的政治和文化取向的讨论，参见：Wang Y，Rees N，Andreosso-O'callaghan B. Economic Change and Political Development in China：Findings from a Public Opinion Survey [J]. Journal of Contemporary China，2004，13 (39)：203－222.

③ Xin X. Prominent Features of the System of Socialism with Chinese Characteristics and China's Governance System [J]. International Critical Thought，2020，10 (2)：161－181.

的认识上，中国共产党坚持并适应和运用客观规律，促进社会主义现代化建设的发展。在发展过程中，中国共产党的领导是中国特色社会主义制度的最大优势。

再次，中国特色社会主义具有连续性和稳定性的特点，能够始终如一地完成制定的每一项重大战略任务。1979 年，邓小平用“小康社会”一词来描述中国的现代化阶段进程。21 世纪初，江泽民提出了“全面建设小康社会”的概念。胡锦涛在党的十七大报告中进一步提出了全面建设小康社会的新目标。党的十八大以来，习近平将全面建成小康社会作为“两个一百年”奋斗目标的重要组成部分，并将其作为“四个全面”战略布局的重点内容。40 多年来，中国不断完善社会主义制度，健全中国特色社会主义的市场经济体制，迈向社会主义现代化国家建设之路。

最后，中国特色社会主义是植根于中国的制度，通过吸收中国丰富的文化不断实现发展。习近平用“中国梦”的理念来代表中国人民的梦想和愿望。中国梦是对幸福的渴望。为了实现这样的梦想，牢牢扎根于中国历史的中国特色社会主义，将国家丰富的历史、制度和文化资源转化为治理优势是不可或缺的。

党的十八大以来，中国特色社会主义进入新时代，标志着中国政治发展历程进入新阶段。党的十九大报告提出：综合分析国际国内形势和我国发展条件，从 2020 年到本世纪中叶可以分两个阶段来安排。第一个阶段，从 2020 年到 2035 年，在全面建成小康社会的基础上，再奋斗 15 年，基本实现社会主义现代化。第二个阶段，从 2035 年到本世纪中叶，在基本实现现代化的基础上，再奋斗 15 年，把我国建成富强民主文明和谐美丽的社会主义现代化强国。党的二十大阐述了新时代坚持和发展中国特色社会主义的一系列重大理论和实践问题，明确提出以中国式现代化全面推进中华民族伟大复兴的使命任务，重申了全面建成社会主义现代化强国分两步走的战略安排。对新征程的战略筹划，很好地处理了继承和创新的关系，既把“十四五”时期的发展作为重点，同时又对 2035 年基本实现社会主义现代化的远景目标进行了展望，把中国近期、中期、远期不同发展阶段的目标协调统一起来，使“两个一百年”奋斗目标更加紧密地有机衔接在一起，使相关战略安排的内在一致性明显增强，战略推进的可预见性变得更加清晰。

中国特色社会主义在中国政治发展中具有两个方面的作用。第一，基于对中国基本国情的把握，它提出了符合中国社会要求的发展道路。中国特色社会主义是党和人民把马克思主义基本原理同中国具体实际、同中华优秀传统文化有机结合起来，批判地吸收和借鉴人类优秀文明成果，科学把握历史发展趋势和时代特征所形成的独立创造，是实现中华民族伟大复兴的唯一正确的道路，在社会主义发展史、人类文明发展史和中华民族发展史上具有重要意义。这种意识形态成为上至中央、下至基层政府的指导原则。第二，中国特色社会主义为中国的政治、经济、文化、社会、生态文明等领域的发展奠定了基础和框架。中国在国际舞台上表现出色，其发展不断以人民的利益为中心展开。中国共产党的根基在人民、血脉在人民、力量在人民，始终代表最广大人民根本利益。中国特色社会主义为人民而创，由人民而建，是人民群众自己的事业。在中国共产党的领导下，中国政府在制定政策、做出决定以及与国内外其他政治行为体互动的过程中，不断发展人民的利益。

第四节 政治学中政治发展的持续相关性

政治发展作为政治学的一个研究领域，始于20世纪60年代。[①] 这一时期的政治发展主要研究沟通、官僚主义、政治文化、教育和政党在国家政治发展中的影响，以及美国和欧洲政治发展的危机与顺序。[②] 然而，政治发展领域并没有完全像人们所希望的那样蓬勃发展，它也面临着来自其他政治学家的严峻挑战。二战后，拉丁美洲、中东、非洲和东南亚的前殖民地建立了新的独立国家。然而，人们对政治发展的兴趣并没有持续下去，特别是在新成立的国家堕落为独裁国家或有缺陷的民主国家之后。

在21世纪的政治环境下，关于政治发展的讨论是否仍有意义？2000年以来，世界目睹了恐怖主义和极端主义的兴起，恐怖主义和极端主义夺走了成千上万的生命。美国的“9·11”事件引发了中东和西亚部分地区的战争。“阿拉伯之春”成为反击阿拉伯地区独裁政权的运动。东帝汶于2002年独立，而英国的苏格兰和西班牙的加泰罗尼亚的努力被证明是不成功的。英国退出了欧盟，美国面临着大萧条以来最严重的经济危机。缅甸成为民主国家，但几年后又回到了军事统治。委内瑞拉发生政变，总统被罢免。在2020年之前，民粹主义和保守的右翼政治家执掌了不同的政府。

政治发展的历程表明，“政治发展领域的未来将取决于其描绘政治变革进程的能力，包括但不限于政治制度的非常规变化时刻”。的确，从2001年到2021年，政治制度、机构、态度和行为方面发生了许多变化，这些变化引发了学者们重新审视政治发展问题的兴趣。

21世纪的政治学家所主张的现代化理论，并不是简单的从传统到现代的过渡。现代化理论发展了几个新的分支，包括多重现代化和全球现代化。21世纪迎来了进一步的全球化，并暴露了对发展中国家的不平等待遇，批判学派的依附理论在分析政治发展方面也保持了其相关性。拒绝现代化和依附理论的后殖民主义理论学者，从文化维度构建了政治发展，并强调前殖民地在发展过程中的“天然”劣势。

政治发展的研究集中在“新”“旧”政治现象方面，但其发生的背景不同。其一，民粹主义和右翼政治并不新鲜。在20世纪上半叶，民粹主义者统治了世界上的许多国家，右翼派别便是高度保守思想的支持者，他们对两次世界大战负有责任。在21世纪，民粹主义和右翼政治卷土重来，挑战现有的政治体制。技术的改进也改变了治理的方式。信息技术被用来动员和吸引公民采取行动，在某些情况下，这有助于推翻长期存在的独裁者，带来革命的成功。

中国的发展是史无前例的。在中国共产党的领导下，以中国特色社会主义为指导原则，中国已成为世界第二大经济体，并以中国式现代化不断推进中华民族伟大复兴。中国已经认识到基层的重要性，并着手推进基层治理体系和治理能力现代化，这是社会进

---

① Hagopian F. Political Development, Revisited [J]. Comparative Political Studies, 2000, 33 (6/7): 880 - 911.

② 被称为“政治发展研究”的系列书籍最初在20世纪六七十年代出版。这些书的作者是白鲁恂、西德尼·维巴等人，普林斯顿大学出版社在2010至2018年重新出版了他们的作品。

一步发展和提高民众生活质量的关键。事实上，正如习近平在上任的头几年所设想的那样，中国现在正朝着复兴时代迈进，离实现“中国梦”越来越近。

关于政治发展的问题将继续被研究和讨论。这些问题将包括民主化、社会运动和利益集团、性别政治、政党和政治家的兴衰、区域协会、个别国家，以及更多的话题。毕竟，政治发展学者不会简单地把制度研究归于制度主义者，把公民研究归于研究公民政治的人，把经济发展研究归于政治经济学家。① 国家与地区政治的常态变化，意味着在政治学研究中，“政治发展”将继续占据前沿地位。

参考文献

梁孝．西方现代化理论的意识形态反思：一种方法论的视角［J］．齐鲁学刊，2021（6）：52－64.

满其旺．“依附理论”再认识及其启示意义［J］．重庆邮电大学学报（社会科学版），2015，27（1）：17－22，42.

卢地生．外围国家如何破除资本主义系统性危机的影响：基于萨米尔·阿明依附理论的分析［J］．安徽农业大学学报（社会科学版），2020，29（2）：102－109.

万雪飞．后殖民主义：历史与理论［J］．湖南师范大学社会科学学报，2014，43（1）：69－76.

林红．西方民粹主义思潮与世界政治重构的动力［J］．国外理论动态，2024（2）：126－137.

刘益梅．英国“脱欧”公投中的民粹主义现象分析［J］．江苏行政学院学报，2017（4）：83－89.

吴杰伟．超越裙带政治之路：“民粹主义”与杜特尔特的“强人政治”［J］．东南亚研究，2018（5）：1－18，153.

刘雨．当代西方“民粹主义批判”外溢：表现、危害及应对［J］．中共福建省委党校（福建行政学院）学报，2023（4）：144－153.

赵银亮．东南亚新地区主义的范式研究：基于经济一体化的视角［J］．亚太经济，2009（4）：8－12，28.

石立春．欧洲右翼民粹主义发展的特点及原因［J］．战略决策研究，2020，11（6）：85－104，108.

周超．中东欧激进右翼和极右民粹主义的兴起：从社会文化遗产角度的分析［J］．俄罗斯研究，2019（6）：143－175.

邱卫东，高海波．对金融危机以来西方右翼民粹主义的政治经济学批判［J］．国外社会科学前沿，2020（11）：36－44，96.

李文红，王鲲．德、法右翼民粹主义政党崛起的原因及其影响：基于德、法右翼民粹主义政党的比较研究［J］．区域国别学刊，2023，7（6）：48－70，154－155.

① Hagopian F. Political Development［J］. Revisited. Comparative Political Studies，2000，33（6/7）：880－911.

卢岚．思想政治教育数字化转型的逻辑意蕴与范式革命［J］．思想教育研究，2024（6）：61－69.

刘中民．对“阿拉伯之春”与中东民主化若干问题的思考［J］．国际政治研究，2021，42（6）：33－55，5－6.

张爱军．抖音政治的特性、功能与优化路径：基于微观公共权力与公民权利的伦理视角［J］．湖北社会科学，2021（5）：24－33.

高奇琦，张鹏．从算法民粹到算法民主：数字时代下民主政治的平衡［J］．华中科技大学学报（社会科学版），2021，35（4）：15－25.

Filho A S. The Rise and Decline of Latin American Structuralism and Dependency Theory［M］//Jomo K S，Reinert E S. The Origins of Development Economics：How Schools of Economic Thought Have Addressed Development. London：Zed Books，2005：128－145.

Kavada A. Creating the Collective：Social Media，the Occupy Movement and Its Constitution as a Collective Actor［M］//Karatzogianni A，Schandorf M，Ferra I. Protest Technologies and Media Revolutions. West Yorkshire：Emerald Group Publishing，2020.

Applebaum A. Twilight of Democracy：The Seductive Lure of Authoritarianism［M］．New York：Anchor Books，2020.

Vromen A. Digital Citizenship and Political Engagement［M］．London：Palgrave Macmillan，2017.

Stanley B. The Thin Ideology of Populism［J］．Journal of Political Ideologies，2008，13（1）：95－110.

Bull B，Bøås M. Between Ruptures and Continuity：Modernisation，Dependency and the Evolution of Development Theory［C］//Forum for Development Studies. London：Routledge，2012，39（3）：319－336.

Moffitt B，Tormey S. Rethinking Populism：Politics，Mediatisation and Political Style［J］．Political Studies，2014，62（2）：381－397.

Chantal Mouffe. The End of Politics and the Challenge of Right-wing Populism［M］//Panizza F. Populism and the Mirror of Democracy. London：Verso Books，2005：50－71.

Wilson C，Dunn A. The Arab Spring Digital Media in the Egyptian Revolution：Descriptive Analysis from the Tahrir Data Set［J］．International Journal of Communication，2011，5：25.

Albertazzi D，McDonnell D. Twenty-First Century Populism：The Spectre of Western European Democracy［M］．London：Palgrave Macmillan，2008.

Acemoglu D，Egorov G，Sonin K. A Political Theory of Populism［J］．The Quarterly Journal of Economics，2013，128（2）：771－805.

Karpf D. Two Provocations for the Study of Digital Politics in Time［J］．Journal of Information Technology & Politics，2020，17（2）：87－96.

Antunes de Oliveira F. The Rise of the Latin American Far-Right Explained: Dependency Theory Meets Uneven and Combined Development [J]. Globalizations, 2019, 16 (7): 1145 - 1164.

Comunello F, Anzera G. Will the Revolution Be Tweeted? A Conceptual Framework for Understanding the Social Media and the Arab Spring [J]. Islam and Christian-Muslim Relations, 2012, 23 (4): 453 - 470.

Delanty G. Modernity [M] //Ritzer G. The Blackwell Encyclopedia of Sociology: VII. Hoboken: Blackwell, 2007: 3068 - 3070.

He B, Warren M E. Authoritarian Deliberation: The Deliberative Turn in Chinese Political Development [J]. Perspectives on Politics, 2011, 9 (2): 269 - 289.

Zille H. The Right Wing in South African Politics [M] //Berger P L. A Future South Africa. London: Routledge, 2019: 55 - 94.

Kazemi H. Digital Politics and Political Decay in Weak States: The Experience of Arab Revolutions [J]. Politics Quarterly, 2016, 46 (3): 709 - 726.

McLean I, McMillan A. Political Development [M] //McLean I, McMillan A. The Concise Oxford Dictionary of Politics. 3rd ed. Oxford: Oxford University Press, 2009.

Kapoor I. Capitalism, Culture, Agency: Dependency versus Postcolonial Theory [J]. Third World Quarterly, 2002, 23 (4): 647 - 664.

Foweraker J, Landman T. Economic Development and Democracy Revisited: Why Dependency Theory Is Not Yet Dead [J]. Democratization, 2004, 11 (1): 1 - 20.

Postill J. Digital Politics and Political Engagement [M] //Geismar H, Knox H. Digital Anthropology. London: Routledge, 2020: 165 - 184.

McLaughlin J M, Hickling-Hudson A. Beyond Dependency Theory: A Postcolonial Analysis of Educating Papua New Guinean High School Students in Australian Schools [J]. Asia Pacific Journal of Education, 2005, 25 (2): 193 - 208.

Arzheimer K. The AfD: Finally a Successful Right-Wing Populist Eurosceptic Party for Germany? [J]. West European Politics, 2015, 38 (3): 535 - 556.

Blee K M, Creasap K A. Conservative and Right-Wing Movements [J]. Annual Review of Sociology, 2010, 36: 269 - 286.

Abts K, Rummens S. Populism versus Democracy [J]. Political Studies, 2007, 55 (2): 405 - 424.

Newson L, Richerson P. Why Do People Become Modem? [J]. Population and Development Review, 2009, 35: 117 - 158.

Peters M A. The Chinese Dream: Xi Jinping Thought on Socialism with Chinese Characteristics for a New Era [J]. Educational Philosophy and Theory, 2017, 49 (14): 1299 - 1304.

Roberts K, Basurto J. Populism in Latin America [M]. Alabama: University of Alabama Press, 2012.

Mol. Globalization and Environmental Reform [M]. Cambridge: Massachusetts Institute of Technology Press，2001.

Urbinati N. Political Theory of Populism [J]. Annual Review of Political Science，2019，22：111-127.

Mamonova N，Franquesa J. Populism，Neoliberalism and Agrarian Movements in Europe. Understanding Rural Support for Right-Wing Politics and Looking for Progressive Solutions [J]. Sociologia Ruralis，2020，60 (4)：710-731.

Robinson N，Milne S. Populism and Political Development in Hybrid Regimes：Russia and the Development of Official Populism [J]. International Political Science Review，2017，38 (4)：412-425.

Singer P I. Economia Política Da Urbanização [M]. São Paulo：Editora Contexto，2002.

Phongpaichit P，Baker C. Thaksin's Populism [J]. Journal of Contemporary Asia，2008，38 (1)：62-83.

Prebisch R. Raul Prebisch on Latin American development [J]. Population and Development Review，1981，7 (3)：563-568.

Heinisch R. Right-Wing Populism in Austria：A Case for Comparison [J]. Problems of Post-Communism，2008，55 (3)：40-56.

Sakwa R. Modernisation，Neo-Modernisation，and Comparative Democratisation in Russia [J]. East European Politics，2012，28 (1)：43-57.

Wodak R. The Micro-Politics of Right-Wing Populism [M] //Fitzi G，Mackert J，Turner B. Populism and the Crisis of Democracy. London：Routledge，2018：11-29.

Udupa S，Venkatraman S，Khan A. "Millennial India"：Global Digital Politics in Context [J]. Television & New Media，2020，21 (4)：343-359.

Coleman S，Freelon D. Introduction：Conceptualizing Digital Politics [M] // Coleman S. Handbook of Digital Politics. Cheltenham：Edward Elgar Publishing，2015：1-14.

Beck U，Giddens A，Lash S. Reflexive Modernization：Politics，Tradition and Aesthetics in the Modern Social Order [M]. Stanford：Stanford University Press，1994.

Hadiz V R. Imagine All the People? Mobilising Islamic Populism for Right-Wing Politics in Indonesia [J]. Journal of Contemporary Asia，2018，48 (4)：566-583.

Bennett W L，Pfetsch B. Rethinking Political Communication in a Time of Disrupted Public Spheres [J]. Journal of Communication，2018，68 (2)：243-253.

Bennett W L. The Personalization of Politics：Political Identity，Social Media，and Changing Patterns of Participation [J]. The Annals of the American Academy of Political and Social Science，2012，644 (1)：20-39.

Hout W. Classical Approaches to Development：Modernisation and Dependency [M] //Grugel J，Hammett D. The Palgrave Handbook of International Development. London：Palgrave Macmillan，2016：21-39.

第十二章
政治文化

“文化”一词是一个包罗万象的概念，涵盖了人类物质与精神生活的所有层面。政治文化也一样，渗透在人类政治生活、政治行为的每一个角落。21 世纪，人类经历了冷战结束后世界政治秩序和权力格局的重组与转变，也经历了政治文化的重新洗礼。本章将从四个方面探讨 21 世纪以来政治文化方面的一些新现象和新问题：第一，21 世纪，政治文化出现了哪些新内涵、新现象？第二，伴随着新兴国家和新兴市场的崛起，尤其是“中国威胁论”的泛滥，“文明冲突论”的产生给人类带来了和平发展的挑战。第三，传统文化，尤其是中国传统文化，在世界秩序正在经历深刻变革的背景下，将扮演何种角色、发挥何种作用？第四，随着国家与民族之间文化交流的增多，激烈的竞争伴随着理念的碰撞，这一情形使得文化安全被提升到了国家战略的重要位置。如何保障文化安全，如何进行有效的文化治理，也成为 21 世纪政治文化的重要议题。

第一节　政治文化的新内涵

“政治文化”（political culture）一词的明确定义首次出现于 1956 年，西方政治学家阿尔蒙德在《政治学期刊》（*Journal of Politics*）上发表了题为《比较政治制度》（Comparative Political Systems）的文章。阿尔蒙德将“政治文化”定义为：“每一个政治制度都体现在政治行为的方向（orientation）的某种特定模式（pattern）之中。”他认为这种模式可以被定义为“政治文化”[①]。政治文化所蕴含的这种政治方向的模式可以突破政治制度的限制，可以说，政治文化与一般文化相关但并不等同，它是文化的一个特定部分并且有着独特的内涵。[②]

① Almond G. Comparative Political Systems [J]. Journal of Politics，1956，18 (3)：396；Kim Y C. The Concept of Political Culture in Comparative Politics [J]. The Journal of Politics，1964，26 (2)：319，320.

② Almond G. Comparative Political Systems [J]. Journal of Politics，1956，18 (3)：396；Kim Y C. The Concept of Political Culture in Comparative Politics [J]. The Journal of Politics，1964，26 (2)：320.

政治文化可以理解为人类社会在政治生活与实践中所创造出来的精神与文化产物。政治文化是政治科学领域的概念，其主要本质是一个国家的政治体系和机制所体现出的观念性因素，具体包括政治意识形态、政治思想、政治传统、政治情感、政治心理等多层面的内容。它体现了国家、民族和社会群体中相对稳定的政治倾向，而意识形态、价值观以及政治理念是政治文化的核心内容。从国际政治的角度来看，政治文化往往体现为国家间的意识形态冲突、政治模式的分歧，以及政治理念的碰撞。

20 世纪至少有一半的时间，人类社会都是在冷战的境况中度过的。20 世纪全球范围内最突出的政治文化就是“冷战文化”，其中最有代表性的就是以美国为首、联合西方发达资本主义国家所采取的、主要针对苏联以及东欧等社会主义国家的“遏制”与“超越遏制”战略及理念。冷战期间，人类所经历的最突出的政治文化就是意识形态的斗争、价值观的分歧、政治制度以及政治理念的差异和竞争。从 20 世纪 90 年代冷战结束后一直到 21 世纪的前 20 年，世界政治文化的总体基调始终没有摆脱冷战的残留，针对国家间不同政治制度和不同发展模式的争论与攻击随着中国国力的日益增强而愈加激烈。在新形势下，针对中国的新“超越遏制”成为当前世界政治文化的一个突出剪影。

一、新“超越遏制”的根源

“超越遏制”战略指的是冷战后期，美国前总统乔治·赫伯特·沃克·布什提出的，主要针对苏联采取进一步围堵，促使其发生重大变革从而赢得冷战胜利的战略，其重点在于意识形态的竞争及文化渗透，目的是促进世界的民主革命并按照美国的理想去影响事态的发展。

步入 21 世纪，美国等西方发达资本主义国家不仅仍然延续着冷战时期的“超越遏制”战略，还赋予了其新内涵和新手段，最突出的变化是中国成了新“超越遏制”战略的针对焦点。新“超越遏制”战略的政治理念成为 21 世纪前 20 年国际政治体系内最突出的一股政治文化。美国为了重获霸权，将国内政策合法化，将冷战主题及其工具回炉重造，这使得带有冷战特征的压迫、不宽容以及暴力的政治氛围在 21 世纪的今天作为新的政治文化再度涌现。这种政治文化进而成为政治工具，将美国在国内以及国外的暴行加以合法化。在这种新“超越遏制”的政治文化背景下，不同的文明被摆在了相互冲突和对抗的位置上，不同的政治制度被视为天然的敌人，不同的理念被看作必然的矛盾与冲突。以美国为首的西方，立足于其自身利益，更加急切地想要移植美式民主和政治制度，以意识形态分歧和政治制度差异为理由，对任何自身不认同的政治和经济制度都会展开持续的道义攻击与遏制。

2021 年 4 月 8 日，美国参议院外交关系委员会（Senate Committee on Foreign Relations）正式提出《2021 年战略竞争法案》（the Strategic Competition Act of 2021）。这一法案专门提出要抵制中国共产党的“恶性影响”（malign influence）。根据昆西国家事务研究所（Quincy Institute for Responsible Statecraft）迈克尔·斯韦恩（Michael D. Swaine）的评述，这个法案的每一个部分都重复了如今美国对中国所用的那些极端妖魔化的言辞，将北京定义为一个冷酷的挑衅者，为了获得主导地位和削弱民主国家（也可以说是几乎其他所有国家）而无所不用其极，而美国及其盟友和伙伴则被描述为无辜的受害者。[1] 这部法案将中国描述成当前及未来最重大的威胁，对美国及其盟友，从社会到政治秩序、经济增长、全球法制以及军事安全等各个领域的全球性利益都会产生重大威胁。[2]

这种将中国视为威胁性势力的偏执已经在美国民主党以及共和党决策层之间达成了一定程度的共识。美国的国家领导人以及高层政客频频在各种政治活动场合公开表达对中国日益上升的实力及地位的警惕与猜忌。著名的“中国通”——美国前国务卿亨利·基辛格（Henry Kissinger）不止一次指出，美国也必须做好阻止中国称霸（Chinese hegemony）的准备。[3] 将近半个世纪的时间过去了，基辛格对中国政治制度以及意识形态的不认同并没有发生本质的改变，对日益强大的中国在未来可能带来的冲击仍然心存很大的警惕和担忧。

中国与澳大利亚的关系在莫里森执政时也经历了明显的倒退甚至恶化。澳大利亚在新冠疫情、涉疆、涉港等一系列问题上抨击过中国，澳大利亚的官员和个别政治活动者宣称，他们的立足点是坚持和保护澳大利亚所谓的“价值观”（values）与“原则”（principles）。[4]

2021 年 5 月 5 日，在七国集团外交和发展部长级会议发布的联合公报（G7 Foreign and Development Ministers' Meeting，May 2021：Communiqué）中，专门针对中国的声明就有六条。[5] 从公报中专门针对中国的内容可以看出，中国政府很大程度被摆在了人权、自由和民主的对立面，被描述或被暗示为人类基本权利的侵害者的角色。

北约秘书长斯托尔滕贝格（Stoltenberg）不止一次发表涉港、涉疆言论，认为中国并不秉持和认同西方建立在民主、自由和法治基础上的价值观。这在中国看来是被过度政治化的、没有依据的假想，但是北约领导人把中国置于一个与人类所谓的“普世价值”基本对立的位置，并基于这种立场设定了中国对全世界和平与安全的威胁性质。

在一些西方学者的观点中，发生在 21 世纪初的“9·11”事件再度证实了亨廷顿在 20 世纪 90 年代提出的“文明冲突论”，与此同时，文化与宗教的断层线也塑造了一个新的地缘政治时代，也让东西方的文明对话更加复杂而且充满挑战。中国在这种政治文化的氛围中，始终被摆在人类自由、民主和平等等价值观的对立面，中国的经济发展被描

---

①② Swaine M D. The “Strategic Competition Act” Is a Dangerous Declaration of Cold War on China [EB/OL]. (2021-05-05) [2023-05-04]. https://shorturl.at/cDFW3.

③ Döpfner M. Interview：Henry Kissinger on the Political Consequences of the Pandemic，China's Rise，and the Future of the Europe Union [EB/OL]. (2021-04-25) [2023-05-09]. https://www.businessinsider.nl/interview-henry-kissinger-on-the-political-consequences-of-the-pandemic-chinas-rise-and-the-future-of-the-europe-union/.

④ Kuang W，Fang J，Jose H. “Australia Is Mad”：Decision to Snub Belt and Road Goes Viral on Chinese Social Media [EB/OL]. (2021-04-22) [2023-05-04]. https://www.abc.net.au/news/2021-04-22/australia-china-belt-road-initiative-cancellation-viral-weibo/100086594；We've Been Very Clear，We Won't Have Our Values Compromised [EB/OL]. (2021-04-23) [2023-05-04]. https://9now.nine.com.au/today/belt-and-road-peter-dutton-defends-decision-to-scrap-deals-with-bullying-china/cbbeb811-e29e-4896-89de-ab80689133bc.

⑤ G7 Foreign and Development Ministers' Meeting：Communiqué，London，5 May 2021 [EB/OL]. (2021-05-05) [2023-05-04]. https://www.gov.uk/government/publications/g7-foreign-and-development-ministers-meeting-may-2021-communique/g7-foreign-and-development-ministers-meeting-communique-london-5-may-2021.

述为追求霸权的企图和表现。

二、新“超越遏制”的内涵

2001年“9·11”事件爆发后，面对不可预知的、突然的“民族威胁”，美国的政治文化对权威主义（authoritarianism）的关注迅速加强，这种日益上升的来自外民族的“威胁感”，使得美国的政治文化对美国以外的其他国家和民族的不信任感日益加剧。[①] 新“超越遏制”战略虽然并未明确出现在美国以及欧洲国家的官方政策文献中，但是，作为冷战后期的重要战略之延续，它在21世纪，带着新的“包装”，横亘在中西之间，有着将世界重新带向全面分裂与敌对的可能。不同国家在意识形态、价值观、政治理念等政治文化核心内涵上的分歧，以及由此产生的敌意和对抗，将深刻影响世界政治秩序的发展方向。

新“超越遏制”战略的内涵在制度竞争和意识形态较量等方面得到了鲜明体现。尼克松将冷战的结束总结为“共产主义在冷战中的失败”，是“自由的人民整个文明史上所取得的最辉煌的成就之一”，是“超越了党派政治的伟大事业”[②]。这种制度竞争由此被西方政客的宣传手段蒙上了一层道义的色彩，资本主义制度与社会主义制度的竞争则被渲染成和平与战争的较量、自由对专制的抗争。这种论调基本上贯穿了整个冷战时期。

冷战结束后，西方的新“超越遏制”战略转向重点针对中国，同时兼顾俄罗斯和其他特定的“敌对国家”。和苏联截然不同的是，中国积极参与到西方主导的世界秩序中，在全球化进程中获益丰硕，经济上与全球发展水乳交融、密不可分，但中国坚持了自身独特的政治模式与发展道路。而且随着中国整体实力的全面提高，中国人民的生活质量也随之提高，在物质层面可以用来攻击中国特色社会主义制度的“武器”已经不多了。此外，中国自改革开放以来始终坚持走和平发展道路，对外秉持不干涉他国内政的和平共处原则，既不做意识形态和政治制度方面的输出，也不谋求势力范围和军事同盟，这使得在道义层面，西方抨击的重点也不得不有所转移。

在这种新情况下，西方对中国在人权、民主、自由、开放透明等方面话题的关注更加集中。西方媒体和政客常常把观点建立在双标和偏见的基础之上，再经由媒体的语言和剪辑技巧，包括“阴间滤镜”等渲染手段，把对中国的报道和评述加以负面化和妖魔化，引导公众对中国政府和中国人民持有陈旧、偏颇和消极的印象，同时为本国的对华政策营造“合理氛围”。而西方学术界人士对新“超越遏制”理念及其实践的参与，使得这一战略具有更全面、更深层次的国际政治“理论依据”。这些西方学者以学术研究的方式，将当代中国以及中国的发展作为研究和分析的对象，分析中国的发展对西方的冲击，得出“中国威胁”的推论，认为中国无法做到和平发展，必定会给西方主导的世界秩序

---

① Perrin A J. National Threat and Political Culture：Authoritarianism，Antiauthoritarianism，and the September 11 Attacks [J]. Political Psychology，2005，26 (2)：167-194.

② 尼克松．超越和平［M］．范建民，郑志国，文棣，译．北京：世界知识出版社，1995：6-7.

带来损害和打击，甚至担忧中国模式有可能取代西方主导的价值体系和世界政治秩序。

总而言之，西方媒体、政客，甚至包括一些学术界人士把中国的发展以及中华民族的复兴与当今世界人类面临的种种共同问题相连，试图证明中国特色社会主义制度的“劣根性”，这成了21世纪政治文化的重要层面。新形势下的新“超越遏制”延续了20世纪的冷战政治文化，延续了冷战时期意识形态敌对以及不同政治制度间的竞争和猜疑，将这种分歧和敌意在价值观和道义层面深化，将中国的发展片面地、偏见性地描述为对自然环境、对西方主导的世界秩序以及人类要求公平、正义、自由、民主等所谓的普世价值观的挑战和威胁，甚至是伤害，以此在抢占道义制高点的同时，遏制中国的和平发展进程，拖缓中国向更强迈进的步伐。

第二节 “文明冲突论”与国家的和平发展

在全球化的背景下，中美在经济、贸易方面联系紧密，但两国之间的竞争和分歧也随之加剧，冲突时有激化的倾向。美国针对中国的遏制意图也越来越强烈并公开化，对中国多方面的遏制力度也越来越大。这引发了一个人们普遍担忧的问题：人类世界将再一次陷入冷战吗？会形成新的两大阵营吗？其他国家必须再一次选边站吗？这些深度担忧也成为诸多学者思考与探讨的问题。西方泛滥的“文明冲突论”“中国威胁论”与中国所坚持的和平发展二者间的碰撞和对话，成为21世纪政治文化的突出内容。

一、文明的冲突与融合

冷战结束后不久，美国学者亨廷顿的《文明的冲突与世界秩序的重建》一文以及后续著作在全世界产生了巨大的影响。亨廷顿在书中谈及，西方所谓的普世主义、穆斯林的好战性和中国对自身文化的伸张造成了“文明的冲突”。亨廷顿由此认为，文明的冲突是对世界和平的最大威胁，人们应当在多文明基础之上建立国际秩序来防止世界大战的发生。①

亨廷顿把不同文明之间的差异性视为人类社会冲突的根源，将国际秩序与世界和平所遭受的现实威胁和挑战与不同文明和传统文化的特点相联结。这实际上是将不同文明放置在了本质对立和冲突的位置上。亨廷顿认为，西方文明的特点不在于它的发达程度，而在于它的价值观以及机制，而这些优势在当代世界正不断经历着其他文明的挑战和冲击。② 这个思维视角引发了很多争议，纵观历史，文明之间一直是冲突与融合并存的。如果从一开始就预判了文明间的对立本质，根深蒂固的政治理念的不认同使得国家之间、民族之间的误解、反感和指责被反复突出和强调，这使得文明和文化本身的相互融合与

① Huntington S P. The Clash of Civilizations and the Remaking of World Order [M]. New York: Simon and Schuster, 1996: 321.

② 同①311.

认同功能在一定程度上会被忽略。亨廷顿的理论成了不少学者分析国际政治的理论出发点。譬如，马克·汤普森（Mark R. Thompson）回顾了冷战以后世界“民主革命”（democratic revolution）运动的低迷状态，认为冷战后民主在诸如中国、伊朗、古巴等反西方文明的威权国家将注定失败，这印证了亨廷顿的“（民主）西方对抗其余世界”的结论。①

21世纪国家和民族间冲突与对峙的核心层面也是不同意识形态、价值观与国家利益之间的冲突和对峙。“文明冲突论”成了以美国为首的西方国家实行新“超越遏制”战略的理论依据。西方学者开始思考中国的强大与上升将给整个世界秩序带来怎样的冲击，尤其是以美国为领导的、以西方的政治意识形态和价值观为基础的西方政治秩序，未来将面临何种命运。普林斯顿大学教授伊肯伯里（Ikenberry）提出了一系列西方人必须面对的问题，那就是，中国的“崛起”对现有的世界秩序会带来哪些冲击？中国是会试图推翻这个秩序，还是成为这个秩序的一部分？这场制度与意识形态之争将以何种结果落幕？美国是否还能维持原有的地位？伊肯伯里认为，中国现在不仅仅是面对着美国，而且面对着整个西方主导的世界政治体系。伊肯伯里建议西方世界应该尽可能地让这个秩序更深地扎根，这样的话，即便中国在中美之间的竞争占优势，但是如果对比中国和一个复兴了的西方体系竞争，那么西方大概率会胜利。

伊肯伯里的观点代表了不少西方人，包括学术界人士对中国发展的某种担忧。他们认为中美之间的竞争不仅仅是经济和军事领域的竞争，而且是政治制度和意识形态基础的竞争，以及在此基础之上所建构的世界秩序的竞争。在这样的心态下，辅之以西方媒体的负面渲染、西方政客的“习惯性”抨击，中国与西方之间，在文明、文化以及政治制度、意识形态等方面被人为地割裂开来，被刻意地置于差异乃至对立的层面上。

还有学者从文化和政治层面分析了中美之间的分歧，认为中国和西方有着不同的文化和传统，这形成了各自不同的目标和理念。中国想走着“中国特色”的发展道路来参与西方主导的世界秩序，这本身在政治和经济上就挑战了当前美国主导的世界秩序的利益和意愿；而西方希望的是中国的市场化能朝着西化的方向发展——这样“同床异梦”的分歧和矛盾发展到一定阶段就会呈现出“骑虎难下”的局面。文明和文化理念上的分歧，造成了制度与发展模式的差异，继而在同一政治体系中产生矛盾和冲突——这些论述与亨廷顿的“文明冲突论”可谓不谋而合。

其他学者提出了不同的见解，譬如，彼得·J. 卡岑斯坦（Peter J. Katzenstein）认为，世界文明本就是多元的，应该秉持多元主义。美国文明和中国文明一样，都是多种文明中的普通分支。中国的儒家文化与美国的自由主义文化一样具有可塑性和争议性，而且文明之间的相互交流与融合的情况，远多于文明之间的冲突与对抗。但是当前的政治文化却给不同文明贴上了偏见的标签，譬如，西方文明意味着“文明的、民主的”，而东方文明则被冠以“不文明的、专制的”的头衔。人为地设定界限和敌意，不仅不利于世界文明的多元化、交流与融合，反而会促使文明间产生潜在的冲突与暴力对抗的危险。

① Thompson M R. Whatever Happened to Democratic Revolutions? [J]. Democratization，2000，7 (4)：1-20.

二、“中国威胁论”的泛滥

20 世纪 90 年代初，随着苏联的解体，西方人敏锐地觉察到中国的飞速发展，“中国威胁论”开始产生并在世界范围内泛滥。这股论调并不仅仅表现为媒体的舆论渲染以及西方政客的政治宣传，更表现为一批西方学者和资深文化人士在影响力非常广泛的学术期刊上发表一系列文章或是出版学术专著，来表达他们对中国发展进程及其影响的观察和担忧。通过这样的方式，他们的观点由此带上了强烈的“学术色彩”和所谓的“理论依据”。

20 世纪 90 年代初冷战刚结束不久，一系列影响广泛的文章开始发表在西方学术期刊上。西方发表的关于警告中国“崛起”的文章始于 20 世纪 90 年代。1992 年美国学者罗斯·芒罗（Ross H. Munro）发表了一篇文章，该文章将中国描述为苏醒中的巨龙，并认为中国将成为亚洲安全的真正威胁。① 1993 年夏，亨廷顿关于“文明冲突论”的文章发表于《外交事务》（Foreign Affairs）。亨廷顿在文章中声称，儒家文明与伊斯兰文明之间的合作（Confucian-Islamic connection）已经成为西方利益、价值观以及权力的挑战。亨廷顿尤其认为，中国的军事建设以及对南中国海主权的坚持会在东亚激起多边的军事竞赛。② 亨廷顿承认这只是“描述性的假设”（descriptive hypothesis），目的是站在西方的角度防患于未然。

1993 年，另一位美国资深媒体人尼古拉斯·D. 克里斯托夫（Nicholas D. Kristof）也在《外交事务》上发表了一篇关于中国上升的文章，文章论述了中国经济实力的增强带动了中国在军事装备上的大力投入，并预言未来中国有可能卷入发生在南中国海以及台湾海峡的战争。克里斯托夫断言，未来几十年，中国极有可能打破世界力量的对比格局，因此，如何进行调整并达成新的平衡将成为国际关系领域所面临的最重要的，抑或是最危险的任务。③ 类似的观点在 20 世纪 90 年代被不少西方学者反复发文论述和强调，他们当中有的后来成为美国决策高层，有的是政府的资深顾问，也有极负盛名的“中国通”学者。

而到了 21 世纪初，恰逢“9·11”事件发生不久，以芝加哥大学教授约翰·米尔斯海默（John J. Mearsheimer）等为首的西方学者，将“中国威胁”这一描述性假设从国际关系理论层面加以进一步深化，认为强大的中国在未来可能会建立起庞大的军事力量，继而像美国主宰西半球一样支配亚洲，然后中国会寻求区域霸权，最终将会对美国构成挑战，并很有可能将美国军队赶出亚洲。米尔斯海默试图为永葆美国强权“开药方”，认为美国将不能容忍世界舞台上存在与之匹敌的竞争对手，中美之间将发生类似冷战期间美苏之间的那种激烈而危险的安全竞争和对抗。2010 年，米尔斯海默又发表了一篇文章，分析了中国给美国在亚洲的权威带来的挑战并将其形容为“正在聚集的风暴”（the

---

① Munro R H. Awakening Dragon：The Real Danger in Asia Is from China [J]. Policy Review，1992，62（3）：10－16.

② Huntington S P. The Clash of Civilizations? [J]. Foreign Affairs，1993，72（3）：22－49.

③ Kristof N D. The Rise of China [J]. Foreign Affairs，1993，72（5）：59－74.

gathering storm)。他认为，虽然中国自认为没有威胁他国以及称霸世界的意图，但在其他国家，尤其是周边国家的眼里，中国的上升改变了世界秩序，这些国家会把中国的上升看成是威胁，而不是维持现状与和平。此外，在意识形态层面，超级大国之间的竞争很容易因为尖锐的意识形态差异以及地缘政治考量而变得紧张，而这是共产主义和自由资本主义的差别与天然敌意。米尔斯海默由此得出结论，中国无法做到和平“崛起”，无论其意愿如何，都必将成为世界和平的威胁。

这些学者的文章表达了他们对中国上升的一种普遍性担忧。因为中国走的是独特的道路，有着自身独特的历史背景、文化根源以及意识形态基础，中国的政治制度与西方资本主义国家的政治制度相比是截然不同的。中国未来将走向何方？将在世界秩序中扮演何种角色？如果中国没有及时、明确地对这些问题做出回应，亨廷顿式的“描述性的假设”以及米尔斯海默式的“强国必霸”的推论就会在世界范围内被迅速推广。从 20 世纪 90 年代开始，由西方向全球宣扬的“中国威胁论”并不仅仅是媒体为了吸引眼球而大肆渲染的论调，实质上是整个西方，包括思想界和学术界，对世界格局的改变以及中国发展的不确定性理解引发的深度担忧和心理失衡。

威廉·A. 卡拉汉（William A. Callahan）认为，所谓的“中国威胁”并不单单来自军事力量，因为危险并不是一种客观条件，而是一种诠释的效果，而对“中国威胁”的感知是建立在某种历史环境（historical context）之上的。中国的军事力量，从 20 世纪 80 年代末起就被视为威胁。在 20 世纪 90 年代中期，针对究竟应该与中国接触（engagement），还是应该“遏制中国”（contain）这一问题，美国政界，包括学术界都有过激烈的争论。“9·11”事件的爆发使得中美在反恐上有了更多合作，但是政治理念与意识形态的分歧却从未消解，只是在国家利益面前，这种分歧在一定程度上被合作的热潮所遮盖。卡拉汉认为，中国的上升是同时交织着威胁与机遇的。中国和西方国家对中国的发展有着各自不同的阐释和解读，但是，双方的理念分歧加剧了这种矛盾和争论。

事实上，“中国威胁论”的基调并没有因为 21 世纪初中美的反恐合作而真正被消解，相反，西方学术界对于中国“崛起”的担忧以及所持有的“中国威胁”论调对西方媒体和政客的影响力是相当大而深远的，而西方媒体与政客又反过来助推了这种“理论”的泛滥，使得这一“理论”随着中美两国竞争的激烈化随时可能重新浮出水面成为热点。

总的来说，“中国威胁论”的产生和泛滥经历了从学者研究到媒体渲染、国家手段以及新形势下新媒体技术和社交平台的全方位运用，其影响之深远，超过了之前的任何一种“威胁论”。中国领导人于 21 世纪初多次声明，中国坚持走和平发展的道路，中国也开始开展公共外交，树立积极、和平的国家形象，提升国家软实力。但目前来看，中国在国际舆论中仍然很大程度处于受攻击、反驳和辩解的处境。“中国威胁论”经过近 30 年的泛滥和发酵，已经成为以美国为首的西方国家试图从文化、意识形态和价值观上攻击甚至瓦解中国政府的政权合法性，危害中国国家文化安全，从而遏制中国进一步发展壮大的一个顽固性的理论依据。

第三节　传统文化与世界秩序

21世纪的政治文化还有一个非常突出的现象就是当代中国传统文化的复兴，尤其是儒家文化的再度繁荣。这种繁荣间接影响了当今世界的政治文化潮流和趋势，儒家政治思想在当代中国的作用和意义也成为政治研究领域的一个前沿课题。

今天的中国仍然以马克思主义为指导思想和意识形态基础，但是，中华优秀传统文化作为中华文明的智慧结晶和精华，与马克思主义基本原理相结合，逐渐成为中国特色社会主义的重要内容体现。中国儒家文化作为中华优秀传统文化的重要组成部分，从20世纪90年代开始，在政治地位上也获得了很大的提升，儒家文化思想成为中国软实力构建以及外交战略推行的重要助力之一。但西方学术界对此有着不同的解读。

一、传统文化的当代价值

以儒家为主流及核心的中国传统文化和哲学在西方学术界有着长久的研究传统。21世纪也同样出现了一批汉学研究著作及成果。

姚新中认为，“confucianism”是一个综合性的术语及概念。而对“confucianism”的研究应当区分不同层面，譬如，“儒家”把“confucianism”看作一个分支和流派（family），“儒学”把“confucianism”作为一种学习和研究的内容及对象，“儒教”则是从“confucianism”作为一种信仰和宗教的角度出发对其进行分析和研究。[①] 艾佳文（Jiawen Ai）则基于罗伯特·默顿将知识分子划分为官僚知识分子（bureaucratic intellectuals）和独立知识分子（unattached intellectuals），将当代中国儒家知识分子划分为三类：马克思主义儒家知识分子（Marxist Confucianists）、自由主义儒家知识分子（liberal Confucianists）以及儒者（Confucians）。[②] 刘易斯（Lewis）研究了先秦两汉的儒家发展，认为从汉代起，皇帝作为“天子”具备了最高级别的天赋神力（celestial power），由此成为上天的代理人，这种解释为汉代这一新建立的王朝剔除了合法性上的障碍。通过这种方式，儒家道德不仅为汉代推翻前朝的行为提供了理论支持，还为当时的统治者建立起神化了的权威。[③]

除了传统的汉学研究，从20世纪90年代开始，随着当代中国儒家政治地位的提升，西方学者的研究兴趣和目光从以往侧重单纯文献和历史的汉学研究，转向儒家在当代中国的政治功能及影响的研究。

旅华美国学者贝尔（Bell）细致地观察了当代中国社会生活的诸多细节并试图挖掘中

---

① Yao X. An Introduction to Confucianism [M]. Cambridge: Cambridge University Press, 2000.

② Ai J. The Refunctioning of Confucianism: The Mainland Chinese Intellectual Response to Confucianism since the 1980s [J]. Issues & Studies, 2008, 44 (2): 29-78.

③ Lewis M E. The Early Chinese Empires: Qin and Han [M]. Cambridge: The Belknap Press of Harvard University Press, 2007.

国当代社会生活中的儒家传统文化根源。[①] 贝尔还特意提及了蒋庆的政治儒学以及“于丹现象”，并从政治学的角度给予了分析和评价，不乏中肯之见。贝尔对中国的发展以及当代中国儒家的复兴持有相对积极的态度，但他把“儒家思想”（Confucianism）等同于“中国传统”（Chinese tradition），并且将所观察到的几乎所有社会现象都简单归入“儒家根源”（Confucian origin），使得这个研究带有一定程度的主观臆断色彩。

还有学者在介绍中国的文化外交的时候，从传统文化的角度探讨了儒家思想对中国外交理念的影响。艾莎·伊利亚斯（Ayesha Ilyas）等学者认为，儒家作为一套政治与社会价值体系，之所以能持续发挥久远的影响，是因为它被整合进教育体系中并且被制度化了，从而儒家理念渗透进中国的治理机制及外交政策中。在当代中国，儒家在文化外交以及文化软实力的构建上仍然发挥着强大的作用。[②] 而贝卡德（Becard）等学者则认为，对于中国而言，文化是实力的一个关键来源，它不仅是提升软实力的重要工具，还是提高中国综合实力和增强社会团结的重要因素。[③]

对于传统文化成为当代中国文化战略的重要内容这一现象，安德鲁·斯科贝尔（Andrew Scobell）将中国定义为战略威胁，并在此基础上分析了中国的战略文化（strategic culture）。他认为中国的战略文化不能狭隘地被定义为是和平主义的抑或是好战的，因为它本身具有双重性质。一方面是以孔孟文化为基础，反对冲突并以防御为主；另一方面则是倾向于用军事武力手段解决问题的进攻性的现实政治文化。这两种矛盾的文化内涵交织在一起，共同构成了中国的国防战略基础。中国强调传统文化的影响，因此，在传统文化影响下的中国自认为秉持完全和平主义、非扩张性质、纯粹防御性的国防，但在西方国家看来却未必是这样的。[④]

郑永年分析了中国的政治体制结构与治理特点，他认为在威权化的过程中，中国这一国家与知识分子的关系是一个动态发展的，而不应看作孤立和静止不变的事件，儒家在中国的民族主义潮流当中，不应当被视为一个孤立的“事物”，而是应当被作为追求文化领导权以及权力的实践过程中的一个要素。[⑤]

华裔学者杜维明等人 20 世纪末在中国开始了积极地推动儒家复兴的学术活动。他们立足于对中国历史与传统哲学的扎实研究，密切关注儒家思想文化与儒学在当代中国的发展以及儒家对未来世界发展的贡献等。他们认为，儒家的地位不应当凭借政治权力得以提升，而是应当由知识分子群体从各个领域进行长期的努力而得以复兴。

---

① Bell D A. China's New Confucianism：Politics and Everyday Life in a Changing Society [M]. Princeton：Princeton University Press，2008.

② Ilyas A，Malik R，Ramay S A. China's Cultural Diplomacy [M]. Islamabad：Sustainable Development Policy Institute，2020.

③ Becard D S R，Filho P R T M. Chinese Cultural Diplomacy：Instruments in China's Strategy for International Insertion in the 21st Century [J]. Revista Brasileira de Política International，2019.

④ Scobell A. China and Strategic Culture [M]. Darby：Diane Publishing，1998.

⑤ Zheng Y. The Chinese Communist Party as Organizational Emperor：Culture，Reproduction and Transformation [M]. London：Routledge，2010.

二、儒家思想与世界秩序

在西方学者眼里，儒家思想是通过影响当代中国的政治改革以及政治理念进而影响国际格局与世界秩序的。西方学者对中国政治制度以及政治理念的不认同态度，同样体现在他们对当代中国儒家复兴的总体负面评价和判断上。

20 世纪 90 年代开始，许多西方学者认为马克思主义信仰在中国呈衰落趋势，甚至有可能“死亡”，中国出现了所谓的“意识形态真空”，民族主义由此上扬。而在民族主义的内涵中，以儒家为核心的中国传统文化的运用成为重要层面。譬如，梅卡姆（Makeham）认为，20 世纪 90 年代，儒家是中国传统文化的重要组成部分，其政治地位的提升乃是因为儒家文化被整合进了国家主导的民族主义以及爱国主义教育运动当中。① 徐正民（Jungmin Seo）认为，冷战结束后，中国经历了马克思主义的衰落，而蕴含着传统文化特色的民族主义就成了官方意识形态的“替代品”，为经济改革时期的中国提供政权合法化的理论支持。②

在一些西方学者眼里，中国政府更强调传统文化作为一种政治工具所能行使的功能，而非文化对于民众来说的内在价值。譬如，郭小勤认为，在儒家文化兴起的过程中，传统道德秩序与中国政党所提倡的道德秩序二者之间的区别是模糊的，这样有利于执政党将对民族的忠诚与对政党的忠诚混为一谈。儒家在当代的政治工具化使得中国的民族主义不再能够代表全体民众的声音，而转变成了国家或是政党主导的爱国主义。③ 而艾佳文则认为，中国的执政党努力将马克思主义与儒家联结在一起，目的在于满足政党的政治需要，这样一来，当代中国儒家的复兴就成为一把双刃剑，对中国未来的政治改革能同时产生积极和消极的影响。

一些西方学者还注意到了 20 世纪 90 年代以来中国思想界的争鸣和辩论，譬如，20 世纪 90 年代初新保守主义知识分子的出现。傅士卓（Joseph Fewsmith）认为中国不再接受马克思主义，但同时又拒绝自由主义知识分子所提倡的激进、彻底的政治改革，因此一部分坚持文化保守主义的中国学者将儒家思想视为马克思主义的替代品，因为儒家主张渐进的革新，而非激进的颠覆。

还有一些学者从意识形态功能的角度分析了当代中国儒家复兴的政治动因，贝尔宣称，中国需要一个新的道德基石来凝聚国民与社会，这促使中国政府靠近儒家思想和理念。④ 他认为，随着儒家政治功能在当代中国的发挥，中国如果能够构建一个精英体制（meritocracy）的政府，并且中国的政治领导人能够关心后代的利益、关心外民族

① Makeham J. Lost Soul：“Confucianism” in Contemporary Chinese Academic Discourse [M]. Cambridge：Harvard University Asian Center for the Harvard-Yenching Institute，2008.

② Seo J. Nationalism and the Problem of Political Legitimacy in China [M] //White L. Legitimacy：Ambiguities of Political Success or Failure in East and Southeast Asia. Singapore：World Scientific，2005：141 - 182.

③ Guo X. State and Society in China’s Democratic Transition：Confucianism，Leninism，and Economic Development [M]. London：Routledge，2003.

④ Bell D A. Reconciling Socialism and Confucianism? Reviving Tradition in China [J]. Dissent，2010，57（1）：91 - 99.

以及所有受中国政策影响的人类群体，那么西方应该给予支持和鼓励。在贝尔看来，儒家的当代复兴其实给中国的政治发展带来了希望。

霍斯特·J. 赫勒（Horst J. Helle）不仅分析了儒家传统的社会结构基础，还在中西理念差异上做了比较。他认为，在以家族和血缘关系为基础的传统社会结构下，中国形成了以家庭和血缘关系为中心的、牢固的传统文化观念。这种传统使得中国文化具有相当的灵活性，能够区分并且再发展出不同形式的社会行为，而西方文化中却存在着个人主义与家庭观念的内在矛盾。东西方的差异使得当代西方在理念上处于某种劣势，因此在东方与西方的关系中，中国想要学习西方，这是一个积极的迹象，中国若真这么做，又会成为一个威胁。

在新旧世纪之交的2001年，哈佛燕京学社与三联书店共同主编出版了《儒家与自由主义》一书。书中收录了杜维明、白鲁恂、狄百瑞和罗思文等杰出西方汉学家的文章，学者们在儒家思想文化与西方的自由民主理念之间做了深刻而独到的对话。一些重要的问题获得了深入探讨，譬如，儒家与西方自由民主理念的关系，不同信仰和文明间的“饶恕”理念探讨，为什么在以儒家为政治理念主流的中国历史上没有产生像西方那样的民主思想，等等。[①] 西方学者们的观察和思考是非常深刻的，他们与中国学者的对话也非常深入而富有启发性。

当代中国正处于历史与现代交织、东西理念交汇和碰撞的变革转型时期，中国的传统文化将如何与民主相结合，又将如何融进中国的发展进程中，将持续成为中外学者们关注的重点课题。西方学术界对中国文明有着由衷的钦佩，但是对当代中国的日益强大又有着矛盾的心理。近现代以来，包括中华人民共和国成立的最初几十年，中国传统文化因受到猛烈攻击而呈现出一定程度的式微，西方学者对此普遍持批评态度。然而随着中国的改革开放和日益强大，传统文化从21世纪开始呈现出复兴的趋势，尤其是儒家在当代中国的政治功能再度增强，这又使得西方学者产生了担忧，其中既有对中国传统文化之未来命运的担忧，也有对中国未来发展方向的疑虑，在未来一段时间内，这些问题仍将成为西方学术界在政治文化研究领域的前沿和热点课题。

第四节 文化安全与文化治理

21世纪前20年的政治文化依然充斥着国家间的意识形态分歧、政治制度竞争以及政治理念的交锋和角力，与政治文化息息相关的文化安全与文化治理，就成了新兴国家，包括所有发展中的民族国家的重要问题。对中国这样有着数千年文化传统，同时又坚持自身的特色发展模式和道路方向的新兴大国而言，文化安全与文化治理尤其被赋予了国家战略的重要性。

---

① 哈佛燕京学社，三联书店．儒家与自由主义［M］．北京：生活·读书·新知三联书店，2001.

一、文化安全的当代内涵

"文化安全"（cultural security）在不同的政治语境下有着不同的含义与侧重点。在中国的政治语境下，政治文化和民族认同是事关中国的平稳发展与社会稳定的根本思想基础，文化安全因此与民族认同、政治认同还有意识形态安全息息相关，它关系着中国的生存安全与发展安全，被提高到了国家重要战略的高度。[①]

西方学者在涉及文化安全的相关研究上，与中国学者有所不同，西方学者更注重从学术理论和方法论上探讨文化与政治以及国家安全之间的相互关系，同时也注重用实证主义的方法来分析国家的政治文化变革。后冷战时期，文化开始受到国际关系研究主流的关注，学术界对文化研究的兴趣再度兴起，并且形成了一个共识，那就是认为文化作为因素能显著影响一个国家的整体战略以及政府行为。[②] 于是不少学者热衷于解释 2001 年美中在南海撞机事件上的对峙，还有人从民族认同与文化的角度来分析巴勒斯坦和以色列之间不断升级的紧张态势。如今学者们重新发现了用战略文化理论来解释国家安全政策的方法，并提出了一系列重要问题，譬如：国家安全政策的概念性功能（ideational function）是什么？在建构主义的最新启发下，文化理论是否能够为后冷战时期的国家安全政策提供精确的解释？战略文化是否会演变？谁是战略文化的"保持者"？兰蒂斯（Lantis）认为，虽然当代的战略文化研究存在一些争议，但是一些研究方法仍然为战略文化研究提供了更多的自反模式（reflexive model）。[③]

伊多·奥伦（Ido Oren）在 20 世纪 50 年代阿尔蒙德的政治文化研究基础上，审视了文化与国家安全（national security）的关系。奥伦指出，自从亨廷顿的"文明冲突论"诞生后，人们普遍认为，各种国家安全政策其实是"文化"的产物，但是，这种实证主义的研究和分析方法其实是将文化加以概念化成一些概念性变量（ideational variables），然后就开始证明这些自变量如何影响政策的制定。这种研究方法实际上反而暗示了一种相反的观念，即，认为整个文化领域及对文化的学术研究，是与国家安全的政治学研究相脱离而且不相关的。[④] 奥伦提出了一种"联结"（nexus）的新方法，希望以此来证明"政治文化"并不仅仅是"国家安全"层面的政治学概念，而学术、文化与安全这三者可以共同构成一个联结关系，若这三者分开则很难解释当今世界的诸多政治文化现象。

关于文化发展与政策变革之间的关系，珍妮特·陈（Janet Chan）认为文化转型可以通过一些迭代的改变来发生，它可以发生在"领域"这样的结构性层面，也可以发生在"习惯"这样的实践意向层面。[⑤] 而珍妮弗·伍德（Jennifer Wood）更进一步提出，通过

---

① 更进一步的论述可参考胡惠林、黄靖、韩健鹏、张丽丽以及刘慧等学者的相关研究。

② Lantis J S. Strategic Culture and National Security Policy [J]. International Studies Review，2002，4（3）：84.

③ 同②88.

④ Oren I. Is Culture Independent of National Security? How America's National Security Concerns Shaped Political Culture' Research [J]. European Journal of International Relations，2000，6（4）：543，544，567.

⑤ Chan J. Negotiating the Field：New Observations on the Making of Police Officers [J]. Australia and New Zealand Journal of Criminology，2001，34（2）：114－133.

承认安全治理的多元化性质，人们还可以更积极乐观一些。不同的治理节点（nodes）有着不同的思维方式和行为方式，而人们对其他节点也有着同样的敏感性并以此来维持或是改进他们在安全领域的位置。①

关于意识形态与国家安全的关系，弗洛里贝尔·博代（Floriber Baudet）分析了冷战早期荷兰的大西洋主义根源。荷兰政府通过用道德术语来定义安全的方式，在国内发起了一场持续的关于"大西洋价值观"的宣传运动，并将第二次世界大战的记忆和反抗共产主义的情绪结合在一起，提供了一个政府能够营造的框架模式。同样，现在的北约被广泛宣传成这种价值观的保护者和体现者，这种发展演变是"美国化"（Americanisation）的进程所致的。在这个过程中，英语取代德语成了应用最广的外语，各种文化因素结合起来将荷兰安全地带入了"大西洋圈子"（Atlantic Circle）。

在文化安全问题的研究上，一些西方研究从文化与文明的差异和冲突着手。针对不同文明之间的冲突与安全问题，乔治·卡西莫里斯（George Kassimeris）等人探讨了"保卫英国联盟"（English Defence League）这一组织针对英国国内的伊斯兰教以及穆斯林而采取的种族主义言论与行为，并尝试解释英国国内的种族主义观点和行为背后的思想文化根源与日常语境。卡西莫里斯等人认为，真正需要反思和反对的是根深蒂固的、泛滥于整个社会的意识形态——伊斯兰恐惧症，正是这种恐惧症推动了英国国内种族主义的运动。② 卡西莫里斯等人试图证明，安全和冲突有的时候并不真正源于有差异的文明和文化本身，而是来自特定政治语境和话语权的推动，在这个过程中，政府和社会媒体在很大程度上扮演了推动者的角色。

二、当代中国文化安全问题

在中国学者的整体认识中，文化安全与政治安全、意识形态安全密切相关，文化安全的核心是确保社会主义核心价值体系的地位。所以，文化安全问题也是国家间的政治文化竞争问题以及由此衍生出的国家整体利益之争。

然而，西方学者关注的重点有所不同。在奥巴马执政时期，一些西方学者就注意到，美国内部在对华政策上有着激烈的辩论，这意味着政策改变的先兆。有西方学者指出，在特朗普时期中国被定义为"修正主义国家"（revisionist power）和"战略竞争对手"（strategic competitor），这是因为美国对于中国的变革进程与方向开始觉得失望和挫败，中国的发展没有朝着美国期待的方向进行。美国战略与国际研究中心的中国问题专家祖德·布兰切特（Jude Blanchette）观察了2010年以来中国的"国家安全"观念的变化，认为"国家安全"对于中国这样的民族国家而言已经不仅仅意味着一种概念化的危险，更是一种高度扩张主义的政治意识形态建设，而且，这种建设几乎囊括了所有的政策制定和政治考虑因素，包括经济、文化、科技、治理等，进而构建成国家的整体安全观念。

---

① Wood J. Cultural Change in the Governance of Security [J]. Policing and Society, 2004, 14 (1): 31-48.

② Kassimeris G, Jackson L. The Ideology and Discourse of the English Defence League: "Not Racist, Not Violent, Just No Longer Silent" [J]. The British Journal of Politics and International Relations, 2015, 17: 185.

布兰切特坚称，中国认为美国视中国的发展为对西方价值观与制度模式的威胁，而且从未停止对于中国的意识形态渗透，这使得中国的意识形态安全面临威胁。中国正在寻求成为国际舞台的领导力量，因此中国的国家安全立场从之前的保持防御姿态开始转向防御与进攻相结合。[①]

在一些西方学者眼里，民主是可以彻底改变一个国家的政治文化的工具，而民主化则可以促使一个国家发生实质性的政治变革。但是，这在那些本就有着自己悠久传统和历史的独特政治文化的国家眼里，可能是危险的，会威胁到一个国家的整体安全。一些西方学者也不乏偏激的观点，尤其是针对当前最为突出的中美竞争，譬如亚伦·弗里德伯格（Aaron Friedberg）和哈尔·布兰兹（Hal Brands）认为，意识形态因素已经成为大国竞争的重要部分，为了维护美国的竞争优势，他们甚至认为美国应该考虑发掘中国的国内弱点来发起一场意识形态进攻。[②] 针对这种认识，节大磊（Dalei Jie）提出了相对理性的分析。他认为，意识形态差异对中美关系的影响取决于两国是否会为了维持积极的关系而保持强大的战略理性。特朗普时期，意识形态因素在两国关系中变得更加凸显，这就可能因此陷入意识形态领域的“安全困境”（security dilemma）。

三、国家安全考虑下的文化治理

中国学者普遍认为，文化安全问题的出现是基于当今社会环境和国际关系，而在文化安全考虑下的中国文化治理，有着较为鲜明的“应对”色彩。在中国的政治语境下，文化治理是以文化安全为目标的社会治理的一部分，而要维护国家的当代文化安全，重要的是要确保本国的政治文化和意识形态阵地的牢固以及本国政治体系的安全和稳定——这是当代中国文化治理的核心任务，也是应对西方新“超越遏制”战略的重要手段。

西方学者对于文化治理这一问题有着不同的研究和分析视角，他们更侧重的是分析文化机制的建设。J. 瓦伦丁（J. Valentine）认为治理（governance）指的是后现代文化中的治理术（governmentality），而后现代文化属于没有权威的文化，因此，治理是作为一种自上而下的统治结构的替代品而出现的，它有着不同的政策网络，但并没有一个决定方向的单一中心。伊万杰里娅·帕西奥普洛（Evangelia Psychogiopoulou）审视了文化在欧盟及其政策层面是以何种方式被框定的，分析了文化如何影响欧盟的政策。他认为，文化的贯通本质能将不同领域的欧盟政策以及这些政策的社会经济影响串联起来，文化还具有在不同民众间建立纽带和联结的潜在功能，并能将民主和社会价值观传播出去。[③] 因此，欧盟的文化治理与欧盟的政策制定以及经济和市场建设都是紧密相关的。

---

① Blanchette J. Ideological Security as National Security [M]. Washington: Center for Strategic and International Studies, 2020: 1-13.

② Brands H. Democracy vs. Authoritarianism: How Ideology Shapes Great-Power Conflict [J]. Survival, 2018, 60 (5): 61-114; Friedberg A L. Competing with China [J]. Survival, 2018, 60 (3): 7-64.

③ Psychogiopoulou E. Cultural Governance and the European Union [M]. London: Palgrave Macmillan, 2015: 1-4.

在文化与价值观、信仰和制度相关的内涵层面，当代世界国家的政治权威在交流和互动方面变得越来越强，为的就是灵活应对各种复杂的诉求。一些西方学者认为，文化治理（cultural governance）就是政治权威通过自我治理和共同治理而不断地进行运作；它是一种自上而下的方向掌控；它既不是等级制的也不是官僚体系的，而是一种赋权（empowering）和自律（self-disciplining）。因此，文化治理实际上是民主的强大威胁，因为它试图削弱作为自由实践之基础的公共理性，将整个公共理性领域、日常的政治参与、民主自由等变成“自身统治”下的“殖民地”。①

关于中国的文化治理，一些西方学者从一种动态发展的角度出发分析了中国的文化治理政策和理念的演变。杰瑞·刘（Jerry C. Y. Liu）着重分析了文化作为一种“特定的生活方式，表达着特定的意义与价值观”，使得某个民族群体有着不同于其他民族的特点。当这一点被运用于政策时，就代表着某种内在的价值观，体现出基本的文化机制，或是一个国家特定的管理方式和决策文化。中国的文化治理观念对于治理者和被治理者而言都具有自我约束与自我反思的传统功能和意义，因此，中国的文化治理有着自我治理（self-governing）的潜性。

关于中国文化治理的策略和手段，有学者认为中国政府有策略地通过科技手段将文化领域设置成不同分区，而这种文化分区使得国家能够灵活应对跨国力量，同时能通过国家媒体来维持社会主义传统。分区科技展示了文化治理的灵活性，也因此显示出中国在新自由主义全球化的包围下的超强适应能力。②

传统文化在当代中国文化治理中的地位和角色也是西方学者重点关注的方面之一。哈佛汉学家裴宜理（Elizabeth J. Perry）分析了冷战后中国的文化治理状况并指出，尽管在经济发展方面表现出色，但中国仍然需要一个有力的工具来向国内外提供其政权合法性的解释。中国共产党于是开始着重依靠“文化治理”，或者说，着力于那些作为政治权威之工具的象征性资源的部署分配。冷战后，尤其是21世纪以来，中国共产党持续地重新定位自己的角色和形象，以此来做到与民众保持文化上的一致。裴宜理进一步指出，中国的传统政体尤其依赖文化治理模式，那是因为在传统政治下，世俗权力与宗教信仰的权力之间的界限是模糊而重叠的，而儒家文化和理念在封建中国的文化治理中发挥了重要的作用。当代中国仍然非常依靠文化治理，但与封建王朝时期不同的是，当代中国文化治理主张“科学发展观”，并创造性地结合了“文化主义”和“民族主义”。③

关于传统文化，尤其是冷战以后儒家文化在当代中国的复兴，一些西方学者，尤其是中国研究专家和汉学家，常常持有负面观点。他们认为中国政府并不真正认可传统文化的价值观，也没有充分尊重文化原本的性质和规律，而是把传统文化当成一个纯粹的政治工具来巩固自身的威权政治基础及政权合法性。这种看法虽然体现了冷战残留的思维和理念，但仍值得中国学术界进行分析和探讨。

---

① Bang H P. Cultural Governance：Governing Self-Reflexive Modernity [J]. Public Administration，2004，82 (1)：157.

② Li L. Cultural Governance in Contemporary China：Popular Culture，Digital Technology，and the State [M]. Champaign：University of Illinois Press，2015.

③ Perry E J. Cultural Governance in Contemporary China：“Re-Orienting” Party Propaganda [M] //Shue V，Patricia M. To Govern China：Evolving Practices of Power. Cambridge：Cambridge University Press，2017：29-55.

参考文献

杜维明，郑世杰，佟佳家．知识社会中的知识分子［J］．北京大学学报，2004，41（6）：24－27.

杜维明．现当代儒学的转化与创新［J］．社会科学，2004（8）：79－88.

哈佛燕京学社，三联书店．儒家与自由主义［M］．北京：生活·读书·新知三联书店，2001.

尼克松．超越和平［M］．范建民，郑志国，文棣，译．北京：世界知识出版社，1995.

Ai J. The Refunctioning of Confucianism：The Mainland Chinese Intellectual Response to Confucianism since the 1980s［J］. Issues & Studies，2008，44（2）：29－78.

Ai J. Two Sides of One Coin：the Party's Attitude toward Confucianism in Contemporary China［J］. Journal of Contemporary China，2009，18（61）：689－701.

Almond G. Comparative Political Systems［J］. Journal of Politics，1956，18（3）：391－409.

Bang H P. Cultural Governance：Governing Self-Reflexive Modernity［J］. Public Administration，2004，82（1）：157－190.

Becard D S R，Filho P R T M. Chinese Cultural Diplomacy：Instruments in China's Strategy for International Insertion in the 21st Century［J］. Revista Brasileira de Política International，2019.

Bell D A. China's New Confucianism：Politics and Everyday Life in a Changing Society［M］. Princeton：Princeton University Press，2008.

Blanchette J. Ideological Security as National Security［M］. Washington：Center for Strategic and International Studies，2020.

Brands H. Democracy vs. Authoritarianism：How Ideology Shapes Great-Power Conflict［J］. Survival，2018，60（5）：61－114.

Callahan W A. How to Understand China：The Dangers and Opportunities of Being a Rising Power［J］. Review of International Studies，2005，31（4）：701－714.

Campbell K M，Ratner E. The China Reckoning：How Beijing Defied American Expectations［J］. Foreign Affairs，2018，97（2）：60－70.

Chan Janet. Negotiating the Field：New Observations on the Making of Police Officers［J］. Australia and New Zealand Journal of Criminology，2001，34（2）：114－133.

Christensen T J. Chinese Realpolitik［J］. Foreign Affairs，1996，75（5）：37－52.

Friedberg A L. Competing with China［J］. Survival，2018，60（3）：7－64.

Guo X. State and Society in China's Democratic Transition：Confucianism，Leninism，and Economic Development. London：Routledge，2003.

Huntington S P. The Clash of Civilizations?［J］. Foreign Affairs，1993，72（3）：22－49.

Huntington S P. The Clash of Civilizations and the Remaking of World Order [M]. New York: Simon and Schuster, 1996.

Ilyas A, Malik R, Ramay S A. China's Cultural Diplomacy [M]. Islamabad: Sustainable Development Policy Institute, 2020.

Kassimeris G, Jackson L. The Ideology and Discourse of the English Defence League: "Not Racist, Not Violent, Just No Longer Silent" [J]. The British Journal of Politics and International Relations, 2015, 17: 171-188.

Kim Y C. The Concept of Political Culture in Comparative Politics [J]. The Journal of Politics, 1964, 26 (2): 313-336.

Kristof N D. The Rise of China [J]. Foreign Affairs, 1993, 72 (5): 59-74.

Lantis J S. Strategic Culture and National Security Policy [J]. International Studies Review, 2002, 4 (3): 87-113.

Lewis M E. The Early Chinese Empires: Qin and Han [M]. Cambridge: The Belknap Press of Harvard University Press, 2007.

Li L. Cultural Governance in Contemporary China: Popular Culture, Digital Technology, and the State [M]. Champaign: University of Illinois Press, 2015.

Makeham J. Lost Soul: "Confucianism" in Contemporary Chinese Academic Discourse [M]. Cambridge: Harvard University Asian Center for the Harvard-Yenching Institute, 2008.

Oren I. Is Culture Independent of National Security? How America's National Security Concerns Shaped Political Culture' Research [J]. European Journal of International Relations, 2000, 6 (4): 543-573.

Perrin A J. National Threat and Political Culture: Authoritarianism, Antiauthoritarianism, and the September 11 Attacks [J]. Political Psychology, 2005, 26 (2): 167-194.

Perry E J. Cultural Governance in Contemporary China: "Re-Orienting" Party Propaganda [M] //Shue V, Patricia M. To Govern China: Evolving Practices of Power. Cambridge: Cambridge University Press, 2017: 29-55.

Psychogiopoulou E. Cultural Governance and the European Union [M]. London: Palgrave Macmillan, 2015.

Scobell A. China and Strategic Culture [M]. Darby: Diane Publishing, 1998.

Seo J. Nationalism and the Problem of Political Legitimacy in China [M] //White L. Legitimacy: Ambiguities of Political Success or Failure in East and Southeast Asia. Singapore: World Scientific, 2005: 141-182.

Thompson M R. Whatever Happened to Democratic Revolutions? [J]. Democratization, 2000, 7 (4): 1-20.

Wood J. Cultural Change in the Governance of Security [J]. Policing and Society, 2004, 14 (1): 31-48.

Yao X. An Introduction to Confucianism [M]. Cambridge: Cambridge University

Press，2000.

Zheng Y. Discovering Chinese Nationalism in China：Modernization，Identity，and International Relations [M]. Cambridge：Cambridge University Press，1999.

Zheng Y. The Chinese Communist Party as Organizational Emperor：Culture，Reproduction and Transformation [M]. London：Routledge，2010.

Zhu Y. Television in Post-Reform China：Serial Dramas，Confucian Leadership and the Global Television Market [M]. London：Routledge，2013.

第十三章

国际政治

1919年，英国威尔士大学设立了第一个国际政治学教席，标志着国际政治学科的诞生。在迄今百余年的发展进程中，国际政治理论范式出现了三次广义上的大辩论。首先是自由主义和现实主义间的范式辩论，围绕人的本性、国家利益、权力道德关系等方面展开。其次是传统主义和科学行为主义间的方法辩论。科学行为主义倡导“社会科学＋自然科学”的研究方法，遵循“行为主义＋理性主义”的理论模型，构建出新自由主义和新现实主义两脉新理论。最后是实证主义和后实证主义间的哲学辩论，立足于“感受、经验何者为先”这一本体论问题，后实证主义向实证主义发起挑战，促生建构主义理论。托马斯·库恩（Thomas Kuhn）在《科学革命的结构》中指出，科学的进步离不开范式的发展和更迭。[①] 范式的进一步发展通常需要精巧的装置和高深的技巧，而当范式僵化时，则需要进行范式的更替。范式更替不是优劣性问题，而是解释力问题。这意味着国际政治要从一门学科成为一门科学，范式自身的精细化改造以及范式间的断裂性更迭是必要工作。国际政治学者正致力于学科的科学化，科学意味着明显的进步，进步则意味着创新。一方面，学者扎根既有的大理论范式，完成折中化、实用化、复杂化的范式改进。另一方面，学者也借鉴其他学科更为成熟的理论成果，开创独有的交叉学科，增进对现实世界解释力的研究。

第一节　三大传统理论的新发展

伴随着冷战的突然性终结，苏联的解体出乎绝大多数国际关系大理论范式及其拥簇者的意料。面对这一现实，有学者发出了“理论已死?”的质疑，更有甚者认为，大理论范

① Kuhn T. The Structure of Scientific Revolutions [M]. Princeton：Princeton University Press，2021.

式间的辩论历史所带来的理论和经验进步，是一种绝对错误的、教科书式的“辉格解释”。①与此相反，斯蒂芬·沃尔特（Stephen M. Walt）认为理论的多元化应当注重创新性而不是肆意谩骂，三大理论范式尤其是现实主义的理论范式，始终作为国际关系理论“圣殿”的“支柱”，会是国际关系未来发展的基点。②

在此背景下，国际关系大理论范式在新千年之后呈现出明显的转向，不断进行创新以求实现“自我拯救”。首先，现实主义的理论范式呈现出向中层理论的迈进，从体系结构层面回落到国家层面的“务实权谋术”。其次，自由主义的理论范式转而探寻使自由国际秩序长久留存的核心要件，而发展中不可避免的理论消亡为转向蒙上了一层悲观色彩。最后，在微观经验层面，试图从中寻找理论的创新点，扩展社会学理论在国际政治领域中的适用范围。“理论万岁”，大理论以一种更为折中化、多元化的全新面貌活跃在世界政治舞台。戴维·莱克（David A. Lake）评价道：“我们可能正在目睹一种特殊的宏大理论的消亡，但理论却以复数形式仍然存在，愿它们统治长久。”③

一、现实主义中层理论转向

现实主义范式成为冷战后首先遭受冲击的大理论，其解释性一直被学者们所质疑，例如标榜为“科学”的结构现实主义因没有预测冷战的终结，至今仍为某些学者所诟病。面对宏观理论的解释失效，一些现实主义理论家将视角下沉到国家层面，试图从国家的外交政策、对外战略等中观层面重新建构现实主义的研究纲领，涌现出诸如制度现实主义、新古典现实主义、道义现实主义和战略现实主义等众多中层理论。

1. 制度现实主义

制度现实主义以新现实主义为理论基底，重申了国际体系的无政府性质、国家的国际体系单一行为体性质以及国家之间为安全而不断竞争，并将新自由主义所强调的制度重要性纳入其中。制度现实主义认为，不仅强国可以利用制度来支配其他国家，弱国也可以依靠制度来制衡强权和威胁。制度制衡是制度现实主义的核心，制度具有开放性，因而制衡是相互的。在这里，制度是介于国家权力（自变量）和对外政策（因变量）之间的中介变量。此外，制度制衡存在内部和外部两个维度。一方面，国家在制度机构内部平衡其他成员；另一方面，国家可以依靠制度机构来应对来自外部的威胁。在随后的理论发展之中，制度现实主义以制度红利为基准，进一步区分了包容性制度制衡、排他性制度制衡以及制度间制衡三种不同类型的制衡方式。

制度现实主义是“软制衡”理论的重要组成部分。“软制衡”理论是现实主义的自由

① Schmidt B C. On the history and historiography of International Relations [M] //Carlsnaes W，Risse T，Simmons B A，et al. Handbook of International Relations. California：Sage Publications，2013：3-28.

② Walt S M. International Relations：One World，Many Theories [J]. Foreign policy，1998，110：29-46.

③ Lake D A. Theory Is Dead，Long Live Theory：The End of the Great Debates and the Rise of Eclecticism in International Relations [J]. European Journal of International Relations，2013，19 (3)：581.

主义尝试，试图在经典现实主义的“均势”概念中注入制度自由主义相关要素。麦吉尔大学国际关系教授T. V. 保罗（T. V. Paul）将“软制衡”界定为：“通过国际制度，以有限和非正式协议为基础的协调外交以及经济制裁来约束一个国家的权力或进攻性政策，从而使其进攻性行为变得缺乏合法性，并由此使其战略目标难以实现。”① 随着当前国际政治中的“硬制衡”越来越难以实现，“软制衡”正成为国家应对外部威胁的主要方式，推动着一国对外政策的出台与实施。

2. 新古典现实主义

新古典现实主义作为现实主义发展脉络最为经典、发展成果最为成熟的中层理论，实现了将现实主义从宏观体系结构推向中观的国家对外政策的转型。其代表人物吉迪恩·罗斯（Gideon Rose）强调，新古典现实主义“试图解释的不是国家互动的结果模式，而是个别国家的行为”②。

新古典现实主义将体系刺激作为自变量，将对外政策作为因变量，探求的是介于两者之间国内层面的中介变量。③ 对于自变量来说，体系清晰度是体系刺激的关键，关乎威胁和机遇的可识别程度、时间范围信息以及应对最优选择。此外，国家的战略环境是体系刺激的另一重要附加变量，根据国家面临威胁或机遇的紧迫程度和大小，可以区分为包容性战略环境和约束性战略环境。新古典现实主义确定了单元层次上的四种中介变量，领导人意象影响国家对体系刺激的认知，国家社会关系、国内制度影响决策出台与执行，而战略文化影响认知、决策出台与执行全过程。④ 新古典现实主义者认为，不仅国家，而且社会行为者本身也必须参照他们面临的国际挑战和机遇来制定他们的政策偏好。

3. 道义现实主义

作为中国学派在国际关系理论中的创新，阎学通的道义现实主义始终具有重要的影响力。基于对现实主义“权力转移理论”的发展，道义现实主义关注大国在领导力方面的建设。道义现实主义认为一国遵守国际道义，往往有助于形成国家权威，增进战略互信，塑造战略信誉，继而削弱权力合法性和实力在国际体系中的作用。进一步讲，道义现实主义将国际领导分为“霸权”“强权”“王权”三类。“霸权”一方面要有一定的诚信，另一方面却采取“双重标准”政策。“强权”要遵循实力规范，即弱肉强食的丛林法则。“王权”要遵循道义规范，符合当时国际道义标准。在三类领导之中，“王权”是形成国家领导力的关键。⑤ 作为中层理论，道义现实主义关注到单元层次的作用，将体系层

---

① Paul T V. Soft Balancing in the Age of US Primacy [J]. International Security, 2005, 30 (1): 46-71; Paul T V. Restraining Great Powers: Soft Balancing from Empires to the Global Era [M]. New Haven: Yale University Press, 2018.

② Rose G. Neoclassical Realism and Theories of Foreign Policy [J]. World Politics, 1998, 51 (1): 144-172.

③ 里普斯曼，托利弗，洛贝尔．新古典现实主义国际政治理论［M］．刘丰，张晨，译．上海：上海人民出版社，2017：58-71.

④ Ripsman N M, Taliaferro J W, Lobell S E. Neoclassical Realist Theory of International Politics [M]. Oxford: Oxford University Press, 2016.

⑤ 阎学通．道义现实主义的国际关系理论［J］．国际问题研究，2014（5）：102-128，130.

面的领导地位具体划分为国家所拥有的物质权力和道德权力两个方面，强调国内领导者的政治取向以及国家的规范类型对国家地位的重要作用。

4. 战略现实主义

与以往关注国家对外政治行为中的大战略有所不同，战略现实主义转而探寻更为“务实”的中层分析，目的在于制衡威胁，保障国家安全。对冲战略和楔子战略则为其中最为典型的两大代表。

对冲战略是一种避免国家在制衡、追随或中立等直接战略中做出选择的战略，也是一种旨在同时实施多样性战略以求抵消风险的混合政策方法。在对冲战略之中，小国或中等国家通常秉持模棱两可的、混合的和“对立的”战略定位，同时展现出接受权力的要素（伙伴关系）和拒绝权力的要素（选择性抵抗）。

楔子战略则是联盟（超国家行为体）、国家行为体或次国家行为体综合运用政治、经济和军事等资源，以求阻止形成潜在的敌对联盟或分化、破坏、瓦解既有敌对联盟。楔子战略可分为防御性和进攻性楔子战略、奖励性和胁迫性楔子战略。①

二、自由主义的自我拯救与消亡

冷战结束后，福山所宣扬的“历史终结论”将自由主义推到顶点。“自由制度主义”所代表的广义“自由”方法和“民主和平”的概念成为自由国际秩序的根基。然而，历史真的终结了吗？以往潜藏在大国竞争下的民族主义冲突逐步呈现在国际舞台上，自由主义的规范扩散在此冲击下日渐终结。约翰·米尔斯海默认为，自由主义国际秩序“注定失败”，因为所有基于普遍意识形态的国际秩序都必然衰落。他预测，自由主义国际秩序在未来必将崩溃。② 学者们认识到这一点后，基于当前自由国际秩序面临的危机，发展出诸如自由现实主义、（复兴式）内嵌自由主义、软权力理论等新理论，寻找未来能够支撑秩序的核心要素。

1. 自由现实主义

自由现实主义，顾名思义，是指以自由主义为理论主线强调现实主义的战略设定。其与制度现实主义同属于理论折中化的脉络，但两者对自由/现实主义的偏好有所不同。自由现实主义肇始于 21 世纪初布什主义所带来的美国对外行动失败。伊肯伯里依据形势要求美国秉持一种更为务实的自由主义对外政策，构成一种自由现实主义理论。③ 自由现实主义理论关注规则和制度在维持秩序中的作用以及合法性与国际治理之间的联系。伊肯伯里认为，霸权国要保持战略克制，通过达成共识的互惠制度，实现对

① Crawford T W. Preventing Enemy Coalitions：How Wedge Strategies Shape Power Politics [J]. International Security，2011，35 (4)：161－162；Izumikawa Y. To Coerce or Reward? Theorizing Wedge Strategies in Alliance Politics [J]. Security Studies，2013，22 (3)：503.

② Mearsheimer J J. Bound to Fail：The Rise and Fall of the Liberal International Order [J]. International Security，2019，43 (4)：7－50.

③ Ikenberry G J，Kupchan C A. Liberal Realism：The Foundations of a Democratic Foreign Policy [J]. The National Interest，2004 (77)：38－49.

其他国家的领导，从而将自身的实力转化为长久、合法且符合自身持久利益的霸权秩序。[①] 在伊肯伯里自由国际主义思想中，领导国有强烈的动机来证明其领导权力有效，即以表明它将以负责任、可预期的方式行使权力，而其权力行使至少以某些被秩序内其他国家接受的方式受到约束。[②] 正是基于这一思想脉络，自由现实主义认为秩序长存的关键在于主导国的政策选择，秩序长存则主导国的领导长存。

2.（复兴式）内嵌自由主义

内嵌自由主义主导战后国际经济秩序长达 40 年，但从 20 世纪 70 年代到 80 年代，随着金融全球化和贸易一体化的深度发展，新自由主义以自由资本主义精神取代了内嵌自由主义。[③] 然而，冷战结束之后随之而来的是超级全球化和民粹主义浪潮，鼓吹自由贸易、国际制度合作的新自由主义出现了明显退却。约翰·鲁杰（John G. Ruggie）最初提出的“内嵌自由主义”旨在将国际市场自由开放内嵌于一国国内的政治、经济、社会稳定之中，经过相应改造可以有效面对冷战后新自由主义所面临的各种新问题。由此，新千年后内嵌自由主义出现了复兴趋势。

内嵌自由主义主张将自由主义内嵌于一国国内的多个层次之中。首先强调将市场内嵌在特定的社会组织结构之中，其次强调将自由主义内嵌在各国实际情况之中。在内嵌式自由主义政策下，市场放任受到节制，国家能够干预经济，不再像一战之前的自由主义那样放任自流。[④] 在理论的复兴发展中，内嵌自由主义被描述为一种制度化的自由多边主义，与各种积极的经济公共管理相兼容。[⑤] 作为自由国际秩序的维护方案，复兴的内嵌自由主义为了应对冷战后全球治理出现的各种问题，提出了两项具体的政策建议：一是“全球马歇尔计划倡议”，将国际税收收入重新分配给发展中国家；二是由跨国公司来接管政府无法解决的一些社会政策问题。[⑥]

3. 软权力理论

软权力理论是冷战后自由主义最为重要的理论创新之一，其构建的目的在于应对国际社会出现的权力分配形式变化。在 30 多年的理论发展中，软权力理论逐步衍生出以软实力、巧实力、“锐实力”为核心的三个阶段。

在第一阶段，1990 年约瑟夫·奈（Joseph Nye）为了回应“美国霸权衰落”一说，创生了独一无二的软权力理论。[⑦] 软权力是指通过以文化（对他人具有吸引力）、政治价

---

① Ikenberry G J. Institutions, Strategic Restraint, and the Persistence of American Postwar Order [J]. International Security, 1998, 23 (3): 43 - 78.

② Ikenberry G J. After Victory [M]. Princeton: Princeton University Press, 2019.

③ Rodrik D. The Globalization Paradox: Why Global Markets, States, and Democracy Can't Coexist [M]. Oxford: Oxford University Press, 2011: 234.

④ Ruggie J G. International Regimes, Transactions, and Change: Embedded Liberalism in the Postwar Economic Order [J]. International Organization, 1982, 36 (2): 379 - 415.

⑤ Helleiner E. The Life and Times of Embedded Liberalism: Legacies and Innovations since Bretton Woods [J]. Review of International Political Economy, 2019, 26 (6): 1112 - 1135.

⑥ Ruggie J G. Taking Embedded Liberalism Global: The Corporate Connection [M]. London: Routledge, 2016; Steffek J. Embedded Liberalism and Its Critics: Justifying Global Governance in the American Century [M]. New York: Springer, 2006.

⑦ Nye J S. Soft Power [J]. Foreign Policy, 1990, 80: 166 - 171.

值观（在国内外得到正确施展）以及对外政策（合法且具有道德权威）为代表的软实力，对目标国进行软性同化，从而改变其行为的能力，即“让别人做你想做的事情”。奈认为，美国的软权力占据优势，与硬权力同样重要，衰落论者对美国权力衰落的看法是错误的。在第二阶段，面对布什主义造成美国海外行动的失利，2003 年，苏珊尼・诺瑟（Suzanne Nossel）发展了软权力理论，提出将软实力和硬实力结合形成巧实力。① 巧实力以软实力为指针，以硬实力为政策工具，两者相互配合在美国对外战略制定中发挥作用。在第三阶段，中国、俄罗斯的“崛起”威胁到了美国的霸权地位，2017 年，克里斯托弗・沃尔特（Christopher Walter）与杰茜卡・路德维希（Jessica Ludwig）提出了“锐实力”的概念，试图“污名”中国和俄罗斯的软权力。② “锐实力”认为“威权国家”正发动信息战“分散注意力”，“拉拢”“操纵”目标国，进而刺穿、渗透目标国的主流政治话语。软权力理论作为美国霸权护持的手段，试图在国际社会建构一种认同，目的在于维持当前国际秩序和美国领导的合法性，实现对“自身”能力的巩固和对“异己”势力的打压。

三、建构主义的微观迈步

学术界认为，缺乏预测性是国际关系理论的“通病”，但是社会科学的社会性、反思性和人文性常常出现“自我实现”的预言。宏观化的大理论范式造成建构主义在解释一些具体问题上出现能力缺失，需要进行更为实用主义的改造。在理论发展中，建构主义进一步将视角微观化，强调国际参与者更少地受国家利益、身份或偏好的抽象概念的驱动，而是受情景相关的实际要求驱动，发展出了诸如国际实践、关系理论、国际关系民族志等一众全新理论，立足于更为微观的社会现实，打开了理论的全新视野。③ 戴维・麦考特（David M. McCourt）指出，这些“新建构主义”（new constructivism）克服了物质/理念、结构/施动、因果/构成二分，扩大了建构主义的范式边界。

1. 国际实践

国际实践注意到一个关键问题，即“社会现实是由实践给出的而不是事前给出的”。国际实践理论的出现意味着，建构主义周期性地以不同形式重新出现，在每个周期都会产生新术语，但没有实质性改变。换言之，它关乎方法论问题，不涉及本体论。④ 因而，国际实践的本质依旧是建构主义，它只是建构主义范式的复杂化，并没有产生新的理论范式。

伊曼纽尔・阿德勒（Emanuel Adlder）将“实践”界定为具有社会意义的规律性行

---

① Nossel S. Smart Power [J]. Foreign Affairs，2004，83 (2)：131－142.

② Walker C，Ludwig J. The Meaning of Sharp Power [EB/OL]. (2017－11－16) [2020－05－10]. https：//www. foreignaffairs. com/articles/china/2017－11－16/meaning-sharp-power.

③ McCourt D M. Practice Theory and Relationalism as the New Constructivism [J]. International Studies Quarterly，2016，60 (3)：475－485.

④ Walter T. The Road (Not) Taken? How the Indexicality of Practice Could Make or Break the “New Constructivism” [J]. European Journal of International Relations，2019，25 (2)：539.

动，表现出行动者适当的绩效，展现并物化背景性知识和话语。[①] 背景性知识为实践提供了具体的环境，它是由实践积累的，并给予行动经验判断。由此，实践将话语世界和物质世界编织到了一起。国际实践的核心问题在于：不断进行的日常实践是如何导致变化的？该变化有三种：主体的变化（如偏好、性情、意图）、实践自身的变化和社会秩序的变化。国际实践理论的相关学者做出了如下假定：变化是社会生活中的常态；稳定是实践活动的结果；实践是施动者所为的；实践变化的动力不仅仅来自施动者，也来自实践结构。因而，实践作为解释性因素和被解释性因素同时发挥作用，在理论分析中既关注实践的结果也关注实践的过程，既关注实践的互动也关注实践的生命周期。

2. 关系理论

关系主义者从社会世界是由关系组成的立场开始，认为“作为分析学者，我们的任务是掌握这些关系的聚合过程，并用于稳定和具体化其他一些关系，使其成为构成实体或事物的过程”[②]。近年来，国际关系学界的“关系转向”（relational turn）应运而生。关系理论家主张将关系作为本体、挑战实体主义者的“实体先于关系”。

关系理论认为，行动不再是经由规范性力量（如理性、利益）推动的，而是由行动者之间的关系推动的。秦亚青作为该理论的重要代表，其所创建的中国学派的关系理论（前身为2007年提出的“过程建构主义”，2016年正式更名为“关系理论”，因而保留了极强的建构主义色彩）得到了国际关系学界的广泛认可。[③] 首先强调关系的重要性。秦亚青认为，只要是社会，社会中的关系就发挥着重要作用。决定和采取行动的基本依据是关系。行为体根据关系网络中的位置以及与其他行为体的相对关系，来判断情势和进行决策。其次强调国家间的互动实践以及社会过程中的独立本体地位。社会过程建构国际规范和国家身份。过程是流动的关系，行为体间的关系是过程的核心，关系互动是过程动力的来源。最后强调独有的中国特色。关系理论体现了儒家治理观中“理顺关系”的重要特征，中华文化中的“中庸”作为关系理论的认识论和方法论，以和谐与共同进化转化冲突，从而区分于西方的达尔文的“适者生存”。

3. 国际关系民族志

在过去的几十年里，越来越多的国际关系学者已经适应并采用了民族志的研究和写作模式，希望能够引入解放性的研究议程并翻新该学科。国际关系民族志的书写实际上秉承于社会学的人类学思想，关注日常化、地方化的社会实践，致力于“努力理解他人如何理解世界”[④]。

---

① Adler E, Pouliot V. International Practices [J]. International Theory, 2011, 3 (1): 1-36; Adler E, Pouliot V. International Practices [M]. Cambridge: Cambridge University Press, 2011.

② Emirbayer M. Manifesto for a Relational Sociology [J]. American Journal of Sociology, 1997, 103 (2): 307.

③ Qin Y. A Relational Theory of World Politics [J]. International Studies Review, 2016, 18 (1): 33-47; Emilian K. The Guanxi of Relational International Theory [M]. London: Routledge, 2017; Qin Y. A Relational Theory of World Politics [M]. Cambridge: Cambridge University Press, 2018; 秦亚青. 关系本位与过程建构：将中国理念植入国际关系理论 [J]. 中国社会科学，2009 (3): 69-86, 205-206.

④ Geertz C. The Interpretation of Cultures: Selected Essays [M]. New York: Basic Books, 1973: 56-58.

国际关系民族志超越了大理论（强调民族国家以及国际关系静态性），出现了对田野调查的关注，对非话语实践的关注，并抵制将国家视为整体性、简化性的理念。国际关系民族志研究需要做到以下三点：数据收集能够展示真实和准确的现实，通过个性化和无行话的写作文体引发批判性参与（critical engagement），理论更多地关注日常实践和具体行动。① 国际关系民族志作为话语分析的补充，超越了针对国家和国际组织等传统行动者的某些主流看法，转而关注那些在世界政治中尚未被探讨的知识、关联和理解。基于此，国际关系民族志不仅让我们看到了未被传播的现实，也让国际关系学者认识到改变现实的可能性。该研究实现了政治科学研究范式"从高层开始"转向"从底层开始"的人类学研究范式。国际关系民族志研究的拥簇者认为，"从底层开始"更多的是一个态度问题，它不是从一堆已知和前提假设开始，而是发出"一种开放感，一种愿意惊讶和学习新事物而不是如此演绎的意愿"② 的信号。因而，民族志转向意味着经验主义的复归，这是一种新的和改进式的"解放经验主义"。

第二节 国际政治心理

作为跨学科研究，国际政治心理学无疑是当下国际政治研究最为盛行的交叉学科之一。冷战结束以来，国际政治研究一方面出现"情感转向"，以理性情感为线，开创出情感理论；另一方面运用心理学的相关理论，延续经典的安全、威慑与决策研究。

一、情感理论

由于神经科学的发展，即借助认知神经科学或情感神经科学的先进实验技术，人类得以理解人的大脑是如何运作的，明白了为何人们具有喜怒哀乐的情感能力。随着心理学情感研究的发展，国际政治学者迅速跟进这一心理学前沿进展，克服了以往情感与理性之间错误的二分法，发展出集体情感、情感战略等相关研究热点。

1. 集体情感

乔纳森·默瑟（Jonathan Mercer）作为先锋理论家开创性地介入了集体情感的研究领域。他在《人性与第一层次的意象》中并不否认情感对理性的侵蚀，但着重强调情感是理性的基石。默瑟将其运用于华尔兹三个层次分析之中：在个体层次上，情感可以通过前景理论设置决策背景，有助于决策的产生；在集体层次上，情感是促使集体产生并推动集体行动的动力；在体系层次上，国际规则的接受实际反映了一种情感信念，情感

---

① Vrasti W. The Strange Case of Ethnography and International Relations [J]. Millennium, 2008, 37 (2): 279 - 301.

② Lie J H S. Challenging Anthropology: Anthropological Reflections on the Ethnographic Turn in International Relations [J]. Millennium, 2013, 41 (2): 219.

构成规则并加强规则。[①] 在后续研究中，依据约翰·瑟尔（John R. Searle）、托马斯·内格尔（Thomas Nagel）、丽莎·巴雷特（Lisa F. Barrett）等学者的相关研究进展，默瑟将集体情感视作一种观念结构，认为其不仅不可以还原为个体情感，而且对个体来说是强大的且普遍的。他指出，集体情感是一种具有突现属性的社会情感，与社会身份相伴而生，能够建立起群体内部联系以及群体之间的关系，从而使得拥有社会身份的个体产生强烈的归属感（国家感）。[②]

2. 情感战略

情感战略是情感理论一大重要的分支，认为行为体可以着眼于他人的情感状态设计自己的行为，旨在利用情感达成行为体目标。具体来看，情感战略可以分为情感制度和情感调解。

（1）情感制度。

情感制度是行为体设定情感规则，以实现自身战略目标的一种制度。它既包含积极情感，也包括消极情感，它的施行方既包括国家行为体，也包括非国家行为体。内塔·克劳福德（Neta Crawford）将恐惧和同情予以制度化。[③] 恐惧得以制度化的原因在于：它是一种自我维持的“气候”，维持的关键因素在于恐惧创造出了属于自己的动态或螺旋，与最初的触发因素无关。由此，恐惧可以被国家所利用：恐惧是一种施压手段，通过威慑、威胁等方式在对手身上故意制造恐惧；恐惧也可以改变模糊行动的个体评估，通过回忆以前可怕情景的生理和心理倾向放大恐惧的影响。同样地，同情制度化也成为国家或个体获得理解和认同的重要工具。在南非反种族隔离运动中，曼德拉以暴力和羞辱作为情感基调，讲述有关支持种族隔离政权的压迫故事，有意识地动员跨国反种族隔离行动主义，促进国际社会对该政权予以制裁。

（2）情感调解。

情感调解是情感战略借鉴生物学中神经科学进展发展出的相应前沿内容。它运用自然科学研究中情感产生的脑部机理，寻找群际情感治疗的方法。神经脑科学研究指出，大脑皮层较高区域倾向于释放情感而皮下区域则倾向于唤醒情感，人类核心情感和意识是从皮下区域产生的。[④] 情感调解立足于具有成熟自我思维模式的次级过程，通过联想学习刺激大脑皮下区域唤醒特定情感，产生基本“思维”和认知。进一步讲，国家/群体通过给对象分配情感价值，激发人们的自我意识，从而能够在各种环境中建立“我们自己”。这是引导群体情绪趋同的过程，也是诱发集体行动的过程。在这一过程中，国家/

① Mercer J. Human Nature and the First Image：Emotion in International Politics [J]. Journal of International Relations and Development，2006，9 (3)：288 - 303.

② Mercer J. Feeling like a State：Social Emotion and Identity [J]. International Theory，2014，6 (3)：515 - 535.

③ Crawford N C. Institutionalizing Passion in World Politics：Fear and Empathy [J]. International Theory，2014，6 (3)：535 - 557.

④ Solms M，Turnbull O. The Brain and the Inner World：An Introduction to the Neuroscience of Subjective Experience [M]. London：Routledge，2018；Panksepp J，Solms M. What Is Neuropsychoanalysis? Clinically Relevant Studies of the Minded Brain [J]. Trends in Cognitive Sciences，2012，16 (1)：6 - 8.

群体会思考“我们”和“他人”的情感，学习并控制自我情感。① 因此，处于权力优势地位的行为体可以建设一种模式化的情感交流模式和社会化的自我约束模式，从而完成社会等级安排，确定身份和自我价值。② 结合历史社会学的诸多观点，情感调解可以帮助行为体解决顽固化的客体依恋，诸如对历史记忆的固守、传统文化的怀旧，而人的大脑的可塑性已经揭示了这些问题的研究潜力。

二、框架理论

社会学家欧文·戈夫曼（Erving Goffman）在《框架分析：经验组织论》中提出了著名的“框架理论”，将人类对情景的定义视作其所面临的社会事实，并具体将情景定义分为条和框架。③ 条是指活动的顺序，框架是指用来界定条的组织类型。戈夫曼认为，框架在情景定义中发挥关键作用，受到人们过去经验积累与当下社会文化的影响，是社会真实转换为人们主观认知的重要依据。框架理论的基础在于微观心理学的认知心理模型，它认为人们更倾向于通过自己原有的认知框架对新认识的事物进行解释、处理、应对与建构。随后，框架理论被政治学、经济学、传播学以及管理学迅速借鉴，发展出诸如前景理论、议程设置等全新理论。

1. 前景理论

1979年，美国普林斯顿大学心理学教授丹尼尔·卡尼曼（Daniel Kahneman）和阿莫斯·特沃斯基（Amos Tversky）提出了经济学的“前景理论”（prospect theory）。④ 作为有关决策的期望理论之一，该理论认为个人基于参考点的不同，会有不同的风险偏好。前景理论的核心内容在于以下五点：（1）参考依赖。人们根据一个参考点来判断自己是获益还是损失，并以这个参考点来评估备选方案、确定政策选择。（2）损失厌恶。在决策过程中，决策者往往重视财富的变化量而不是最终量。（3）确定性收益。人们在决策中倾向确定性收益。（4）风险倾向。人们的风险偏好不同。（5）沉默效应成本。人们不愿意看到先前投入的成本白白浪费，将沉没成本考虑到决策中来。⑤

20世纪90年代，国际关系学者开始借鉴前景理论相关成果，并将其运用于外交决策研究之中。最为经典的当属芭芭拉·法纳姆（Barbara Farnham）以及杰克·利维（Jack Levy）的相关研究。法纳姆的研究被学界视作国际关系前景应用的开端。她聚焦于罗斯福在慕尼黑危机前的偏好反转，即从拒绝干涉欧洲事务转向急切介入欧洲事务，认为罗斯福的偏好反转的原因在于：罗斯福在慕尼黑危机前改变了关于“收益-损失”的

---

① Gammon E. Affective Neuroscience, Emotional Regulation, and International Relations [J]. International Theory, 2020, 12 (2): 189-219.

② Clark C. Emotional Gifts and "You First" Micropolitics [M] //Manstead A, Frijda N, Fischer A, et al. Feelings and Emotions: The Amsterdam Symposium. Cambridge: Cambridge University Press, 2004: 420-421.

③ Goffman E. Frame Analysis: An Essay on the Organization of Experience [M]. Cambridge: Harvard University Press, 1974.

④ Kahneman D, Tversky A. Prospect Theory: An Analysis of Decision under Risk [J]. Econometrica, 1979, 47 (2): 363-391.

⑤ 林民旺．前景理论与外交决策［J］．外交评论（外交学院学报），2006（5）：62-68.

参考依赖并重新框定了决策框架，从而做出欧洲战争是对美国的损失的判断。[①] 利维将前景理论与外交中的讨价还价行为相结合，提出国家面临收益时的讨价还价不同于损失时的讨价还价，面临损失时的讨价还价会更加复杂。由于以现状为参考点以及国家存在的损失厌恶，国家会在面临损失时出现“现状偏好”，追求一种现状策略。在讨价还价中，政治领导人很难做出让步，可能会无视未来的巨大风险而采取行动，以减轻现状中所存在的较小风险。[②]

前景理论的后期发展推动了其在国际政治学科内的专业化，从而发展出一种独属于国际政治研究的前景理论。例如，贺凯和冯慧云就“亚洲为何没有出现北约”这一问题进行了研究，将前景理论进一步推进为国际政治独有的“前景＋威胁”理论。研究认为，联盟这种群体性行为的基础在于国际环境的高威胁性，高威胁性缔造高损失预期，多边联盟以行动自由换取盟友支持降低损失，而国际环境低威胁性将联盟领导者置于收益领域，与较少盟友结盟保持行动自由是其规避风险的行为，低风险时则双边联盟胜出。[③]

2. 议程设置

1972 年美国传播学家麦库姆斯和肖提出议程设置理论。基于 1968 年美国总统选举期间传播媒介的选举报道对选民影响的研究，研究发现选民对当时问题重要程度的判断与大众传媒报道的频率具有强正相关关系，因而大众传媒具有为公众设置“议事日程”[④] 的功能。国际政治学者很早就意识到议程设置的分析前景，一方面围绕国家行为体的国际议程设置相关概念展开讨论，另一方面聚焦于非国家行为体的国际议程设置分析。

国际政治学科对国家的国际议程设置研究的关注源于奈和罗伯特·基欧汉（Robert Keohane）在 1977 年出版的《权力与相互依赖》一书，该书认为伴随全球化的发展，议题领域内的权力资源越来越成为国家权力的来源，而议题领域的权力资源又取决于一国议题内设置决定性议程的能力。[⑤] 20 世纪 80 年代，议程设置正式被完整地引入国际关系领域。理查德·曼斯巴赫（Richard W. Mansbanch）和约翰·瓦斯克斯（John A. Vasquez）提出以“议题”范式取代国际政治研究中的“权力范式”，突出“关键议题”在国际政治中的作用，只有大国才拥有直接设置议程的权力，但并不否认小国可以通过国际组织间接设置国际议程。[⑥] 随着对国际议程理解的加深，国家设置议程的关注点

① Farnham B. Roosevelt and the Munich Crisis：Insights from Prospect Theory [J]. Political Psychology, 1992，13 (2)：205 - 235.

② Levy J S. Loss Aversion，Framing，and Bargaining：The Implications of Prospect Theory for International Conflict [J]. International Political Science Review，1996，17 (2)：179 - 195.

③ He K，Feng H. “Why Is There No NATO in Asia?” Revisited：Prospect Theory，Balance of Threat，and US Alliance Strategies [J]. European Journal of International Relations，2012，18 (2)：227 - 250.

④ McCombs M E，Shaw D L. The Agenda-Setting Function of Mass Media [J]. Public Opinion Quarterly，1972，36 (2)：176 - 187.

⑤ Keohane R O，Nye J S. Power and Interdependence [M]. 4th ed. Boston：Little，Brown and Company，1977.

⑥ Vasquez J A，Mansbach R W. The Issue Cycle：Conceptualizing Long-Term Global Political Change [J]. International Organization，1983，37 (2)：257 - 279.

从具体的议题领域逐渐转向对目标国受众的影响，将议程设置、公共外交和国家声誉联系在一起。

还有研究聚焦于非国家行为体在特定议题设置议程方面的能力，提出非国家行为体进行议程设置的一套具体操作方式。非国家行为体往往倾向于采取双重议程设置。首先，利用“认知议程”让政府及公众认识到议题很重要，从而将议题列入国际议程之中。其次，利用“规范议程”改变政府与公众对议题的看法，进而推动政府采取与议题相关的行动。① 此外，还有学者认为，处于跨国倡议网络“枢纽”性结构地位的国际组织是议程发挥影响的关键。②

三、威慑理论

威慑作为一种军事术语，被广泛运用于20世纪五六十年代的美国对外战略之中，所要实现的是阻止对手做自己不愿看到的事情。借鉴社会心理学的研究，威慑逐步发展成为一种成体系的理论话语。威慑的可信程度取决于威慑主体的决心和力量，战略决心成为威慑理论研究的一大核心。此外，对观众成本的研究同样属于威慑理论的研究范畴，观众成本促使国家决定是否采取威慑，也决定一国的威慑是否有效可信。

1. 战略决心

决心通常被界定为“国家对相关政策目标的坚定而决不退让的姿态”，尽管有相反的倾向或退缩的诱惑，但仍坚持一项政策，因此，决心可以被视为意志力的同义词以及与之相关的自我调节形式（如自我控制）。在国际政治研究中，一国的决心关乎国家安全。

首先，决心被视作国家的意志。私有信息是理性国家的战略偏好，也是国家在战略互动中的重要资产，需要予以隐藏或歪曲呈现。通常认为，国家有三条私有信息：能力、意图和决心，有时三者被混为一谈。比如，在克莱因国力方程中，决心在某种程度上归属于能力的范畴，“国家意志”和“国家士气”是国家能力的构成要件。然而，对于决心的研究者来说，决心不同于意图和能力，它体现的是国家对风险的敏感度和耐受度，是国家风险承担的“神经”。例如，罗伯特·鲍威尔（Robert Powell ）在对核威慑战略的研究中指出，“决心是危机背后的政治共识进入政策分析，并影响危机升级动态的途径”，“一个国家的价值观越盛行，它愿意冒的风险就越大，决心就越大”，“如果事态失控，后果越是灾难性，一个国家愿意接受的风险就越小，其决心也就越低”③。

其次，决心能够帮助国家掌握获得军事成功的关键节点。正如危机的讨价还价理论学者认为，如果各方认识到达成动机平衡的真正条件，那么战争是可以预防的。有

---

① Rutherford K R. The Evolving Arms Control Agenda：Implications of the Role of NGOs in Banning Antipersonnel Landmines [J]. World Politics，2000，53 (1)：74－114.

② Carpenter R C. Vetting the Advocacy Agenda：Network Centrality and the Paradox of Weapons Norms [J]. International Organization，2011，65 (1)：69－102.

③ Powell R. Nuclear Deterrence Theory，Nuclear Proliferation，and National Missile Defense [J]. International Security，2003，27 (4)：92.

学者建议，一旦战斗人员了解到彼此的决心水平，战争就可以结束。[①] 罗森（Rosen）将国家的决心界定为一国的“受苦意愿”，声称要了解哪一方最终会赢得战争，需要关注每一方的“受苦意愿”[②]。穆勒（Mueller）进一步将“受苦意愿”表述为战争的“断裂点”，“受苦意愿”是一国接受损失的最大程度，而战争“断裂点”的位置决定战争成败。[③]

最后，决心与信号发送相关联。[④] 决心的军事战争冲突研究随着战争频率的下降而逐步被边缘化，但是国家的印象管理也可以通过展示决心这一私有信息来管控双边关系，尤其是类战争行为——国家间贸易战的出现和兴盛，决心信号运用及其相关研究迅速介入其中。值得注意的是，因归属于国家的私有信息，决心在信号传递上会出现接受国的错估行为，错误知觉理论认为接受国会低估决心，而理性战争理论认为接受国会高估决心。

2. 观众成本

观众成本是很有新意的一项国际关系理论研究议程。它最早源自费伦关于国际危机的研究。[⑤] 费伦认为，国际危机谈判是在国内与国际观众的关注下进行的，领导人如果公开发出威慑信号但后来又选择退缩，这种背信行为会遭到国内政治观众（如选民、媒体或反对党等）的惩罚，惩罚的手段主要有批评、谴责，甚至解除领导职务、罢免等，这就是国内观众成本。国际观众成本的作用不及国内观众成本的作用，国内观众能让领导人付出直接、迅速的代价，而国际观众最终还是要通过国内政治迫使领导人付出代价，具有间接性、延迟性、不确定性。近年来，观众成本理论得到了进一步发展。

第一，专制国家的观众成本和民主国家一样高。最初学者认为，民主制度增加了领导者因退缩而实际面临惩罚的可能性，对民主国家领导人来说，在国际危机中退缩的代价十分高昂，因而民主国家的国内观众成本高于专制国家。[⑥] 有学者重新对观众成本生产机制进行透视，发掘出观众成本的三个先决条件：国内行为者是否有手段和意愿进行协调以推翻领导者，外部观察者是否可以观察到听众、可以惩罚领导者，观众是否对退缩持负面看法。更具体地说，如果领导人不能控制情报和安全机构以及政治任命，那么精英们将有更大的动力进行协调，实现对领导人的制裁。换言之，由于精英协调的存在，

---

① Goemans H. War and Punishment：The Causes of War Termination and the First World War ［M］. Princeton：Princeton University Press，2000；Ramsay K W. Settling It on the Field：Battlefield Events and War Termination ［J］. Journal of Conflict Resolution，2008，52 (6)：850 - 879.

② Rosen S. War Power and the Willingness to Suffer ［M］//Russett B M. Peace，War，and Numbers. California：Sage Publications，1972：167 - 183.

③ Mueller J E. The Search for the “Breaking Point” in Vietnam：The Statistics of a Deadly Quarrel ［J］. International Studies Quarterly，1980，24 (4)：497 - 519.

④ 尹继武. 中国在中美经贸摩擦中的战略决心信号表达［J］. 外交评论（外交学院学报），2020，37 (5)：1 - 24，165 - 166.

⑤ Fearon J D. Domestic Political Audiences and the Escalation of International Disputes ［J］. American Political Science Review，1994，88 (3)：577 - 592.

⑥ Partell P J，Palmer G. Audience Costs and Interstate Crises：An Empirical Assessment of Fearon's Model of Dispute Outcomes ［J］. International Studies Quarterly，1999，43 (2)：389 - 405.

没有充足的理由认为非民主国家的观众成本要低于民主国家的观众成本。①

第二，观众成本能够促进国家间的合作。从危机管控到合作促进，观众成本扩展了其运用的领域。② 观众成本从两方面促进了国家间的合作：一方面，观众成本是代价高昂的信号，能够传递国家的真实意图和动机，克服信息不对称造成的消极影响，促进国际合作；另一方面，观众成本以可见性、可理解性和不可逆转性增强了国家做出可信承诺的能力，对合作有所裨益。

第三，观众不仅可以做出惩罚，也可以进行奖赏。研究发现，观众成本不仅存在惩罚逻辑，还存在激励逻辑，激励逻辑的因果链条为：一旦领导者实现了一个超越现状的协定，向国内观众提供了可证明敌对国可信赖性的既成事实，国内观众的偏好就可能发生转变，进而领导者可以获得观众奖赏。

第四，发出威慑也会产生观众成本。既有研究认为，只有在领导人发出威慑却不实施威慑的时候，国内观众才会“惩罚”领导人，这种情况将观众视为一个同质的集体，仅仅考虑了违背承诺进行惩罚的那部分观众。事实上，领导人仅仅是发出威慑也会产生观众成本。对鹰派和保守派来说，它们主要“惩罚”领导人的前后矛盾；对于鸽派和自由派来说，它们主要惩罚总统威胁使用武力。③

第三节　国际政治语言

早在古希腊时期，语言就是政治活动的一大利器。城邦公开的演说活动成为人们处理国家大事的主要手段，成为城邦权力的来源。修辞术与城邦政治相互促进，在城邦治理、生活、司法、竞选乃至战争中，成功的修辞运用往往起着决定性作用，进而推动城邦共同体的形成和文明社会的发展。话语的竞争力在于被共同体内每一个成员所接受。语言可以塑造意义，政治需要争夺意义，这在一定程度上助长了政治学和语言学的交叉研究。20世纪80年代末，冷战的结束致使大理论出现危机，语言学尤其是政治语言学开始进入国际政治研究领域，促使国际政治研究出现“语言转向”，涌现了诸多相关研究。④

一、隐喻

迈克尔·马克斯（Michael P. Marks）在《重新审视国际关系理论中的隐喻》中认

---

① Weeks J L. Autocratic Audience Costs：Regime Type and Signaling Resolve [J]. International Organization，2008，62 (1)：35 - 64.

② Leeds B A. Domestic Political Institutions，Credible Commitments，and International Cooperation [J]. American Journal of Political Science，1999，43 (4)：979 - 1002.

③ Kertzer J D，Brutger R. Decomposing Audience Costs：Bringing the Audience Back into Audience Cost Theory [J]. American Journal of Political Science，2016，60 (1)：234 - 249.

④ 孙吉胜，袁莎. 国际政治语言学研究的源起、现状与前景：孙吉胜教授访谈 [J]. 国际政治研究，2019，40 (1)：142 - 160，6.

为，隐喻关乎概念建构的根本，在国际政治研究中发挥着重要作用。[①] 隐喻提供了一个参考结构，通过这种结构，事实被分类，假设被提出，假设被推导，理论被公式化。

学者普遍认为，威慑等外交政策依赖于概念隐喻，从而为政治领导人提供了一种思考外交政策选择的方式。[②] 这种隐喻存在一种连续性的支撑，和日常的、民间的话语有着显著的区别。乔治·莱考夫（George Lakoff）将这种思考方式总结为“国家也是人”。国家也有个性，有仁慈的、好战的、诚信的、欺骗的。“国家也是人”有现实主义强调竞争、自由主义强调合作以及建构主义强调恶性、良性关系等不同版本，出现了“战略竞争对手”“邪恶国家”“失败国家”等相异的概念隐喻。其根本在于源域的选择不同。在这些概念隐喻之下，国家的外交政策也存在极大差异。例如，把国家隐喻成一个渴望权力且寻求统治的人，自然会塑造一种全新的隐喻性外交关系，即“竞争高于一切”。在“国家也是人”的隐喻中，国家也可以被看作“不健全的”，需要像病人一样接受并得到治疗。

莱考夫的界定过于片面，“国家也是人”实际上将外交政策视角放在了“国家间的合作与博弈”之中，但外交政策的目标还存在非国家行为体。例如，在美国的对外政策中，恐怖主义作为美国的外交政策目标，存在“恐怖主义是战争”“恐怖主义是野蛮的东西”“恐怖主义是疾病”等主导性隐喻。

虽然政治家、领导人和许多政治官员经常利用隐喻来动员个人、阐明利益、倡导立场或获得支持，但概念隐喻往往会限制决策者的思维，缩小决策者的政策选择范围，使得决策者往往束手束脚出现失误。例如，在卡特执政初期，总统和白宫顾问们都认同用“全球共同体”来表达一种独特的隐喻性世界观[③]，但该种隐喻随着苏联入侵阿富汗束缚住了美国应对政策的出台，导致无法采取行动进行及时应对，展现出卡特政府的无能。

二、话语策略

我们强调语言的语用性功能时，也不能忘却语言的社会性功能。语言不仅是人类文明的传承载体，也是人类交流的基础性工具。人类在交流中形成了社会关系，继而出现了竞争、合作与冲突行为。语言建构社会意义网络，同时也建构和疏通社会运作所必需的权力关系网络，在实践中，行为体使用各种话语策略表现自己，蒙蔽、说服、控制他人，从而进行权力竞争，获得或巩固自身的社会地位。

1. 话语制衡

话语制衡指的是，霸权国为了进行霸权护持，通过沟通、说服和争论等话语实践来维持霸权国的合法性的过程。话语制衡能够维持并加强霸权国的合法性，削弱潜在对手

---

① Marks M P. Revisiting Metaphors in International Relations Theory［M］. New York：Springer，2018.

② 傅强，袁正清．隐喻与对外政策：中美关系的隐喻之战［J］. 外交评论（外交学院学报），2017，34（2）：85－112.

③ Rosati J A，Campbell S J. Metaphors of U. S. Global Leadership：The Psychological Dynamics of Metaphorical Thinking during the Carter Years［M］//Beer F A，Landtsheer C D. Metaphorical World Politics. East Lansing：Michigan State University Press，2004：220.

的合法性。

话语制衡分三步：首先，需要向关键受众进行有效传达、说服而获得认可和支持，在这个过程中建构一个可以引发共鸣的话题极为重要，通过语言资源产生意义链并固定主体间意义。其次，指出对方的身份话语受到威胁，具体做法是寻找对方的身份定位与行为之间的差异，以此威胁对方的本体安全。霸权国可以实行“捆绑”策略和“谦逊”策略①，“捆绑”策略是赞扬对方的身份叙述，“谦逊”策略是表明自己没办法胜任，从而强迫对方承担某种责任。最后，通过建构本体安全与身份认同，强制对方做出原本不愿做的事，“安全是一种言语行为”②。

话语制衡以类型学为划分依据，具体可分为内部话语制衡、外部话语制衡与消极话语制衡。霸权国内部话语制衡是通过认知系统和身份认同将威胁置于自身本体安全中，指出霸权面临的威胁，以凝聚社会共识。霸权国外部话语制衡是将潜在挑战国建构成对立的“他者”，作为国际秩序和规范面临的威胁和挑战，诱使其他国家共同抵制挑战国。霸权国消极话语制衡是使“崛起国会破坏秩序和和平”成为自我认知，剥夺崛起国用以反驳的言辞材料，威慑或强迫潜在挑战国放弃挑战霸权地位。③

2. 话语干预

话语干预作为非国家行为体介入“高”政治领域的手段，通过语言构建集体共识，发挥着重要的社会功能。例如，在人权领域中，联合国设置了“保护的责任”这一干预话语，塑造对人的生命权的保护。

说辞策略是话语干预的重要手段。其基本主张是行为体能够通过有意识的话语表达，借助特定的社会情境来影响其他行为体并达成自身的社会主张。“保护的责任”通过各种说辞间的冲突、平衡、妥协的复杂政治，演化成行为体之间的共识，成为国际社会的一大规范。举例来看，干预和国家主权国际委员会通过“主权责任论”弥合各国之间在“保护的责任”上的分歧，使其成为一项国际认可的规范。

三、叙事

正如保罗·利科（Pawl Ricoeur）所言：叙事是人类存在的根本意义所在。④ 叙事是人类独有的语言习惯，人类通过讲故事的方式认知自我和读懂他人。叙事包括叙事材料、叙事组织者、叙事接收者。叙事组织者将叙事材料编纂成叙事剧本发送给叙事接收者，

---

① 关于话语“捆绑”策略和“谦逊”策略的研究，参见：Steele B J. Making Words Matter：The Asian Tsunami，Darfur，and “Reflexive Discourse” in International Politics [J]. International Studies Quarterly，2007，51 (4)：901 - 925.

② 例如，戴维·坎贝尔将后结构主义语言学引入国际关系研究，认为安全问题关乎身份问题，身份问题关乎话语问题，而“话语之外，绝无实体”。参见：Campbell D. Writing Security：United States Foreign Policy and the Politics of Identity [M]. Minneapolis：University of Minnesota Press，1992.

③ 关于内部制衡和外部制衡，积极制衡和消极制衡的研究，参见：He K. Undermining Adversaries：Unipolarity，Threat Perception，and Negative Balancing Strategies after the Cold War [J]. Security Studies，2012，21 (2)：154 - 191.

④ Ricoeur P. Time and Narrative：Vol 1 [M]. Chicago：University of Chicago Press，2012.

便完成了一次叙事过程。通过叙事过程，组织者完成了场景设置，而嵌入场景中的接收者会受到背景信息或预设的影响，完成某种具有导向性的“共情”。

1. 叙事调解

叙事调解作为语言学和心理学的最新交叉研究成果，在化解冲突中发挥了极其重要的作用。叙事调解旨在鼓励冲突双方口述各自的“故事”，并在相互讲故事的过程中，发展、争论和修改“故事”叙事，从而产生一个相互满意的解释，实现从冲突到和解的跨越式转变。在国际政治中，叙事调解主要集中于国家本体安全和国际冲突调解两个领域。

对于国家本体安全，叙事调解主要关注国家的不同情感叙事如何共同构成或争取稳定统一的身份叙事，以追求本体安全与身份认同。有学者揭示，国家对于自身的身份叙事往往会出现冲突，例如，日本的身份叙事反复强调该国比其他亚洲国家要“强大”，但其另一方面也在凸显自身的“柔弱”，宣称其无法与西方大国进行比较或无法接近成为真正大国的标准。[①] 利努斯·哈格斯特伦（Linus Hagström）将这种现象视作国家的“自恋”行为。“自恋”是国家对身份定位的自我吸收和“伪自我洞察”，而身份冲突往往会在“伪自我洞察”中不断进行调和，形成有关国家本体安全的“自传体叙事”[②]。

对于国际冲突调解，叙事调解首先立足于具有历史恩怨的族群或国家之间的冲突叙事，历史上感到不公正的国家/族群可能更倾向于与过去有更强的联系。进而，叙事调解认为需要对冲突叙事予以改造，而冲突国家/族群间的信息差异可能会为转变彼此间冲突信念创造机会。有冲突历史的双方需要从对方的角度去深刻认识过往，在调查彼此的历史中探索另一种叙事可能，以充分地考虑双方的故事，从而改变对过去、现在和未来的刻板印象。

2. 叙事剧本

叙事的核心在于叙事剧本的生成。[③] 关注叙事剧本，有助于认识国家关系之中存在的各种“言语陷阱”，也可以帮助了解剧本设置方的意图。

海登·怀特（Hayden White）将存在于国家间关系的叙事剧本分为四种：悲剧、喜剧、浪漫剧和讽刺剧。[④] 悲剧是一种冲突性的剧情设置，事态的迅速恶化使得观众产生巨大的情感冲击。托尼·厄斯金（Toni Erskine）和理查德·内德·勒博（Richard Ned Lebow）认为，国际政治的悲剧表达体现了一种特殊的伦理见解。一方面，悲剧包含着骄兵必败及其失败的严重后果，要求国家行动起来予以应对。另一方面，国家通过设置悲剧剧本，向观众呈现出与传统截然不同但同样有效的正义概念。[⑤] 喜剧呈现积极的颠覆

---

① Hagström L. The “Abnormal” State：Identity，Norm/Exception and Japan [J]. European Journal of International Relations，2015，21 (1)：122 - 145.

② Hagström L. Great Power Narcissism and Ontological (in) Security：The Narrative Mediation of Greatness and Weakness in International Politics [J]. International Studies Quarterly，2021，65 (2)：331 - 342.

③ 曹德军 . 大国竞争中的战略叙事：中美外交话语博弈及其叙事剧本 [J]. 世界经济与政治，2021 (5)：51 - 79，157 - 158.

④ White H. The Content of the Form：Narrative Discourse and Historical Representation [M]. Baltimore：Johns Hopkins University Press，1990.

⑤ Lebow R N，Erskine T. Tragedy and International Relations [M] . London：Palgrave Macmilian UK，2012：8 - 10.

性翻转。近年来，西方学者将“幽默政治”视作“政治喜剧”。学者认为，区分事实与虚构十分困难，这需要赋予叙事剧本相当大的力量来塑造观众对政治的看法。主导者通过叙述关于世界政治虚构的、模糊的、不太详细但令人满意的“印象和想法”，以取代事实和真相。[①] 浪漫剧是一种完全渲染友好、幸福与积极氛围的叙事结构，带有一种“以弱胜强”的英雄叙事。在英国“脱欧”进程研究中，“脱欧派”叙事就是具有浪漫色彩的“英雄叙事”。因为“脱欧派”将其自身构建为“善良的人们”的代理人，“脱欧”是为了民主而战。讽刺剧是一种情节结构不稳定、剧情走势剧烈波动的叙事结构。它强调了形势的虚伪和荒谬，存在怀疑和悲观的氛围，是一种愤世嫉俗和颠覆性的批评。乔哈娜·沃雷尔玛（Johanna Vuorelma）通过考察“失去的土耳其”（losing Turkey）这一西方政治话语，发现其中存在两种相互交织又相互矛盾的话语形式：促进社会正义、挑战西方霸权的激进话语和重新加强西方国体系霸权的保守话语。而讽刺剧的真正内涵在于该话语所展现的西方霸权“自我纠结”[②]。

第四节　国际政治传播

拉斯韦尔的《世界大战中的宣传技巧》将宣传视作战争制胜的重要“法宝”。该书不仅成为国际政治传播学的基础，也是政治传播学的伊始，更奠定了早期传播学的类型——一种劝服式传播过程。[③] 传播与政治紧密联系，世界政治也在一定程度上是由国家之间的信息传播相互构建的。冷战后，国际传播研究开始更多地向国际政治学领域偏移，发展出“国际政治传播学”（international politics communication）这一颇具影响力的交叉学科，出现诸如战略传播、计算宣传以及战略叙事等全新理论。

一、战略传播

战略传播概念最早兴起于20世纪90年代的美国企业界，最初意指设定战略提升公司产品、目标与企业形象，后被广泛界定为组织有目的地使用沟通策略与特定目标群体沟通以完成其使命。它强调两个方面：第一，沟通活动是战略性的，而不是随机的或无意的；第二，战略传播应该聚焦于共享意义的生成，而不是管理的构成活动。[④] 国际政治中的战略传播正是借鉴这些既有的理论成果，发展出有关国家对外宣传的全新理论。

---

① Chernobrov D. Strategic Humour：Public Diplomacy and Comic Framing of Foreign Policy Issues [J]. The British Journal of Politics and International Relations，2022，24（2）：277 - 296；Adler-Nissen R，Tsinovoi A. International Misrecognition：The Politics of Humour and National Identity in Israel's Public Diplomacy [J]. European Journal of International Relations，2019，25（1）：3 - 29.

② Vuorelma J. The Ironic Western Self：Radical and Conservative Irony in the "Losing Turkey" Narrative [J]. Millennium，2019，47（2）：190 - 209.

③ Rogers E M. History of Communication Study [M]. New York：Free Press，1994.

④ Hallahan K，Holtzhausen D，Van Ruler B，et al. Defining Strategic Communication [J]. International Journal of Strategic Communication，2007，1（1）：3 - 35.

战略传播的运行要求通过公共外交、公共事务、国际广播以及信息和心理运作实现对国内外受众的认知操纵。① 首先，战略传播在运行中强调实现军队、政府和社会资源的整合。美国战略界深知，战略传播要想获得预期效果，除了政治官僚体系，还需要去政治化的社会系统参与才能达到更广泛、持久的认知操控效果。这要动员媒体、企业、智库、大学、意见领袖以及其他非政府组织等社会组织或个体参与到政府所设置的传播议题之中。其次，战略传播在运行中要求充分利用媒介力量，制造连环议题进行持续性议程设置。信息活动、信息运作、信息战、有效的信息散布都是美国战略传播体系要求实现的内容，而这需要依靠美国拥有的庞大的媒介王国进行一环扣一环的议程设置。政府通过记者招待会、新闻发布会、新闻采访等方式参与媒体议程的设置，操纵民众的信息来源，框定民众的认知。数据显示，诸如在《华盛顿邮报》这样的主流报纸新闻之中，政府相关部门供给的官方信息就占据了32%之多。最后，战略传播的成功运行要求找准潜在受众，进行受众区分。美国公共外交和战略传播政策协调委员会发布的《美国公共外交和战略传播国家战略》将战略传播的受众区别于以往大众传媒所针对的一般受众，关注受众的特定偏好，根据受众偏好采取不同的沟通传播策略。②

二、计算宣传

20世纪90年代，互联网经历了30年的发展，不仅成为人类信息传播和社会交往的重要场所，也成为各种政治势力展开舆论攻势的主要阵地。奈指出，互联网信息时代的舆论优势是一国软实力的重要来源。③ 近年来，随着社交媒体的兴起，通过计算机脚本与程序学习模仿人类的社交机器人被训练、生产与制造出来，发挥着操纵舆论、协商对话、情感陪伴、提供公共服务等作用。由此，一种依托于互联网社交媒体、通过秘密算法操纵驱动、由社交机器人担任基本操作工的“计算宣传”（computational propaganda）应运而生。作为一种新兴的操纵舆论方式，计算宣传正在全球蔓延，使得信息操纵更加隐蔽和不可控，能够更快、更智能地欺骗和误导受众。2016年，塞缪尔·伍利（Samuel Woolley）和菲利普·霍华德（Philip N. Howard）正式将“计算宣传”界定为“社交媒体平台、自主代理、算法和旨在操纵舆论的大数据的组合”④。

计算宣传的过程总体分为以下三步：（1）瞄准争议性话题，制造社会冲突和分歧。计算宣传关注争议性议题，争议性议题中信息冗杂，观点往往出现分歧，这为计算宣传制造假新闻做了铺垫。在这个过程中，算法机器人控制社交媒体账户，伪装成普通民众，制造趋势与话题，传播议题内的相关虚假信息，以求“制造同意”。（2）通过算法技术传

---

① Update to Congress on National Framework for Strategic Communications [EB/OL]. (2021-03-01) [2021-08-20]. https://mountainrunner.us/wp-content/uploads/2012/03/President-response-to-NDAA-1055-of-2009-3.pdf.

② Policy Coordinating Committee. U.S. National Strategy for Public Diplomacy and Strategic Communication [EB/OL]. (2007-06-01) [2021-08-23]. https://2001-2009.state.gov/documents/organization/87427.pdf.

③ Nye J S, Jr, Owens W A. America's Information Edge [J]. Foreign Affairs, 1996, 75: 20.

④ Woolley S C, Howard P N. Political Communication, Computational Propaganda, and Autonomous Agents: Introduction [J]. International Journal of Communication, 2016, 10: 3.

播想要传播的信息，予以舆论控制。计算宣传基于算法技术具有三种功用："趋势"、"过滤"和"推荐"。在趋势方面，算法技术制造话题标签，传播大量标签下的信息，来设定政治议程。在过滤方面，算法技术劫持信息，通过制造新话题转移公众焦点，或是传播大量信息覆盖既有信息，完成对公众接收信息内容的过滤。在推荐方面，算法技术在过滤的同时完成了向公众推荐话题和信息的功能，对虚假新闻、仇恨言论的传播起到了一定的促进作用。(3) 利用社交媒体塑造受众注意力中心。社交媒体搜集了用户关于公共生活和私人生活的大量数据，包括人口统计数据、公众态度和意见等。计算宣传利用社交媒体带来的这些数据，通过话题设置，引导公众接收宣传所提供的信息，操纵公众的注意力中心。

三、战略叙事

战略叙事的研究属于国家的外宣行为，落脚于国际政治传播学的领域中。战略叙事的基础在于既有的国际政治叙事研究成果，而国家在对外传播中广泛运用这些成果，以塑造国家形象，掌握国际话语权。

在当前全球传播领域的"故事战"和"舆论战"中，以价值观和意识形态为核心的"观念政治"(noopolitik) 正逐步取代"现实政治"(realpolitik) 成为国际话语权构建的关键。战略叙事是一个艺术学与传播学并融的问题，需要搭建一整套关于"故事"的要素。这套"故事"的要素包括：人物和角色、布景和语境、情节与冲突、结局与解决方案四个部分。人物和角色是指进行战略叙事的国家按照自身国家利益分配诸如正常国家、盟友、邪恶国家、失败国家等"角色"定位。布景和语境是指叙事中包含的各种前提、常识和假设，即设定互动的规则。情节与冲突是指通过叙事进行剧情的设置，往往是冲突化的剧情，也可视作"叙事剧本"。结局与解决方案是指战略叙事要包含明确的结局，不能只有"开放性结局"，还要提供有效的解决方案。

第五节　国际政治伦理

在很长一段时间里，国际伦理是国际政治研究的"次要"性事务，位于权力和利益之下。在汉斯·摩根索 (Hans J. Morgenthan) 看来，"政治受到根植于人性的客观法则的支配"，而这种人性是自私自利、自我本位的，他否认了普世道德在国际政治中的适用性。随着全球化的扩展，以及地球村等泛国家现象的出现，寻找一种普遍性适用的全球伦理，以维持行为体之间的关系，成为国际政治研究的关键。

一、正义伦理

1. 正义战争问题

正义战争问题有两个核心论点：首先是开战理由的正当性，关注何种情况下发动或者参与战争是正当的，也称作战前正义（jus ad bellum）；其次是交战手段的正当性，即交战各方哪些行为是正当的，也称作战时正义（jus in bello）。战前正义包含六条原则：（1）正当理由原则，开战需要有道义允许的正当理由；（2）合法权威原则，只有国家某些官员和机构才能做出开战决定；（3）正当目的原则，正义战争是对非正义的回应；（4）成功概率原则，如果对手实力远远大于自身，战争就不可取；（5）相称性原则，战争的预期成本与收益相称；（6）最后手段原则，战争是国家最后可利用的手段。战时正义包含两条原则：（1）节制性原则，武力使用必须有节制，如果代价高昂的行动有替代选项，双方应当选择；（2）区别性原则，尽可能避免对非战斗人员进行打击。围绕这两大核心论点和原则，学者们在20世纪末21世纪初进行过两次大讨论。

20世纪80年代，迈克尔·沃尔泽（Michael Walzer）的《正义与非正义战争》开启了对战争伦理的世俗讨论。在沃尔泽看来，战争具有正义和非正义的两面映照。[①] 就开战理由方面，沃尔泽认为战争的根本理由在于保卫国家免受侵犯，将这种权利与个人的内在权利进行类比（国内类比），得出战争与国家自决有关，从而身份与生存成为战争正当的关键因素。就交战手段方面，沃尔泽秉持区别性原则，强调非战斗人员神圣不可侵犯。矛盾的是，沃尔泽虽然强调交战的区别性原则，但在政治社会生存面临直接威胁的最紧急情况下，却否认了区别性原则。西蒙·卡内（Simon Caney）认为，沃尔泽造成了自己对战时正义论证的矛盾性。[②] 据此，卡内发展出一种更为统一的理论，将开战理由的正当性和交战手段的正当性保持一致。对于节制性原则，他认为在个体主义和集体主义立场上需要做出相应区分。具体而言，在保卫某一国家集体利益所进行的战争中，只要手段利于国家利益便可使用；在保卫现有体制和社会的战争中，还需要考虑将来与敌人共存的问题，因此使用手段时就要节制。此外，卡内还攻击了沃尔泽的“国内类比”概念，谴责他对国家“一视同仁”，并没有区分“好的国家”和“坏的国家”。

第一次讨论与20世纪的战争经历有关，沃尔泽这样的理论家关注的是二战、越南战争这些发生于国家间的战争。冷战后，战争伦理学者们对恐怖主义、革命和游击冲突的关注引发了第二次讨论。集体政治的暴力体验成为正义战争议题的核心。戴维·坎贝尔（David Campbell）反对以往界定国家的正义战争中所存在的集体主义和个人主义（国内类比）的视角。他认为这些视角使得所有的伦理问题在某种程度上都可以得到解决。[③] 例如就人道主义干预问题，传统主义强调开战的正当理由以及成功概率原则，一定程度上减少了非人道行为的发生。换言之，人道主义干预只有在伤害到自身利益（如难民问题危及国家边境安全）或是具有极大成功概率等一些“必要时刻”时才能实施。为此，坎贝尔要求秉持一种更为激进的伦理观，将对他人的绝对责任作为开战的基础性原则，即使这种责任不能总得到履行，也不能总取得成功，将开战的正当性升华为开战动机的正义性。贝拉米（Bellamy）基于坎贝尔理论发展出“迫在眉睫”的概念，解释“先发制

---

① Walzer M. Arguing about War [M]. New Haven: Yale University Press, 2008: 58-73.

② Caney S. Justice Beyond Borders: A Global Political Theory [M]. Oxford: Oxford University Press, 2005: 192-199.

③ Campbell D. Why Fight? Humanitarianism, Principles and Poststructuralism [J]. Millennium, 1998, 27 (3): 497-521.

人”的正义性。传统视角将开战界定为遭受侵犯的回应，即正当目的性原则。然而，贝拉米认为在遭到恐怖主义分子攻击后才确定开战的正当性为时已晚。为此，他提出，需要对“迫在眉睫”的恐怖主义威胁进行打击：当一个群体明确表达了恐怖动机并开始这样做时，国际社会便产生了制止“迫在眉睫”的行动的要求。在这时，行为体对这个群体进行“先发制人打击”便是正义。同时，在贝拉米眼中，恐怖主义“出于政治目的而故意把非战斗人员作为攻击的目标”，因而，交战手段也可以作为判断开战正义的标准，交战手段和开战理由是相互联系的。[①]

2. 边疆正义

边疆正义与政治修辞有关。它通过政治话语修辞设置了一个无政府、无秩序的环境，在这样的环境中，“坏人”盛行，威胁无处不在，但也存在能够惩恶扬善、伸张正义的英雄。[②] 总的来说，边疆正义塑造了边疆神话，它是一种强有力的政治话语。在国际政治领域中，一个强大的行为者可以塑造“边疆正义”话语，以实现在“边疆”圈定的领土内实施合法的暴力。[③] 首先，边疆正义需要建构“一片无主土地”。这片“土地”是极端暴力滋生的土壤，混乱、没有秩序甚至会对自身造成严重的威胁，从而剥夺了该地区人民和政权的自主性地位。其次，以“他者化”为基础赋予自身正义的英雄形象，构建出行动的合法性。获得合法性的方式取决于对“边疆”地区“无政府状态”的描述，标志着一种对社会习俗或期望的偏离，从而国际社会其他成员在心理上产生了贬损效应，将“边疆”排斥在正常“社会”范围之外。强大的行为者利用这一点，将自身的非正义剥削行动界定为恢复“边疆秩序”的合法行动。例如，奥巴马政府将基地组织“无法无天”和“恐怖主义”的“问题”构建为独立于任何类型外部干预或挑衅的存在，演化为国际社会的“例外”和“威胁”。这样的“问题”需要美国在这些地区使用“外科手术式”的军事打击来解决。最后，边疆神话不仅在空间上对行动“边界”实现了去领土化，还在时间上设计了当前与未来的行动指南。

二、关怀伦理

20 世纪 70 年代，西方女性主义理论的发展促进了对权力平等、反对性别歧视等相关问题的关注，继而发展出一种全新的规范伦理——关怀伦理。它以女性的道德体验为基础，注重家庭和社群联系的道德重要性，把道德价值的来源集中于公共领域中的关怀关系，而非个人美德。关怀伦理区别于正义理论所要求的公正性至上，提供了一种更具批判性的视角。在多种价值要素面临冲击之时，关怀伦理会选择相对感性的、有利于人的自由全面发展的方式来处理伦理困境，因而情感、共情、关系以及相互的关怀在关怀伦理中处于核心地位。随着女性主义国际关系学的发展，关怀伦理在现实国际政治运作

---

① Bellamy A J. Just Wars：From Cicero to Iraq [M]. Cambridge：Polity Press，2006：139.

② West M，Carey C. (Re) Enacting Frontier Justice：The Bush Administration's Tactical Narration of the Old West Fantasy after September 11 [J]. Quarterly Journal of Speech，2006，92 (4)：379 - 412.

③ Nylen A J. Frontier Justice：International Law and "Lawless" Spaces in the "War on Terror" [J]. European Journal of International Relations，2020，26 (3)：627 - 659.

中发挥着越来越重要的作用，可持续发展和发展援助是其中两个最为典型的代表。

1. 可持续发展

以往的发展观往往指的是发展的特殊路线，沿着这条路线，所有的行为体都能够发展起来。然而，资源的有限性迫使人们思考如何在对环境破坏的“不可挽救”发生之前找到解决办法。环境伦理促使人们对生态进行思考，要求立足于一种“全人类”的发展观。生态女性主义者发挥着关键作用，她们将西方思想中对大自然的剥削与对女性、对非西方男性和对动物的盘剥建立相关关系，认为需要进行根本的价值观念转变。生态女性主义将地球视作“盖娅”，即“地球母亲”，强调人与自然的互联性，而环境的危机在于人与自然的长久疏离。在此基础之上，“可持续发展”观伴随着生态女性主义思潮而产生。生态女性主义否定了西方思维中固有的“非人类歧视”和“女性歧视”，重新引入对整个世界的“关怀”，一个健康运转的社会应该是人类和非人类之间能够实现和谐共处。同时，生态女性主义将地球予以拟人化，将“地球母亲”作为可持续发展理念的核心，以复原神话体系下人与自然互相关怀的关系。在生态女性主义思潮的推动下，1987 年世界环境与发展委员会发布《我们共同的未来》，首次提出了可持续发展的思想，并将其具体划分为发展原则、公平性原则、可持续原则、主权原则和共同性原则。挪威政治家格罗·哈莱姆·布伦特兰（Gro Harlem Brundtland）向联合国大会提交了该报告。

2. 发展援助

发展援助要实现的目标在于：消除贫困的关键是经济现代化，而这个过程需要得到正确的帮助，从而使得全球朝着富足的方向发展。作为关怀伦理的主要应用领域，发展援助关心两个方面：一个是发展需求的道德责任问题，另一个是发展需求为何。女性主义学者玛莎·努斯鲍姆（Martha C. Nussbaum）从尊重和平等性出发，确定了发展援助的尺度——人的能力，包括自然寿命、身体健康、身体完整性、感觉想象思想、情感、实践理性、交往、娱乐、与自然共生以及控制自己的物质政治生活十个方面的指标。[①] 努斯鲍姆认为，身体完整性和控制自己的物质政治生活往往与西方自由经济市场挂钩，但女性主义所强调的人的关系性以及精神生活的重要性处于标准的核心位置。女性主义者鲁宾逊（Robinson）将发展援助进一步从抽象道德手中拯救出来[②]，其认为基层人员参与建构和完成资助项目是发展援助的核心，要义在于人与人之间的依恋伦理。依恋伦理使得发展援助工作者和被援助方产生了关怀与责任，富人和穷人产生了对话式的关系，从而明确了对发展援助的伦理指导作用。

三、技术伦理

随着科学技术的飞速发展，人工智能、信息技术等新技术开始进入跨国问题管理领

---

① Nussbaum M C. Women and Human Development：The Capabilities Approach [M]. Cambridge：Cambridge University Press，2000.

② Robinson F. Care，Gender and Global Social Justice：Rethinking “Ethical Globalization” [J]. Journal of Global Ethics，2006，2 (1)：5 - 25；Robinson F. Globalising Care：Feminist Theory，Ethics and International Relations [M]. Boulder：Westview Press，1999：162.

域，不仅局限于一国之内，还超越国家的边境线。虽然这在一定程度上带来了利好，使得跨国问题能够在新技术的帮助下得到迅速、有效的解决，但也存在严重的道德困境。正如凯特·布莱克伍德（Kate Blackwood）所指出的："技术的影响力和破坏性已经得到证明，伴随着新技术的出现，民主的未来将会面临危险。"① 这促使国际政治学者开始对技术应用伦理问题进行审视。

首先是对人道主义援助中生物信息技术的伦理反思。学者认为，生物信息技术正逐渐成为一种"镇压同情"的基础设施，在实际援助中造成了"关怀"和"监控"之间的矛盾关系，打破了人道主义理念中"保护"和"控制"之间的脆弱平衡。在这种情况下，生物信息技术致使"收集到的有关难民的数据越来越多，但难民并不会得到更多帮助"②。对此，生物信息技术的运用需要重视规范性约束背后的功能蔓延风险，注意在功能运用中内生的"支配-从属"关系，强调难民身份的平等性以及数据信息搜集的私密性。

其次是对战争中使用无人机和精准武器技术的伦理审查。学者认为，战争中这些高新技术的使用难以进行"事实-价值"区分，致使约束战争的主要国际法——《国际人道法》难以发挥有效作用。言辞激烈的精准武器拥护者颠倒了"事实与价值"，他们强调，为了避免伤害到平民，有必要提高精准武器的精确度。然而，对精准武器的追求会使得一国在战争上的投入过大，从而打破战争的比例原则，反而会危及平民。政治家往往会设置对手"邪恶"政治话语，凸显精准技术在打击"邪恶"势力时能够保护非战斗人员免受战争"附带损害"（collateral damage），要求民众、国会支持增加预算并投入更多的精准武器继续战争。部分学者呼吁政治家和民众放弃对技术安全的过分自满，不要夸大国家在对外战争行为中所取得的法律和道德进步，避免陷入对精准武器使用的道德自负。

最后是对信息技术尤其是社交机器人的伦理规范设定。有学者从生物学和心理学角度分析机器人在情感和利益识别方面的"非人化"缺失，但又认为机器人技术正趋近"拟人化"，机器人最终会成为道德代理（moral agent）和道德顾客（moral patient）。因此，关注机器人的伦理规范问题非常重要。③ 2016 年，《伦理与信息技术》杂志组织出版了《伦理与社交机器人》特刊，对该问题进行了集中讨论。伯特伦·F. 马利（Bertram F. Malle）要求使用人类现有的伦理要素去设计、部署和对待社交机器人的伦理问题，如果处理得当，机器人未来会成为人类"值得信赖和富有成效"④ 的伙伴。艾米·温斯伯格（A. van Wynsberghe）则要求围绕以护理为中心的价值敏感设计（VSD）塑造护理社交

---

① Blackwood K. Event Examines the Ethics，Politics and Future of AI [EB/OL]．(2021-04-21) [2021-08-29]．https：//news. cornell. edu/stories/2021/04/event-examines-ethics-politics-and-future-ai.

② Waid L. Tracing the Untraceable：New Technologies That Monitor Displaced Persons and the History of Population Control [EB/OL]．(2021-05-24) [2021-08-29]．https：//hir. harvard. edu/n-ew-technologies-that-monitor-displaced-persons/.

③ Nørskov M. Social Robots：Boundaries，Potential，Challenges [M]．New York：Taylor & Francis，2017：39-57.

④ Malle B F. Integrating Robot Ethics and Machine Morality：The Study and Design of Moral Competence in Robots [J]．Ethics and Information Technology，2016，18 (4)：243-256.

机器人的伦理标准。① 虽然现有的研究成果颇丰，但是学者对社交机器人的伦理标准尚未达成统一意见。

参考文献

曹德军．大国竞争中的战略叙事：中美外交话语博弈及其叙事剧本［J］．世界经济与政治，2021（5）：51－79，157－158．

傅强，袁正清．隐喻与对外政策：中美关系的隐喻之战［J］．外交评论（外交学院学报），2017，34（2）：85－112．

林民旺．前景理论与外交决策［J］．外交评论（外交学院学报），2006（5）：62－68．

里普斯曼，托利弗，洛贝尔．新古典现实主义国际政治理论［M］．刘丰，张晨，译．上海：上海人民出版社，2017：58－71．

秦亚青．关系本位与过程建构：将中国理念植入国际关系理论［J］．中国社会科学，2009（3）：69－86，205－206．

孙吉胜，袁莎．国际政治语言学研究的源起、现状与前景：孙吉胜教授访谈［J］．国际政治研究，2019，40（1）：142－160，6．

韦宗友．国际议程设置：一种初步分析框架［J］．世界经济与政治，2011（10）：38－52，156．

阎学通．道义现实主义的国际关系理论［J］．国际问题研究，2014（5）：102－128，130．

尹继武．中国在中美经贸摩擦中的战略决心信号表达［J］．外交评论（外交学院学报），2020，37（5）：1－24，165－166．

Nylen A J. Frontier Justice：International Law and "Lawless" Spaces in the "War on Terror" ［J］. European Journal of International Relations，2020，26（3）：627－659.

Bellamy A J. Just Wars：From Cicero to Iraq ［M］. Cambridge：Polity，2006.

Van Wynsberghe A. Service Robots，Care Ethics，and Design ［J］. Ethics and Information Technology，2016，18（4）：311－321.

Acharya A. From Heaven to Earth："Cultural Idealism" and "Moral Realism" as Chinese Contributions to Global International Relations ［J］. The Chinese Journal of International Politics，2019，12（4）：467－494.

Farnham B. Roosevelt and the Munich Crisis：Insights from Prospect Theory ［J］. Political Psychology，1992，13（2）：205－235.

Malle B F. Integrating Robot Ethics and Machine Morality：The Study and Design of Moral Competence in Robots ［J］. Ethics and Information Technology，2016，18（4）：243－256.

---

① Van Wynsberghe A. Service Robots，Care Ethics，and Design ［J］. Ethics and Information Technology，2016，18（4）：311－321.

Steele B J. Making Words Matter: The Asian Tsunami, Darfur, and "Reflexive Discourse" in International Politics [J]. International Studies Quarterly, 2007, 51 (4): 901-925.

Leeds B A. Domestic Political Institutions, Credible Commitments, and International Cooperation [J]. American Journal of Political Science, 1999, 43 (4): 979-1002.

Schmidt B C. On the History and Historiography of International Relations [M] // Carlsnaes W, Risse T, Simmons B A, et al. Handbook of International Relations. Thousand Oaks: Sage Publications, 2013: 3-28.

Clark C. Emotional Gifts and "You First" Micropolitics [M] //Manstead A, Frijda N, Fischer A, et al. Feelings and Emotions: The Amsterdam Symposium. Cambridge: Cambridge University Press, 2004: 420-421.

Carpenter R C. Vetting the Advocacy Agenda: Network Centrality and the Paradox of Weapons Norms [J]. International Organization, 2011, 65 (1): 69-102.

Geertz C. The Interpretation of Cultures: Selected Essays [M]. New York: Basic Books, 1973.

Kahneman D, Tversky A. Prospect Theory: An Analysis of Decision under Risk [J]. Econometrica, 1979, 47 (2): 363-391.

Rodrik D. The Globalization Paradox: Why Global Markets, States, and Democracy Can't Coexist [M]. Oxford: Oxford University Press, 2011.

Lake D A. Theory Is Dead, Long Live Theory: The End of the Great Debates and the Rise of Eclecticism in International Relations [J]. European Journal of International Relations, 2013, 19 (3): 567-587.

Campbell D. Writing Security: United States Foreign Policy and the Politics of Identity [M]. Minneapolis: University of Minnesota Press, 1992.

McCourt D M. Practice Theory and Relationalism as the New Constructivism [J]. International Studies Quarterly, 2016, 60 (3): 475-485.

Chernobrov D. Strategic Humour: Public Diplomacy and Comic Framing of Foreign Policy Issues [J]. The British Journal of Politics and International Relations, 2022, 24 (2): 277-296.

Gammon E. Affective Neuroscience, Emotional Regulation, and International Relations [J]. International Theory, 2020, 12 (2): 189-219.

Adler E, Pouliot V. International Practices [J]. International Theory, 2011, 3 (1): 1-36.

Emirbayer M. Manifesto for a Relational Sociology [J]. American Journal of Sociology, 1997, 103 (2): 281-317.

Helleiner E. The Life and Times of Embedded Liberalism: Legacies and Innovations since Bretton Woods [J]. Review of International Political Economy, 2019, 26 (6):

1112 - 1135.

Goffman E. Frame Analysis: An Essay on the Organization of Experience [M]. Cambridge: Harvard University Press, 1974.

Rogers E M. History of Communication Study [M]. New York: Free Press, 1994.

Robinson F. Globalising Care: Feminist Theory, Ethics and International Relations [M]. Boulder: Westview Press, 1999.

Rose G. Neoclassical Realism and Theories of Foreign Policy [J]. World Politics, 1998, 51 (1): 144 - 172.

Ikenberry G J. Institutions, Strategic Restraint, and the Persistence of American Postwar Order [J]. International Security, 1998, 23 (3): 43 - 78.

Ikenberry G J, Kupchan C A. Liberal Realism: The Foundations of a Democratic Foreign Policy [J]. The National Interest, 2004 (77): 38 - 49.

Ikenberry G J. The Future of the Liberal World Order: Internationalism after America [J]. Foreign Affairs, 2011, 90 (3): 56 - 68.

Ikenberry G J. After Victory [M]. Princeton: Princeton University Press, 2019.

Goemans H. War and Punishment: The Causes of War Termination and the First World War [M]. Princeton: Princeton University Press, 2000.

White H. The Content of the Form: Narrative Discourse and Historical Representation [M]. Baltimore: Johns Hopkins University Press, 1990.

Panksepp J, Solms M. What Is Neuropsychoanalysis? Clinically Relevant Studies of the Minded Brain [J]. Trends in Cognitive Sciences, 2012, 16 (1): 6 - 8.

Levy J S. Loss Aversion, Framing, and Bargaining: The Implications of Prospect Theory for International Conflict [J]. International Political Science Review, 1996, 17 (2): 179 - 195.

Fearon J D. Domestic Political Audiences and the Escalation of International Disputes [J]. American Political Science Review, 1994, 88 (3): 577 - 592.

Coicaud J M, Warner D. Ethics and International Affairs: Extent and Limits [M]. Tokyo: United Nations University Press, 2001.

Steffek J. Embedded Liberalism and Its Critics: Justifying Global Governance in the American Century [M]. New York: Springer, 2006.

Rosati J A, Campbell S J. Metaphors of U. S. Global Leadership: The Psychological Dynamics of Metaphorical Thinking during the Carter Years [M] //Beer F A, Landtsheer C D. Metaphorical World Politics. East Lansing: Michigan State University Press, 2004: 220.

Weeks J L. Autocratic Audience Costs: Regime Type and Signaling Resolve [J]. International Organization, 2008, 62 (1): 35 - 64.

Vuorelma J. The Ironic Western Self: Radical and Conservative Irony in the "Losing Turkey" Narrative [J]. Millennium, 2019, 47 (2): 190 - 209.

Vasquez J A，Mansbach R W. The Issue Cycle：Conceptualizing Long-Term Global Political Change [J]. International Organization，1983，37 (2)：257 - 279.

Mueller J E. The Search for the "Breaking Point" in Vietnam：The Statistics of a Deadly Quarrel [J]. International Studies Quarterly，1980，24 (4)：497 - 519.

Ruggie J G. International Regimes，Transactions，and Change：Embedded Liberalism in the Postwar Economic Order [J]. International Organization，1982，36 (2)：379 - 415.

Ruggie J G. Taking Embedded Liberalism Global：The Corporate Connection [M]. London：Routledge，2016.

Mearsheimer J J. Bound to Fail：The Rise and Fall of the Liberal International Order [J]. International Security，2019，43 (4)：7 - 50.

Mercer J. Human Nature and the First Image：Emotion in International Politics [J]. Journal of International Relations and Development，2006，9：288 - 303.

Lie J H S. Challenging Anthropology：Anthropological Reflections on the Ethnographic Turn in International Relations [J]. Millennium，2013，41 (2)：201 - 220.

Nye J S. Soft Power [J]. Foreign Policy，1990，80：166 - 171.

Kertzer J D，Brutger R. Decomposing Audience Costs：Bringing the Audience Back into Audience Cost Theory [J]. American Journal of Political Science，2016，60 (1)：234 - 249.

He K. Does ASEAN Matter? International Relations Theories，Institutional Realism，and ASEAN [J]. Asian Security，2006，2 (3)：189 - 214.

He K，Feng H. "Why Is There No NATO in Asia?" Revisited：Prospect Theory，Balance of Threat，and US Alliance Strategies [J]. European Journal of International Relations，2012，18 (2)：227 - 250.

He K. Undermining Adversaries：Unipolarity，Threat Perception，and Negative Balancing Strategies after the Cold War [J]. Security Studies，2012，21 (2)：154 - 191.

Emilian K. The Guanxi of Relational International Theory [M]. London：Routledge，2017.

Rutherford K R. The Evolving Arms Control Agenda：Implications of the Role of NGOs in Banning Antipersonnel Landmines [J]. World Politics，2000，53 (1)：74 - 114.

Hallahan K，Holtzhausen D，Van Ruler B，et al. Defining Strategic Communication [J]. International Journal of Strategic Communication，2007，1 (1)：3 - 35.

Ramsay K W. Settling It on the Field：Battlefield Events and War Termination [J]. Journal of Conflict Resolution，2008，52 (6)：850 - 879.

Roselle L，Miskimmon A，O'loughlin B. Strategic Narrative：A New Means to Understand Soft Power [J]. Media，War & Conflict，2014，7 (1)：70 - 84.

Hagström L. The "Abnormal" State：Identity，Norm/Exception and Japan [J].

European Journal of International Relations，2015，21（1）：122－145.

Nørskov M. Social Robots：Boundaries，Potential，Challenges［M］. New York：Taylor & Francis，2017.

Solms M，Turnbull O. The Brain and the Inner World：An Introduction to the Neuroscience of Subjective Experience［M］. London：Routledge，2018.

Nussbaum M C. Women and Human Development：The Capabilities Approach［M］. Cambridge：Cambridge University Press，2000.

McCombs M E，Shaw D L. The Agenda-Setting Function of Mass Media［J］. Public Opinion Quarterly，1972，36（2）：176－187.

Marks M P. Revisiting Metaphors in International Relations Theory［M］. New York：Springer，2018.

Walzer M. Arguing about War［M］. New Haven：Yale University Press，2008.

Crawford N C. Institutionalizing Passion in World Politics：Fear and Empathy［J］. International Theory，2014，6（3）：535－557.

Ripsman N M，Taliaferro J W，Lobell S E. Neoclassical Realist Theory of International Politics［M］. Oxford：Oxford University Press，2016.

Ricoeur P. Time and Narrative：Vol 1［M］. Chicago：University of Chicago Press，2012.

Partell P J，Palmer G. Audience Costs and Interstate Crises：An Empirical Assessment of Fearon's Model of Dispute Outcomes［J］. International Studies Quarterly，1999，43（2）：389－405.

第十四章
大数据政治学

在信息化和网络化高速发展的新时代，大数据的浪潮正席卷全球。大数据在给人们的生活带来变化的同时，也对社会科学研究产生了巨大影响。数据驱动催生的“计算社会科学”就是大数据时代社会科学新发展、新路径与新范式的例证。作为社会科学的重要分支，大数据也对政治学研究的范式创新、学科发展提供了重要动力，并催生了“计算政治学”等新的交叉学科。当前大数据方法被广泛应用于政治学的公共政策、选举投票、国际政治等多个研究主题，在社会治理、公共服务、应急管理等多个领域中也经常见到大数据的身影。借助大数据技术，自动文本分析、社会网络分析以及可视化分析为更好理解人类政治行为与政治现象提供了全新的技术支撑。因此可以说，大数据时代亦是政治科学研究的新时代，是提升政治学研究科学性、规范性的重要契机。本章拟探讨大数据时代政治学研究范式的创新，大数据政治学的新主题、新应用与新方法。

第一节　数据范式：政治学研究的新范式

大数据正在改变我们的生活以及我们理解世界的方式，成为新发明和新服务的源泉，而更多的改变正蓄势待发。在过去的十几年中，“大数据”已经成为学术界、专业界和媒体中无处不在的流行语，其发展和应用不仅对政治、经济、社会、文化等各方面产生了深远影响，而且也正在成为社会科学研究的新工具与新方法。政治学是社会科学的重要分支，大数据已经与政治学研究的多个领域相结合，正在成为政治学研究的全新范式。

一、大数据的概念、特征及意义

“大数据”一词首先出现在 1998 年《科学》(*Science*) 杂志刊登的一篇题为《大数据

处理器》(A Handler for Big Data) 的文章中。[①] 2008 年 9 月,《自然》(*Nature*) 杂志推出了关于“大数据”的专栏,全面梳理了数据在生物、物理、工程、数学及社会经济等多学科领域的位置和角色。[②] 随后维克托·迈尔-舍恩伯格 (Viktor Mayer-Schonberger) 与肯尼思·库克耶 (Kenneth Cukier) 的《大数据时代:生活、工作与思维的大变革》等专著的出版及美国加特纳 (Gartner) 等著名信息技术机构的宣传,“大数据”一词开始风靡全球。虽然大数据已成为社会各界热议的话题,但到目前为止,关于“大数据”的定义仍旧众说纷纭。

加特纳将大数据定义为:“海量、高速和多样化的信息资产,它需要新型的处理方式去促成更强的决策力、洞察力和流程优化能力。”麦肯锡全球研究院认为,大数据是“规模超出传统数据库软件工具捕获、存储、管理和分析能力的数据集”,并认为随着技术的发展,符合大数据条件的数据集的规模也会增加。国外学者易卜拉欣·阿巴克·塔吉奥·哈什姆 (Ibrahim Abaker Targio Hashem) 等人则认为:“大数据是一系列技术,以新的整合形式从多样化、复杂和大规模的大型数据集中发现巨大的隐藏价值。”[③] 但无论大数据的定义是什么,当前的重要共识是获取和分析体量庞大的数据以支持、优化决策和行动过程。

随着大数据的不断增长及其技术的日臻成熟,大数据的特征也经历了从“3V”到“4V”“5V”,甚至“6V”的发展。当前各界认可度和接受度较高的大数据特征当属“4V”特征说,即:海量 (volume)、多样 (variety)、高速 (velocity)、价值 (value)。[④] 海量是指数据的大小,大数据概念本身就代表数据类型与数据容量的井喷式增加,当前人类社会的数据规模已经从 GB 到 TB,再到 PB,甚至到了 EB 和 ZB。多样是指随着传感器、智能设备以及社交媒体的发展,我们日常生活中所产生的数据正变得越来越复杂和多样,大数据不仅包括传统数据库系统中的结构化数据,还包括来自网页、社交媒体平台、传感器等的半结构化和非结构化数据。高速是指大数据的产生速度与流转速度非常快。智能手机和传感器等数字设备的普及,带来了前所未有的数据创建速度,并推动了对实时分析需求的日益增长。价值是指大数据具有低价值密度的特征,也就是说,以原始形式接收的数据通常相对于其庞大的体量仅具有较低的价值。然而,分析大量此类数据则可以获得较高的价值。

大数据作为科学技术的又一次飞跃,是在继互联网、云计算后的一次重大技术变革,其发展和应用必将对政治、经济、社会、文化等各方面产生深远影响。当前,有关大数据的研究已经从概念研究步入实际应用,在政务服务、金融市场、城市交通、健康医疗、企业管理、网络社交、劳动就业、文化教育、能源环境等各行各业中发挥着举足轻重的

---

① Cass T. A Handler for Big Data [J]. Science, 1998, 282 (5389): 636.

② Nature-Volume 455 Issue 7209, 4 September 2008 [EB/OL]. (2008-09-01) [2023-05-10]. https://www.nature.com/nature/volumes/455/issues/7209.

③ Hashem I A T, Yaqoob I, Anuar N B, et al. The Rise of “Big Data” on Cloud Computing: Review and Open Research Issues [J]. Information Systems, 2015, 47: 98-115.

④ Gandomi A, Haider M. Beyond the Hype: Big Data Concepts, Methods, and Analytics [J]. International Journal of Information Management, 2015, 35 (2): 137-144; Anuradha J. A Brief Introduction on Big Data 5Vs Characteristics and Hadoop Technology [J]. Procedia Computer Science, 2015, 48: 319-324.

作用。以美国为代表的西方国家纷纷制定大数据发展战略计划，致力于大数据的研究与应用，以期实现国家实力的进一步增长，大数据的研究与应用对于任何一个国家来说都将具有重要战略意义。[①] 无论是从技术上探究有关大数据的存储、处理、分析，将大数据作为产业升级、军备发展、技术革新的必备资源，还是寻求大数据在社会治理、政府管理、科学研究等多领域发挥巨大作用，归根结底，大数据的最终意义在于获得洞察力和更大价值。

二、大数据与社会科学研究的结合

大数据时代的到来为社会科学的发展带来了巨大影响，从现有研究成果的丰富性和实践领域以及国家战略层面的大力推进来看，大数据与社会科学研究的结合将在很大程度上推动社会科学研究的优化发展。

首先，大数据带来了社会科学研究范式的变革，推动社会科学研究范式由"理论驱动"转向"数据驱动"。传统的社会科学研究往往利用"理论驱动"的方法来解释人类社会现象，而不仅仅停留于表层描述，即传统的社会科学研究倾向于基于现有理论或先验假设来研究因果关系。大数据的出现为社会科学研究提供了一种自下而上的数据驱动方法，使得对相关关系的研究更为容易，并推动社会科学研究在注重因果关系研究的同时开始了"向前看"的预测性研究。例如，有学者综合人口规模、婴儿死亡率、人口构成、教育水平、种族特征等因素，运用 logit 模型预测了 2010—2050 年全球和地区武装冲突发生率的变化。[②]"数据驱动"通过分析数据来获取知识，利用数据分析技术与模型来推理演练，依赖于变量间的稳健相关性，以基于可用数据而非基于理论对经验性现象进行解释与预测，一定程度上削弱了理论和个人知识对研究者的束缚。在不断的实践研究过程中，"理论驱动"与"数据驱动"将逐步融合以弥补传统研究范式的不足，进一步提升社会科学研究的科学性。

其次，大数据消除了社会科学的内外对立，促进了学科融合。一方面，大数据研究的兴起将会向外推动社会科学与计算科学的融合。即使大量的数据可用于研究社会科学中的群体和个体行为，但如果没有数据挖掘及计算机科学中的机器学习等算法，对大数据的分析也不可能实现。因此，大数据与社会科学的结合，必然会为原本在计算机、人工智能和数理等领域具有专长的学者参与社会现象的分析，甚至转型为社会科学家提供机会。[③] 有学者研究发现，大数据研究涉及包括计算机科学、社会科学、信息科学、运筹学、管理学在内的 109 个学科，且涉及的学科数量正随着时间的推移不断增加。另一方面，大数据将会向内推动社会科学学科间的交流和对话。大数据所独有的特征使得对其

---

① Jin X，Wah B W，Cheng X，et al. Significance and Challenges of Big Data Research [J]. Big Data Research，2015，2 (2)：59 - 64.

② Hegre H，Karlsen J，Nygård H M，et al. Predicting Armed Conflict，2010—2050 [J]. International Studies Quarterly，2013，57 (2)：250 - 270.

③ Chang R M，Kauffman R J，Kwon Y O. Understanding the Paradigm Shift to Computational Social Science in the Presence of Big Data [J]. Decision Support Systems，2014，63：67 - 80.

搜集、存储本身存在较低的“学科定制性”，这使得社会科学各学科的研究对象有了同质性的基础，打破了小数据时代学科差异下数据搜集和使用“各自为政”的状态，从而为学科交流与融合创造了条件。

最后，大数据丰富了社会科学研究成果的展示方式。研究成果的展示作为科学研究不可或缺的一环，其目的在于以简洁、明了且直观的方式呈现，从而促进受众对数据及其所揭示的现象间结构关系的深刻理解。大数据的数据可视化技术，即依托图形设计、图像处理、计算机视觉技术以及用户界面设计等多种手段，通过表达、建模及利用立体展示、表面映射、属性标注和动画演示等多种形式，将庞大的信息量及复杂概念转化为直观视觉呈现，直接揭示数据背后的规律。这一过程不仅促进了受众快速把握研究者的核心观点与思路，还有效应对了信息过载、可靠性验证困难及透明度不足等挑战，极大地提升了信息传达的效率与效果。

三、数据范式：政治学研究的新范式

随着与社会科学研究的广泛结合，大数据也正在成为政治学研究的全新范式。“范式”这一概念由库恩在他讨论科学进步的本质时引入科学哲学。根据库恩的观点，范式指从事某一学科的科学家群体所共同遵从的“学科基质”（discipline matrix），它包括本体论、认识论及过去科学成就所公认的范例，这些范例为以后的深入研究提供了模型。①库恩认为，一些异常现象的出现，会导致范式的信任危机，旧范式可能为新范式所取代，尽管这一过程也许会很漫长。②

图灵奖得主詹姆斯·格雷（James Gray）认为，大数据时代将形成数据密集型科学研究的数据范式——第四范式。之所以称之为“第四范式”，是因为数据范式是继几千年前的实验科学、几百年前的理论科学和几十年前的计算科学之后出现的第四种全新的科学研究范式。③ 第四范式收集或模拟生成大量数据，并对其进行分析处理，然后进行可视化呈现，由此使得研究人员可直接从大数据中发现与挖掘所需要的知识和信息，无须直接面对所研究的物理对象。无论是对于自然科学研究还是对于社会科学研究来说，第四范式的出现都将是一次前所未有的方法论革命。政治学是一门研究政治行为、政治体制以及政治相关领域的学科，是社会科学的重要分支，数据范式的出现也将为政治学研究带来新方法、新工具。

最早的政治学研究范式以柏拉图的《理想国》和亚里士多德的《政治学》为代表，这一时期的政治学研究主要是通过观察政治现象以总结归纳经验，因此政治学的第一范式应是经验范式。近代政治学开始重视理论作用，以卢梭、斯宾诺莎为代表的政治家开始从理论假设出发进行推理论证，形成了政治学的第二范式——理论范式。伴随着计算机技术的兴起，计算范式（虚拟范式）在科学研究中广泛应用，但这一范式并没有成为

---

① Lewis-Beck M，Bryman A E，Liao T F. The Sage Encyclopedia of Social Science Research Methods [M]. Thousand Oaks：Sage Publications，2003.

② Kuhn T. The Structure of Scientific Revolutions [M]. Princeton：Princeton University Press，2021.

③ Tansley S，Tolle K M. The Fourth Paradigm：Data-Intensive Scientific Discovery [M]. Redmond，WA：Microsoft Research，2009.

政治学研究的主流范式，只在国际政治研究所涉及的关系走向、全球问题仿真实验等实践中被使用。伴随着大数据时代的到来，数据密集型研究范式应运而生，成为政治学研究的最新范式。政治学研究的数据需求不断提高改革创新的能力。

密集型范式将使一切政治现象、政治过程、政治问题研究达到前所未有的可量化程度，使过去不可计量、难以存储、不易分析和不方便共享的问题被数据化，为大范围、中时段、长时段研究的定量分析创造条件。政治学研究的数据密集型范式还将促进政治学研究关注相关关系；帮助解决政治学研究普遍性、可控性和现实性难以同时实现的困境；推动政治学与其他学科的融合，产生诸如“计算政治学”等交叉学科。当前，数据范式已经和政治学研究的多个领域相结合，并取得了丰硕的成果。

第二节　大数据政治学的新主题

伴随着数据范式的诞生，大数据方法被广泛应用于政治学的多个研究主题，包括公共政策、选举投票、国际政治、政治传播、社会运动、议会政治等。本节将重点梳理大数据对公共政策、选举投票和国际政治的影响。

一、大数据与公共政策

公共政策事关公民生活的方方面面，体现了一国政府解决个人问题的能力、提升全民生活水平与生活质量的能力以及适应时代需求不断改革创新的能力。随着政治学研究的数据密集型范式形成，公共政策也在大数据的驱动下开始转型，主要体现在公共政策议题构建、公共政策方案设计、公共政策执行监督及公共政策评估几大关键环节。①

在公共政策议题构建阶段，以往公共政策制定所使用的数据大多是通过抽样调查等方式获取的，数据和信息规模有限，从而无法对问题和实际情况进行全局性把握，往往造成政策议题设置与客观实际相背离的情况。与传统的数据来源相比，大数据技术能够抓取更全面、更准确、更及时、更详细的数据信息，还可以将相关但异构的信息碎片匹配和链接在一起，以识别尚未发现的信息流，全面感知隐藏的社会问题。

公共政策方案设计与政府想要达成的政策目标紧密相连，大数据的广泛使用使政策设计趋于科学化与合法化，为更好实现政策目标提供了政策工具，例如，一些外国政府的教育部门就将实时大数据作为其政策制定的工具，通过创建数字和交互式数据可视化平台，从儿童的教育活动中捕捉数据，跟踪和评估他们的发展及成就，并对他们未来的教育经验进行算法优化和定制。大数据所提供的此类细粒度知识，给政策制定者提供了更多策略选项。同时，大数据的预测分析能力能对政策问题的发展走向进行预估性分析，从而能在政策设计与制定阶段增强其前瞻性与预见性。借助大数据技术，政策的设计还可以充分考虑到民意诉求，公民可通过社交媒体、政府网站、电子邮件等渠道表达自身

① Jann W，Wegrich K. Theories of the Policy Cycle ［M］ //Fischer F，Miller G J. Handbook of Public Policy Analysis. London：Routledge，2017：69-88.

的利益诉求，舆情监测系统将此类元数据整合反馈至决策中枢系统，使得政策设计制定由“单向性”转向“协同性”，为政策目标的更好实现打下良好基础。

在公共政策执行监督阶段，大数据能通过情感分析实时感知公众对公共政策的看法，并促使政府机构立即做出反应，这使得传统的政策执行监督由“被动发掘”转向“主动感知”。在某些情况下，通过收集和处理社交媒体或其他移动应用程序的数据，使用文本分析技术，大数据甚至可以提前预测某项公共政策的社会感知，例如由英联邦科学与工业研究组织（Commonwealth Scientific and Industrial Research Organisation，CSIRO）开发的社交媒体工具监控和分析系统——Vizie，能够迅速识别异常信息，提醒有关人员注意任何细微变化，如识别需要评论的新社交媒体信息以阻止虚假信息的传播。与之类似，依托各类自动传感系统、智慧感应装置、物联网，公共政策执行信息将被及时上传到大数据共享平台并在各决策单元进行交互共享，反馈意见被第一时间传递给政策执行者，一切有违政策的行为将无所遁形。

大数据使传统的公共政策评估模式发生变化。正如一些学者所认为的那样，在公共政策评估阶段，大数据分析的优势和作用最能凸显出来。传统的政策评估发生在政策制定的最后阶段，对政策的评估属于“总结性评估”。在这种情况下，政策的调整与完善往往需要较长的周期，且改变既定政策与议程面临着难度大、成本高、灵活度低的问题。相对于“总结性评估”，大数据使得对公共政策的“形成性评估”与“持续性评估”成为可能。因为大数据实时可得，新政策一经实施便会产生新的数据，即时或近乎即时的数据处理与分析便能进行。政策的评估与评价不必等到政策周期结束后再进行，而是持续进行，并根据实施情况及时调整，达到政策评估与完善的目的。此外，更多细粒度数据的获取也使得政策评估的内容更加细化、全面。从评估主体来看，大数据也为更多专家团队和公民代表参评创造了条件，参评主体数量也将大大超越“小数据”时期，从而提高政策评估结果的代表性与准确性。

二、大数据与选举投票

选举是西式民主政治的核心事件，大数据与选举投票结合的典型范例当属西式民主国家的选举预测和“微目标”式竞选宣传。

选举预测起源于美国的政党竞争式选举，其积累的多种选举预测方式在之后逐渐应用到英、法、德等国及欧盟议会的选举中。随着选举预测方式、手段、技术的不断更新与丰富，选举预测方法也延展到对“边缘国家”、“新兴民主国家”和“竞争性威权国家”的选举预测中。由于技术手段和数据资源的匮乏，早期的选举预测方法主要依靠非科学的预测手段，包括通过政客、观察家或学者的个体判断进行预测，通过历史上与大选结果相近的同趋势小选区来预测，甚至是通过“征兆”预测。经过多年的发展，选举预测形成了一系列科学量化的预测方法，大数据范式就是其中的一种。[①] 大数据选举预测凭借

---

① Lewis-Beck M S，Bélanger É. Election Forecasting in Neglected Democracies：An Introduction [J]. International Journal of Forecasting，2012，4 (28)：767-768.

其实时快捷、成本低廉、准确度较高等特点深受众多学者的青睐，利用大数据预测大选结果的研究近几年也在不断增多。例如，维多多·布迪哈托（Widodo Budiharto）与梅莲娜（Meiliana）通过印度尼西亚总统候选人的推文，以及从2018年3月至7月与竞选相关的推特数据，利用TextBlob（文本处理库）进行情感分析，成功预测了2019年的印度尼西亚总统选举结果。[①] 王磊等人从推特上提取和分析情感信息，考察分析了与特定候选人相关的中立推文，预测了2017年法国总统选举结果，该案例体现了社交数据预测选举准确性的提高。[②] 皮特·伯纳普（Pete Burnap）等人利用基线模型，结合政党支持和情感分析，实现了2015年英国大选议会席位分配的准确预测。[③] 尽管基于大数据的选举预测被证明不是百分百准确的，但随着计算机技术、人工智能、大数据技术等的不断发展以及大量学者的改进实验，大数据选举预测的准确性将会逐步提高，大数据及其技术在政治选举中仍将继续发挥重要作用。

对于竞选宣传来说，尽管在几十年前，使用数据制作竞选策略或定位选民的做法就已经出现，但直到2012年，所谓的“第一次大数据选举”发生之前，竞选活动所采取的数据大都依赖于选民登记、民意调查、邮件或者组织等制度化的形式，所获取的数据简陋、粗略且存储规模有限，并不具备标准的大数据意义。伴随着技术的日臻成熟，基于大数据的“微目标”式竞选宣传正在成为赢得选举的关键手段。虽然“微目标”式竞选宣传并非大数据时代的产物，但是新技术和大数据为其开启了一个新的维度。所谓“微目标”旨在通过直接传递基于个人偏好和特征的刺激来影响选民。其前提是收集大量能够反映选民政治偏好或是其他具有非政治特征的数据，随后通过机器学习、算法等对其进行处理分析，基于算法结果生成影响每个特定子群体或个人的信息或行动计划，制定宣传计划并实施精准投送，从而动员潜在选民，达到“拉票”及优化选举资源配置的目的。[④] 在2012年的美国总统大选中，奥巴马与罗姆尼竞选团队均使用了“大数据竞选”。奥巴马的数据团队用了长达18个月的时间，将从民意测验者、募捐者、现场工作人员和消费者数据库以及社交媒体和手机联系人收集的信息，与摇摆州的主要民主党选民档案合并为一个单一的大型数据库，随后将这些数据输入到高级预测模型中，以便定位目标选民，同时实现对选民在竞选过程中的动向追踪并及时应对影响选民倾向的突发事件。奥巴马的数据团队还聘请了比2008年运营规模大5倍的数据分析团队，根据每天的数据进行模拟测试。与之相比，罗姆尼的数据团队显得逊色一些，其前期只进行了一次微观定位，并未进行全面的模拟测试，这导致选举当日系统因为数据过载而崩溃，最终败

---

① Budiharto W, Meiliana M. Prediction and Analysis of Indonesia Presidential Election from Twitter Using Sentiment Analysis [J]. Journal of Big data, 2018, 5 (1): 1-10.

② Wang L, Gan J Q. Prediction of the 2017 French Election Based on Twitter Data Analysis [C] //2017 9th Computer Science and Electronic Engineering (CEEC). Piscataway: IEEE, 2017: 89-93.

③ Burnap P, Gibson R, Sloan L, et al. 140 Characters to Victory?: Using Twitter to Predict the UK 2015 General Election [J]. Electoral Studies, 2016, 41: 230-233.

④ Papakyriakopoulos O, Hegelich S, Shahrezaye M, et al. Social Media and Microtargeting: Political Data Processing and the Consequences for Germany [J]. Big Data & Society, 2018, 5 (2).

选。[①] 而在 2016 年的美国大选中，特朗普竞选团队的“微目标”式定位策略被广泛认为是获胜的原因之一，通过“暗帖”和剑桥分析团队提供的“心理测量定位”，使用选民心理状态数据对目标选民进行细化分类，用以分类投放具有针对性的广告。尽管目前并没有全面的研究证明“微目标”式竞选宣传的实际效用，且此种方式受到了不少诟病（例如有学者认为，这种方式侵害了目标选民的隐私权，同时也侵犯了非目标选民的信息自由权，特朗普团队所使用的“暗帖”就是例证），但这也表明大数据在选举投票中的作用日益重要。

三、大数据与国际政治

大数据时代的国际政治迎来了新的变化和可能性，大数据与国际政治科学的融合目前已在多个议题领域取得了不少研究成果，其中暴力冲突研究、恐怖主义研究，以及国际政治传播和数据外交则是产出研究成果较多的领域。

传统的国际政治研究数据库主要聚焦于国家层面的分析，而个人活动的相关数据则相对难以获取。例如，战争相关因素数据库通常包含国家间战争（如自 1816 年以来的国家间战争和内战数据列表）以及国家能力（涵盖能源消耗、人口规模、城市化水平等）的统计数据。[②] 此外，斯德哥尔摩军费开支数据库则专注于各国军事安全方面的数据，如军售、军费支出等。[③]

然而，随着数据体量的爆炸性增长以及数据抓取技术的飞速发展，新一代数据库的数据维度和数据颗粒度均发生了显著变化。如今，这些数据库不仅包含传统的国家层面数据，还纳入了以政治行为体个人为统计单位的微细数据和时间序列数据，如全球事件、语音和语调数据库，以及皮尤研究中心、芝加哥全球事务委员会等机构提供的数据集。这一变化使得国际政治领域中的冲突预测、恐怖主义研究以及数据外交等需要细粒度数据支持的研究成为可能。

在冲突的量化研究中，一个重要的研究方向是根据事件数据的时间序列来抽取暴力事件的发生、变化模式。例如利用隐马尔可夫模型、线性回归模型、贝叶斯分层模型等，结合时空数据对冲突中的不确定性进行量化分析，进而达到预测冲突的目的。研究恐怖主义的学者们大多采用了社会网络分析，社会网络分析中的链路预测方法能够检测在特定社会网络中的潜在社会关系，从而协助识别隐藏在社交网络中的恐怖分子。[④] 此外，大数据及其分析技术在外交活动中也发挥着辅助决策、优化执行、精准“对标”的作用，并由此产生了“数据外交”的概念。大数据从三个方面对外交活动产生影响。第一，大数据可以作为一种辅助外交决策分析与政策执行的工具，使外交更高效。第二，大数据

---

① Hellweg E. 2012：The First Big Data Election [EB/OL]．(2012 - 11 - 13) [2023 - 05 - 05]．https：//hbr. org/2012/11/2012-the-first-big-data-electi.

② Correlates of War [EB/OL]．[2023 - 05 - 05]．https：//correlatesofwar. org/.

③ SIPRI. SIPRI Military Expenditure Database [EB/OL]．[2023 - 05 - 09]．https：//www. sip-ri. org/databases/milex.

④ Fire M，Puzis R，Elovici Y. Link Prediction in Highly Fractional Data Sets [M] //Subrahmanian V S. Handbook of Computational Approaches to Counterterrorism. New York：Springer，2013：283 - 300.

为外交议程提供了一个新的议题，并使跨境隐私、电子商务和国际网络安全等领域的国际谈判具备了新特点。第三，大数据是改变外交运作环境的一个因素，有可能影响国家间的地缘政治和地缘经济地位。例如，在外交信息的收集方面，大数据开辟了新的来源和新的分析方式，从社交媒体话语到政府开放数据和地理空间信息，这些都可以为决策和战略提供信息。外交报告的数字化同样为分析和发现外交行为模式提供了新的机会，公共外交更是借助大数据实现了"精准对标"。

大数据对国际政治的影响是多方面的，各个国家围绕"数据主权"的博弈日益激烈，其本身就成为国家间争夺的战略资源。在大数据的驱动下，传统的国际政治研究方法也开始受到冲击，量化研究的优势更加凸显。新的国际政治数据库数据更多基于新闻报道和个人网络活动形成，而这些数据将推动以个人为出发点的微观国际政治研究。在数据技术应用之外，大数据国际关系规范研究也将成为一个新的学术拓展空间。

第三节　大数据政治学的新应用

当前，大数据在政治学相关领域的应用已初见成效。在社会治理领域，大数据正助力社会治理模式的创新，使得社会治理的智能化、精细化水平得以提高；在公共服务领域，大数据成为有效推进服务型政府建设的重要手段；在应急管理和疫情防控领域，大数据能有效提升应急管理水平，实现对疫情的精准防控。政务数据的资源整合及政务大数据共享平台的建成正助力国家治理实现现代化。

一、大数据在社会治理领域的应用

大数据技术现已逐渐融入社会治理工作的各大环节中，引领社会治理能力创新发展的作用进一步提升。2015 年 8 月，国务院印发的《促进大数据发展行动纲要》强调了大数据在提升政府治理能力上的重要作用，旨在推动建立数字化的管理机制。与之类似，国外学界和政界也发起了一场"大数据社会福祉"运动，旨在推动大数据与社会治理相结合以解决一些复杂的社会问题，从而提高人民生活水平，增进社会福祉。[①]

美国、英国、欧盟等大数据先驱国家和地区在经历了科学研究、商业应用、数据开放、国家战略等多个发展阶段之后，率先将大数据与社会治理结合起来。金融危机以来，受制于长期的经济低迷，美国社会迎来了许多复杂的社会问题，恐怖主义、犯罪率攀升、示威游行、大规模流行病等都大大提高了社会安全的不确定性，因此美国政府意识到，为应对不断增多的治理难题，必须结合新的技术手段提升治理效率。2012 年，奥巴马政府正式宣布了美国的"大数据研究与发展计划"，联邦政府六个部门宣布出资超 2 亿美元

---

① Coulton C J，Goerge R，Putnam-Hornstein E，et al. Harnessing Big Data for Social Good：A Grand Challenge for Social Work [R]. Cleveland：American Academy of Social Work and Social Welfare，2015：1 - 20.

以支持该计划的实施。一些地方政府也纷纷开始构建数据开放平台，并积极开展与商业公司（诸如科技巨头 IBM）的合作，探究大数据在政府治理方面的应用。以美国纽约市为例，纽约市警察局（New York Police Department，NYPD）是美国规模最大、历史最悠久的市政警察局之一，承担着广泛的公共安全、执法、交通管理、反恐和应急响应的职责。到 20 世纪 90 年代初，纽约市的犯罪率一直攀升，仅 1990 年一年，该市凶杀案就达到 2 200 起，一时间，纽约市成了一个“危险的居住地”。在此背景下，于 1994 年新上任的纽约市警察局局长威廉·布拉顿（William J. Bratton）决心迅速降低该市的犯罪率，其主要举措便是致力于研发推出 CompStat 警务系统。① CompStat 是第一个警务大规模计算机化的治安信息管理系统，发展初期，只是简单地计算犯罪统计数据的同比或环比变化率，进而利用图、表等形式加以直观展示与对照，但就其本源而论，CompStat 属于数据推动型的、基于警察组织内部的逐级授权与问责机制的管理创新。伴随着技术的进步，该系统也被不断更新优化出进阶版本 CompStat 2.0，其功能变得更加强大。CompStat 主要采用制图、指标和定量目标、数据表以及绩效报告等工具。② 其目标是及时收集准确的信息和情报，然后利用这些情报将在街道上巡视的警察迅速部署到案发地。当犯罪发生时，警察部门会立即将有关犯罪的所有数据录入计算机程序，这些带有特定犯罪和执法地点、时间的数据会被转发给有关负责人，由其对信息进行整理并录入一个全市范围的数据库。对数据进行统计分析，进而生成每周 CompStat 报告，从而轻松辨别已发犯罪的趋势，识别其中存在的偏差和异常情况，甚至是预测将要发生的犯罪事件。1993 年至 1999 年，纽约市的犯罪率下降了 50%。尽管仍有部分人对该系统是否是导致犯罪率下降的主要原因存在疑问，但似乎更多人相信这一系统是切实有效的，直至今日仍然在发挥作用，且被用于消防、市场监管等多个领域，并“出口”到法国、英国等国家。此外，2013 年，纽约市市长还专门设立了市长数据分析办公室，将该办公室作为该市的“公民情报中心”，聘请专业的数据分析团队汇总、分析来自各机构的数据，并据此提出可操作的解决方案，切实推动社会治理的数据化转型。③

上述应用案例表明，大数据正在成为社会治理创新的重要手段与工具，是驱动社会治理创新与社会治理体系和治理能力现代化的“强引擎”，为有效处理复杂社会问题提供了新的解决途径和可能。可以预见的是，今后会有更多的基于大数据的社会治理创新平台出现，进而推动社会治理实现智慧化、数字化、科学化。

二、大数据在公共服务领域的应用

在大数据时代的背景下，应用大数据进行智能治理已成为普遍趋势，智能治理可以

① Glisinan K，Stephan A. From Compstat to Gov 2.0，Big Data in New York City Management [R]. Case Consortium Columbia，2014.

② Didier E. Globalization of Quantitative Policing：Between Management and Statactivism [J]. Annual Review of Sociology，2018，44：515 - 534.

③ Goldsmith S. How New York City Is Mainstreaming Data-Driven Governance [EB/OL]. (2023 - 05 - 05) [2023 - 05 - 05]. https：//datasmart. hks. harvard. edu/turning-data-equity-lessons-san-diego.

快速提高公共机构提供公共服务的质量、效率，提高公共服务的透明度和精细化水平，助力公共机构转型为智能服务机构。① 在数据战略的指导下，各国政府积极寻求依托大数据技术、互联网、物联网、人工智能创新公共服务的新路径，在政务服务、城市交通、智慧医疗、教育服务、环境治理等涉及民生的多个方面取得了显著成效，为民众提供了优质、高效的服务。

早在 2013 年 8 月，澳大利亚政府信息管理办公室就发布了“澳大利亚公共服务大数据战略”。该战略提出，要以创新的方式充分发挥大数据分析的潜力，希望在保护公民隐私的基础上利用大数据分析系统提升公共服务质量，增加服务种类，增强公共服务的针对性，并为相关机构制定公共服务政策和计划提供数据支撑，使澳大利亚在该领域跻身全球领先水平。新加坡也十分重视大数据在城市治理与公共服务领域的应用，并于 2014 年提出了“智慧国”计划，利用数字技术来实现健康、交通、城市生活、政府服务和企业的转型，建成数字政府和数字社会。在公共交通方面，新加坡利用“电子眼”、快速成像技术、全球定位系统以及市民上下班时的乘车记录产生的海量通行数据优化公共交通决策，例如，陆路交通管理局试行的“早鸟”计划，监察早上繁忙时间段提供的免费乘车服务能否舒缓交通堵塞；利用标杆数据设置公交车等待时间；启动 My Transport 移动应用程序计划，以“释放”所有交通信息，为乘客和驾驶者提供实时路线规划服务，帮助他们提前规划路线来避免拥堵。在公共卫生保健方面，新加坡已建成医疗病例数字化共享平台。医生可以用身份证号码跨部门获取病历和体检结果，这为快速诊断提供了可能。在教育服务方面，大数据技术亦有用武之地，比如大数据可以推动个性化学习，不仅可以根据学生的知识储备定制教学，还可以根据学生的需要、偏好、志向或文化背景制定相应的学习内容；通过不断收集和分析学生的数据，根据个人的需求和能力改变学习课程和环境，从而打造适应性学习系统；通过分析与数字教学平台互动时的活动数据来预测学生的行为、技能和表现，以便教师可以对表现不佳的学生进行针对性辅导。大数据正在让公共服务更加便利化、智能化与均等化，但充分发挥大数据在公共服务中的作用需要更好地挖掘大数据更深层次的价值，同时也必须注重数据安全，以防数据滥用与隐私泄露。

三、大数据在应急管理和疫情防控领域的应用

大数据时代，紧急情况的处理方式也正在经历变革。突发事件的演变一般由三个阶段组成，即事前、事中和事后。相应地，应急管理也包括三个阶段：其一，发现预警信号，预测潜在事件的发生；其二，以减少负面影响为目的，对突发事件进行响应、控制和处理；其三，评估事故造成的损失和响应的执行情况，并进行善后恢复。② 在应急管理

---

① Sarker M N I，Wu M，Hossin M A. Smart Governance through Bigdata：Digital Transformation of Public Agencies［C］//2018 International Conference on Artificial Intelligence and Big Data（ICAIBD）. Piscataway：IEEE，2018：62－70.

② Chen N，Liu W，Bai R，et al. Application of Computational Intelligence Technologies in Emergency Management：A Literature Review［J］. Artificial Intelligence Review，2019，52：2131－2168.

的这三个阶段中，大数据均能发挥一定作用。

2019 年底暴发的新冠疫情在全球大部分国家和地区迅速蔓延，对全世界人民的生命、健康和安全构成了严重威胁，使全球大部分国家和地区陷入应对突发公共卫生事件的状态。此次疫情累及范围广、持续时间长、传染性极强、防控难度大，传统的应急管理措施显然无法高效应对，大数据技术、大数据分析等方法成为传统的疫情紧急管理的有效补充，在此次疫情防控中起到了至关重要的作用。疫情暴发初期，大量的在线数据源为早期疫情疾病的检测提供了依据。过去的二十多年中，来自新闻网站、社交媒体、网络搜索等的大量数据，经过诸如 ProMED-mail、GPHIN、HealthMap、EIOS 等数据聚合系统的整合以及过滤，将其整合到正式的疫情监测系统中，用以提前洞察类似疫情的病症报告。例如，英国通过自动监测系统扫描国家卫生服务数字记录系统，收集到一组呼吸综合征集群数据，通过数据来甄别是否是新冠病毒的感染者与携带者。[①] 利用大数据还可提前预估疫情的传播规模与感染人数，如利用社交媒体搜索索引的滞后序列来预测某一时间段内的新增疑似病例数，可提前 6～9 天发现疑似病例，这将使卫生部门能够提前定位潜在的疫情高风险区。在疫情应急管理响应、处理和控制阶段，可利用图形数据库关联图分析追踪重点人群、感染源、传播路径，依次精准判断感染风险和威胁。这些分析结果可用于 COVID－19 的流行病伤害评估、紧急预警和治疗。例如，疫情期间，海南省大数据管理局的数据分析技术人员从海南省政府大数据公共服务平台提取数据，利用图形数据库 Neo4j 算法和 ECharts 数据可视化工具对人与人的关系网络进行分析，以确定密切接触者和高风险区。大数据技术人员还采用 ECharts 数据可视化工具进行可视化分析，设计了一个易于使用的交互操作系统，供非技术人员查询大数据分析结果，以获取有用的决策信息，从而为应对新冠疫情的快速反应和科学决策提供循证支持。[②] 在疫情应急管理的善后恢复阶段，大数据能助力政府精准施策与复工复产。中国信息通信研究院联合三家基础电信企业利用电信大数据推出的“通信大数据行程卡”，以及民众通过支付宝、微信平台自主申报获取的健康码都为疫情后期的复工复产提供了保障。中国大部分省市都建立了大数据健康码系统。民众扫描官方二维码，注册并填写个人相关信息（包括姓名、身份证号码、手机号码、体温、过去 14 天访问过的城市和出行情况、是否有发热、咳嗽、疲劳等症状），系统会自动生成红、黄、绿三个色阶的“健康码”。绿色表示该人在隔离期间没有出现在病毒感染区，可以进行跨区域流动。当持有绿码的人去过高风险区，与高危人群接触后，他们的绿码就会变成红色。健康码为红色或黄色的人将被隔离，隔离期满并解除隔离观察的人的健康码会重新变成绿色，允许跨区域流动。这能有效防止复工复产过程中人员流动带来的交叉感染，为疫情防控常态化情况下的民众健康与经济复苏提供安全保障。

大数据在疫情防控中的作用主要表现在以上几个方面但并不仅限于此，大数据和人

---

① Budd J，Miller B S，Manning E M，et al. Digital Technologies in the Public-Health Response to COVID－19 [J]. Nature Medicine，2020，26 (8)：1183－1192.

② Mao Z，Zou Q，Yao H，et al. The Application Framework of Big Data Technology in the COVID－19 Epidemic Emergency Management in Local Government：A Case Study of Hainan Province，China [J]. BMC Public Health，2021，21：1－19.

工智能等相关技术还可以有效加速新冠病毒宿主预测、药物筛选等数据分析和计算工作，能极大提高病毒的研究与攻克效率。数字技术的强力崛起正在为各种突发紧急事件的应对提供更多的决策支持，相信在未来，数字技术能在自然灾害防治与应对、流行病的控制与治疗等多种紧急事件中发挥更大的作用。

第四节 大数据政治学的新方法

借助一系列数据分析与数据挖掘技术，政治学研究有了更为丰富的研究方法，其中使用较多的新方法包括自动文本分析、社会网络分析以及可视化分析。自动文本分析应用于政治学研究中的情感分析、主题模型等方面，社会网络分析应用于政治学研究中的网络舆情、网络政治、国际政治等方面，可视化分析则是大数据分析成果形成或展示的必不可少的手段。三者均依托大数据技术，广泛应用于政治学研究的多个领域，实现了对传统研究方法的突破与创新。

一、自动文本分析

文本一直是政治科学的重要数据来源，几乎所有国家的政府都会产生和存储大量的文本数据，这些数据成为进行描述性分析或者因果推理的重要资料，特别是比较政治学者们将文本作为数据已有多年，并且已经建立了将文本用于学术推断的直觉。[①] 正如贾斯廷·格里梅（Justin Grimmer）和布兰登·斯图尔特（Brandon M. Stewart）所认为的那样，“语言和文本是洞察政治和政治冲突的媒介”，例如候选人在他们的选举辩论中会展现政策取向，国家将经常通过协商和签署协定，用语言或政策文件彰显双边关系的升级，即使是恐怖组织也有可能通过招募材料、杂志或是公开声明透露它们的目标与意图。但是学者们在使用文本分析进行研究时往往会遇到一些困难，最主要的便是文本数量庞大。以大数据技术为支撑的自动文本分析则使得以前在政治学研究中不可能的事情成为可能——能够在没有大量资金支持的情况下对大规模文本进行收集与系统分析。[②]

自动文本分析被定义为一系列方法，此类方法能自动提取关于文本材料的主题或文体特征的出现、强度或频率等可进行统计操作的信息。自动文本分析通常包含四个步骤，即获取文本、将文本转化为结构化数据、分析数据以获取实质性的测量结果、评估或验证分析。随着电子文本数据库越来越多，文本通过 UTF－8 或者 XML 等格式储存在各类数据库中，政治学研究者们可以在各种各样的文本集上使用自动文本分析方法。另外，随着爬虫技术的进步，网页上的文本数据也越来越容易获得。对于一些纸质档案或书籍

---

① Lucas C，Nielsen R A，Roberts M E，et al. Computer-Assisted Text Analysis for Comparative Politics [J]. Political Analysis，2015，23 (2)：254－277.

② Grimmer J，Stewart B M. Text as Data：The Promise and Pitfalls of Automatic Content Analysis Methods for Political Texts [J]. Political Analysis，2013，21 (3)：267－297.

文本，也可借助扫描软件将纸质档案或书籍文本转换为计算机可读的文本。从“文本”到“数据”的过程，需要进行分词和文本向量化操作，英文单词因空格而自动分隔，而中文需要字符串匹配或基于统计和机器学习的方式将连续的中文汉字分开。分词后再利用词袋或分布式表达技术（如 Word2Vec）完成文本向量化过程。分析数据一般包含三类方法，即基于字典和规则的方法、无监督机器学习（如主题模型）和监督机器学习（Supervised Machine Learning，SML，如朴素贝叶斯、支持向量机等算法）。[①] 自动文本分析如在使用过程中操作不当往往会导致错误结论或出现偏差，因此对分析结果的检验也必不可少。

自动文本分析在政治学研究中常应用于情感分析、主题模型等方面。情感分析主要是为了识别被调查对象对特定事物或人物的态度和看法，这是一种自然语言处理的二级领域，如利用网络文本情感分析判断网民的政治倾向，调查政治候选人或政党是否能够通过他们的竞选活动动员选民等。主题模型的主要任务是通过对词语、文本和主题之间关系的分析，对大量文本进行主题归类，如使用动态主题模型分析欧盟议会的政治议程是如何随时间演变的或研究政党中的派系及其对政治议程的影响。[②] 此外，自动文本分析也为国际政治、国际关系的研究提供了更多可能性。例如，国际关系研究中有两个较为著名的使用自动文本分析的项目——计算机事件数据系统和军事化洲际争端数据集，这两个项目均使用了监督机器学习进行内容的分析，并开发了独特的字典和训练集来对各种国际事件数据进行分类。计算机事件数据系统使用英语新闻报道的自动编码来生成侧重于中东、巴尔干和西非的政治事件数据，这些数据用于统计预警模型以预测政治变化。[③] 军事化洲际争端数据集是战争相关因素数据库中的一个数据集，该数据集对 1816—2014 年间一国对另一国威胁、展示或使用武力的实例进行编码。[④]

在自动文本分析技术为政治学研究带来新的方法的同时，其自身也存在一定的局限性，比如在某些应用场景中自动文本分析可能显得不太灵活，也有学者认为该方法过于简单。所以我们必须具备利用先进技术丰富政治学研究方法的意识，同时也要注意自动文本分析不能代替仔细的思考和阅读，并需要更加科学有效的验证分析，以求确保分析结果的科学性和准确率。

二、社会网络分析

社会网络分析是基于数学方法、图论、心理学、人类学等发展起来的，一套用来分析由多个行为者个体构成的社会网络的结构、性质以及其他用于描述这个网络的属性的

---

① Young L，Soroka S. Affective News：The Automated Coding of Sentiment in Political Texts [J]. Political Communication，2012，29 (2)：205 - 231.

② Greene D，Cross J P. Exploring the Political Agenda of the European Parliament Using a Dynamic Topic Modeling Approach [J]. Political Analysis，2017，25 (1)：77 - 94.

③ Computational Event Data System [EB/OL]. (2013 - 08 - 21) [2023 - 05 - 05]. https：//eventdata. parusanalytics. com/.

④ Correlates of War [EB/OL]. [2023 - 05 - 05]. https：//correlatesofwar. org/.

分析工具和分析方法。为了使分析具有社会性，节点通常指个人、组织或国家，而连线则代表节点之间的某种连接或互动（如贸易、军事接触）。[①] 比起节点自身的特征或属性，社会网络分析更关注节点间的关系的重要作用。在社会网络中，节点的行为不仅受到与其直接相关联的节点的影响，也会受到其在网络中所处的位置及网络结构关系的影响。社会网络分析分为两种类型，即个体网络分析与整体网络分析。前者涉及对单个节点的分析，个体可以是个人、组织或是整个社会。在个体网络分析中，个体的行为及其变化被挖掘并被描述出来。后者涉及对一组节点之间所有关系的分析。子群分析、等价分析等技术以及中心性等度量都需要完整的网络。[②] 一般来说，社会网络分析主要包括六个步骤：(1) 界定分析层次；(2) 界定网络中的关系；(3) 收集网络数据；(4) 对关系进行测量；(5) 数据分析；(6) 提供分析结果。毫无疑问，在社会网络分析中，数据的获取与分析也是至关重要的环节。大数据技术的发展不仅前所未有地增强了捕获数据的能力，还催生了处理复杂网络的分析软件，这使得社会网络构建得更加细致，许多过去难以研究的问题也在此基础上获得了新的活力。

作为一种理论工具，同时也作为一种分析方法，社会网络分析在方法论和理论上突破了传统的研究范式，在社会学、心理学、新闻传播学等多个领域被广泛应用，尤其是被用来研究相互依赖的政治现象。当前社会网络分析被应用于政治研究中的网络舆情、网络政治、国际政治等方面。例如，运用社会网络分析研究大众对某一特定事件的态度倾向，追踪网络舆情的发展态势；或是根据网民在网上的发言帖和回复构建网络用户的关系网络，分析节点之间的关系，挖掘意见领袖。通过整合各类帖子，总结分析舆情的传播特征，为把握网络舆情演变规律、控制舆情发展态势提供理论和实践依据。[③] 社会网络分析在国际政治中的应用相对广泛，涉及较多的研究主题，包括国际关系理论、国家安全、非传统安全、国际政治经济，全球治理等。例如，有学者基于网络分析提出了“网络权力”或是“社会权力”的概念，认为在国际关系领域也需要关注国际行为者通过增强和利用其网络地位来增加权力的能力，以及网络权力的可替代性是对国际关系中传统权力观的发展和补充[④]；结合社会网络模型和其他研究方法重新检视“三角和评论”[⑤]；结合理性选择模型与社会网络分析，研究恐怖网络的最佳结构以及打击恐怖网络的最优

① Ward M D, Stovel K, Sacks A. Network Analysis and Political Science [J]. Annual Review of Political Science, 2011, 14: 245-264.

② Akhtar N. Social Network Analysis Tools [C] //2014 Fourth International Conference on Communication Systems and Network Technologies. Piscataway: IEEE, 2014: 388-392.

③ Lin Z, Wang Z, Hong L, et al. Study on BBS Public Opinion Spreading Based on Social Network Analysis [C] //2015 4th International Conference on Computer Science and Network Technology (ICCSNT). Piscataway: IEEE, 2015, 1: 633-636.

④ Hafner-Burton E M, Kahler M, Montgomery A H. Network Analysis for International Relations [J]. International Organization, 2009, 63 (3): 559-592.

⑤ Ward M D, Siverson R M, Cao X. Disputes, Democracies, and Dependencies: A Reexamination of the Kantian Peace [J]. American Journal of Political Science, 2007, 51 (3): 583-601.

政策选择。① 当前政治学的大多数研究仍然专注于描述性的、社会计量的网络分析方法，挖掘网络分析方法更大的学术潜力需善于借助新的信息技术。

三、可视化分析

做出有价值的决策是大数据分析的最终目标，实现这一目标需要借助可视化技术。“可视化”顾名思义就是利用计算机图形学、计算机图像处理和计算机信号处理等技术将数据、信息和知识的内部结构转化为可视的图形图像进行显示，以期实现用户对数据、信息和知识内部结构的更好理解，从而更好地进行后续的模式识别和数据分析。人类属于视觉动物，视觉是我们理解信息的关键感官之一。人类大脑处理图像的速度比文本快60 000倍，且90%传输到大脑的信息属于视觉信息。因此，在数据爆炸的大数据时代，利用可视化技术可极大地提高数据处理和分析效率。从上文所讨论的自动文本分析及社会网络分析中也不难看出，可视化技术还是大数据分析成果形成或展示的必不可少的手段，可以说大数据可视化是大数据系统的必要组成之一。

可视化分析具备多种优势，包括减轻信息技术负担、节省时间、增加投资回报、为终端用户提供自助服务功能、改进协作或信息、更好地分析特定数据、改进决策。大数据可视化实现了大规模数据的可视化，如气象模拟、数值风洞、核模拟、洋流模拟、星系演化模拟等；同时时序数据的可视化可以帮助人类通过数据的视角观察过去、预测未来，如建立预测模型，进行预测性分析和用户行为分析；具有空间位置信息的时序数据则常常与地图结合，如形成轨迹图。② 当前，数据可视化分析在医学、工程、气象、金融、军事、公共卫生安全等较多领域得到了应用，在政治学研究中针对部分复杂的政治问题，大数据可视化往往能降低复杂性，但数据往往不能对权力关系、意识形态、政治态度、政治行为等进行精准的量化测量。因此，在对一些复杂的政治问题进行实证数据可视化分析时，我们需要持谨慎、批判的态度。

参考文献

蔡翠红．国际关系中的大数据变革及其挑战［J］．世界经济与政治，2014（5）：124－143，159－160．

蔡翠红，王远志．全球数据治理：挑战与应对［J］．国际问题研究，2020（6）：38－56．

漆海霞．大数据与国际关系研究创新［J］．中国社会科学，2018（6）：160－171．

马奔，毛庆铎．大数据在应急管理中的应用［J］．中国行政管理，2015（3）：136－

① Enders W，Su X. Rational Terrorists and Optimal Network Structure［J］. Journal of Conflict Resolution，2007，51（1）：33－57.

② Ali S M，Gupta N，Nayak G K，et al. Big Data Visualization：Tools and Challenges［C］//2016 2nd International Conference on Contemporary Computing and Informatics（IC3I）. Piscataway：IEEE，2016：656－660.

141，151.

陈菲．大数据时代背景下的国家安全治理［J］．国际观察，2016（3）：42－52.

陈菲，王蓉．基于大数据的海洋安全治理论析［J］．太平洋学报，2021，29（7）：93－104.

吴江，张小劲．大数据国际政治研究的回顾与展望［J］．华中师范大学学报（人文社会科学版），2016，55（4）：1－10.

Akhtar N. Social Network Analysis Tools［C］//2014 Fourth International Conference on Communication Systems and Network Technologies. Piscataway：IEEE，2014：388－392.

Gandomi A，Haider M. Beyond the Hype：Big Data Concepts，Methods，and Analytics［J］．International Journal of Information Management，2015，35（2）：137－144.

Anuradha J. A Brief Introduction on Big Data 5Vs Characteristics and Hadoop Technology［J］．Procedia Computer Science，2015，48：319－324.

Tansley S，Tolle K M. The Fourth Paradigm：Data-Intensive Scientific Discovery［M］．Redmond，WA：Microsoft Research，2009.

Budiharto W，Meiliana M. Prediction and Analysis of Indonesia Presidential Election from Twitter Using Sentiment Analysis［J］．Journal of Big data，2018，5（1）：1－10.

Cass T. A Handler for Big Data［J］．Science，1998，282（5389）：636.

Chang R M，Kauffman R J，Kwon Y O. Understanding the Paradigm Shift to Computational Social Science in the Presence of Big Data［J］．Decision Support Systems，2014，63：67－80.

Chen N，Liu W，Bai R，et al. Application of Computational Intelligence Technologies in Emergency Management：A Literature Review［J］．Artificial Intelligence Review，2019，52：2131－2168.

Lucas C，Nielsen R A，Roberts M E，et al. Computer-Assisted Text Analysis for Comparative Politics［J］．Political Analysis，2015，23（2）：254－277.

Coulton C J，Goerge R，Putnam-Hornstein E，et al. Harnessing Big Data for Social Good：A Grand Challenge for Social Work［R］．Cleveland：American Academy of Social Work and Social Welfare，2015：1－20.

Greene D，Cross J P. Exploring the Political Agenda of the European Parliament Using a Dynamic Topic Modeling Approach［J］．Political Analysis，2017，25（1）：77－94.

Didier E. Globalization of Quantitative Policing：Between Management and Statactivism［J］．Annual Review of Sociology，2018，44：515－534.

Fire M，Puzis R，Elovici Y. Link Prediction in Highly Fractional Data Sets［M］//Subrahmanian V S. Handbook of Computational Approaches to Counterterrorism. New York：Springer，2013：283－300.

Azzone G. Big Data and Public Policies：Opportunities and Challenges [J]. Statistics & Probability Letters，2018，136：116－120.

Glisinan K，Stephan A. From Compstat to Gov 2.0，Big Data in New York City Management [J]. Case Consortium Columbia，2014.

Hafner-Burton E M，Kahler M，Montgomery A H. Network Analysis for International Relations [J]. International Organization，2009，63 (3)：559－592.

Hatipoğlu E，Gökçe O Z，İnanç A，et al. Automated Text Analysis and International Relations：The Introduction and Application of a Novel Technique for Twitter [J]. All Azimuth：A Journal of Foreign Policy and Peace，2019，8 (2)：183－204.

Hashem I A T，Yaqoob I，Anuar N B，et al. The Rise of "Big Data" on Cloud Computing：Review and Open Research Issues [J]. Information Systems，2015，47：98－115.

Jann W，Wegrich K. Theories of the Policy Cycle [M] //Fischer F，Miller G J. Handbook of Public Policy Analysis. London：Routledge，2017：69－88.

Kuhn T. The Structure of Scientific Revolutions [M]. Princeton：Princeton University Press，2021.

Lewis-Beck M S，Bélanger É. Election Forecasting in Neglected Democracies：an Introduction [J]. International Journal of Forecasting，2012，4 (28)：767－768.

Liu W. Route Selection：Method Innovation of Urban Delicacy Governance in Big Data Mode：Take in Singapore as an Example [J]. DEStech Transactions on Social Science，Education and Human Science，2017.

Ward M D，Grinstein G，Keim D. Interactive Data Visualization：Foundations，Techniques，and Applications [M]. Boca Raton：CRC Press，2010：3.

Ward M D，Siverson R M，Cao X. Disputes，Democracies，and Dependencies：A Reexamination of the Kantian Peace [J]. American Journal of Political Science，2007，51 (3)：583－601.

Papakyriakopoulos O，Hegelich S，Shahrezaye M，et al. Social Media and Microtargeting：Political Data Processing and the Consequences for Germany [J]. Big Data & Society，2018，5 (2).

Pencheva I，Esteve M，Mikhaylov S J. Big Data and AI-A Transformational Shift for Government：So，What Next for Research? [J]. Public Policy and Administration，2020，35 (1)：24－44.

Burnap P，Gibson R，Sloan L，et al. 140 Characters to Victory?：Using Twitter to Predict the UK 2015 General Election [J]. Electoral Studies，2016，41：230－233.

Gosling S D，Johnson J A. Advanced Methods for Conducting Online Behavioral Research [M]. Washington：American Psychological Association，2011.

Sarker M N I, Wu M, Hossin M A. Smart Governance through Bigdata: Digital Transformation of Public Agencies [C] //2018 International Conference on Artificial Intelligence and Big Data (ICAIBD). Piscataway: IEEE, 2018: 62 - 70.

Schrodt P A. Forecasting Conflict in the Balkans Using Hidden Markov Models [J]. Programming for Peace: Computer-Aided Methods for International Conflict Resolution and Prevention, 2006: 161 - 184.

Shearer R. Forecasting Israeli-Palestinian Conflict with Hidden Markov Models [J]. Military Operations Research, 2007: 5 - 15.

Shi J, Ai X, Cao Z. Can Big Data Improve Public Policy Analysis? [C] //Proceedings of the 18th Annual International Conference on Digital Government Research. 2017: 552 - 561.

Song J, Song X. Information Analysis and Research on Classroom Teaching in Colleges and Universities in Big Data Era [C] //International Conference on Education Studies: Experience and Innovation (ICESEI 2020). New York: Atlantis Press, 2020: 212 - 215.

Studinka J, Guenduez A A. The Use of Big Data in the Public Policy Process-Paving the Way for Evidence-Based Governance [J]. 2018.

Ali S M, Gupta N, Nayak G K, et al. Big Data Visualization: Tools and Challenges [C] //2016 2nd International Conference on Contemporary Computing and Informatics (IC3I). Piscataway: IEEE, 2016: 656 - 660.

Mayer-Schönberger V, Cukier K. Big Data: A Revolution That Will Transform How We Live, Work, and Think [M]. Boston: Houghton Mifflin Harcourt, 2013.

Enders W, Su X. Rational Terrorists and Optimal Network Structure [J]. Journal of Conflict Resolution, 2007, 51 (1): 33 - 57.

Ward M D, Stovel K, Sacks A. Network Analysis and Political Science [J]. Annual Review of Political Science, 2011, 14: 245 - 264.

Van Atteveldt W, Welbers K, Van Der Velden M. Studying Political Decision Making with Automatic Text Analysis [M] //Thompson W R, et al. Oxford Research Encyclopedia of Politics. Oxford: Oxford University Press, 2019.

Jin X, Wah B W, Cheng X, et al. Significance and Challenges of Big Data Research [J]. Big data research, 2015, 2 (2): 59 - 64.

Yonamine J E. The Effects of Domestic Conflict on Interstate Conflict: An Event Data Analysis of Monthly Level Onset and Intensity [J]. Unpublished MA Thesis, Lockheed Martin, 2011: 1 - 2.

第十五章

实验政治学

早期政治学研究以国家或者次国家[①]为研究对象，关注对政治现象的归纳、对政治制度的解读，偏向观察性研究。[②] 伴随着社会科学的发展，尤其到了近代社会，政治学研究逐渐转向对政治行为相关因素的探讨，关注对政治要素因果关系链条的挖掘。[③] 政治学行为主义的研究转向，特别是实验方法的应用对政治学发展具有重要意义。

作为自然科学的舶来品，实验方法早期主要应用于经济学、医学及心理学等领域，后来被社会科学研究者们引入政治学、社会学及管理学等领域，以期构建政治学领域的因果分析链条。随着实验方法的完善、计算机技术的普及、专业实验室的建立，政治学的实验研究从早期粗糙的“受控现场实验”转向真正的“随机实验”。[④] 时至今日，实验方法已发展成为美国政治科学领域的一种前沿研究方法，拥有较为成熟的论证体系，被越来越多的学者认可和应用。

本章较为全面地对实验政治学进行了整体性介绍。具体而言，首先，本章梳理了 21 世纪实验政治学的最新发展状况。其次，顺着实验政治学的内涵，本章就实验政治学的理论思路和研究设计进行了详细解读，以便读者更好地理解实验研究的方法论逻辑，这也是本章的重点所在。同时，本章对当前实验政治学的应用主题、发展所面临的争议进行了简略介绍。最后，本章就实验政治学的发展方向进行了讨论，特别是结合中国情景进行了前瞻性展望。

---

① 次国家（sub-state actors）也被称为次国家行为体。美国学者詹姆斯·罗西瑙提出的“世界治理理论”首次从理论上系统论述了次国家行为体。他将国家行为体称为非主权行为体，如次国家政府（省级以下地方政府）、城市、社团、政党、跨国公司、跨国组织等。

② Imai K，Keele L，Tingley D，et al. Unpacking the Black Box of Causality：Learning about Causal Mechanisms from Experimental and Observational Studies [J]. American Political Science Review，2011，105 (4)：765 - 789.

③ 葛浩阳，许谦．经济全球化进程中的政治经济因素：“何以重要”以及“重要几何”[J]. 政治经济学季刊，2024，3 (1)：39.

④ 蒋建忠．国际关系因果推论中的匹配方法：原理、类型与操作 [J]. 国际关系研究，2017 (3)：25 - 46，153.

第一节　实验政治学的新发展

作为一种源于自然科学的方法论，实验方法在政治学领域的发展也呈现出“两极分化”的格局。但从总体上看，进入21世纪后，实验方法正在被更多的政治学者所使用，特别是在政治经济学领域，2019年和2021年诺贝尔经济学奖先后颁给了应用实验方法解析政治经济现象的研究学者，这充分体现了实验方法的重要性及其在政治学领域的应用前景。

随着政治学研究越来越重视因果推论，实验方法逐渐成为政治学者“工具箱”中的主流工具。实验逻辑被越来越多的政治学者运用于实证研究，以期得到合理的因果解释。实验政治学在进入21世纪后步入了成熟推广阶段，其发展主要呈现以下四个方面的特征：

第一，21世纪之后，实验政治学表现出系统性、专业性的发展特点，具体体现在实验研究学术著作的数量方面。21世纪以来，与实验政治学相关的学术专著开始陆续出版，这标志着实验政治学的研究设计在实践运用中有了一定积淀，其研究体系逐渐发展成熟，开始系统性地构建自身的学科框架与体系。

目前学界比较认可的实验政治学学术著作有丽贝卡·莫顿（Rebecca Morton）和肯尼思·威廉斯（Kenneth Williams）在2010年出版的《实验政治学方法论与因果关系研究：从现场到实验室》（*Experimental Political Science and the Study of Causality: From Nature to the Lab*）。该书对如何进行因果研究做了详细介绍，并对实验方法的未来应用和不同方法的结合提出了改进建议。另外，2011年出版的《剑桥实验政治学手册》（*Cambridge Handbook of Experimental Political Science*）是第一本全面概述实验研究如何改变该领域的教科书。它不仅解释和定义了实验设计和分析的核心概念，而且提供了实验运动的思想史。作者在该书中回顾了开创性的实验研究，并阐述了实验性政治科学日益增长的影响力。① 总之，实验研究著作的出版，对传播经典实验研究思想、指导社会科学者们进行科研工作、保留重要实验研究成果具有重要意义。它们的出版标志着实验政治学在21世纪迈入一个新的发展阶段。

第二，21世纪实验政治学呈现的另一个发展态势是凝聚性和活跃性。随着实验政治研究的学术论坛、学术会议以及方法培训课程在美国各地广泛开展，越来越多的政治学实验学者被有组织地聚集起来，有序参加实验政治研究的学术交流会议，分享各自的实验研究成果，启发新的实验科研思路。

在美国，与实验政治学相关的会议每年都有三次。2002年，纽约大学（New York University）成立了实验社会科学研究中心（Center for Experimental Social Science），每年组织召开NYU-CESS实验政治学年会，以促进经济学、政治学、心理学以及神经科学

---

① Druckman J N，Greene D P，Kuklinski J H，et al. Cambridge Handbook of Experimental Political Science [M]. Cambridge：Cambridge University Press，2011.

等领域的跨学科实验室实验研究。与此同时，以实验方法论为主题的美国西海岸实验会议（West Coast Experiments Conference）开始创办。而后，基于 NYU-CESS 实验政治学年会，莫顿与乔舒亚·塔克（Joshua Tucker）于 2008 年发起了第一届实验政治学年会。到了 2010 年，美国政治学会实验分会的正式成立，将实验政治学的成长推向了一个新高峰。除了组织学者们分享与讨论实验研究的前沿成果，实验分会还组织了三项特别的学术活动：一是开展“师生配对指导”项目，加强实验研究的人才培养；二是成立实验研究的标准委员会，提高实验研究的规范性与科学性；三是成立期刊委员会，创建实验政治学领域的学术期刊。

第三，实验政治学专业刊物也得到了发展。2010 年，《美国政治学与社会学学院年报》（The Annals of the American Academy of Political and Social Science）以“比较政治学研究与政策制定中的现场实验”（field experiments in comparative politics and policy）为专题，刊载了与实验政治学中现场实验研究法相关的学术文献，反映了政治科学领域实验的日益成熟，研究人员开始以新颖的方式使用该方法，弥补实验设计和分析中的缺陷。2011 年，在美国政治学会实验分会的促成下，《实验政治科学》（*Journal of Experimental Political Science*）期刊诞生。这不仅为实验学者提供了学术成果的展示和交流平台，也成为其他想了解实验政治研究的学者阅读的读物，可谓进一步推动了实验政治研究的推广和扩散。

第四，在实验研究机构的成熟、实验研究主题的扩展等系列软硬条件的辅助下，实验政治学迈出美国传播到全球其他地方。学者们在北美、欧洲、非洲、亚洲和拉丁美洲的各种社会、经济和文化背景中发现并构建起许多充满活力的实验场景。这为使用实验方法探索国际关系和比较政治的学者提供了研究场域，就此产出了关于国际政治和比较政治的一系列研究成果。[①] 其中最具有代表性的有：一是欧洲的国家学者运用实验方法对欧盟有关议题的研究，如运用政治学实验研究对欧洲国家的选举行为、大众传媒和协商民主等议题进行讨论[②]；二是针对非欧美国家民主发展问题的研究，包括亚美尼亚选举舞弊的自然实验[③]、评估印度尼西亚民主促进的实地实验[④]、巴西的政治腐败以及在利比里亚等国家发生国内冲突后的安全部门改革[⑤]、非洲族群之间的文化差异[⑥]以及相关国家的

---

① Druckman J N，Greene D P，Kuklinski J H，et al. The Growth and Development of Experimental Research in Political Science [J]. American Political Science Review，2006，100 (4)：627 - 635.

② Doerr N. Translating Democracy：How Activists in the European Social Forum Practice Multilingual Deliberation [J]. European Political Science Review，2012，4 (3)：361 - 384.

③ Hyde S D. The Observer Effect in International Politics：Evidence from a Natural Experiment [J]. World politics，2007，60 (1)：37 - 63.

④ Hyde S D. Experimenting in Democracy Promotion：International Observers and the 2004 Presidential Elections in Indonesia [J]. Perspectives on Politics，2010，8 (2)：511 - 527.

⑤ Weitz-Shapiro R，Winters M S. Lacking Information or Condoning Corruption? Voter Attitudes toward Corruption in Brazil [J]. SSRN Elibrary，2010.

⑥ Posner D N. The Political Salience of Cultural Difference：Why Chewas and Tumbukas Are Allies in Zambia and Adversaries in Malawi [J]. American Political Science Review，2004，98 (4)：529 - 545.

国家建构和公共产品问题。[①] 此外，里克·威尔逊（Rick Wilson）和唐纳·巴里（Donna Bahry）在俄罗斯不同地区的几个不同族群之间进行了一系列实验性实验室经济游戏，也取得了非凡的成就。[②]

第二节　实验政治学的新理论

实验政治学理论起源于密尔的逻辑推理理论，实践操作起源于罗纳德·艾尔默·费希尔（Ronald Aylmer Fisher）对密尔求异法理论的改造。随着方法和技术手段的不断成熟，实验政治学研究思路开始了“随机”转向，通过“随机分配”产生“可比较的”两个组别，控制好实验干预因素，进而对实验结果进行因果评估。

一、实验政治学的新思路

1. 实验政治学的理论步骤

社会科学研究的最终目的是对社会生活中的各类现象进行剖析和解读，寻求不同事物各要素之间的因果关系。实验政治学的新发展更加强调因果关系的挖掘及其机制分析。所以，理解论证因果关系的步骤是理解实验政治学理论创新的基础。

对因果关系进行论证实质上就是寻找最具有说服性的证据的过程。随着实验政治学理论的发展，目前最常用的因果关系论证方法是“构建反事实”，其目标是制造“可比较的”组，用最贴切的值替代反事实。因此，要想理解实验政治学的新思路，应该遵循以下五个步骤[③]：

第一步，确定现象发生的“原因”是什么，并对原因做出明确的定义。这相当于寻找因果关系中的自变量，并对自变量进行明确的定义。例如，如果我们观察到A地区是国家经济发展福利政策试点地区，在政策试点之后，该地区的经济总量得到了显著提升，我们可以据此推测国家经济发展福利政策就是我们所要寻找的原因，是我们研究中的自变量。

第二步，确定现象发生的“结果”是什么，并对结果做出明确的定义。例如，A地区的经济总量就是我们所要寻求的结果，是我们研究中的因变量。

第三步，确认原因和结果之间是否存在真正的因果关系。在进行因果推断时，我们需要明确我们所研究的现象与结果之间的关系类型，是纯属巧合，还是存在其他混杂因

---

① Miguel E. Tribe or Nation? Nation Building and Public Goods in Kenya versus Tanzania [J]. World Politics, 2004, 56 (3): 327-362.

② Bahry D, Kosolapov M, Kozyreva P, et al. Ethnicity and Trust: Evidence from Russia [J]. American Political Science Review, 2005, 99 (4): 521-532.

③ Vigen T. Spurious Correlations Hardcover [M]. New York: Hachette Books, 2015.

素？或者存在逆向因果关系？[①] 例如，我们需要仔细分析是否存在能够同时影响国家经济发展福利政策选择和A地区经济发展的混杂因素，如A地区的地理位置优越等。如果地理位置优越的话，国家经济发展福利政策更容易在A地区试点，A地区的经济发展总量也更容易提升。所以，如果存在“地理位置优越”等其他混杂因素，国家经济发展福利政策与地区经济总量提升之间的关系则可能只是伪相关。[②]

第四步，通过实验方法，在真实世界中构建反事实。例如，为了探寻国家经济发展福利政策与A地区经济发展之间是否真正存在因果关系，我们可以通过当前较为流行的方法，如随机控制实验、自然实验、准自然实验等制造反事实。这里的反事实是指那些没有被选中试点国家经济发展福利政策的地区，我们需要寻找或者制造出这样一个反事实，以证明国家经济发展福利政策和A地区经济发展两者之间存在因果效应。

第五步，通过相关处理手段，将实验组和对照组调整到可比较的状态。[③] 从科学性和严谨性的角度出发，我们所制造出来的反事实必须能够最贴切地反映某一政策或其他事物在该地区未运行时的状态。例如，假设在同一时期未进行国家经济发展福利政策试点的B地区和进行了国家经济发展福利政策试点的A地区是“可比较”的，那么就可以用未进行国家经济发展福利政策试点的B地区的经济总量作为最贴切的值，来替换“A地区未进行国家经济发展福利政策试点（反事实）时的经济总量”。

从因果关系论证的整体性视角出发来理解实验研究新思路可以发现，实验研究新思路最大的功效在于能够通过随机控制实验、自然实验或者准自然实验等类似随机分配的方法制造出“反事实状态”，形成两个“可比较的”样本组，从而开展因果解析。

2. 实验政治学的理论设计

实验政治学是实验研究与政治学研究相结合的一种术语表现，是政治学者运用实验方法进而对政治现象进行因果解析，考察政治现象潜在规律的一种研究方法。[④]

传统实验政治学中的理论设计遵循密尔所提出的求异法理论。[⑤] 求异法是一种人工实验方法，它能够找到事物发生的必要条件。具体而言，求异法是指，如果我们所研究的某个现象只出现在场景A，而没有出现在场景B，且场景A与场景B之间只存在一个条件C的不同，其他条件都相同，那么我们就认为条件C导致了场景A和场景B之间的差异，或者说这个条件C就是导致该差异的原因。

实验研究的新思路在求异法理论的基础上，通过控制手段对研究对象的条件C进行

---

① Sackett. Evidence-Based Medicine：How to Practice and Teach EBM［M］. London：Churchill Livingstone，2000.

② 李树，严茉．班纳吉和迪弗洛对发展经济学的贡献：2019年度诺贝尔经济学奖得主学术贡献评介［J］．经济学动态，2019（12）：108-121.

③ Brickman A M，Khan U A，Provenzano F A，et al. Enhancing Dentate Gyrus Function with Dietary Flavanols Improves Cognition in Older Adults［J］. Nature Neuroscience，2014，17（12）：1798-1803.

④ Hedström P，Ylikoski P. Causal Mechanisms in the Social Sciences［J］. Annual Review of Sociology，2010，36（1）：49-67.

⑤ 密尔在1843年出版的《逻辑体系》（A System of Logic，Ratiocinative and Inductive）一书中，提出了推理因果关系的五种方法，即求同法、求异法、求同求异共用法、共变法、剩余法。

人为干预。但由于社会科学所研究的现象大多存在于真实世界，无法确保研究对象除干预因素之外的其他条件特征都一致，因此，费希尔对实验方法进行了理论升级，将研究对象通过一个关键的“随机分配”的步骤分配到实验组与对照组。① 从统计学角度考虑，“随机分配”能使研究对象以相同的可能性被分配到任意一组。只要两组样本的容量足够大，两组的平均特征就应该没有差异，那么两组样本之间存在的其他差异便可以归因于偶然性并加以排除，由此产生的实验差异就是一个导致现象的原因。

具体来讲，如图 15-1 所示，当前实验政治学的理论设计过程如下②：

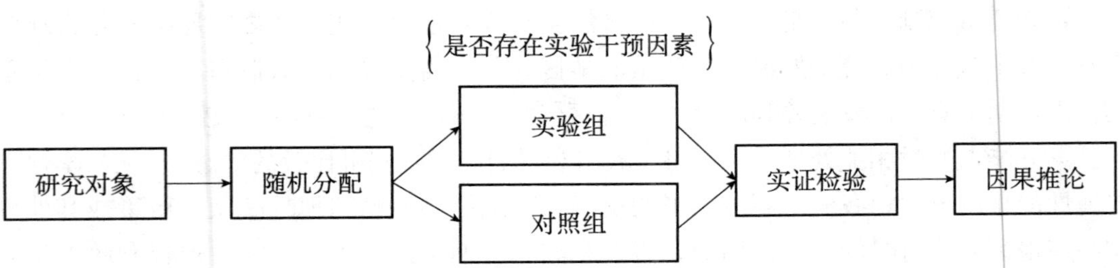

图 15-1 实验政治学的理论设计过程

在实验开始之前，研究者需要对研究环境中的研究对象进行“随机分配”，将研究对象划分为两个同等规模的样本组，即“实验组”和“对照组”。

在实验过程之中，两个样本组中，被投入实验干预因素的是实验组，未被投入实验干预因素的是对照组。这样就产生了两个可以比较的组，实验干预因素是它们之间唯一的差别。

在实验结束之后，如果研究者在实验组与对照组的对比中测度到了具有显著性的结果差异，由于之前的随机分配已经排除了研究对象之间的固有差异和其他可能的混淆因素对研究推论的影响，那么研究者就可以将这种显著性的结果差异归因于实验干预因素所产生的影响，并据此构建相应的因果推论。

二、实验政治学的理论类型

随着技术的演进和思路的拓展，根据实验过程“干预程度”的大小，当前实验政治学通常被分为五种理论类型，即随机对照实验、自然实验、准自然实验、调研实验和田野实验。③

首先，随机对照实验是指研究者在专业实验室中对研究对象进行科学化的随机分配和人为干预，尽可能地控制和干预所有与实验干预无关的条件，制造或模拟大部分现实

① 陈菊慧，白军飞，马英辉，等. 友好型标签能促进农药减量吗?：来自随机干预实验的证据 [J]. 中国农村经济，2022（9）：124-144.

② Neuman W L. Sccial Research Methods：Qualitative and Quantitative Approaches [M]. 5th ed. London：Pearson Education，2003.

③ Druckman J N，Greene D P，Kuklinski J H，et al. Experimentation in Political Science [M] //Druckman J N，Greene D P，Kuklinski J H，et al. Cambridge Handbook of Experimental Political Science. Cambridge：Cambridge University Press，2011：3-11.

中不容易观测到的现象，最终保证研究结果的内部有效性的一种实验研究方法。①

其次，自然实验是指受试个体（群体）被自然地或被其他非观察者控制因素暴露在实验或控制条件下的一种实验研究方法。这种对实验组与控制组的划分类似于随机实验。② 但与随机实验不同的是，自然实验的控制方式并不是由实验者选择的，所以其本质上是一种观察实验。在自然实验中，研究者利用日常生活中出现的自然灾害等随机性外生冲击，构建“类似随机对照实验的现象”，分析潜在的因果关系。③

再次，在真实社会情景中的政治实验研究往往属于“准自然实验”的范畴。因为政治学研究者显然对诸如政府新政策实施等实验研究对象无法进行有效的随机分配和实验干预，而且政府在全国范围内选择部分地区进行一项新政策试点之时，也会综合考虑地区的综合发展能力等因素，再进行选择性试点，这同样无法确保政策的外生性，并且日常生活中出现的自然灾害等随机性外生冲击也很难被遇到。④

就具体内容来讲，准自然实验是通过观测数据和统计学方法，打造出与实施随机对照实验相类似的状态，可以说准自然实验是对自然实验的“模仿”。准自然实验常用的四种统计学方法包括：双重差分法（Differences-in-Differences，DID）、倾向得分匹配法（Propensity Score Matching，PSM）、工具变量法（Instrumental Variable，IV）和断点回归法（Regression Discontinuity，RD）。⑤ 其中，每一种方法的基本概念和前提使用条件都各有不同。

又次，调研实验则是将研究嵌入发放的调查问卷中，以问卷中的问题构建实验环境（通过框架建构或信息操作），以调查问卷的方式间接干预受试对象的行为。⑥ 调研实验的成本较低、操作简易，目前受欢迎程度较高。但因为其干预力度一般，所以得出的结论在长期有效性上存在重大缺陷。

最后，田野实验也称为“现场实验”或“实地实验”，是实验政治学极为重要的一个研究分支，为政治学实验研究的发展开拓出了更为广阔的空间。田野实验结合了田野调查和实验研究两种社会科学的研究传统，以研究对象所处的真实社会情景为实验场域，将自然实验研究的思路嵌入自然发生的政治活动中。⑦ 因田野实验能够在自然条件下开展实验干预和实验评估，所以其外部效度比较高。

在田野实验中，干预因素从研究人员可以影响的东西变成国家以各种形式进行的政治规划，如发放计划拨款、区域制度的实验计划等。所以，研究者往往不能参与实验干预，要想参与实验干预，就需要与公职人员、非政府组织和政策制定者进行合作，然而在这种情况下，干预手段和方向都会受到明显限制，干预力度较弱。这进而会导致其研

---

① Harrison G W，List J A. Field Experiments [J]. Journal of Economic Literature，2004，42 (4)：1009 - 1055.

② 陈耿宣，黄睿，凌浩．随机田野实验的使用规范与拓展应用 [J]．东北财经大学学报，2022 (6)：15 - 26.

③ 李文钊，徐文．基于因果推理的政策评估：一个实验与准实验设计的统一框架 [J]．管理世界，2022，38 (12)：104 - 123.

④ 同①.

⑤ Stock J H，Waston M H. Introdction to Econometrics [M]. London：Pearson Education，2003.

⑥ Kuklinski J H，Cobb M D，Gilens M. Racial Attitudes and the “New South” [J]. The Journal of Politics，1997，59 (2)：323 - 349.

⑦ 同①.

究问题的范围受到限制，而其研究结果的内部有效性也会相对低于其他类型的实验。

三、实验政治学的学术价值

A. 罗思（A. Roth）认为，实验研究有三个方面的价值：一是追寻真相，二是促进理论交流，三是对现实政治活动进行有影响的“循循善诱”。实验方法也为21世纪政治学领域内出现的新实践、新问题提供了解答工具。①

1. 理论贡献

实验方法的有效运行可以对相关理论进行实证检验，对目前部分政治学相关理论进行评估和纠偏；尤其是实验政治学可以发挥自己在部分研究议题中的优势，如政治参与行为或政治态度转变相关理论的分析。同时，研究者也可以借助实验方法观察和检验政治生活中的新现象，提出新问题，并在此基础上进行理论创新。

由于第三波民主化国家普遍采用一些主流的民主理论，以理想化的政治环境或西方的社会、政治现实为基础进行国家构建，因而普遍面临着民主转型的困境，治理绩效出现了极大差异。相应地，21世纪之后涌现出了众多针对第三波民主化浪潮下非欧美国家民主发展的研究议题。实验方法的研究逻辑恰好适用于解决这一系列的研究议题。利用实验架起外来理论与当地实际的桥梁，无疑是探索符合新兴民主化国家实际民主政治运作方式的有效途径之一。同时，利用新兴民主化国家内部的制度变革实验，能够充分评估制度绩效。例如，詹马可·利昂（Gianmarco Leon）等人通过随机实验研究了与选举相关的法律条文中的制度性变化在选举参与程度上对秘鲁民众产生的影响。

2. 现实贡献

实验政治学的产生和不断发展同样具有强烈的现实意义。实验政治学的研究成果不仅能够为公共政策实践提供评估反馈，而且可以为政府执政者提供良好的政策指导。

21世纪以来，各国政府越来越重视采用实验主义治理的思路进行政策推行。② 实验主义治理强调，政策制定部门要预先选择一定的政策实验区对政策实践进行前期试点，这类似于自然情形下的实验环境设计。而实验方法就是进一步推演不同政策在自然发生环境中的效果，对试点政策进行绩效评估③，以此为执政者提供政策试点的科学反馈，减少后期执行中的不确定性，从而确保公共政策在运行中的可行性和可推广性，提升政府的公信力。例如，詹姆斯·德莱思（James Derleth）等人分析了20世纪90年代中国社区的选举和社会福利实验，认为这一实验尚未对中国政体产生显著影响。④

---

① 陈叶烽，刘莹，杨雯渊. 公共政策评估与随机控制实验：基于“规模化”视角的经验启示与中国实践 [J]. 管理世界，2023，39（3）：172-196.

② 关于实验主义治理的基本逻辑，具体可参见：Sabel C F，Zeitlin J. Experimentalism in the EU：Common Ground and Persistent Differences [J]. Regulation & Governance，2012，6（3）：410-426.

③ Zhu X，Zhao H. Experimentalist Governance with Interactive Central-Local Relations：Making New Pension Policies in China [J]. Policy Studies Journal，2021，49（1）：13-36.

④ Derleth J，Koldyk D R. The Shequ Experiment：Grassroots Political Reform in Urban China [J]. Journal of Contemporary China，2004，13（41）：747-777.

3. 方法拓展

实验政治学扩充了政治学的研究方法，是政治学学科体系中方法的拓展。[①] 在实验方法的推动之下，学者们采用新的研究方法认识原有的问题，这在极大程度上推动了政治学科知识体系和认知体系的进一步健全。

一方面，旧有的政治学研究方法侧重定性观察和哲学思辨，研究议题或被限制在宏观层面的国家结构和次国家制度方面的探讨上，或从哲学思辨层面上探讨国家政体和民主发展等。实验方法的引入不仅是对传统政治学研究方法的冲击，也在一定意义上弥补了传统政治学研究方法定性研究偏多而定量研究偏少的不足之处。[②]

另一方面，实验政治学的新发展也推动着政治学研究从相关性分析升华到对因果关系的探索。实际上，在对政治现象进行观察与推论时，不少研究者会或多或少地因主观性而产生研究偏倚，缺乏确保推论不发生偏倚的手段。实验方法的出现弥补了现有的不足，对政治现象的解读从案例描述发展到相关分析，并进一步拓展到因果解读，政治学研究的科学性也在不断增强。

四、实验政治学的理论问题

实验方法可以说是对政治学传统研究方法的扩充，是政治学面临新问题和新需求给出的新方法。但不可否认的是，实验政治学的理论设计会面临一定的潜在问题。这些问题是其研究方法自身固有的局限性带来的：一方面是内部有效性问题，即实验研究的因果推断对整个研究总体是否有效。[③] 另一方面是外部有效性问题，即因果效应能否从研究样本和研究环境推广到其他研究总体和其他环境中。[④]

一般而言，对内部有效性的威胁通常包括以下四种：首先是随机化的非随机性，即两组样本之间存在系统性差异。有时实验干预是以主体的特征或偏好为基础，这样就会产生遗漏变量，从而导致“实验效果（因果效应）＝处理效应＋非随机分配效应”。对于这一问题而言，一般的解决方法是通过回归，检查实验组和对照组之间是否存在系统性差异。其次是研究对象没有遵守处理协议。[⑤] 在一项实际实验中，研究对象并不总是按照研究者的要求行事。这是因为，研究对象实际上接受的实验干预是由“随机分配（有资格参与）＋个体特征（接受愿望）”共同决定的。主体是否接受实验干预存在自我选择要素，这样就会导致估计偏差。再次，实验存在“霍桑效应”的可能性。当研究对象的退出原因与实验干预有关，则会产生估计偏差。同时，实验效应也会对实验结果的内部有

---

① 包特，王国成，戴芸．面向未来的实验经济学：文献述评与前景展望［J］．管理世界，2020，36（7）：218－237.

② Glynn A N，Ichino N. Using Qualitative Information to Improve Causal Inference［J］．American Journal of Political Science，2015，59（4）：1055－1071.

③ Green J. Points of Intersection between Randomized Experiments and Quasi-Experiments［J］．The Annuals of the American Academy of Political and Social Science，2010，628（1）：97－111.

④ Garcia F M，Wantchekon L. Theory，External Validity，and Experimental Inference：Some Conjectures［J］．The Annuals of the American Academy of Political and Social Science，2010，628（1）：132－147.

⑤ 陆方文．随机实地实验：方法、趋势和展望［J］．经济评论，2017（4）：149－160.

效性产生影响。在以人为主体的实验中，主体在该实验中的这一事实能够改变他们的行为，从而产生"霍桑效应"，以致实验激发效果大打折扣。最后，如果研究的样本量较小，则有可能导致因果效应不能被精确地估计。[①]

外部有效性的威胁通常集中在：一是研究对象不具有普遍代表性。二是研究对象被施加的政策属于一些小规模、被严格限制的实验政策，将来不会被普遍实际执行。三是一般均衡效应，即一项内部有效的小实验可能会正确地测量因果效应，而一般均衡效应意味着当该实验项目被广泛地执行时，环境因素的改变会对实验结果造成影响。四是处理和资格效应，即实验可能对人为选择的研究样本很有效，而对从总体中随机选择的研究样本相对无效。

五、实验政治学的理论争论

虽然实验研究是推动政治学研究从注重总结归纳走向关注事实检验的重要推手，但实验方法在政治学中的应用并不是一帆风顺的。新的研究方法的引入和应用必然会面临一定的争议，有许多中外学者主张限制实验政治学的发展。除了实验在理论设计中的问题，学术界围绕下述问题展开的争论也从未停止：

一是政治学研究是否属于实验性质的研究。政治学的社会科学属性决定了其研究对象往往是"灵活多变"的人，因此很难做到完全的实验控制，也容易导致伦理问题。实验政治学并不意味着可以完全替代经典政治学，而是作为一个补充工具。实际上，实验方法并不能回答所有问题，但能够回答或者补充传统方法未能解决的某些问题，尤其是一些原本被忽视的细节问题。例如，2019 年诺贝尔经济学奖获得者们就从微观视角出发，探讨发现许多贫困现象是由一些小的问题造成的，只要在这些细节问题上增加或者减少一些激励，就有可能帮助穷人摆脱贫穷的困扰。

二是实验政治学研究是否具有自身的独特性。这一争论本质上是实验政治学研究和定量政治学研究之间的差异问题。实验数据的分析是传统定量研究和新兴实验研究都会涉及的研究阶段。[②] 但与统计方法相比，实验政治学的独特性并不在于设计复杂的数学统计模型，而在于通过"实验"获取相关数据，进行统计分析，从而获得因果推理。

三是实验政治学研究结论是否具有相应效度。这实质上是在回答我们使用的研究方法能否达到我们的预期研究目标的问题。具体而言，实验政治学研究更加偏向采用各种方法处理和解决内生性问题，相对忽视了外部有效性的威胁。[③] 但是从现实层面来讲，各

---

① 王思琦 . 提高公共管理实验复制的适应性：一种贝叶斯实验设计框架［J］. 公共管理与政策评论，2024，13（4）：88－102.

② McDermott R. Internal and External Validity［M］//Druckman J N，Greene D P，Kuklinski J H，et al. Cambridge Handbook of Experimental Political Science. Cambridge：Cambridge University Press，2011.

③ Angrist J D，Pischke J S. Mostly Harmless Econometrics：An Empiricist's Companion［M］. Princeton：Princeton University Press，2009.

种研究方法都需要在内部和外部有效性上做出平衡和取舍。一方面，每一种研究方法必定有其使用限度，实验方法并非适用所有研究议题；另一方面，随着学者们的不断努力完善，方法论的缺陷必然会被不断弥补。①

第三节 实验政治学的新议题

政治学有着广泛的研究议题，实验方法最适合解决哪一方面的研究议题，是不同的实验研究必须要回答的问题。研究议题的范畴往往受到研究方法的主要学科背景的影响。当前，西方政治学中的实验研究有三个主要的学科背景，分别是实验政治心理学、实验经济学以及统计学。

受学科背景的影响，实验政治学关注的问题通常比较“细枝末节”，从微观视角出发观察几个变量之间的因果效应，但这并不意味着实验政治学的研究议题会受到限制。实验政治学拥有“广而大”的研究议题，同时聚焦“细而小”的研究问题。从整体上看，21世纪以来，实验政治学的研究议题不断扩展，主要分布在以下五个领域：

第一个是政治心理领域，主要包括政治态度、政治选举和政治传播等。学者们通过引入实验研究方法，对传统的公民政治态度、政治选举行为、信息技术背景下的政治传播进行再检验。实验测度在某些领域已经聚合，最明显的是投票行为、集体行动等领域。例如，D. P. 格林（D. P. Green）等人通过投票实验，检验邮件、电话和拉票对选民投票率的影响。② 实际上，实验政治学的研究不仅限于选民参与，也包括媒体干预对政治观点的影响，比如，阿龙·里夫斯（Aaron Reeves）等人利用1997年英国右倾小报《太阳报》（*The Sun*）由支持工党转变为支持保守党这一准自然实验，对印刷媒体如何影响政治态度和政党认同的问题进行了讨论。③ 除此之外，候选人竞选信息内容的显著性、种族在集体行动中的作用，以及游说对立法投票的影响也已进入现场实验的关注范围。

第二个是政治发展领域，主要包括协商民主和央地关系等。政治发展所涉及的问题一般较为宏观，传统研究以案例为切入点，试图发展有关“如何做”的理论，对政府发展模式提供方向上的指引。实验方法被运用到对这一较为宏观议题的解答中，试图从小视角出发，探索宏观理论信念的实施效度。例如，基莫·格伦隆德（Kimmo Grönlund）等人基于在芬兰举行的一项名为公民审议实验的结果发现，协商民主和公民美德之间存在正向因果效应，参与协商民主的人更倾向于参与政治行动，他们比没有参与协商民主的人具有更多的内部效能以及更信任议会和政客。④ 此外，国家权力格局下央地关系的改

---

① 臧雷振，朱逸飞，温宇涵．重构实验方法下的公共政策评估：兼论其在高等教育扩招政策评估中的应用验证[J]．中国行政管理，2023，39（1）：148－156．

② Gerber A S，Green D P. The Effect of a Nonpartisan Get-Out-The-Vote Drive：An Experimental Study of Leafletting [J]. The Journal of Politics，2000，62（3）：846－857.

③ Reeves A，McKee M，Stuckler D. “It's the Sun Wot Won It”：Evidence of Media Influence on Political Attitudes and Voting from a UK Quasi-Natural Experiment [J]. Social Science Research，2016，56：44－57.

④ Grönlund K，Setälä M，Herne K. Deliberation and Civic Virtue：Lessons from a Citizen Deliberation Experiment [J]. European Political Science Review，2010，2（1）：95－117.

革实践也被纳入实验研究的范畴，萨拉·弗莱什（Sarah Flèche）等人使用一种基于瑞士中央集权改革实施的时间和跨州差异的实验设计，识别了中央集权的福利效应，发现集权化容易导致居民的生活满意度显著下降，这会对地方政治参与产生不利影响。①

第三个是政治治理领域，主要包括国家治理、城市治理、农村治理和社区治理等。21世纪以来，治理理论的兴起，使得不少实验政治学者们试图遵循实验逻辑，对各类治理现象进行剖析。例如，艾哈迈德·阿贝迪·萨尔维斯塔尼（Ahmad Abedi Sarvestani）等人利用实验方法分析了伊朗农村理事会在参与森林治理的过程中，更倾向于选择政府和非政府行动者对森林进行封闭式共同管理的安排。② 与此同时，城市和农村的基层治理创新也一直是推动各国政府政治制度体系完善的动力，针对这一微观层面的政治实践，阿比盖尔·巴尔（Abigail Barr）等人运用准自然实验的方法对津巴布韦地区社区组织的形成和组成展开研究。③ 此外，值得注意的是，最近的实验提供了一些创新方法，例如列举实验法尝试探索较敏感的或以前无法访问的主题，最常见的是政治治理领域内的腐败现象。

第四个是政治制度领域，主要包括政治规则、政府政策和公共服务等。制度变革往往被实验者们看作一项“干预措施”，通过有效的研究设计，学者们期望得到政府制度变革的实际效果。例如，艾伦·扎里奇塔（Alan Zarychta）通过洪都拉斯卫生部门权力改革试验，验证了权力下放能通过改变问责促使政府为穷人提供更好的公共服务这一结论。④

第五个是国际政治领域，主要包括国际组织，如欧盟、全球气候治理组织等。学者们试图在国际和比较背景下提高实验的有效性和普遍性。例如，布朗·埃里克（Braun Erik）等人基于英国“脱欧”的现场实验，考察了英国和欧盟政府的信任与感知的不确定性之间的关系，以及这种关系如何影响消费者的选择（旅行决策）。⑤ 托马斯·伯诺尔（Thomas Bernauer）等人在全球治理背景下，以全球气候谈判为例，利用调查实验探讨了在国际气候谈判中，社会组织参与对谈判过程和结果产生的影响，以及公众对社会组织参与国际谈判的评价。⑥

综上可见，实验方法的采用，使得政治科学不再局限于对经验现象的表面观察，而是尝试为特定理论的推论和检验提供实验方案。因此，实验方法在政治研究领域的实践应用正在不断提高我们对政治科学的认识。

---

① Flèche S. The Welfare Consequences of Centraliaztion：Eviendence from a Qusinatural Natural Experiment in Switzerland [J]. Review of Economics and Statistics，2020：621－635.

② Sarvestani A A，Ingram V. Perceptions and Practices of Rural Council Participatory Forest Governance：Closed Co-Management in Chehel-Chay，Iran [J]. Forest Policy and Economics，2020，117：102202.

③ Barr A，Dekker M，Fafchamps M. The Formation of Community-Based Organizations：An Analysis of a Quasi-Experiment in Zimbabwe [J]. World Development，2015，66：131－153.

④ Zarychta A. Making Social Services Work Better for the Poor：Evidence from a Natural Experiment with Health Sector Decentralization in Honduras [J]. World Development，2020，133：104996.

⑤ Erik B，Sebastian Z. In Governments We Trust：A Two-Country Brexit Field Experiment on Perceived Uncertainty as Mediator for Consumer Decisions [J]. Journal of Business Research，2022，138：335－346.

⑥ Bernauer T，Gampfer R，Meng T，et al. Could More Civil Society Involvement Increase Public Support for Climate Policy-Making? Evidence from a Survey Experiment in China [J]. Global Environmental Change，2016，40：1－12.

第四节 实验政治学的新未来

根据前文的内容，我们已了解实验政治学的新发展、新理论和新议题。本节将重点论述实验政治学的发展趋势以及中国政治学研究领域实验方法的发展路径。

一、实验政治学的发展趋势

1. 与旧有研究方法的融合

随着社会科学不同领域的交叉融合和研究方法论的不断发展，实验方法和定性研究方法结合使用必然会成为社会科学研究的新发展趋势。目前，社会科学领域的研究范式主要分为两种类型：一种是模仿自然科学的实证主义研究方法[①]，另一种是遵循人文科学的规范主义研究范式。

实验方法利用真实世界中的类实验现象，以收集到的客观经验数据为基础，构建相关数理模型进行统计分析，论证事物之间的因果关系。而定性研究往往以个人的主观意识和知识生活经验为基础，对社会现象进行整体性和相关性的理解与诠释。因此，实验方法能够弥补定性研究在价值中立、实证检验和因果论证等方面的不足。[②] 而恰当的定性研究方法的运用也为实验的理论拓展和因果建构的完善指明了方向。需要注意的是，在将实验方法和定性研究方法结合使用的过程中，要明确一点，即研究方法必须服务于研究问题。只有充分把握在哪些议题范围内，在哪种研究条件下，两种方法的结合能够更好地回答研究问题，才能避免研究方法的滥用。

2. 与新兴技术的结合

一方面，新技术为实验政治学带来了工具上的扩展，以新的方式探索以前无法触及的或敏感的话题。在这方面，有两个研究前景值得特别提及。首先是尚托·延加（Shanto Iyengar）和其同事开发的一个有趣且复杂的实验设计，即使用变形技术将主体的面孔与值得注意的政治家或名人的面孔相结合，以检查熟悉度和相似度对选民偏好的影响。其次是大脑映射技术，具体来讲即功能性磁共振成像技术，能更好地便于人们了解在特定判断中被激活的大脑感觉或行为，以调查以前无法访问的决策“黑匣子”。达伦·施赖伯（Darren Schreiber）等人就使用这些技术对专家和新手之间在政治思维和处理上的差异展开了探索。[③]

---

① Denzin N K，Lincoln Y S. Introduction：The Discipline and Practice of Qualitative Research [M] //Denzin N K，Lincoln Y S. Handbook of Qualitative Research. Thousand Oaks：Sage Publications，2000.

② De Vos A S，Schurink E M，Strydom H. The Nature of Research in the Caring Professions [J]. Research at Grass Roots：A Primer for the Caring Professions. Pretoria：JL van Schaik Academic，1998：3 - 22.

③ Lieberman M D，Schreiber D，Ochsner K N. Is Political Cognition like Riding a Bicycle? How Cognitive Neuroscience Can Inform Research on Political Thinking [J]. Political Psychology，2003，24 (4)：681 - 704.

另一方面，实验政治学与大数据相结合。大数据是人类社会信息技术革命的产物①，大数据方法利用数字挖掘技术在广泛的范围内迅速采集相关数据，在对数据进行清洗的基础上，形成相应的数据库，以便于研究者对所需数据进行统计和分析。② 大数据方法为实验提供了良好的应用场景。大数据方法使研究者可以通过对海量数据的采集和挖掘，获得研究对象数量、状态等方面的描述性特征，从而帮助研究者发现研究对象要素之间的相关关系甚至因果关系，进而帮助研究者设计实验研究检验可能存在的因果关系及其因果机制。③ 同时，随着互联网和通信设备的日益普及，大数据方法能够直接应用于线上实验设计，也可以通过在线问卷等方式向被试者施加干预。譬如邦德（Bond）等人在2010年美国国会大选时对6 100万Facebook用户实施了政治动员的随机控制实验，从而比较出线上竞选动员和面对面竞选动员对投票行为的影响。④

3. 研究议题的多学科融合

持续完善的实验方法研究设计、日益广泛的国际学术交流和走向实证主义的学科态势，使得实验政治学在社会科学领域出现越来越多的可能性。未来政治学实验方法可能会面临越来越广泛的研究议题，会被不断运用到越来越多的研究议题中。例如，政治学与生命科学、行为学和经济学等学科的跨学科研究必然是实验政治学未来发展的着力点之一。跨学科的研究有助于结合多个学科的理论和方法推动不同学科的发展。一方面，运用随机方法，可以探讨与生物学和医学领域交叉的神经、基因、生物等因素对政治行为、政治意识形态的影响，从而发展形成神经政治学、基因政治学等新的学科。⑤ 另一方面，实验政治学也可以借鉴心理学的理论和研究路径，从心理认知和情感态度等角度开展实验研究，对政治行为主体的情感、认知等心理因素进行深入分析，以了解影响个体政治行为的动因，推动相关政治心理学理论的发展。⑥

二、中国政治学研究领域实验方法的发展路径

对于中国政治学的发展而言，实验方法的引入和运用是必行之路。只有如此，才能及时跟进最新的前沿方法和学术潮流，才能顺应政治学科日益走向实证化、科学化的发展趋势，才能更好地解答我国新时代政治学面临的新问题。

实验政治学在中国具有良好的发展前景，原因在于：作为一个超级大国，中国当下

① Lohr S. The Age of Big Data [J]. New York Times，2012.

② Tansley S，Tolle K M. The Fourth Paradigm：Data-Intensive Scientific Discovery [M]. Redmond，WA：Microsoft research，2009.

③ Anderson C. The End of Theory：The Data Deluge Makes the Scientific Method Obsolete [J]. Wired Magazine，2008，16 (7)：7－16.

④ Bond R M，Fariss C J，Jones J J，et al. A 61-Million-Person Experiment in Social Influence and Political Mobilization [J]. Nature，2012，489 (7415)：295－298.

⑤ Charney E，English W. Genopolitics and the Science of Genetics [J]. American Political Science Review，2013，107 (2)：382－395.

⑥ Berkowitz L. Advances in Experimental Social Psychology [M]. Cambridge：Academic Press，1984.

正处于社会大转型时期，社会治理的复杂性、多样性使得中国在政策实施上采取了广泛的政策试点策略，产生了大规模的“社会实验”场景，这为实验政治学在中国的扎根和成长提供了契机。同时，中国社会的数字化转型为创新实验方法提供了良好条件。因此，中国迫切需要引入和使用实验方法。具体来讲，中国实验政治学在未来可能具有以下三条发展路径：

1. 基于准自然实验的政策试点研究

目前，大量有关中国政治的实验研究偏好政策实验的思路，将中国政府制度改革或政策创新作为实验干预，来分析外生政策实验的政治效果。[①] 实验研究能够很好地检验政策试点存在的细节问题，并及时提供相应的解决措施。可以看出，基于准自然实验的政策试点研究是未来一股不可忽视的发展力量。

中国“以点对面”的发展方法需要一个政策过程，该过程由个别“实验点”发起，由地方倡议驱动，并得到更高级别决策者的正式或非正式支持。[②] 由于政策试点逻辑与准自然实验研究的逻辑具有极大的相似性，所以，研究者可以利用各种统计方法和分析工具，在政策试点的环境中构建类似的现场实验环境，得到可以进行比较研究的对照组和实验组，有效排除实验环境中的干扰因素，对各因素之间的因果关系进行解释，对实验结果进行有效测度，从而可以很好地探寻政策试点出现问题的具体原因，也可以很好地测量政策试点是否达成了原有的政策目标，并对政策实施绩效进行评估。

目前，运用准自然实验方法的政策试点研究集中在财政政策、环保政策、精准扶贫政策等各类国家试点政策领域，呈现出以中央新型试点政策为导向的研究趋势。例如，赵智荣等人就利用 1999—2008 年河南省 108 个县的数据集，采用双重差分法研究了中国财政改革对地方公共教育支出的影响。[③] 可以推测，随着国家在社会政治领域内各类试点政策的出台、落地和结项，基于准自然实验的政策试点研究必将在未来取得进一步的发展。

2. 基于现场实验的政治制度研究

基于社会现实场景的现场实验不仅是中国实验政治学的发展源流，更是一个重要的发展趋势。

现场实验一般被更关注外部效度的中国政治学家所广泛采用，被应用于理解制度设计、政府行为、集体行动等诸多领域。以基层治理研究为例，早在实验政治学被引入中国政治学之前，中国学者就已经在基层开展了广泛的田野实验，不少政治学者在研究基层治理的过程中就已经尝试着进行现场实验了。较为著名的基层现场实验包括

---

① Morton R，Williams K. From Nature to the Lab：The Methodology of Experimental Political Science and the Study of Causality [M]. Cambridge：Cambridge University Press，2010.

② Heilmann S. From Local Experiments to National Policy：The Origins of China's Distinctive Policy Process [J]. The China Journal，2008 (59)：1 - 30.

③ Wang W，Zheng X，Zhao Z R. Fiscal Reform and Public Education Spending：A Quasi-Natural Experiment of Fiscal Decentralization in China [J]. Publius the Journal of Federalism，2012，42 (2)：334 - 356.

以农民参与为目标的“水月庵实验”、以农民组织为目标的“岳东实验”、以农民能力为目标的“南农实验”和以乡镇选举为目标的“杨集实验”。通过在基层田野搭建现场实验，学者们对基层治理中的制度主体及其运行进行了深入了解，并进行了相应的理论构建。

而后，随着中国的实验政治研究不断演进，越来越多的研究者开始采取现场实验的方法研究政府回应性、协商民主、人民代表大会制度、社会资本、社会行为等问题。由于现场实验具有自身的独特优势，即通过现场实验能够进一步检验既有的假设和命题是否成立，逐步修正已有的研究理论，或提出新的理论命题，所以，以现场实验为研究方式的政治学研究在未来也极大可能占有一席之地。

3. 基于调研实验的政治行为研究

调研实验受到许多研究者的青睐，是目前实验方法中使用频率最高的一种方法。[①] 近年来，调研实验也逐渐成为中国实验政治学发展势头最热的一个方向。在其分支下，研究者通过列举实验等，运用专业的研究设计引导人们对敏感问题进行回应，降低无应答比例，提高真实应答比例，降低社会意愿偏差。[②]

相比直接提问，调研实验对模型估计具有关键影响，它可以提供较为可靠、可信和恰当的分析结果，也能够在保护个人隐私的情况下要求受访者报告条目总数而非具体条目，来降低受访过程中受访者所感受到的社会意愿压力。

结合目前的研究情况来看，调研实验近年来已被我国学者广泛应用于政府回应性、居民政治参与、腐败行为和网络政治民主等问题。例如，孟天广等人基于对中国 1 377 名省级和市级领导人的调研实验得出，在国家与社会关系相对缓和的情况下，地方领导人倾向于采纳公民的建议，推动民主制度发展。[③] 总而言之，基于社会心理测量的调研实验也会成为中国未来实验政治学一个具有潜力的发展方向，以补充中国传统政治学研究方法对政治敏感性问题研究的不足。

正如中国学者所言，因果性知识的生产对我国政治学研究的发展具有重要意义。而实验方法所具有的随机分配干预、研究发现的可复制性等优势，以及我国和全球范围内不断涌现的政治社会治理实践创新，将持续促使政治学研究者们更加广泛和灵活地运用实验方法。

参考文献

臧雷振，朱逸飞，温宇涵．重构实验方法下的公共政策评估：兼论其在高等教育扩招政策评估中的应用验证［J］．中国行政管理，2023，39（1）：148－156.

① Bouwman R, Grimmelikhuijsen S. Experimental Public Administration from 1992 to 2014: A Systematic Literature Review and Ways forward [J]. International Journal of Public Sector Management, 2016, 29 (2): 110－131.

② King G, Wand J. Comparing Incomparable Survey Responses: Evaluating and Selecting Anchoring Vignettes [J]. Political Analysis, 2007, 15 (1): 46－66.

③ Meng T, Pan J, Yang P. Conditional Receptivity to Citizen Participation: Evidence from a Survey Experiment in China [J]. Comparative Political Studies, 2017, 50 (4): 399－433.

王思琦．提高公共管理实验复制的适应性：一种贝叶斯实验设计框架［J］．公共管理与政策评论，2024，13（4）：88－102.

陆方文．随机实地实验：方法、趋势和展望［J］．经济评论，2017（4）：149－160.

包特，王国成，戴芸．面向未来的实验经济学：文献述评与前景展望［J］．管理世界，2020，36（7）：218－237.

李文钊，徐文．基于因果推理的政策评估：一个实验与准实验设计的统一框架［J］．管理世界，2022，38（12）：104－123.

陈叶烽，刘莹，杨雯渊．公共政策评估与随机控制实验：基于“规模化”视角的经验启示与中国实践［J］．管理世界，2023，39（3）：172－196.

陈耿宣，黄睿，凌浩．随机田野实验的使用规范与拓展应用［J］．东北财经大学学报，2022（6）：15－26.

陈菊慧，白军飞，马英辉，等．友好型标签能促进农药减量吗?：来自随机干预实验的证据［J］．中国农村经济，2022（9）：124－144.

李树，严茉．班纳吉和迪弗洛对发展经济学的贡献：2019年度诺贝尔经济学奖得主学术贡献评介［J］．经济学动态，2019（12）：108－121.

葛浩阳，许谦．经济全球化进程中的政治经济因素：“何以重要”以及“重要几何”［J］．政治经济学季刊，2024，3（1）：39.

蒋建忠．国际关系因果推论中的匹配方法：原理、类型与操作［J］．国际关系研究，2017（3）：25－46，153.

Imai K，Keele L，Tingley D，et al. Unpacking the Black Box of Causality：Learning about Causal Mechanisms from Experimental and Observational Studies［J］．American Political Science Review，2011，105（4）：765－789.

Ostom E，Janssen M A，Anderies J M. Going Beyond Panaceas Special Feature：Going beyond Pannceas［J］．Proceedings of the National Academy of Sciences，2007，104（39）：15176－15178.

Druckman J N，Greene D P，Kuklinski J H，et al. Cambridge Handbook of Experimental Political Science［M］．Cambridge：Cambridge University Press，2011.

Morton R B，Williams K C. Experimental Political Science and the Study of Causality：From Nature to the Lab［M］．Cambridge：Cambridge University Press，2010.

Druckman J N，Greene D P，Kuklinski J H，et al. The Growth and Development of Experimental Research in Political Science［J］．American Political Science Review，2006，100（4）：627－635.

Doerr N. Translating Democracy：How Activists in the European Social Forum Practice Multilingual Deliberation［J］．European Political Science Review，2012，4（3）：361－384.

Hyde S D. The Observer Effect in International Politics：Evidence from a Natural Experiment［J］．World politics，2007，60（1）：37－63.

Weitz-Shapiro R，Winters M S. Lacking Information or Condoning Corruption? Voter Attitudes toward Corruption in Brazil [J]. SSRN Elibrary, 2010.

Miguel E. Tribe or Nation? Nation Building and Public Goods in Kenya versus Tanzania [J]. World Politics, 2004, 56 (3): 327-362.

Bahry D, Kosolapov M, Kozyreva P, et al. Ethnicity and Trust: Evidence from Russia [J]. American Political Science Review, 2005, 99 (4): 521-532.

Hedström P, Ylikoski P. Causal Mechanisms in the Social Sciences [J]. Annual Review of Sociology, 2010, 36 (1): 49-67.

Brickman A M, Khan U A, Provenzano F A, et al. Enhancing Dentate Gyrus Function with Dietary Flavanols Improves Cognition in Older Adults [J]. Nature Neuroscience, 2014, 17 (12): 1798-1803.

Druckman J N, Green D P, Kuklinski J H, et al. Experimentation in Political Science [M] //Druckman J N, Greene D P, Kuklinski J H, et al. Cambridge Handbook of Experimental Political Science. Cambridge: Cambridge University Press, 2011: 3-11.

Stock J H, Waston M H. Introduction to Econometrics [M]. London: Pearson Education, 2003.

Leon G. Incentives to Vote, Political Preferences and Information: Evidence from a Randomized Experiment in Peru [M]. Unpublished Manuscript. Berkeley: University of California, 2011.

Sabel C F, Zeitlin J. Experimentalism in the EU: Common Ground and Persistent Differences [J]. Regulation & Governance, 2012, 6 (3): 410-426.

Zhu X, Zhao H. Experimentalist Governance with Interactive Central-Local Relations: Making New Pension Policies in China [J]. Policy Studies Journal, 2021, 49 (1): 13-36.

Derleth J, Koldyk D R. The Shequ Experiment: Grassroots Political Reform in Urban China [J]. Journal of Contemporary China, 2004, 13 (41): 747-777.

Glynn A N, Ichino N. Using Qualitative Information to Improve Causal Inference [J]. American Journal of Political Science, 2015, 59 (4): 1055-1071.

Green J. Points of Intersection between Randomized Experiments and Quasi-Experiments [J]. The Annuals of the American Academy of Political and Social Science, 2010, 628 (1): 97-111.

Garcia F M, Wantchekon L. Theory, External Validity, and Experimental Inference: Some Conjectures [J]. The Annals of the American Academy of Political and Social Science, 2010, 628 (1): 132-147.

Baujard A, Kittel B, Luhan W J, et al. Experimental Political Science: Principles and Practices [J]. Social Choice Welf, 2015, 45: 231-237.

Teele D. Field Experiments and Their Critics: Essays on the Uses and Abuses of Experimentation in the Social Sciences [M]. New Haven: Yale University Press, 2014.

McDermott R. Internal and External Validity [M] //Druckman J N, Greene D P,

Kuklinski J H，et al. Cambridge Handbook of Experimental Political Science. Cambridge：Cambridge University Press，2011.

Reeves A，McKee M，Stuckler D. "It's The Sun Wot Won It"：Evidence of Media Influence on Political Attitudes and Voting from a UK Quasi-Natural Experiment [J]. Social science research，2016，56：44-57.

Grönlund K，Setälä M，Herne K. Deliberation and Civic Virtue：Lessons from a Citizen Deliberation Experiment [J]. European Political Science Review，2010，2 (1)：95-117.

Flèche S. The Welfare Consequences of Centralization：Evidence from a Qusinatural Natural Experiment in Switzerland [J]. Review of Economics and Statistics，2020：621-635.

Sarvestani A A，Ingram V. Perceptions and Practices of Rural Council Participatory Forest Governance：Closed Co-Management in Chehel-Chay，Iran [J]. Forest Policy and Economics，2020，117：102202.

Barr A，Dekker M，Fafchamps M. The Formation of Community-Based Organizations：An Analysis of a Quasi-Experiment in Zimbabwe [J]. World Development，2015，66：131-153.

Zarychta A. Making Social Services Work Better for the Poor：Evidence from a Natural Experiment with Health Sector Decentralization in Honduras [J]. World Development，2020，133：104996.

Wynes S，Kotcher J，Donner S D. Can Citizen Pressure Influence Politicians' Communication about Climate Change? Results from a Field Experiment [J]. Climatic change，2021，168：1-20.

Erik B，Sebastian Z. In Governments We Trust：A Two-Country Brexit Field Experiment on Perceived Uncertainty as Mediator for Consumer Decisions [J]. Journal of Business Research，2022，138：335-346.

Bernauer T，Gampfer R，Meng T，et al. Could More Civil Society Involvement Increase Public Support for Climate Policy-Making? Evidence from a Survey Experiment in China [J]. Global Environmental Change，2016，40：1-12.

Lohr S. The Age of Big Data [J]. New York Times，2012.

Tansley S，Tolle K M. The Fourth Paradigm：Data-Intensive Scientific Discovery [M]. Redmond，WA：Microsoft Research，2009.

Anderson C. The End of Theory：The Data Deluge Makes the Scientific Method Obsolete [J]. Wired Magazine，2008，16 (7)：7-16.

Bond R M，Fariss C J，Jones J J，et al. A 61-Million-Person Experiment in Social Influence and Political Mobilization [J]. Nature，2012，489 (7415)：295-298.

Charney E，English W. Genopolitics and the Science of Genetics [J]. American Political Science Review，2013，107 (2)：382-395.

Morton R, Williams K. From Nature to the Lab: The Methodology of Experimental Political Science and the Study of Causality [M]. Cambridge: Cambridge University Press, 2010.

Heilmann S. From Local Experiments to National Policy: The Origins of China's Distinctive Policy Process [J]. The China Journal, 2008 (59): 1-30.

Wang W, Zheng X, Zhao Z J. Fiscal Reform and Public Education Spending: A Quasi-Natural Experiment of Fiscal Decentralization in China [J]. Publius the Journal of Federalism, 2012, 42 (2): 334-356.

Bouwman R, Grimmelikhuijsen S. Experimental Public Administration from 1992 to 2014: A Systematic Literature Review and Ways forward [J]. International Journal of Public Sector Management, 2016, 29 (2): 110-131.

King G, Wand J. Comparing Incomparable Survey Responses: Evaluating and Selecting Anchoring Vignettes [J]. Political Analysis, 2007, 15 (1): 46-66.

Meng T, Pan J, Yang P. Conditional Receptivity to Citizen Participation: Evidence from a Survey Experiment in China [J]. Comparative Political Studies, 2017, 50 (4): 399-433.

第十六章

历史政治学

2019年以来，中国政治学发生了重大变革——提出并发展了“历史政治学”。向历史转型已在西方社会科学界引起重大反响，但西方政治学重回历史的进程始终受内在矛盾困扰。与之相比，中国的文明意识与历史意识传统为历史政治学的产生与发展提供了深厚的基础，历史政治学的成果亦将服务于中国独特的政治实践及其学科发展，并为世界政治贡献新的知识。

第一节　历史政治学的新范式

一、历史政治学的提出

政治是人的行为，人具有历史性，政治也因此具有了历史性。任何政治制度、政治行为、政治思想都存在于特定的历史情境之中，不同程度地受到特定历史遗产的影响。我们在过去的种种经历不同程度地塑造着当下的政治行动，这使得今天的任何政治现象都需要在相应的历史政治脉络中才能被恰当地理解。尤其是中国这样具有悠久历史的国家，连绵不断的文明发展带来了较为显著的历史惯性，即使是在内外交困的历史条件下进行现代化转型，西方思潮的冲击也没有彻底改变其发展的连续性。中国学者提出创立历史政治学，既是对西方政治学的反思与发展，也是中国政治理论与实践的内在需求。

1. 中西方政治学的现实困境

西方政治学自诞生以来，就将历史主义作为基本取向。亚里士多德游历诸城邦后写下的《政治学》，强调实践的情境性，为古典政治学奠定了“历史”基底。但近代以来，随着霍布斯对古典政治学的改造和现代政治学的确立，这一历史性的政治观逐渐让位于非历史性的政治观，这突出表现在霍布斯对普遍性的追求上。随着西方文明的崛起和资本主义世界体系的扩展，以地方性经验为基础的西方政治学理论逐渐以普适性的面貌主宰世界话语，政治的历史属性进一步被掩盖。二战后，政治学的去历史化更加突出。典型代表是美国的政治学研究一再“去国家化”，追求普适理论。① 随着美国政治学的全球扩张，这一非历史性政治观逐渐取代了自亚里士多德以来确立的历史性传统，成为西方政治学的主流观念。

事实上，人类社会总是嵌于前后相继的历史中，理论可以夸大其普适性，政治实践却不能超脱于历史之外。20世纪下半叶西方政治学经历的困境已证明了这一点。随着西方国家自由民主危机和非西方国家转型与治理危机的加剧，非历史性政治观遭到了越来越多的质疑。这一时期，出现了许多旨在将历史现实重新嵌入政治学的研究范式，比如新制度主义流派的兴起和历史研究方法的发展就促进了西方政治学向历史传统的回归。进入21世纪后，“把历史带回来”已经成为美国政治学自我反思的重要成果和口号，西方政治学重新向历史转向。

回顾西方政治学的发展过程，历史性政治观经历了兴盛—衰落—复兴的曲折过程。自由主义民主理论遭遇危机，至少表明在政治世界中许多议题无法用“个人的”、“微观的”、“理性的”或“普遍的”范式去理解和研究。尤其面对国家建构、现代化、政治转型等宏观议题，去历史化并不能使我们更贴近真相。相反，立基于历史实践才可能完成政治学的使命——为我们理解和指导政治生活提供思想工具。历史主义在西方政治学的复兴，恰好说明了历史对政治学的重要性。但历史政治学作为一个专门的理论流派、一个明确的研究范式被提出，还要归因于中国政治学的发展与需求。

作为近十年来中国政治学的重大理论发展，历史政治学的创立既源于中国深厚的历史主义传统，也源于西方政治学理论已无法有效解释中国内生性问题或指导中国自主性发展的基本事实。20世纪80年代至今，中国政治学学科的基本概念、研究方法、研究议题等诸多方面，都受到了西方尤其是美国政治学的影响。这些理论曾在一定程度上推动了中国现代政治学的发展，但外来话语体系与中国政治实践之间的差距始终是阻挡中国政治学走向成熟的障碍。更何况，世界迫切需要新的理论范式来破解西方政治经济危机，以及理解中国史无前例的现代化过程，中国政治实践也进入了创新发展本土新知识、新理论的历史阶段。

利用西方经验和理论来指导中国变革的底层逻辑，正是霍布斯以降西方政治学所建立的非历史性政治观对中国学人的影响，前者致力于创造一种不依赖时间、地点和情况而发挥效力的政治理论，并据此不考虑历史状况地构建现代国家。钱穆曾对这种利用外来政治学概念构建中国政治叙事的“以外为主”倾向做出过明确批判，并在《国史大纲》中明文指出：“治国史之第一任务，在能于国家民族之内部自身，求得其独特精神之所在。”正如习近平总书记指出：“我国今天的国家治理体系，是在我国历史传承、文化传统、经济社会发展的基础上长期发展、渐进改进、内生性演化的结果。”② 历史政治学的提出，不仅符合中国政治实践的基本逻辑，也是中国政治学发展的必然转向。它源于中国政治乃至世界政治发展的内在需求，是对当下时代议题的审慎回应。

---

① 杨光斌．历史政治学视野下的当代中国政治发展［J］．政治学研究，2019（5）：2-14，126.

② 习近平．习近平谈治国理政［M］．北京：外文出版社，2014：105.

2. 中国发展历史政治学的渊源与基础

中国提出历史政治学并非偶然，而是有深厚的历史传统作为基础和有迫切的现实需求作为动力。一方面，中国有着深厚的历史政治学传统。学者们认为，中国历史的主体就是政治史——诸如《史记》等正统历史叙事，无一不服务于构建完整的国家演变历史。[①] 延绵不断的文明传承奠定了政治制度的合理性与优越性，使中国人只需诉诸历史就能汲取到政治资源的正统性，也进一步明确了历史之于中国政治研究的特殊重要性。

进入近代以来，尤其是晚清时期中国因战争被纳入资本主义世界体系后，中华文明的自身发展一度停滞，改而以西方文明替代和改造自我，但中国学者仍旧将历史传统保留了下来。任锋将梁启超与钱穆视为中国发展历史政治学的现代源头。梁启超对待西方政治学资源与中国经验的转变，孕育了历史政治学的最初渊源。从"特别强调现代西方文明在国家竞争中的绝对优势和先进性"，强调以西方现代性政治改造中国文明，到"更为客观地审视西方学理的适用性，更为辩证地运用中国经验事实"、鼓励"理性清明"的转变中[②]，梁启超不仅表达了对绝对真理和绝对价值的质疑，也更加强调了历史传统的力量。因此，任锋将梁启超视为中国政治学的奠基人和历史政治学的现代源头。钱穆对梁启超晚年思想的推崇——他充分正视中国政治传统，主张以中国传统为本吸收现代世界知识，并提出了一系列原创概念——构成了历史政治学的另一个现代源头。在《国史新论》中，钱穆反思："若论政治本质，在近代中国，始终是一张空白，待向外国去套板印刷。始终是用外国的理论，来打破自己的现实。现实重重破坏，而外国理论则始终安放不妥帖。"[③] 因此，钱穆主张"自本自根"，从自身出发生产新的政治理论和价值。

传统中国的现代化转型，是在西方经验与理论框定下进行的，但随着历史的不断推进，中国现代化转型积累了足够丰富的独特经验，中华文明意识和历史意识开始复苏，中国社会科学开始争夺话语解释的主导权，利用政治理论与实践实现中华文明共同体的复兴。历史政治学的提出正是这种意识复苏在理论自觉上的表达。杨光斌等学者从本体论、认识论和方法论的角度系统阐述了历史政治学的学科意义，标志着中国政治学迈入新阶段。

另一方面，将政治现象置于历史进程的视角来认识，是马克思主义的精髓。19 世纪中后期，面对人类社会自工业革命以来发生的巨变，马克思围绕资本主义、现代国家、人类社会等宏观主题，深入研究历史现实，使用历史比较的方法，建构了一系列影响至今的重大理论。马克思一生中，也不乏以历史唯物主义政治哲学分析历史与政治的经典之作。在其阶级理论与国家理论的代表作《路易·波拿巴的雾月十八日》中，马克思从历史问题开始，结合普遍性与特殊性、规律性与事件化，通篇在叙事中贯彻了历史辩证法。"结构的历史"与"情势的历史"[④] 概括了马克思历史观的两个层面：前者是"共时

---

① 姚中秋．历史政治学的中国议题［J］．中国政治学，2019（2）：22－50，215.

② 任锋．历史政治学的双重源头与二次启航：从梁启超转向到钱穆论衡［J］．中国政治学，2019（2）：51－69，216.

③ 钱穆．国史新论［M］．北京：九州出版社，2012：120.

④ 祁涛．论结构的历史与情势的历史：《路易·波拿巴的雾月十八日》的历史线索及其哲学遗产［J］．哲学研究，2018（3）：18－25.

性的，它与假定存在于经济基础和上层建筑之间的不受时间限制的关系有关”；后者则是“历时性的”，突出了经济基础与上层建筑之间的关系是随历史时间与情境而具体表现和变化的。[①] 这部著作表明，马克思是“在社会历史运动的客观根据中”理解政治实践的，“政治哲学取决于历史主题所提供的基础性框架”[②]。

深受马克思主义熏陶的中国学者，在足够成熟以反思外来政治学思潮带来的影响后，回归文明传统、走向历史分析似乎也是自然而然的了。历史政治学正是一种本土化的研究范式，强调研究“历史的情景性（认识论）、方法论上的时间性和本体论上的结构性关系主义”[③]，从历史中发现知识，继而从这些知识出发解释政治，是历史政治学的要义所在。

二、历史政治学的理论内涵

历史政治学强调采用历史进路，从历史出发去研究问题或将问题置于历史情境之中，在历史研究中发现、发展政治学概念和理论；它的基本关怀是探究政治世界里历史与当下的关联性，在历史的因果分析中理解政治的理论问题和实践问题。[④] 自从西方社会科学重新转向历史，许多崇尚历史的方法学派相继涌现，但这些转向往往在历史方法、历史认知和历史本体三个层次“出现认知上的断裂和行动上的任意选择”[⑤]。区别于那些对历史秉持不同理解从而形成不同知识生产类型的学派，历史政治学主张将历史的三个层次统一起来。将历史仅仅理解为方法、认知或本体的切割法本就不符合历史的内在属性。历史本体为知识的发现提供了统一假定的结构性基础，继而形成历史观念的普遍共识；在此基础上，历史认知强调历史本身的规定性，为具体历史方法的运用提供了整体的历史意识和关联机制。因此，理解历史政治学的理论内涵，就必须将本体论、认识论和方法论内在地关联起来，形成一个知识生成的统一体，这也恰恰是历史政治学不同于西方社会科学历史转向的关键。

1. 本体论意义上的历史政治学

从本体论角度看，历史政治学将历史本身作为研究对象，“研究这个存在，研究过去与现在的直接关联性并从中提出解释性概念或理论，就是本体论性质的历史政治学”[⑥]。

在历史政治学看来，历史是作为研究对象本身的切实存在。一些主张历史主义的研究将历史作为理论证成的重要武器，对历史的运用往往服务于特定的研究需要。这意味着历史仅仅是一种方法。在其他情境中，历史不作为研究工具存在，而是强调一种与历

---

① 怀特．元史学：19 世纪欧洲的历史想象［M］．陈新，译．南京：译林出版社，2004.

② 祁涛．论结构的历史与情势的历史：《路易·波拿巴的雾月十八日》的历史线索及其哲学遗产［J］．哲学研究，2018（3）：18-25.

③ 杨光斌．世界政治学的提出和探索［J］．中国人民大学学报，2021，35（1）：2-9.

④ 杨光斌．什么是历史政治学？［J］．中国政治学，2019（2）：3-21，214.

⑤ 郭台辉．西方政治学转向历史的三个层次及其启示［J］．社会科学文摘，2021（11）：34-36.

⑥ 杨光斌．政治学新走向：历史政治学［J］．社会科学文摘，2020（1）：17-20.

史有关的研究观念，是特定研究态度的意涵表达。与此不同的是，历史政治学将历史作为研究对象本身，历史不仅是论证的材料和工具，更是议题本身，是理论生成的源头。

历史不是虚无的想象，而是从过去延续到当下的实际存在，在我们的日常中无处不在。这一延绵不绝的生命体有其发展的特殊规律，“任何时期所发生的一切社会政治现象甚至自然现象都源于并服务于某种特定的普遍历史规律”[①]。政治是历史的表达之一，研究政治就是从政治的一角出发探寻和揭示历史整体的规律。这种将历史视为本体论的历史意识，为政治学研究提供了哲学基础和价值预设，决定了政治学研究的基本走向。

历史政治学致力于从历史中挖掘和生产政治学知识。作为一门持续进行的实践活动，政治塑造了历史的核心部分，历史也成为政治的重要载体，历史是政治的另一种存在形式。因此，历史可以生产政治学知识。自政治学诞生以来，从不缺乏自历史研究中生产的概念和理论，然而现代西方社会科学的去历史化倾向破坏了历史与政治之间的天然联系。本体论意义上的历史政治学重新确立了历史之于政治研究的重要性，并进一步将其上升到本体性地位，要求以历史为政治的本体，从历史事实中分析政治现象、理解当前政治，将历史视为政治学知识生产不可或缺的源头。

历史政治学研究历史，旨在从历史规律中理解当下。现实是历史的前进，历史是现实的基础。从历史中提炼的概念和理论，能够揭示历史与现实的关联性，有助于理解该历史延续下的现实政治。与西方相比，中国历史具有更典型的政治性和连续性特征。作为世界上唯一没有断绝的人类文明传承，中国的过往历史深刻影响着现代中国的方方面面，包括政治价值、政治制度和政治行为等。正如“中国基体论”所称：中国由其独特的历史现实展开，体现在不同时代种种现象的缓慢而连续的变化中；要理解现代中国，就必须在现代、近代、前近代的关联中把握现代中国。[②] 正是因为中华文明基因的存在，中华文明传统才始终充满着历史感，中国人总是怀抱着历史情怀，历史政治学才得以在中国而不是西方率先发展起来。

有学者将这种从历史延续至今、深刻影响着中国政治的文明基因概括为：“不变的语言文字与华夏民族；国家大一统思想和治国的民本思想；行政体制的郡县制、官僚制和选贤任能；文化上的包容与中庸之道；社会生活的自由与自治，以及家庭伦理本位；等等。这些‘基因’代代相传，内化于生活在固定疆域内的华夏民族血液中，因而构成了延绵几千年的中华文明共同体，从而可以称中国为‘中华文明基体’，即由文明基因构成的一个共同体。”[③] 这些概念提供了观察与解读当代中国政治的有效路径。

2. 认识论意义上的历史政治学

从认识论角度来看，历史政治学主张历史的分析性叙事和过程性阐释，在历史中检验概念和理论的真实性与合理性。历史政治学认为，政治学知识受限于时间与情境，应当符合实践理性与历史常识；政治学概念与议题离不开历史进程中的路径依赖，应当经受历史逻辑的考验；政治学理论要阐释与分析历史过程中的关键发生机制，应当关注真

---

① 郭台辉．西方政治学转向历史的三个层次及其启示［J]．社会科学文摘，2021（11）：34－36.

② 沟口雄三．作为方法的中国［M]．孙军悦，译．北京：生活·读书·新知三联书店，2011.

③ 杨光斌．中国文明基体论：理解中国前途的认识论［J]．人民论坛，2016（15）：58－61.

实发生的不同变迁的社会条件及其结合机制。

政治学理论的价值在于对现实政治的解释力。西方政治学的“任何一种概念、判断、方法和学说，都是西方不同时代、不同国家、不同阶级的思想家针对自己时代、国家的政治问题提出和阐发的”①。理论的流行，离不开对所处时代政治问题的有效解释；而理论的替代与发展，恰恰也是因为它们诞生于特定的历史之中、针对具体的现实问题，一旦脱离了这些特定条件，解释力也就随之稀释了。因此，历史是检验理论的标尺，脱离了由各种“条件”构成的约束机制，概念和理论往往会丧失自身合理性。因此，历史政治学认为政治学研究应当从普遍的价值预设回归到历史场景和历史脉络，在时间和情境的历史条件约束下探寻政治结构、制度与行为。

当现代哲学已转向经验主义，超越一元论而日益具备多元、包容、辩证的精神之时，西方政治学仍旧保守着形而上和一元论的传统，坚持着普遍主义的追求。这种以普遍取代特殊、以理性遮蔽历史的取向，到今天已经显示出了明显的弊端。面对现代化这一人类共同的时代命题，不同文明形态在转型方式、进程、结果及发展趋势上各有差异，不同国家的政治应当以自身历史传统为行动基础、认知来源和检验标准。正是在这个意义上，中国政治学需要向历史转向，发展历史政治学——这同样也是西方政治学的需要。

3. 方法论意义上的历史政治学

从方法论角度来看，历史政治学是历史分析法的拥趸。历史分析是社会科学研究的传统之一，这一传统的承续与衍变为历史政治学提供了方法论渊源。

历史制度主义的发展，给历史政治学做好了方法论上的参考。对“时间性”的强调是历史制度主义从事历史分析的重要特点，它关注时间现象（主要指事件的时机和顺序）如何影响着制度的起源和变迁。与以往的历史分析不同，历史制度主义在“时间性”上倾注了足够的精力，大大提升了分析工具的理论性，形成了诸如关键节点、路径依赖、渐进变迁与突变等重要概念。历史政治学继承了历史制度主义对“时间性”的遵循，关注时间和情境是如何影响那些形塑了人类政治世界的观念、制度与行为的，并在这个过程里彰显出历史连续性的价值。

历史连续性被认为是历史政治学在方法论上的核心要义，情境与时序是它在横纵两个切面上的体现。情境指对政治价值选择、制度构建、行为策略产生影响的宏观背景；时序主要指在一连串相关联的事件序列中，事件发生的时间位置和在序列中的先后位置。历史政治学对政治现象的分析，只能也必须在遵行历史连续性的规定下进行。

基于案例研究的比较分析，是历史政治学最常见的研究方法。案例研究中的案例，既可以是单个的案例，也可以是由多个相关联案例组成的案例集；既可以是个人、社会组织、国家或事件，也可以是超越个体层级的体系（从而进行更为宏观的比较历史分析）。将案例置于情境与时间的维度进行分析，为政治现象建立起符合实际的因果解释。

---

① 张桂林．逻辑要义、历史努力与认知前提：建构中国特色政治学话语体系［J］．政治学研究，2017（5）：9－15.

第二节　历史政治学的研究领域与研究方法

历史政治学以政治的历史连续性为研究前提，以历史中的政治实践为研究对象，在历史研究中探究政治世界的发生发展机制，寻找人类实现善治的途径。

一、历史政治学的研究领域

不同于历史制度主义偏好宏观研究，也不同于历史社会学注重微观层面，历史政治学的研究领域横跨宏观、中观、微观多个维度，且在中观领域中较其他研究方法更具有优势。目前对其研究领域的划分至少包含如下三个方面。

1. 特定国家的政治发展经验

政治学中最重要也最悠久的研究主题就是国家，历史政治学同样以国家为其重要议题和基本研究领域。通过在前后相继的历史中沿时间线追溯，历史政治学对国家的出现与建构、稳定与变迁进行了解释。

历史政治学对情境的强调注定了它在理论使用范围上的严谨性。历史总是处在特定群体创造的特定情境中，基于特定历史案例产生的政治学知识总是与该类型案例的限定条件紧密相关。这些知识能够解释相联系的进程及支撑结构，对其他类型的案例则不一定适用。因此，在历史政治学看来，要回应当代国家治理问题，就要回到该国的历史脉络中去理解其本质、探究其起源、研究其发展。

那些从起点就形塑着特定政治体的因素，在历史连续性下继续影响着当下。从事历史政治学研究的首要目标，就是理解和分析特定时空下一国政治实践的表现与原因——尤其是本国政治实践的演变过程，以回应当下诸如国家治理在内的时代议题。

2. 类型学意义的一般性理论

理论的提出总体上有两种基本方法：归纳与演绎。西方政治学早期的主流理论基本都是通过演绎产生的：从其奠基人霍布斯开始，洛克、卢梭等人的政治理论皆是建立在一个假定的人性上，以自然状态为起点进行演绎，提出了政治体应该遵循的一般性政治理论。这些以特殊价值取向为前提的一般性政治理论服务于那个时代特定的利益需求，固然有一定的合理性，但脱离特殊情境与利益诉求后，无法验证的理论前提和脱离现实的推理逻辑限制了这些理论的实用价值。历史政治学更倾向于从归纳法中发现一般性政治理论，从人类社会复杂现象本身出发，在尊重多元性的基础上，发掘尽可能多的经验事实，于历史实践中提炼超国家的一般性政治理论。

追求一般性政治理论，不等于追求所谓的普世性，而是在超国家的更高层次中，通过比较分析，发现不同类型的政治、国家理论。这意味着研究者需要在符合类型学合理性的尽可能广的范围内确立案例，在历史的横纵维度上考察不同的国家制度及其历史演变：既可探析同一时期不同国家的制度异同及其原因，亦可探索不同时期不同国家历史演变进程的异同及其原因，在此基础上建立起具有类型学特征的一般性理论。

3. 世界政治学发展

以历史为进路研究世界政治的演变，是历史政治学的又一研究领域。自各大陆之间从相互隔离走向彼此交流，国与国之间便不再是彼此孤立的存在了，各国不可逆转地嵌入世界政治体系中。研究世界政治体系，既关乎一国发展，也是理解作为整体的人类社会的必然要求。由于流行的结构现实主义、新自由制度主义、建构主义等体系理论受到了资本主义和帝国主义的影响，因此这些理论往往会遮蔽一部分事实，并不能全面地揭示世界政治体系的本质。

历史政治学强调回到事实本身，从世界政治的演变中探索世界政治体系的形成过程，通过对世界政治史的研究提出更符合历史事实的世界政治理论，从而更准确地理解当下我们所生活的世界体系。比如，作为世界政治的主体，国家在世界政治体系的形成中以怎样的方式发挥了什么样的作用，以及这一过程和结果对该国政治与世界政治又产生了什么影响。

二、历史政治学的研究方法

1. 历史连续性

历史连续性是历史政治学在方法论上的核心要义，它强调历史是前后相继、不断发展的过程，历史政治学正是基于这种连续性来分析事件发生发展的因果机制。情境与时序是历史连续性在横纵两个面向上具体化呈现的分析概念，历史政治学关注历史的情境与时序如何影响着那些形塑了人类政治世界的观念、制度与行为。① 在这个过程中，历史连续性的价值得以彰显。

情境在汉语中的一般意义指，一定时间内各种情况的相对的或结合的境况，在历史政治学中具体化为研究对象所处的历史情景与环境，包括自然情境、文化情境、社会情境和政治情境等。并非所有的背景性因素都能被称为情境，只有当这些背景性因素与政治制度、行为或观念发生关联、产生了促进或约束作用时，才能成为历史连续性的体现。对历史情境的研究至少包括自然环境、文化、世界体系和国家结构等方面。自然环境通过自然禀赋上的差异，影响并形塑着不同地区的产业发展、技术创新和资源流动状态，还会孕育出各具特点的人性偏好、社会心理。从文化的视角解读历史的"情境性"，通常强调不同的历史会衍生出不同的文明形态，从而影响着该文明下现代国家产生和发展的路径与方式。情境的第三个关注点是世界体系的演变，不同政治主体在相互交织的国际关系中形成的世界体系及其演变，影响着当时各个国家的发展选择。情境的第四个关注点是不同历史时期各国国内结构的状况与特点，这同样影响着当时人们的政治观念和行动，形塑着国家政治制度，并且可以因此开辟出独特的社会演进路径。

时序主要指，在一连串相关联的事件序列中，事件发生的时间位置和在序列中的先

---

① 释启鹏．历史政治学的方法论基础［J］．中国政治学，2019（2）：70－98，217.

后位置，包括特定事件的发生时机、持续时间和变化速度等，以及多个重大事件发生发展的前后顺序、周期或突发变化。历史本身就包含着对时序重要性的默认，重大事件在时序上的不同组合会导致政治发展进程的不同，继而分化出不同的政治秩序与制度结构。[①] 关于时序性，历史研究者们已经有了较为丰富的方法论成果，核心概念包括关键节点、路径依赖、持续时间等。这些分析概念经由历史制度主义的发展，日渐系统和完善。

2. 路径依赖范式

通常我们将历史的发展划分为持续时期和断裂时期。在持续时期，对政治现象的观察更注重历史的连续性，渐进式变迁是主旋律。而在断裂时期，也许一个偶然性事件的意外出现，就会导致既往的发生序列不再有效。与这个偶然事件相关的一系列反应性事件发生，进而形成新的发展序列，历史将再次变得连续。

关键节点就是一段政治制度发生显著的实质性变化的时期。这段关键时期的持续时间以及相对其他事件的顺序，将对后续事件产生至关重要的影响。关键节点的重要性至少体现在两个方面：第一，历史制度主义认为，不同脉络下关键节点展开方式的差异，是解释各国政治发展不同的关键；第二，即便已不存在激发关键节点的那些因素，关键节点所形成的结果仍会不断自我复制，一旦形成就会对后续历史持续产生影响。正因如此，关键节点常常被看作路径依赖过程的最初标志，路径依赖则是历史制度主义最核心的概念之一。

路径依赖描述了制度的自我强化过程，是指当制度结构能为政治行动者提供递增的收益并产生正向反馈时，制度会在既定方向的发展中自我强化，且随着时间推移，退出或偏离这一既有制度路径的成本会越来越高、可能性会越来越低。[②] 这就是制度的自我强化机制和锁定概念。路径依赖进一步解释了从过去继承而来的政治遗产是如何推动历史沿着特定路径保持相对稳定的发展的。这一范式为历史制度主义提供了两种历史分析的视角：其一是关注事件发展的时机和顺序，强调先发事件所产生的因果影响的重要性；其二则是关注偶然事件，那些很小的偶然事件却可能造成历史发展的大断裂，从而以该偶然事件为起点促使新的反应顺序和与此相连的后续正反事件的相继发生，形成路径依赖的开端。[③] 比如，杰克·戈德斯通（Jack Goldston）就认为，英国工业革命的爆发就并不是什么必然会发生的事件，而是18世纪发生的一系列不起眼的小事件恰巧引发了工业革命。托马斯·纽科门（Thomas Newcomen）在1712年发明蒸汽机的目的只是将水从深煤井中抽出来，但蒸汽机的发明却大大提高了煤炭、钢、铁的生产效率和价格，金属制品（如铁路、轮船等）成本的下降，带来了全国乃至国际范围的运输大发展。因此，工业革命是一系列事件依次发生的结果，而最初蒸汽机的发明，却并非为了带来工业革命，这项发明在当时甚至没有获得如今这么高的评价。甚至再往前思考，为什么纽科门要将水从深煤井中抽出来？这是因为英国的地理状况以多煤炭少林木为主要特征，进而

---

① 杨光斌．早发达国家的政治发展次序问题［J］．学海，2010（2）：98－105．

② 菲奥雷托斯，费勒提，谢因盖特．政治学中的历史制度主义［J］．黄宗昊，译．国外理论动态，2020（2）：112－126．

③ Mahoney J. Path Dependence in Historical Sociology［J］. Theory and Society，2000，29（4）：507－548．

使得煤成为英国的主要燃料，对煤的开采随着表层煤资源的枯竭而不断深入，井内的积水也就越来越多。在这个案例中，情境对历史发展的塑造作用得以体现。

历史政治学继承了历史制度主义对“时间性”的遵循，承认政治变化存在路径依赖。因此它着眼于历史中那些促使现实政治产生和变迁的情境与条件，将变量置于历史连续性中进行动态考察。在这个层面上，历史政治学与历史制度主义有着天然的密切联系。但不同于历史制度主义对宏观历史叙事的偏爱，历史政治学对全域因素的关注——既关注宏观制度分析，也同样重视中微观制度、观念与行为——在方法论上将自身与历史制度主义区分开来，形成了历史政治学独特而完整的分析视角。

3. 历史连续性下的案例研究

历史政治学对特定事件、特定结构、特定结果的兴趣，使历史分析和比较案例研究成为它的主要方法之一。案例研究通过分析特定案例来描述和解释特定政治现象或验证假说，比较案例研究则通过多个案例的相似或相异分析达到研究目的。案例既可以是单个的案例，也可以是由多个相关联案例组成的案例集；既可以是个人、社会组织、国家或事件，也可以是超越个体层级的体系（从而进行更为宏观的比较历史分析）。

历史政治学的案例分析要求将案例置于情境与时间的维度中进行分析，回答是什么原因导致了特定事件的产生、发展并导致了特定的后果等问题，为政治现象建立起符合实际的因果解释。在进行案例选择时，须受到情境与时间的限制。情境与时间上的差异会导致因果发生机制产生变化，影响案例的因果分析。而比较研究常常针对特定条件下的样本进行解释，案例选择更需要遵循特定条件做出案例筛选。在对时间跨度较大的案例进行比较时，尤其需要控制诸如生产力水平、社会结构、宗教、科技、文化、历史遗产等的多方面变量。同时，情境与时间的变化也会使因果分析赖以进行的概念和思维工具发生变化，这同样会降低比较分析的有效性。

总的来说，历史政治学作为历史分析新流派，延续了历史分析的一般方法，如坚持因果分析的逻辑、强调历时性分析、善用案例分析等。而与其他从事历史分析的范式相比，历史政治学由于兼具本体论、认识论和方法论，在研究方法的运用上更具灵活性和创新性。

第三节 历史政治学的“中国学派”

作为世界历史最为悠久的国家之一，中国在古代领先于全球，在近现代经历了殖民战争，如今正逐步实现民族复兴。历史传统和解古今之变的需求，促使中国提出历史政治学这一革命性范式，尝试通过新知识、新理论应对百年未有之大变局。

以历史政治学为突破口完成中国话语体系创新，不仅要立足于本国历史来解释政治现象、回应实践需求，更要具备揭示某一类政治现象发生发展规律的普遍意义的能力。一个有效的话语体系，既要在本文明内部证实其解释力，又要具备开放的借鉴吸收力，完成与世界话语的对接与交流。作为历史政治学的首倡者，中国政治学人结合中国政治的现实需求，对作为新学科、新范式的历史政治学完成了初步探索与建构，逐渐形成了立足中国的研究议程与成果。

一、中国国家理论建构

张光直在《考古学专题六讲》中将国家的诞生归纳为两大类型：一个是所谓世界式的或非西方式的，主要代表是中国；一个是西方式的。① 西方式演进的一个主要特征是突破式，而中国演进的主要特征是连续性。徐勇同样认为，“西方文明和国家有一个重要特点，就是空间的位移”，而“中国历史特点之一就是长时间的延续”，中华文明和国家形态“是在同一空间里长期发展和自我演进的”②。当西方社会的血缘基础随着国家的形成而瓦解时，而在中国，“由于农业生产等历史条件，在产生了以地域和财产关系为基础的国家政权之后，以血族团体为基础的旧社会不仅没有被炸毁，反而以新的形式保留和延续下来，由此使得中国的国家成长具有与西方不同的路径”③。他从文明与国家的内生视角讨论了中国国家成长的三次飞跃：中国国家成长的第一次飞跃是从原生文明中通过“家天下”和分封建制，初步形成了大一统局面；第二次飞跃则是春秋战国时期通过战争诞生出以地域关系为主导的中央集权的统一国家，并在此后不断改革以约束血缘社会关系带来的弊端；第三次飞跃则是近代中国“睁眼看世界”后，经过 100 多年斗争形成了现代国家形态。④

中国历来有政治史学研究传统，在某种程度上历史学本身就是政治学，浩瀚的史学专著前后相继，共同构筑着古代中国的国家叙事。马克思主义进入中国后，以毛泽东同志为主要代表的中国共产党人将马克思主义中国化，为革命和中华人民共和国的成立奠定了理论基础。但 20 世纪 80 年代以来，西方的概念、方法、理论和议题充斥在中国政治学的研究中，这些外在于中国的研究传统遮蔽了大量的历史事实与现实细节，难以有效解读中国政治。中国需要重新确立自身的主体性地位，在政治史研究中重构国家叙事。

第一，中国国家起源的建构叙事。国家是政治学的核心概念，现代化是当今世界的核心命题，两者注定了“国家治理体系和治理能力现代化”是当代中国政治改革最重要的目标之一。而政治具有路径依赖，要把握现代国家建构，就必须回到起初国家兴起的经验中探索中国文明的起源，探寻中国最早的国家是由谁建立、为何建立、如何建立的。基于考古学和历史学的进展，历史政治学能够勾勒出中国国家起源的基本过程与模式，以及最早国家的大致形态，这为我们在多样化的世界背景中更精准地理解中国政治的源头、把握路径依赖的开端提供了基础。

比如，徐勇研究了中国从无国家氏族社会进入有国家的政治社会的渐进过程，指出，“中国的国家组织长期以来未能完全摆脱和超越血缘关系及氏族社会的母体，反而源源不断地从血缘母体中汲取养分，使得中国的国家形成有着自己独特的道路，这就是按照血

---

① 张光直．考古学专题六讲［M］．增订本．北京：生活·读书·新知三联书店，2013.

② 徐勇，杨海龙．历史政治学视角下的血缘道德王国：以周王朝的政治理想与悖论为例［J］．云南社会科学，2019（4）：40－50，185－186.

③④ 徐勇．中国的国家成长“早熟论”辨析：以关系叠加为视角［J］．政治学研究，2020（1）：2－9，124.

缘母体形成国家形态”[①]。在这项典型的历史政治学研究中，他提出，周王朝“承继了长期历史延续的血缘氏族道德，又按照血缘道德理想形塑国家形态”[②]，包括“德配天命”的政治合法性、家长制的政治权威、以血缘关系建立社会秩序的宗法制度、以宗法关系的差等原则实施分封建制的治理模式等。

第二，中国国家形态的演变叙事。描述国家变迁过程，构建中国国家演变的政治叙事，是中国历史政治学的重要关怀。中国历史保持了相当的稳定性与连续性，“在源头上，先秦政治具有与生俱来的世俗化和官僚制的现代性；在流变的脉络上，2 000 多年历史就是初始的关键节点的路径依赖；在变化的意义上，晚清以来的百年巨变依然在历史连续性意义上发生着”[③]。不过，这并不意味着数千年来中国政治没有变化。从夏商周三代的封建制到秦汉以降的郡县制，就是一次典型的国家形态变迁。外来的主流历史发展理论——五阶段论却对此提出了挑战：夏商周三代究竟是“奴隶制”社会还是“封建制”社会？中国传世文献中的“封建”等同于五阶段论中的“封建”吗？还有学者用“专制主义”“东方专制主义”“王权主义”等概念来描述古代中国的国家形态，最后也陷入片面化和解释力不足的困境。中外不同的政治历史实践，必然会诞生不同的政治观念和经验。以西方概念和理论来分析中国，只会不断制造迷思甚至谬误。理解中国国家形态演变，必须回到中国的历史叙事中。正如中国传世文献中封建、郡县二分法及其内涵，为我们提供了进一步研究中国国家形态演变叙事的框架。

首先是对封建制国家形态的描述。至少有如下几个问题值得关注：中国历史语境中的“封建制”指向一种怎样的国家形态？其基本结构和运作机制是什么？它是如何维持其稳定性达 2 000 多年之久的？为何中国最早的国家会采取封建制的国家形态？封建制与 10 世纪欧洲建立起的国家形态 feudalism 之间有何异同？后者在中译文中同样被称为“封建”，二者之间倘若存在联系，为何出现的时间相差了约 3 000 年之久？[④]

其次是封建制向郡县制的转换，即周秦之变和秦汉之变。周秦之变是中国政治变迁的关键节点，经由周秦之变，中国迎来了另一个时代。早有学者开始关注周秦之变的动力和过程，这同样也是历史政治学的关怀所在。赵鼎新在《东周战争与儒法国家的诞生》中探讨了战争对形塑秦汉国家形成的重要影响，推断儒法国家产生的渊源与性质及对后世社会的影响。[⑤] 除周秦之变外，秦汉之变则发展完善了秦朝创建的郡县制度，同时完成了统治意识形态和治理方式的转变。钱穆利用“士人政府”的概念来理解汉武帝以来的中国国家结构[⑥]；姚中秋也指出，秦汉之际国家治理者由文法吏转为士大夫，而后者是集官僚、政治家、教化者于一体的“领导性治理者”[⑦]。秦汉之变后形成的政治制度，在此后延续了 2 000 余年，其中一些价值观念和制度安排，直到今天还在生效。

---

①② 徐勇，杨海龙．历史政治学视角下的血缘道德王国：以周王朝的政治理想与悖论为例 [J]．云南社会科学，2019 (4)：40－50，185－186.

③ 杨光斌．历史政治学视野下的当代中国政治发展 [J]．政治学研究，2019 (5)：2－14，216.

④ 姚中秋．历史政治学的中国议题 [J]．中国政治学，2019 (2)：22－50，215.

⑤ 赵鼎新．东周战争与儒法国家的诞生 [M]．上海：华东师范大学出版社，2006.

⑥ 钱穆．国史大纲 [M]．北京：商务印书馆，1999.

⑦ 姚中秋．领导性治理者：对士大夫的历史政治学研究 [J]．江苏行政学院学报，2021 (2)：74－82.

再次是秦汉以来古代中国国家形态的演变。尽管秦汉以来郡县制的基本框架没有改变，即古代中国长期处于一种“超稳定结构”之中，但这并不意味着以后的国家形态就没有产生过值得关注的重大变化。对秦汉以降的国家形态演变叙事，至少有两点需要研究：一是什么使得“超稳定结构”在中国得以维持；二是在这个大体框架保持稳定的前提下有哪些重大变迁，这些变迁的动因、过程与结果是什么。

最后是近现代中国的国家建构叙事。世界历史发展到近代以后，中国被迫面对如何快速现代化的难题。西方各种理论在中国轮番实验，最终仍旧是在中国共产党完成马克思主义中国化以后，中国才找到了在当时那样的历史情境下迈向现代化的道路。这里值得关注的问题包括：“中国化”所蕴含的内容继承了哪些中国传统政治遗产？中国共产党在完成马克思主义“中国化”后是如何将国家重新组织起来的？政党领导国家治理是如何与中华文明基因共同体联系起来的？了解这些问题，对回答中国应当建设一个怎样的现代化国家极其重要。例如，汪仕凯以历史政治学路径分析了中国共产党领导制度，即从历史分析中概括出中国共产党领导的内涵，依托中国共产党领导革命的历史解释了中国共产党领导的形成，并立足古代中国政治文明向现代中国政治文明转型的逻辑，解释了中国共产党领导制度形成的原因。①

二、从中国性知识到政治学一般性理论

自 14 世纪以来，现代化成为人类社会的共同主题，不同社会在现代化进程中的多元发展重塑了国际社会生态。对于如何实现现代化、如何构建现代国家这类问题，不可能存在一个全球通行的标准答案；但对于什么是现代性、什么是现代国家，政治学肩负着提供知识工具来理解人类社会几个世纪以来重大变迁的历史使命。

西方 17 世纪以来形成的现代国家形态，曾经一度主宰世界对现代国家的认知。所谓的自由民主、宪政、分权制衡、竞争性政党制度等判定标准，暗含了强烈的西方中心主义价值取向，西方试图将这些地方性经验乔装为“普世性”真理。这一背离了人类社会延续数万年的多元现实的野望，随着西方的全球扩张而主宰了世界主流话语。直至近年，自由主义世界遭遇了政治经济领域的严峻打击，对西方现代国家形态是唯一现代国家形态的质疑才走到台前，唤起了人们对人类政治世界本来样貌的关注。

这一转变在福山这里体现得尤为明显。这位以提出“历史的终结”而闻名于世的学者，近年来已转向历史政治学，从人类政治秩序的起源与演变中探索现代国家的可能面貌。而引起他关注的对象正是中国秦朝建立的郡县制国家：“我们现在理解的现代国家元素，在公元前 3 世纪的中国业已到位。其在欧洲的浮现，则晚了整整一千八百年。”如果福山对古代中国的判断是合理的，那么秦汉时期建立起现代国家后，是什么使它历经 2 000 多年兴衰仍旧能自我调适而保持超强的稳定性？中国古代建立起了现代国家，这对 15 世纪以后才逐渐迈入现代的西方国家来说有何启示？两种现代国家之间有什么异同？相比于欧洲的小国统治和分裂历史，古代中国所形成的现代国家同时

① 汪仕凯．中国共产党领导制度的历史政治学分析［J］．中国人民大学学报，2020，34（1）：28-38．

兼具了超大规模和超长稳定的特征，这是否表明中国经验为人类善治提供了一种普遍的可行路径？

在这一方面，中国政治学人同样进行了探索。徐勇分析了“早熟”和“早衰”的概念之争，指出该争论的核心谬误在于以西方文明为标准度量其他文明的演变。倘若从内生演化的角度来看，中国在2 000多年前就形成了西方所谓的现代国家的基本要素，这并不是“早熟”，而是自然演进的结果。[①] 姚中秋选取了四个历史关键节点，即“国家形态在源头上的分叉”“罗马的征服性帝国与秦汉的农本国家”“明清中国作为世界工厂与欧洲的军事贸易体制”“美国作为军事金融帝国与中国作为世界工厂”，对中国式生产型国家和广义西方军事贸易帝国的国家形成及其演变进行了长时段的宏观历史比较。在此基础上，姚中秋进一步比较分析了两类国家的经济制度与政治制度，认为“军事贸易国家（或其高级版本的军事金融帝国）是内在地不正义的，是在自然禀赋约束下，因生产能力不足而被迫演进形成的集体生存策略”，并且通过不断对外扩张（军事的、经济的、宗教的扩张等）维持发展；“中国式生产型国家是国民相互平等而有情意的共同体，政府、国民是一体的，由此保持持久的国家凝聚力”，且“主要通过内部组织深化提高生产效率，并以梯度发展模式”渐进发展。姚中秋认为，“国家是人们用以解决生计的集体机制”，中国式生产型国家是内在道德且有内生效率的，从中我们能提取到当代善治的政治智慧。[②]

政治学总是首先服务于理解本国政治，诞生于中国的历史政治学的首要目标自然是理解自古以来中国政治发生发展的过程、总结中国政治统治与治理的经验。在这一过程中归纳出的政治学知识对形成一种普遍性的政治学理论显然具有不可忽视的价值。

三、立足中国的世界政治学

自哥伦布发现新大陆，世界各地结束了相对孤立的状态，各种文明开始交汇。传统国际关系研究以国家为基本单元，而随着文明间的交融和冲突日益凸显，文明逐渐取代国家成为影响世界格局的基本视角。这也正是亨廷顿在《文明的冲突与世界秩序的重建》中所采取的新角度——文明范式，一种隶属于世界政治的思维框架。杨光斌将这一以文明共同体为主体的思维框架，视为历史政治学在世界政治层面的体现。[③]

回到历史中研究文明的脉络，不难发现数千年来中国在其文明体系中长期处于核心地位，无数传世典籍都记载着中国对区域秩序及文明体系实施的政治理念、制度及举措。例如《史记》就记载了古代中国在完成自身郡县制国家建构的同时，与周边国家的互动并由此构建新世界的过程。此后，历朝历代的历史记载中都不乏相关篇章，勾勒出以中国为协和者的东方文明体系。与此同时，在与中国相对的西方，另一个中心——欧洲也在不断构筑自己的文明体系，二者相和构成了当时的世界体系。可见，历史上的中国不

① 徐勇．中国的国家成长“早熟论”辨析：以关系叠加为视角［J］．政治学研究，2020（1）：2－9，124．

② 姚中秋．生产型国家与军事贸易国家：中西长时段的宏观历史比较［J］．学海，2020（4）：46－55．

③ 杨光斌．作为世界政治思维框架的文明范式：历史政治学视野的《文明的冲突与世界秩序的重建》［J］．社会科学文摘，2020（9）：29－32．

仅在塑造、维护区域秩序上起到了主导作用，对整个世界体系也发挥着举足轻重的影响。

到 19 世纪，随着帝国主义的扩展，多文明的世界格局被欧洲强烈的自我中心意识打破，世界政治形成了以欧美意识为核心的新叙事体系，在这个体系中，中华文明及以中国为协和者的东方文明意识逐渐被掩盖。这个全新的世界体系叙事是如此成功，以至于世界体系的演变历程和现代世界体系的真实面貌都已模糊。

进入 21 世纪后，世界各文明体的变迁和随之而来的百年未有之大变局，将世界意识重新拉回历史现实轨迹，世界秩序正在呼唤曾经的协和者复出，重新书写世界政治秩序和理论。这意味着中国学界需重新认识世界文明，尤其是非西方文明的发展历程，完整客观地描述世界思想史和政治史，并在此基础上重构当代世界文明体系。

杨光斌在建构历史政治学的同时，提出了世界政治学概念，并以历史政治学路径研究世界政治学。该研究路径强调，世界秩序具有时间性，现存世界秩序始终处于变动之中。同时，“不同的时间尺度产生不同的历史观，而不同的历史观产生不同的世界秩序观”[①]。比如，分别以 200 年和 2 000 年为时间尺度，中国文明体在世界秩序中的表现将有巨大差异。而引起世界秩序观发生显著差异的，显然是其中发挥作用的政治思潮的差异。政治思潮是直接影响人的观念与行动的显性文明，能诱发国内制度变迁并以此塑造大国关系与世界关系，因此被杨光斌称为“理解世界政治的一种最重要的研究单元”[②]。更进一步讲，历史政治学为世界政治确立的研究路径包括：第一，遵循时间性和情境性方法论研究世界政治史，尤其是技术、资本、政治思潮相互交织构成的世界政治变迁事实；第二，研究包括帝国主义论、资本主义世界经济体论、“文明冲突论”、世界政治体系论等在内的世界政治理论，以更加有效地认识国际关系的本质。[③]

参考文献

习近平．习近平谈治国理政［M］．北京：外文出版社，2014.

郭台辉．西方政治学转向历史的三个层次及其启示［J］．社会科学文摘，2021（11）：34－36.

祁涛．论结构的历史与情势的历史：《路易·波拿巴的雾月十八日》的历史线索及其哲学遗产［J］．哲学研究，2018（3）：18－25.

钱穆．国史大纲［M］．北京：商务印书馆，1999.

钱穆．国史新论［M］．北京：九州出版社，2012.

任锋．历史政治学的双重源头与二次启航：从梁启超转向到钱穆论衡［J］．中国政治学，2019（2）：51－69，216.

释启鹏．历史政治学的方法论基础［J］．中国政治学，2019（2）：70－98，217.

汪仕凯．中国共产党领导制度的历史政治学分析［J］．中国人民大学学报，2020，

① 杨光斌．作为世界政治思维框架的文明范式：历史政治学视野的《文明的冲突与世界秩序的重建》［J］．社会科学文摘，2020（9）：29－32.

②③ 杨光斌．世界政治学的提出和探索［J］．中国人民大学学报，2021，35（1）：2－9.

34 (1)：28 - 38.

徐勇，杨海龙．历史政治学视角下的血缘道德王国：以周王朝的政治理想与悖论为例 [J]．云南社会科学，2019 (4)：40 - 50，185 - 186.

徐勇．中国的国家成长“早熟论”辨析：以关系叠加为视角 [J]．政治学研究，2020 (1)：2 - 9，124.

杨光斌．早发达国家的政治发展次序问题 [J]．学海，2010 (2)：98 - 105.

杨光斌．中国文明基体论：理解中国前途的认识论 [J]．人民论坛，2016 (15)：58 - 61.

杨光斌．什么是历史政治学？[J]．中国政治学，2019 (2)：3 - 21，214.

杨光斌．历史政治学视野下的当代中国政治发展 [J]．政治学研究，2019 (5)：2 - 14，126.

杨光斌．政治学新走向：历史政治学 [J]．社会科学文摘，2020 (1)：17 - 20.

杨光斌．作为世界政治思维框架的文明范式：历史政治学视野的《文明的冲突与世界秩序的重建》[J]．社会科学文摘，2020 (9)：29 - 32.

杨光斌．世界政治学的提出和探索 [J]．中国人民大学学报，2021，35 (1)：2 - 9.

姚中秋．历史政治学的中国议题 [J]．中国政治学，2019 (2)：22 - 50，215.

姚中秋．生产型国家与军事贸易国家：中西长时段宏观历史比较 [J]．学海，2020 (4)：46 - 55.

姚中秋．领导性治理者：对士大夫的历史政治学研究 [J]．江苏行政学院学报，2021 (2)：74 - 82.

张桂林．逻辑要义、历史努力与认知前提：建构中国特色政治学话语体系 [J]．政治学研究，2017 (5)：9 - 15.

张光直．考古学专题六讲 [M]．增订本．北京：生活·读书·新知三联书店，2013.

赵鼎新．东周战争与儒法国家的诞生 [M]．上海：华东师范大学出版社，2006.

菲奥雷托斯，费勒提，谢因盖特．政治学中的历史制度主义 [J]．黄宗昊，译．国外理论动态，2020 (2)：112 - 126.

怀特．元史学：19 世纪欧洲的历史想象 [M]．陈新，译．南京：译林出版社，2004.

沟口雄三．作为方法的中国 [M]．孙军悦，译．北京：生活·读书·新知三联书店，2011.

Mahoney J. Path Dependence in Historical Sociology [J]. Theory and Society, 2000, 29 (4)：507 - 548.

代后记

百年未有之大变局中的世界与中国：政治学贡献什么

“放眼世界，我们面对的是百年未有之大变局。”近百年来，新兴国家和发展中国家先后崛起，在发展中逐步改变了既定的政治版图和格局，加速了世界多极化趋势的演化步伐。而新一轮科技革命的发展对世界格局的冲击加剧，加之新冠疫情的叠加冲击，对全球格局和国家治理产生了直接的冲击和深远的影响。

面对日趋复杂的国际环境和世界动荡变革的情势，理论不能置身事外。政治学学科发展新动态，涉及对国家、政党、社会、城市等多维度的探讨。通过方法创新和理论更新，全球政治学者们尝试分析和解释世界格局变化中产生的新实践、新经验和新问题，并使其与其他学科相互碰撞、整合与互鉴，进一步拓展了研究领域和研究视野，为21世纪政治学的发展注入了新鲜血液和澎湃动力。

与此同时，中国的日益发展为世界发展拓展了更大的空间，中国也日益成为世界和平发展的中坚力量。发展中国特色社会主义政治学，构建中国政治学的话语体系和学科体系成为当代中国政治学发展的应有之义。

党的二十大报告指出：必须坚持自信自立。既不能刻舟求剑、封闭僵化，也不能照抄照搬、食洋不化。必须坚持胸怀天下，以海纳百川的宽阔胸襟借鉴吸收人类一切优秀文明成果，推动建设更加美好的世界。这就要求我们既要坚持理论自信，发展中国特色的理论解决中国的实际问题；又要兼收并蓄，了解、运用当代世界各国政治学发展的最新成果。

本书紧紧围绕前沿性政治理论与方法命题，既涉及对政治学基本理论观点的新释义，也涉及政治学研究方法的创新运用等，力争紧握前沿理论发展新脉搏，极具动态性、前沿性、时效性，权威性，充分反映政治学理论与发展的新方向和新成果。

在本书的写作过程中，恰逢疫情，面对疫情防控、线上教学和科研任务等多重压力，团队成员细心、耐心、用心完成了这一艰巨任务；同时，作为一本面向广大学子的政治学前沿教材，也需要对前沿理论抽丝剥茧、深入浅出地做出总结、梳理，以便于同学们更好地理解当今政治学理论与方法的发展。

本书具体章节的写作分工如下：袁方成（华中师范大学教授）负责导论、第一章（第二节、第三节）、第十一章，胡云（华中师范大学讲师）负责第二章和第六章，韩瑞波（华中师范大学副教授）负责第三章，钟灵娜（华中师范大学副教授）负责第四章，李宗义（安徽大学副教授）负责第五章，张必春（华中师范大学教授）负责第七章，李艳丽（武汉理工大学教授）负责第一章（第一节）和第八章，张弦（华中师范大学副教授）负责第九章，丁羽（华中师范大学讲师）负责第十章，吴淑芳（华中师范大学副教授）负责第十二章，赵长峰（华中师范大学教授）负责第十三章，陈菲（华中师范大学副教授）负责第十四章，肖泽磊（华中师范大学教授）负责第十五章，许瑶（武汉理工大学副教授）负责第十六章。最后由袁方成对全书进行统稿，郭睿晗（华中师范大学）参与了全书的编辑校对工作。

本书能够顺利出版和发行，需要特别感谢中国人民大学出版社的朱海燕和徐小玲编辑，从申请到写作过程，两位老师与团队共同面对困难，耐心等待书稿成章，并给予了团队成员莫大的支持和鼓励。此外还要感谢本书责任编辑贺志红女士严谨仔细地对本书进行审读，使本书能够以更精确同时又较易理解的方式呈现给读者，为读者阅读厘清了逻辑脉络，确保本书能够完备、精确地展示于众。

时代风云变幻，政治学的发展以“不变”坚守初心，在先贤经典的肩膀之上展望世界；以“变化”深化认知，努力把握世界格局变化的跳动脉搏。能以这种形式来记录理论与现实、世界与时代的发展变化及其逻辑脉络，幸甚至哉！

图书在版编目（CIP）数据

政治学理论与方法前沿/袁方成等著．-- 北京：
中国人民大学出版社，2025.1
新编 21 世纪政治学系列教材
ISBN 978-7-300-32842-3

Ⅰ.①政… Ⅱ.①袁… Ⅲ.①政治学－中国－教材
Ⅳ.①D6

中国国家版本馆 CIP 数据核字（2024）第 098123 号

新编 21 世纪政治学系列教材
政治学理论与方法前沿
袁方成 等　著
Zhengzhixue Lilun yu Fangfa Qianyan

出版发行	中国人民大学出版社		
社　　址	北京中关村大街 31 号	**邮政编码**	100080
电　　话	010－62511242（总编室）		010－62511770（质管部）
	010－82501766（邮购部）		010－62514148（门市部）
	010－62515195（发行公司）		010－62515275（盗版举报）
网　　址	http://www.crup.com.cn		
经　　销	新华书店		
印　　刷	天津旭非印刷有限公司		
开　　本	787 mm×1092 mm　1/16	**版　　次**	2025 年 1 月第 1 版
印　　张	20.5 插页 1	**印　　次**	2025 年 1 月第 1 次印刷
字　　数	465 000	**定　　价**	59.00 元

教学支持说明

（教学课件）

中国人民大学出版社政法分社秉承“出教材学术精品，育人文社科英才”的出版宗旨，多年来，出版了大批高质量的法学、教育学、政治学、政治理论公共课教材和学术著作。

我们为本教材制作了相应的 PPT 教学课件，任何一位采用本书作为授课教材的教师均可免费获得该课件。为了确保该课件仅为授课教师获得，烦请您填写如下材料，并将相关信息通过 E-mail 发送给我们，我们将在收到相关信息后通过 E-mail 给您发送该课件。欢迎您加入我们的 QQ 群（全国政管教师交流二群，群号为 648117133），或登录我社官方网站（www. crup. com. cn），注册并认证成为教师会员，以获得更好的服务。

我们的联系方式：

地址：（100872）北京市中关村大街甲 59 号文化大厦 1202 室
中国人民大学出版社政法分社

电话：（010） 62515383　62514775（传真）

E-mail：ggglcbfs@vip. 163. com

兹证明________大学/学院________院/系________专业________学年第________学期开设的________课程，采用中国人民大学出版社出版的________________（书名、作者）作为本课程教材。授课教师为________，授课班级共______个、学生______人。授课教师需要与本书配套的教学课件。

联 系 人：________________

通信地址：________________

邮　　编：________________

电　　话：________________

E-mail：________________

系/院主任：________（签字）

（系/院办公室章）

______年_____月_____日